퀴어 디플로머시

"First published in English under the title
Queer Diplomacy, by Douglas Victor Janoff, 1st edition.
Copyright © The Editor(s) (if applicable) and The Author(s), under exclusive
license to Springer Nature Switzerland AG 2022,
This edition has been translated and published under licence from Springer Nature
Switzerland AG.
Springer Nature Switzerland AG takes no responsibility and shall not be made
liable for the accuracy of the translation."
All rights are reserved.
Korean translation rights © Hantije 2025
Korean translation rights are arranged with Springer Nature Customer Service
Center GmbH through AMO Agency, Korea.

이 책의 한국어판 저작권은 AMO 에이전시를 통해 저작권자와 독점 계약한 한티재에 있습니다.
저작권법에 의해 한국 내에서 보호를 받는 저작물이므로 무단 전재와 무단 복제를 금합니다.

퀴어 디플로머시

국제 외교와 성소수자 인권

Queer Diplomacy

더글러스 재노프 지음

서정현 옮김 | 류민희 감수

한티재

일러두기

- 이 책은 Douglas Victor Janoff, *Queer Diplomacy*(Palgrave Macmillan, 2022)를 우리말로 옮긴 것이다.
- 외래어 인명과 지명은 국립국어원의 외래어 표기법에 따라 표기했다.
- 본문 하단의 각주는 본문에 *로 표시했으며, 각주 중 '(옮긴이)'라고 밝히지 않은 것은 저자가 붙여 둔 것이다.
- 본문 중 진하고 굵은 글자는 저자가 강조한 것이다.
- 단행본은 『 』로, 노래와 영상의 제목은 〈 〉로 표시했다.

내 사랑 사샤 (웨인) 보체,

내 단짝 마리오 그롱댕,

그리고

HIV/AIDS로 세상을 떠난 사랑하는 모든 친구에게

매일 당신들을 떠올리며

추천의 글

『퀴어 디플로머시』의 저자 더글러스 재노프와 마찬가지로 저는 LGBT 권리를 지지하는 동성애자 외교관이었습니다. 2018년부터 2023년까지 저는 주한 뉴질랜드 대사로 재직하는 기쁨과 특권을 누렸습니다. 저는 한국과 한국 국민에 대해 깊은 감사와 애정을 갖게 되었습니다.

  제가 재직한 시기, 한국은 K팝과 K문화의 세계적 성공으로 크게 주목받고 있었습니다. 하지만 이 시기 한국의 성소수자들은 정치적으로 어려움을 겪고 있었습니다. 제 배우자와 저는 많은 성소수자 개인과 커플을 만나 그들이 사회적, 직업적, 가족적 기대와 퀴어 개인으로서의 현실 사이에서 겪는 일상적인 고충을 이해하게 되었습니다. 한편으론 배우 홍석천(토니) 님과 같이 헌신과 열정을 다해 다양성을 지지하는 멋진 지지자들을 만나 기뻤습니다. 그가 우리 부부를 뮤직비디오에 출연하도록 제안해 준 일은 서울에서 보낸 시간 가운데 가장 큰 기억 중 하나로 남아 있습니다. 또한 젊은 트랜스젠더가 TV, 소셜 미디어에 더 많이 나타나고, 법정에서 정의를 요구하는 것을 보며 고무적이라 생각했습니다.

그러나 한국에서 성적 지향과 동성 동반자 관계에 관해 공개적으로 말할 수 있다고 생각하는 성소수자의 수가 얼마나 적은지, 그리고 얼마나 많은 이가 동료 시민으로부터 무지, 차별, 증오, 폭력을 경험했는지 알게 되자, 저는 충격과 슬픔에 빠졌습니다. 우리 부부가 서울에 도착했을 때, 문재인 전 대통령이 재직 중이었습니다. 그는 진보주의자였지만 가톨릭 신자였고, 그의 정당에는 성소수자 이슈에 대해 매우 보수적인 생각을 가진 인사가 많이 있었습니다. 문 전 대통령은 2017년 대선 후보 당시 동성애에 "반대"한다고 말했습니다. 하지만 2년 후, 문 대통령은 기독교와 불교 지도자들과의 회의에서 "성소수자의 인권은 사회적으로 박해받거나 차별받아서는 안 된다"고 말했고 "동성 결혼에 대한 국민적 합의가 최우선이어야 한다"고 말했습니다. 그의 말에도 불구하고 성소수자의 권리를 포함하는 차별금지법안을 도입하려는 시도는 국회에서 실패를 거듭했습니다.

하지만 문 전 대통령은 재임 중 한 가지 중요한 개혁을 했습니다. 우리가 한국에 도착했을 때, 한국의 제도는 제 배우자 히로시 이케다와 제가 뉴질랜드에서 결혼했다는 사실을 인정하지 않았습니다. 뉴질랜드 정부의 강력한 지원을 받은 많은 논의 끝에 문 전 대통령 재임 기간 중 정책이 바뀌었고, 외국 외교관들의 동성 결혼이 인정됐습니다. 문 전 대통령 내외는 2019년 청와대에서 열린 리셉션에서 우리를 따뜻하게 환영했습니다. 그 이후 많은 다른 외교관들은, 배우자의 지위를 부여받은 동성 배우자를 한국에 데려올 수 있었습니다. 한국 정책에서는 작은 진전이지만 우리에게는 인생을 바꾸는 발전이었습니다.

이 일은 이 책의 저자 더글러스 재노프가 다루는 주제인, 외교가 성소수자의 권리 투쟁에 어떻게 영향을 미칠 수 있는지를 보여 주는 작은 사례입니다. 저자는 수년간의 경험을 바탕으로, 학문적 지식과 공감을 녹여 내는 글을 통해 외교 활동이 새로운 국제 규범 확산에 중요한 역할을 했음을 기록합니다. 여기에는 2011년 유엔 인권위원회에서 채택된, LGBT 인권을 다룬 첫 번째 결의안과 2016년 유엔 성적 지향과 성별 정체성(SOGI) 사안에 관한 독립 전문가의 임명이 포함됩니다.

하지만 재노프는 진보의 취약성, 세계 여러 지역에서 나타나는 자유주의적 가치에 대한 반발, 그리고 이 현상에 대한 서구 국가들의 연관 가능성을 냉철하게 인식합니다. 그가 말했듯이, 서구 자유주의자들은 성소수자 권리를 "문명적 우월성의 척도"로 묘사하고, 성소수자 권리를 존중하는 의미를 자신만의 방식으로 내세우는 경향이 있습니다. 성소수자 권리에 대한 반대는 '전통 사회'에 강요되는 '서구' 가치에 대한 저항으로 정당화되곤 하며, 권위주의자들은 정권에 대한 지지를 공고화한다는 구실로 종종 전통이란 개념을 사용합니다.

자칫 위험하고 비생산적으로 보이는 이 논쟁에서 한국은 독특한 관점을 제시합니다. 한국은 세계를 선도하는 경제 대국 중 하나이며 자유민주주의 국가입니다. 반면 한국은 아시아 국가로, 강대국의 지배와 식민지의 역사, 독특한 문화적 정체성을 가지고 있습니다. 그렇기에 한국은 서구 국가도, 글로벌 사우스에 속한 국가도 아닙니다. 한국이 성소수자 이슈에 어떻게 대응할지는 한국 자체의 문제일 뿐만 아니라 그 경계를 넘어서는 관심사이기도 합니다.

재노프가 지적했듯이, 우리는 한 몸 안에 여러 정체성을 가질 수 있습니다. 우리의 실제 경험은 민족성, 신념, 지위, 나이를 포함한 수많은 실타래로 짜여 있으며, 국가와 세계의 시민이란 사실도 여기에 포함됩니다. 성소수자 개인과 외교관을 포함한 모든 한국인은 자신의 정체성을 구축하는 일에 참여하고 있습니다. 그들의 활동은 글로벌한 세계에서 이뤄지고 있으며, 이 세계 안에서 외교와 같은 규범은 단지 북에서 남으로, 서에서 동으로만 이동하지 않습니다. 블랙핑크와 BTS의 사례에서 나타나듯 이 활동은 양방향으로 이뤄지고 있습니다.

이에 더글러스 재노프의 저서 『퀴어 디플로머시』는 오늘날 한국에 큰 의미를 주며, 흥미롭고도 중요한 관점을 제시합니다. 한국이 성소수자 인권 외교의 핵심 의제들에 더욱 깊이 관여하고, 국제사회에서 포용적인 담론을 촉진하는 데 기여하기를 희망합니다. 국제 외교가 혼란을 겪고 성소수자 관련 가치관에 관한 논쟁이 벌어지는 현 시점에 저는 선진 민주국가인 한국이 이 중요한 주제에 대해 독특하고도 가치 있는 관점을 제시할 수 있는 역량을 갖추고 있다고 믿습니다. 그 과정에서 이 책 『퀴어 디플로머시』가 소중한 자원이 되기를 진심으로 바랍니다.

필립 터너(Philip Turner) 전 주한 뉴질랜드 대사

한국어판 서문

2024년 어느 날, 저는 캐나다의 아름다운 수도 오타와에 위치한 외교부 사무실에 앉아 있었고, 한 한국 외교관으로부터 제 책 『퀴어 디플로머시』의 한국어 번역 출판이 가능한지 묻는 연락을 받았습니다. 저에게는 놀라운 제안이었고, 저는 출판사에 문의한 후 영광이라고 대답했습니다.

저는 지금껏 남아시아, 유럽, 중동, 아메리카를 다루는 외교 업무를 해 왔지만, 아쉽게도 아직 한국을 방문하지는 못했습니다. 하지만 한국은 비즈니스와 문화의 강국이기에 캐나다 외교관에게 한국 근무는 매우 중요한 일임을 잘 알고 있습니다. 한국 근무 경험이 있는 제 동료 외교관들은 한국인들이 항상 새로운 생각과 생활 방식에 열려 있다고 이야기합니다. 반면 한국 근무 기간 중 다소 아쉬웠던 점으로, 제 동료들은 한국에서 전통적인 가치로 인해 성소수자 권리에 대한 지지가 부족해 때때로 당혹스러움을 느꼈던 경험을 말하기도 합니다. 한 가지 사례는 캐나다에서 동성 결혼이 2005년부터 법적 권리로 보장되고 있으나, 한국에서는 아직 동성 결혼이 법적으로 인정받지 못하고 있다는 사실입니다.

저는 아시아 국가와 사회에서의 성적 정체성 및 이에 대한 운동을 전문적으로 알지는 못하지만, 제 캐나다 동료들이 여러 서구 국가와 유사한 수준의 산업화를 성공적으로 이룬 한국이 서구 국가들과 같은 시점에 같은 방식으로 사회규범을 발전시켜야 한다고 생각함으로써, 산업화와 서구화를 같은 것으로 혼동하고 있을 수 있다고 생각합니다. 한 국가에서 사회규범의 발전은 경제적, 문화적 발전 양상뿐만 아니라, 성 및 성별 정체성이 그 국가에서 역사적으로 구성된 방식, 개인의 권리가 법, 제도, 정책, 사회적 관행을 통해 주장되고 규정되는 방식을 고려해, 국가의 고유한 관점에서 봐야 합니다. 한국의 성소수자 인권 규범도 마찬가지라고 생각합니다. 한국에서 동성 결혼을 법적으로 인정받기 위한 운동이 2025년 현재 진행 중이라고 알고 있는데, 한국의 성소수자 운동이 어떤 목표를 설정할지, 어떤 영역에서 어떤 방식으로 이 목표를 달성할지는 결국 한국의 관점과 맥락에서 논의되고 결정될 것입니다.

제 책은 오늘날 국제사회의 성소수자 권리 증진 노력을 외교관, 성소수자 활동가, 인권 전문가, 다자 외교 전문가의 관점에서 비판적으로 분석합니다. 저는 이 책에서 서구 사회에서의 성소수자 인권의 발전 역사가 오늘날 국제사회에서 성소수자 이슈가 논의되는 데 기여한 점을 인정하면서도 성소수자의 정체성, 지향에 대한 서구 중심의 담론이 자칫 이에 반대하는 국가가 성소수자 인권을 폄하하고 거부하기 위해 문화적, 종교적, 도덕적 담론을 전개하도록 유발할 수 있음을 지적하고, 더욱 건설적이고 실질적인 노력과 활동을 제안합니다.

이번 『퀴어 디플로머시』 한국어판 출간을 통해 한국 사회에서 성소수자 인권에 대한 외교 및 국제 관계 차원의 논의와 성찰이 진지하게 이뤄질 수 있기를 진심으로 희망합니다. 아울러 이 책이 성소수자 인권 보호를 위한 국제적인 움직임에 한국이 어떤 방식으로 참여할 수 있을지, 한국의 독특한 역할과 기여 가능성을 토론하는 기회가 되길 기원합니다.

더글러스 재노프(Douglas Janoff)
캐나다 오타와
2025년 2월

서문

지난 40년 동안 성적 지향과 성별 정체성에 바탕을 둔 폭력과 차별을 해소하고 근절하기 위한 다양한 노력이 있었다. 여러분이 읽고 있는 이 책은 레즈비언, 게이, 양성애자, 트랜스젠더와 기타 다양한 젠더를 가진 사람들(LGBT)의 인권을 위한 많은 성과가 있기까지의 과정에 대한 정보와 성찰을 다룬 훌륭한 자료다. 재노프는 책 초반부에 풍부한 관찰 기록뿐 아니라 이를 해석할 수 있는 열쇠를 제시한다. 그는 외교관이자 분석가, 활동가로서 경험하고 분석한, 평등을 향한 투쟁을 강력하고도 일관되게 서술한다. 세 가지 정체성이 교차하는 독특한 관점을 바탕으로 그는 글로벌 노스(Global North)*의 LGBT 인권 옹호 활동

---

* 글로벌 노스란 선진국들을 통칭하는 용어로, 선진국 대부분이 북반구에 있어 붙은 명칭

과 운동, 그리고 그것이 국제 외교와 개발협력*을 통한 국제 프로세스 및 운동과 어떤 관계가 있는지 역사적으로 조망한다.

결과적으로 이 책은 시민단체의 성장과 활동 역량, 국가들의 위치 설정에 스며든 정체성의 정치에 대한 비판적인 해석을 포함해, 국제 관계와 특히 식민주의와 탈식민의 역학 관계 속에서 국제 및 지역** 다자주의***가 다루는 LGBT 이슈를 내용으로 한다.

유엔 조약기구와 특별절차는 동성애가 범죄로 규정된 사건들에서, 성적 지향에 근거한 폭력과 차별로부터의 보호 문제를 명시적으로 다뤄 왔으며, LGBT에 대한 폭력과 차별 사례를 25년 넘게 기록해 왔다. 이 사례에는 잔혹한 폭행, 성폭력과 살해, 증오 선동, 범죄화, 자의적인 구금과 투옥, 구금 및 의료 환경에서의 학대, 광범위한 낙인, 괴롭힘을 비롯해 직장과 가정, 교육, 건강, 주거, 공공 서비스 접근에서의 배제와 차별이 포함돼 있다.

이다. 반대말은 글로벌 사우스(Global South)다. (옮긴이)

* 개발협력이란 경제와 사회 발전 수준이 저조한 개도국의 빈곤 문제 해결, 사회복지 개선을 목표로 한 국제적인 지원을 의미한다. 이 책에서 '개발', '발전'이란 용어가 개도국의 경제, 사회 발전을 위한 프로그램을 지칭할 수 있음을 미리 밝힌다. (옮긴이)

** 이 책에서 '지역'이란 용어는 한 국가 내에 있는 도시, 지방을 일컫는 개념이 아닌 아프리카, 라틴아메리카, 동아시아 등 인근 국가들로 구성된 지리적인 구분을 가리킨다. (옮긴이)

*** 다자주의(또는 다자)란 국제기구 등을 통해 많은 국가가 공동의 목표를 위해 규범, 절차를 세우고 협력하는 방식을 가리킨다. 이와 비교되는 개념으로는 두 주권 국가 사이에서 이뤄지는 활동을 가리키는 양자주의가 있다. (옮긴이)

유엔 자유권위원회(Human Rights Committee)가 다룬 **투넨 대(對) 오스트레일리아** 사건*은 폭력과 차별로부터 LGBT 보호에 대한 법리가 발전하는 중요한 이정표가 됐다. 위원회는 결정에서 개인의 사생활을 핵심으로 봤고, 이는 유익한 효과를 낼 수 있었으나, 오직 재량에만 의존하는 제한적인 법적 접근을 취했기 때문에 카이로와 베이징에서 열린 세계 회의에서 몇 가지 어려움이 초래됐다. 최근 글로벌 사우스 출신의 한 학자는 내게 "폭력에 맞서 싸우기 위해 역사적으로 여성 단체들은 침실에서 무슨 일이 일어나고 있는지 국가가 와서 감독하기를 요구해 왔다. 같은 목표를 달성하기 위해 역사적으로 동성애자 단체들은 침실에서 무슨 일이 일어나고 있는지 국가가 개입하지 말기를 요구해 왔다"고 말했다.

유엔에서 연설한 최초의 레즈비언인 베벌리 팔레사 디치(Beverley Palesa Ditsie)는 베이징**에서 선언문 초안과 행동 강령 속 성적 지향이란 용어에 쳐져 있던 "괄호를 지워 줄 것(remove the brackets)"을 요구했다.*** 팔레사 디치의 강력한 요구는 성적 지향과 성별 정체성(Sexual Orientation and Gender Identity,

---

* 사적 공간에서 합의된 동성 간 성행위를 범죄화하는 호주 태즈메이니아 주 형법 조항에 대해 1994년 유엔 자유권위원회가 시민적, 정치적 권리에 관한 국제 규약에 따른 사생활의 권리와 차별받지 않을 권리를 침해한다고 봤다(Toonen vs Australia). (옮긴이)
** 1995년 베이징에서 개최된 제4차 유엔 세계여성대회를 의미한다. (옮긴이)
*** 성적 지향이 괄호 안에 적혀 있었다는 점은 문안 협의 당시 성적 지향 포함 여부에 대한 논쟁이 있었음을 암시한다. (옮긴이)

SOGI)에 기반을 둔 차별과 폭력으로부터 보호하는 문제의 핵심이 (사생활을 넘어) 개인의 자율성과 존엄에 있다고 보며, 차별을 다루는 논의에 더 강력한 규정이 필요하다는 외침이었다. 당시에는 안타깝게도 무시됐으나, 이를 시작으로 우리는 25년간 이 길을 걸어왔다. 불행한 운명을 겪기는 했지만, 브라질의 2003년 결의안 초안*과 남아공이 제출한 인권이사회 결의안 17/19호에는 SOGI에 기반을 둔 차별과 폭력에 대한 우려가 담겼다. 후자는 유엔 인권최고대표사무소의 훌륭한 두 보고서의 기초가 됐다. 2012년과 2015년 출판된 이 보고서들은 고용·의료·교육 분야의 차별부터 범죄화, 신체 공격, 살해에 이르기까지 모든 지역에서 LGBT를 겨냥한 체계적인 폭력과 차별의 양상을 지적했다.

재노프의 연구는 이 과정을 가능하게 한 인물들과 제도의 역학 관계에 대한 독특한 통찰을 제공하는데, 이어지는 장들에서 그는 이를 문서, 체계, 증언, 일화 등 다양한 관점으로 조명한다. 이는 수십 년 동안 전개돼 오고 여러 해에 걸쳐 크게 발전해 온 집단적 시각, 전략적 의도와 전술 능력의 결과인 일련의 행동을 이해하는 데 분명히 필요한 관점이다.

내가 보기에 2016년 치열한 논쟁 속에서 SOGI 독립 전문가**

---

* 브라질의 2003년 결의안 초안은 표결에 부쳐지지 않았다. (옮긴이)
** 정확한 명칭은 성적 지향과 성별 정체성에 기반을 둔 폭력과 차별로부터의 보호에 관한 유엔 독립 전문가(Independent Expert on protection against violence and discrimination

의 임명이 이뤄졌다는 사실은 유엔에서 성적 지향과 성별 정체성 이슈에 대한 작업이 세 번째 단계*에 있음을 알리는 것이며, 이렇게 볼 만한 강력한 이유가 있다. 이 책에서 재노프의 관찰과 인터뷰는 유엔 인권이사회(Human Rights Council) 안에 존재하는 지역 블록(bloc)**을 다루는 중요한 장으로 이어진다. 말하자면, 독립국가공동체(Community of Independent States), 이슬람 협력기구(Organization of Islamic Cooperation), 아프리카 그룹(African Group)은 SOGI 독립 전문가 임명에 대해 그것을 글로벌 노스 국가들이 만든 산물이자, 자신들 집단의 관할권 내에서는 존재하지 않는 국민, 공동체, 인구에 관한 거짓된 우려에 대한 해답일 뿐이고, 국가 공동체 내에서 문화적 분열을 초래할 것이라며 강하게 반발했다. 이 주장의 밑바탕에는 독립 전문가 임명이 전 세계적인 동성애 존중과 동성 결혼 장려를 위해 이뤄졌다는 강력한 서사가 깔려 있었다.

성적 지향과 성별 정체성에 기반을 둔 폭력과 차별을 그 외의 요소와 사안에 더욱 강력하고 통합적이며 일관된 방식으로 연계하라는 많은 학자의 요구가 있었는데, 이를 만족시킬 수 있는

---

based on sexual orientation and gender identity)다. (옮긴이)
* 글쓴이는 성적 지향과 성별 정체성을 이유로 한 폭력과 차별 문제를 다뤄 줄 것을 국제사회에 요청한 시기(첫 번째 단계), 국제기구가 성적 지향과 성별 정체성을 이유로 한 폭력과 차별의 존재를 공식적으로 인정하고 해결하려 노력한 시기(두 번째 단계)에 이어, SOGI 독립 전문가 임명이 이뤄진 시점을 세 번째 단계의 시작으로 해석한다. (옮긴이)
** 공통의 이익과 목표를 공유하는 국가 집단을 의미한다. (옮긴이)

틀을 확립하는 특별절차(Special Procedure)*가 실현되기까지는 천여 개의 시민단체와 수십 개에 달하는 지지 국가의 결단력이 필요했다.

결의안 32/2**는 "성적 지향과 성별 정체성을 이유로 사람들이 직면하는 다양하고 교차하며 가중되는 형태의 폭력과 차별을 다룰 것"을 임무로 부여한다. 근본 원인을 분석하기 위해서는 역사적, 사회문화적, 정치적, 인류학적 요인 등 모든 요인에 대한 다차원적인 평가가 필요하며, 이 요인들을 결합하면 특정 장소와 시간에 무엇이 젠더, 성별, 성적 욕망과 관련한 규범으로 인식되는지 이해할 수 있다.

예를 들어, 다른 여성에게 깊은 감정적, 정서적, 성적 매력을 느끼는 여성은 자신을 양성애자 또는 레즈비언으로 정체화할 수 있지만, 자신이 사는 시공간에서 자신을 구성하는 다른 동등한 정체성들로 자신을 정체화할 수도 있다. 인종, 민족, 종교 또는 신념, 건강, 지위, 나이, 계급이란 실을 엮으면 체험이란 직물이 만들어진다. 내가 임무를 시작할 때 한 당사자가 내게 했던 말처럼 "사람은 한 몸에 많은 정체성을 갖고 있다". 그리고 개인

---

* 유엔 인권이사회의 제도 중 하나로, 이 절차를 통해 인권이사회가 임명하는 독립 전문가는 특정 국가나 특정 인권 주제에 대한 독립적인 연구와 조사를 수행하고 개선 방안을 권고하며, 관련 보고서를 작성해 인권이사회와 유엔 총회에 제출한다. (옮긴이)
** SOGI 독립 전문가 임명의 근거가 되는 유엔 인권이사회 결의안(Resolution adopted by the Human Rights Council on 30 June 2016 32/2. Protection against violence and discrimination based on sexual orientation and gender identity)을 가리킨다. (옮긴이)

에 대한 폭력적인 행동은 연속적인 폭력과 권한의 박탈을 초래하는 교차적인 요인들 때문에 주로 발생한다.

교차성(intersectionality)은 매우 독특한 인생 경험이 발생하는 역동적인 과정을 설명하기도 한다. 경험은 시간에 따라 다양하게 나타난다. 우리는 그간 공동체 안에서 자유롭고 개방적인 삶을 구축해 왔지만, 우리의 요구가 반영되지 않거나 이에 둔감한 돌봄 및 은퇴 체계를 맞닥뜨리게 될, 나이 들어가는 LGBT 다수가 겪는 어려움에 봉착할 첫 번째 세대가 될 것이다. 또한 우리는 게이와 트랜스 커뮤니티 모두에서 통계적으로 중요한 요소인 호르몬이나 항레트로바이러스의 장기 사용으로 파생된 의학적 문제를 최초로 다루는 세대가 될 것이다. 나는 최근 알츠하이머병에 대한 세계 보고서에 들어갈 짧은 글을 작성하면서 게이, 레즈비언, 양성애자 또는 트랜스젠더로서의 삶이 개인의 건강에 깊이 영향을 미친다는 점을 이해하게 됐다. 2019년 나는 사회적 고립과 차별로 LGBT 노인들이 극심한 위험에 처해 있다는 정보를 계속 받았지만, 현실의 근본 원인을 다룬 연구와 자료, 특히 가장 중요하게는 이를 해소할 수 있는 역학 관계가 극도로 부족하다는 점을 알게 돼, 이를 유엔 총회에 보고했다. 정보가 매우 적고, 소수의 글로벌 노스 국가에 존재한다는 사실은 상황을 우려스럽게 한다. 2010년 영국에서 실시된 조사에 따르면 레즈비언, 게이, 양성애자 노인들은 친가족을 자주 만날 가능성이 작다. 그들은 또한 음주, 마약, 나쁜 정신 건강 병력,

우울증 진단 등에 처할 가능성이 크다. 이들 모두는 인지 저하와 치매의 위험 요인으로 확인됐다. HIV/AIDS도 마찬가지인데, 잘 알려진 바와 같이 HIV/AIDS는 남성과 성관계를 맺는 남성과 트랜스 여성의 주요 인구 집단에 불균형적으로 영향을 미친다.

LGBT의 생활 문제는 공간에 따라서도 다양하게 나타난다. 도시와 농촌에서 각자가 경험한 폭력과 차별은 상이하며, 성적 지향과 성별 정체성에 기반을 둔 폭력과 차별의 결과로 가족, 커뮤니티, 국가를 떠나야 하는 상황도 종종 있다.

성적 지향과 성별 정체성에 대한 유엔의 임무와 활동은 많은 관점이 교차하는 지점 위에 있으며, 나는 이 실존적이고도 정치적인 출발점, 그리고 이와 연결된 역학 관계의 복잡성을 인식하고 있다. 나는 이 책에 잘 묘사된 환경 속에 압박과 긴장이 존재한다고 보며, 이는 특별한 에너지와 잠재력을 만들어 건설적인 변화를 만들어 낼 것으로 생각한다.

첫 번째 독립 전문가인 위텃 만따폰(Withit Mantaphon)과 나는, 위임받은 업무는 국가 책임이며 이 업무를 처리하는 최고의 방법은 국가들과의 협력이란 진실한 믿음을 갖고 있었고, 이 믿음은 시민사회와 협력적인 국가들의 결단력과 함께 임무 갱신을 가능케 했다고 생각한다.* 결의안은 적극적인 협력 지원 모

---

* 2016년 6월 유엔 인권이사회 결의안 32/2에 따라 SOGI 독립 전문가가 신설(3년 임기)

델에 대한 명확한 지침을 제공하고, 효과적인 국가 조치에 대한 인식을 제고하며, 지원을 확대하는 데 유용하다. 실제로 임명이 이뤄진 이후 전 세계 모든 지역의 국가들은 사실 조사와 격려 방문을 위한 임무 수임자의 출장을 수용하고 환영해 왔다. 방문을 수락한 국가에는 이슬람 협력기구(모잠비크와 튀니지), 동유럽(조지아와 우크라이나), 미주(아르헨티나와 미국), 서유럽(영국) 국가들이 포함되며, 아시아, 태평양, 카리브해 지역을 대상으로 더 많은 방문이 예정돼 있다. 미주 성소수자(LGTBI) 특별보고관, 유럽 인권 위원, 그리고 유엔 난민최고대표와 함께 전략적 동맹도 구축됐다. 뉴욕(핵심 그룹)과 제네바(임무를 돕는 친구 그룹)에서 성적 지향과 성별 정체성 의제를 지지하는 국가 그룹이 공식화됐고, 미주기구(Organization of American States)에도 핵심 그룹이 있다. 평등권연합(Equal Rights Coalition)은 독립 전문가가 제기한 세 가지 세계적 요청 사항인 성별 정체성의 법적 인정이 이뤄지는 세계, 전환 치료 관행*이 없는 세계, 범죄화가 없는 세계를 포함한 새로운 전략 계획을 발표했다. 12개의 주제별 보고서

됐으며, 이후 2019년 6월 유엔 인권이사회 결의안 41/18에 따라 SOGI 독립 전문가 임무가 갱신됐음을 가리킨다. 참고로, 이후 2022년 7월 유엔 인권이사회 결의안 50/10에 따라 SOGI 독립 전문가 임무는 재차 갱신됐다. (옮긴이)

* '전환 치료(conversion therapy)'는 성적 지향이나 성별 정체성을 바꾸려는 시도들을 의미하며, 전 세계 주요 의학·심리학 단체에 의해 비과학적이고 유해한 행위로 간주된다. 이러한 치료는 우울증, 불안, 자살 충동 등을 초래할 수 있어 여러 국가와 지역에서 금지되거나 규제되고 있다. (옮긴이)

는 자료 수집, 사회적 포용, 지속가능개발목표, 평화와 안보로 범위를 넓혔고, 진정 절차를 통해 전 세계 국가들과 100건이 넘는 협력이 이뤄졌다.

전 세계 모든 지역의 국가들은 독립 전문가의 지속적인 활동을 지지하는 투표를 했고, 지역별로 반대하기로 합의한 사례도 없었는바, 2019년 임무 갱신이 명료하게 이뤄졌으며, 이 사실은 국제적인 대화의 역학 관계가 중요한 진전의 기회를 마련했다는 점을 증명한다. 2016년과는 상황이 매우 달랐다. 전 세계의 인권 운동가들이 국제 인권 체계 내에서 지속적이고 제도적으로 통합된 목소리를 내며 끊임없는 노력을 기울였기에, 이는 시민사회에 승리를 의미했고, 열망을 진전시킨 국가들의 승리기도 했다. 임무가 설정됐을 때, 활동가들은 174개 국가와 지역 출신의 1,312개 시민단체의 응원 캠페인을 통해 임무 갱신을 지지했다.

더글러스 재노프는 이 연구를 통해, 생생한 환경 가운데 국제 및 지역 다자주의 안에서 이뤄지고 있는 성적 지향과 성별 정체성에 대한 현재의 작업을 이끈 역학 관계를 설명하며, 풍부하고 사려 깊은 성찰을 제시한다. 이는 또한 고도로 정치화되고 양극화된 국제 외교의 맥락 속에서 업무를 추진할 때 이해관계자들이 직면했고 앞으로도 분명 직면하게 될 윤리적인 딜레마와 현실적인 어려움에 대한 아주 정직한 평가기도 하다. 이 방식을 통해 연구는 성적 지향과 성별 정체성에 기반을 둔 폭력과 차별

근절이란 대의에 다자주의가 기여할 수 있는 방식에 대한 지식 생성에 매우 크게 이바지한다.

빅토르 마드리갈-보를로스(Victor Madrigal-Borloz)[*]

미국 워싱턴

2022년 7월

---

[*] 성적 지향과 성별 정체성에 기반을 둔 폭력과 차별로부터의 보호에 관한 유엔 독립 전문가이자 엘리너 루스벨트 하버드 대학교 법학전문대학원 인권 프로그램 선임 방문 연구원.

차례

추천의 글 | 필립 터너 007

한국어판 서문 | 더글러스 재노프 012

서문 | 빅토르 마드리갈-보를로스 015

제1장
서론

LGBT 운동의 변화 035
LGBT 권리를 둘러싼 국제 갈등의 재구성 039
외교에 뛰어들기 041
퀴어 외교 분석하기 044
책 개요 047
용어에 대한 참고 사항 053

제2장
서구적 일탈에서 세계적 동성애 규범성으로
— 섹슈얼리티 이론과 성적 다양성 정치

LGBT 운동의 등장 064
게이 해방운동의 발전 069
평등 추구 운동, 주류화와 퀴어 비평 072

동성애 규범성: 현대 서구 LGBT 정체성의 특징인가?　076
탈식민적, 초국적, 국제화된 LGBT 정체성과 운동　080
LGBT 정치와 인권에 대한 탈식민적 접근을 향해　087
소결　093

제3장

국제 관계, 인권 외교와 LGBT 권리

국제 관계와 새로운 외교 형태의 부상　099
다자 인권 체계의 작동 원리　106
다자 인권 외교　114
국제 인권 체계에 LGBT 권리 포함하기　117
국제 관계와 인권 외교를 퀴어링하기　121
소결　137

제4장

세계적 동성애 혐오, 퀴어 외교, 갈등

캅카스의 악몽　143
변태성, 민족주의와 식민주의　146
무슬림 정체성, 퀴어 정체성과 국제 관계　151
세계적 동성애 혐오 이론의 한계　155
옹호 활동과 갈등　160
소결: LGBT 인권 외교의 이론화　166

제5장

LGBT 인권 외교 연구

퀴어한, 성찰적 관점 인식론　174
외교정책 이슈로 부상한 LGBT 권리 관찰하기　179
연구 방법론　183
제네바 출장기　187

유엔 인권이사회 UPR 참관   189
내 방법과 위치성에 대한 성찰   203
소결   206

제6장

인권 외교 메커니즘

외교적 단절: '제네바' vs '현실 세계'   213
유엔 인권 체계의 장단점   220
'우리 vs 그들'   228
지역 및 문화적 역학 관계의 변화가 반영된 투표 블록   232
시민사회와 외교관의 관계   238
소결   242

제7장

국제 무대에서의 LGBT 인권 증진

국제 LGBT 권리를 위한 투쟁 규정하기   250
유엔의 시각으로 본 LGBT 권리와 인권 외교   253
외교의 시각으로 본 LGBT 권리와 인권 외교   266
시민사회의 시각으로 본 LGBT 권리와 인권 외교   285
소결   305

제8장

LGBT 인권 외교 사례 연구 — 2014년 유엔 결의

2014년 결의안 배경   312
2014년 결의안에서 서구가 한 역할   315
2014년 초   319
2014년 여름   323
2014년 SOGI 인권이사회 결의안 실제 문구   327
분석   330
소결   337

제9장

LGBT 인권 외교의 정책적 함의

LGBT 인권 외교의 모범 사례 344
LGBT 운동에 대한 도전과 시사점 361
소결 390

제10장

결론

첫 번째 질문: 다자 LGBT 인권 외교 398
두 번째 질문: 외교관과 활동가가 직면한 과제 399
세 번째 질문: 국제 LGBT 운동에 대한 함의 400
체첸에서의 교훈 402

감사의 말 406

편집자의 말 |
호르디 디에스, 소니아 코헤아, 다비드 파테르노트, 매슈 웨이츠 407

역자 후기 | 서정현 411

참고 문헌 426

제1장

서론

레즈비언, 게이, 양성애자, 트랜스젠더(LGBT)의 권리를 위한 세계적인 투쟁을 비교적 새로운 현상으로 보는 시각은 솔깃하다. 그러나 최근의 성과는 수년간의 투쟁에 따른 결과다. 1984년 9월 30일, 레즈비언과 게이의 자유를 위한 유엔 국제 행진에 수백 명의 사람이 모였다. 이 시위는 오랫동안 사람들의 뇌리에서 사라져 갔고, 구글에 따르면 사이버 공간에서 웹사이트 한 곳만이 시위가 발생했음을 기록했을 뿐이다!(The Cahokian, 2019) 하지만 당시 깡마른 26세 청년이었던 나는 꽉 끼는 청바지에 초록색 후드티를 입고, 코디액 작업화를 신고, 캐나다 국기를 흔들며 그 자리에 있었기 때문에 시위가 있었음을 알고 있다. 당시 사람들 대부분은 백인, 북미 출신 좌파 활동가였으며, 뉴욕 유엔 본부에 모여 국제 연대의 필요성에 관한 열띤 연설을 들었다.*

---

* 당시 발언자 중 한 명은 체리 모라가(Cherríe Moraga)였다. 행진이 있기 1년 전, 모라가는 페미니즘적 연구 서적 『나의 등이라 불리는 이 다리 *This Bridge Called My back*』의 공동 편집자로 일했으며, 이 서적은 여전히 발매 중이다. C. Moraga와 G. Anzaldúa(1983)를 참고하라.

대안 정치 웹사이트인 '카호키안'에 따르면, 우리의 요구 사항은 다음과 같았다.

- 청소년기부터 노년기까지 레즈비언과 게이로서 공개적으로 살아갈 자유
- 감옥이나 정신병원의 폭력과 구금을 포함해 레즈비언과 게이에 대한 정부와 기관의 폭력 종식
- 거리와 가정에서 일어나는 반동성애 폭력 종식
- 모든 성폭력 종식
- 세계보건기구의 질병 분류에서 동성애 제외
- 동등한 권리, 동등한 주거 및 고용
- 자녀를 갖고 양육할 권리
- 양질의 보건 의료
- AIDS 환자에 대한 모든 종류의 차별 종식, 연구와 치료를 위한 투자 확대
- 반동성애 이민법 폐지
- 우리의 삶을 공개적으로 말할 권리, 다른 레즈비언 및 게이와 만나고 자유롭게 조직을 만들 권리(The Cahokian, 2019)

2015년으로 시점을 옮겨 오면, 당시 나는 박사과정 연구 진행을 위해 유엔 본부로 돌아왔다. 캐나다 출신 외교관인 나는 학업을 이유로 휴직했고 외교관, 유엔 직원, 그리고 이제 'LGBT

시민단체 대표'로 불리는 인권 활동가들과 인터뷰하고 있었다. 그때 나는 머리숱도 적었고, 허리둘레도 더 나갔으며, 정장 차림을 하고 있었다. 31년 전 나는 유엔 밖에서 시위하던 게이 운동가였는데, 이제 유엔 안에서 LGBT 외교관이 됐다. 나는 낮은 소파, 부드러운 조명, 카푸치노 바가 있는 분주한 로비를 걸어 지나갔다. 사람들은 노트북을 들고 휴대전화로 이야기를 나누며 인접한 회의실에서 나왔다. 1980년대 당시 활동가들은 화려한 복장을 하고 있어 알아보기 쉬웠다. 그러나 2015년 시민단체 대표와 외교관을 구분하기란 어려웠다. 이제는 모두가 화려한 신발을 신고 양복을 입고 있었기 때문이다.

LGBT 운동의 변화

애덤, 다위벤닥, 크라우벌(1999)은 오늘날 통상 LGBT 운동이라고 불리는 것의 유럽적 기원이 "세속화, 과학, 인본주의, 민주주의와 개인 자율성이란 계몽주의 가치"와 관련돼 있다고 강조한다. 19세기 말 산업화가 빠르게 진행되던 경제는 "전통적인 친족 관계"가 무너지면서 더 큰 개인적 자율성을 허용했다(Adam, Duyvendak & Krouwel, 1999, 5-6쪽). 동성애자를 절멸시키려는 나치의 선전과 뒤이은 전후 도덕적 공황, 매카시 시대의 마녀사냥이 있고 난 후, 1969년 뉴욕에서 벌어진 스톤월 항쟁은 현대적인 LGBT 권리 운동을 낳았고, 이 운동은 북미와 유럽에서 시작돼, 이후 많은 지역에서 일어났다. 1984년 내가 유엔에서 행진했던 당시까지 세계적인 운동은 시작 단계에 있었다. 그러나 지난 20년 동안 이 운동은 특히 북미, 유럽, 라틴아메리카에서 놀라운 성과를 거뒀고, 그 결과는 젊은 시절의 내가 상상할수 없었던 장면으로 나타났다. 예를 들어, 쥐스탱 트뤼도(Justin Trudeau) 캐나다 총리는 2017년 핼리팩스 프라이드 퍼레이드에서 행진했고, 버락 오바마(Barack Obama) 미국 대통령은 2015년 동성 간 행위를 범죄화한 우후루 케냐타(Uhuru Kenyatta) 케냐 대통령을 공개 비판했다.

LGBT 권리 요구가 국제적인 규모로 이뤄지는 역사적 순간이 오기까지에는 몇 가지 요인이 주요하게 작용했다. 위크스(2007)에 따르면, "심오한" 성 혁명은 "섹슈얼리티의 세계화"를 불러왔고, 북미와 서유럽의 성적 범주(sexual categories)는 "새로운 인권 담론을 여는" 다른 성적 문화들과 "상호 작용하고 상호 침투"하고 있다(Weeks, 2007, 10-13쪽). 위크스의 관점에서 섹슈얼리티의 세계화는 동성애에 대한 규제 완화 이상을 의미하며, 여성의 섹슈얼리티를 포함해 일반적으로 성적 표현에 대한 제약으로부터의 해방을 가리킨다(Weeks, 2007, 11쪽). 콜먼과 웨이츠(2009)는 선구적인 페미니스트 활동가들이 1970년대 인권협약들 속의 가부장적인 전제들에 의문을 제기하기 시작했던 과정을 설명한다. 운동가 단체는 1995년 베이징에서 열린 유엔 세계여성대회에서 레즈비언의 권리가 인권으로 인정되도록 하는 캠페인을 벌였다. 이 시도는 결국 회의 대표단에 의해 거부당했지만, 그 노력은 헤드라인을 장식했고, LGBT 권리의 핵심 요소를 국제 무대로 끌어올렸다.

국제적인 LGBT 권리 요구를 가능케 한 또 다른 핵심 요인은 세계적 영향력을 창출하는 시민사회*의 능력 향상이다. 콜먼과 웨이츠(2009)는 냉전 종식 이후에 비로소 LGBT 이슈가 국제정치 영역에 들어왔음에 주목한다. 1990년대 인터넷 접속이 가능해지고 항공료가 저렴해지자 LGBT 활동가들은 국제회의에 더 적극적으로 참여하기 시작했다(Kollman & Waites, 2009). 자국에서 별다른 진전이 없어 좌절하던 많은 활동가는 정부간기구(政府間機構, IGOs)**의 정책 의제에 영향력을 행사하기 위해 현장의 시민단체를 발전시키고 국제 시민단체와 협력했다. 그 결과

---

* 유엔 프로세스에서 **시민사회(civil society)**라는 용어는 회원국들의 인권 관련 실제 행동과 종종 극명하게 대조되는 인권 관련 입장을 제시하는 시민단체, 학자, 활동가, 변호사, 개별 시민의 총체를 가리키는 약어다. 시민사회 단체(또는 시민단체 — 옮긴이)는 다자 인권 프로세스에 적극적으로 참여하고 포럼, 총회, 회의, 위원회, 워크숍에서 자신의 관점을 제시하며 사망이나 교도소 수감 또는 일반적인 이동의 제약 등의 이유로 국제회의에 참석하기 어려운 인권 침해 피해자, 차별로 영향을 받는 공동체 구성원을 대신해 목소리를 낸다.

** 정부간기구(IGO)는 회원국들을 대표하는 기구를 지칭하기 위해 정치학자들이 사용하는 용어다. 유엔과 같은 방대한 기구뿐 아니라 영연방(Commonwealth)이나 안데스 공동체(Andean Community)와 같이 보다 작은 지역적 혹은 전문적인 기구도 정부간기구에 포함된다. 외교관과 정부간기구 직원은 정부간기구를 지칭하는 또 다른 용어인 국제기구(International Organization)라는 용어를 주로 사용한다. 그러나 여기에서는 더욱 엄밀한 용어인 정부간기구라는 표현을 사용한다.

정부간기구들이 개발하는 전략에는 LGBT 이슈가 포함되는 정책 영역이 확대됐다. 이 전략은 변화에 저항하는 회원국들에 궁극적으로 압력을 행사했다. 유럽연합이 이를 주도하고 있으며 유럽연합은 회원국들에 성적 지향에 근거한 차별을 금지하는 구속력 있는 법률을 채택하도록 하는 현재까지의 유일한 정부간기구다(O'Dwyer, 2013 참고).

또한 분명한 사실은 국가 내에서 LGBT 권리 운동이 빠르게 발전했기에 국제적으로 LGBT 인권 운동이 확대될 수 있었다는 점이다(Kollman & Waites, 2009). 힐데브란트(2013)는 "국내 법원과 국제재판소, 국제기구와 초국적 기구"가 LGBT 권리를 더욱 증진하고, 반LGBT 정책과 법률에 맞서고 있음을 강조한다(Hildebrandt, 2013, 230쪽). 일례로, 2010년 오바마 대통령이 LGBT 권리에 관한 본인의 생각이 동성 결혼 반대에서 지지로 "발전"했다고 발표한 사례는 잘 알려져 있다(Steinmetz, 2015). 그 직후 오바마 행정부는 국제 LGBT 권리를 외교정책 목표에 포함했다. 2011년 12월 6일 힐러리 클린턴(Hillary Clinton) 당시 국무장관은 제네바 소재 유엔 인권이사회 연설에서 "동성애자의 권리는 인권(Gay rights are human rights)"임을 천명했다(Meyers & Cooper, 2011).

시먼스와 올트먼(2015)은 현재 LGBT 권리를 지지하는 다수 국가가 추진력을 얻고 있다고 본다(Symons & Altman, 2015, 61-62쪽). LGBT 외교는 오늘날 국가 대 국가 관계를 통한 양자 차원과 유엔, 세계은행, 미주기구 등 많은 다자 기구에서 행해진다. 현재 LGBT 권리에 관한 다자간 논의도 많이 이뤄진다. 이 책은 주로 유엔 인권 체계에 초점을 맞추고 부수적으로 유엔의 지속가능개발목표를 다루지만, 성적 지향과 성별 정체성(SOGI) 이슈는 오늘날 건강, 아동, 여성, 심지어 조직범죄를 다루는 다자 회의에도 등장한다.

LGBT 권리를 둘러싼 국제 갈등의 재구성

동성 간 행위를 여전히 범죄로 처벌하는 국가가 67개에 달하기에 LGBT 권리에 대한 논쟁은 국제 인권 제도와 기구 내에서 상당한 정치적 마찰을 일으켰다. 피크와 틸(2015)은 "대부분의 국제 인권 선언들은 LGBT의 목소리가 나오기 전에 등장했기 때문에 성적 권리에 대한 구체적인 용어가 문서에 빠져 있다"고 지적한다. 그 결과, LGBT 권리를 "명시적으로 인정하는 법적 구속력 있는 국제조약은 없다"(Picq & Thiel, 2015, 2쪽). 국제 LGBT 인권 운동의 가시성 증대와 그에 따른 반발은 인권을 둘러싼 광범위한 갈등의 한 부분으로 여겨질 수 있다. 스티친(2004)에 따르면, 이 역학 관계의 핵심은 모든 국가가 궁극적으로 유사한 가치를 갖는다는 "보편주의적" 주장과 "문화적 차이와 공동체의 특수성을 내세우며 자신들의 입장을 정당화하려는 주장" 사이의 긴장이다(Stychin, 2004, 964쪽). 시먼스와 올트먼(2015)은 이런 차이가, 충돌하는 두 규범 사이에 "양극화"를 초래했다고 본다. 즉, "서구 국가"들이 "정교회, 기독교, 이슬람, 아프리카"의 가치를 주장하는 국가들과 대척점에 있다는 것이다(Symons & Altman, 2015, 61-62쪽). 다미코(2015)는 개인의 권리를 바탕으로 한 국제법이라는 서구의 관점이 LGBT 권리의 "보편성"을 인정하기를 거부하는 다른 관점들과 충돌한다고 주장한다(D'Amico, 2015, 54쪽).

그러나 자칫 영웅적인 "백인 서구 구세주"가 등장해 글로벌 사우스의 "동성애 혐오적인" 종교적 편견에 맞선다는 서사에 빠질 위험이 있다. 이 책은 외교를 통한 LGBT 권리의 국제적 증진 양상 분석을 목표로 하지만, 서구/비서구라는 지나치게 단순화된 이분법에 빠지지 않는 것이 내 주요 과제 중 하나다. 이 함정을 피하고자 나는 두 가지 방법을 시도한다. 첫 번째 방법으로, 탈식민적 접근법(decolonial approach)을 적용한다. 웨이츠(2020)가 지적했듯, "보편성(global)"을 표방하는 연구라도 실제로는 "특권적인 유리한 관점(privileged vantage points)"에 따른 연구일 수 있으며, 그 결과 이 갈등을 문화상대주의적인 주장이 활용된 "반식민적 관점(anti-colonial perspectives)"과 "인권에 대한 보편 담론(universal discourse of human rights) 사이의" 전투로 보는 프레임이 씌워질 수 있다. 섹슈얼리티를 탈식민화하려면 "서에서 동으로, 북에서 남으로 권력과 지식의 재지향

(reorientations)"이 필요하다(Waites, 2020, 2-3쪽).

서구/비서구 이분법을 경계하고자 내가 시도한 두 번째 방법은 상대적으로 특권을 가진 국가인 캐나다 출신의 게이 백인 남성이란 나 자신의 '서구성(Western-ness)'을 분명히 인식하고 인정하는 성찰적 접근이다. 20세기 후반 서구 사회운동은 내 정체성을 형성했다. 캐나다 게이 외교관으로서 내 체험은 글로벌 사우스 출신 LGBT의 체험과 매우 다르다. 일례로, 크로퍼드(2016)는 "현대 식민지적, 서구/기독교 중심 제도"의 틀 내에서 LGBT 정체성과 운동이 백인성(whiteness)을 인류 보편 모델로 삼고 있다고 지적한다. 그는 "성, 젠더, 인종, 정신, 경제, 정치, 언어의 권력 위계를 더욱 광범위하게 변화시키기 위해 투쟁하는 폭넓은 유색인종 LGBT 네트워크"를 지지한다(Crawford, 2016, 19-20쪽). 내 연구는 백인 북미 외교관의 관점에 있기에, 퀴어 외교에 대한 보편적인 접근 방식을 명확히 보여 준다고 자임하지 않는다.

외교에 뛰어들기

이 연구가 국제 LGBT 권리와 외교를 다룬 여타 연구들과 차별화된 점은 게이 직업 외교관이 수행했다는 사실이다. 학문에 전념하는 학자가 다자 외교, 유엔 인권 체계 또는 국제 LGBT 권리에 대해 연구했다면 큰 차이가 있을 것이다. 나는 파트타임으로 박사과정을 하고 있었지만, 집과 외교부 안에서, 그리고 외교관으로 해외 근무를 하며, 모두 풀타임 외교관 신분으로 '학교에' 있었다. 낮에는 직장에서 국제 관계를 '연구'했고, 밤에는 내가 하고 있던 연구를 깊이 이해하는 데 필요한 분석 도구인 비판이론과 방법론을 학습했다. 노이만(2012)은 민족지학 저서 『외교관들의 본국 생활: 유럽 외교부의 내부 *At Home with the Diplomats: Inside a European Foreign Ministry*』에서 "외국 근무와 본국 사이를 오가는 유랑 노동자"의 세계를 묘사한다. "외국에 있는 동안 그들의 지식 생성 양상은 정보 수집에 달려 있다." 그는 외교 실무자들에 대한 연구가 부족하다고 주장하며, "외교의 표준 운영 절차와 일상은 거의 알려지지 않았으며, 특히 정치적 내부자로 일하는 사람들조차 이를 잘 모른다"고 지적한다. 사실, 국제 관계를 다룬 저서들에서 외교관들은 종종 부차적인 존재다. 키신저는 "외교관들은 그저 정치인에게 정보를 제공하고 정치가의 명령을 수행하기 위해 존재한다"고 본다(Kissinger, 2004; Neumann, 2012에서 인용).

학문과 외교 수행을 결합함으로써, 나는 공직 수임 전 맡았던 LGBT 커뮤니티 내에서의 활동을 외교관이란 내 실제 직업 세계와 결부 지어, 세계 무대 속 LGBT 권리의 부상을 사색적으로 포착할 수 있었다. 운명의 장난처럼 내 경력은 필요한 모든 요소를 결합하는 방식으로 이어졌다. 수년간 LGBT 커뮤니티에서 언론인, 활동가, 연구자로 세계 각지에서 일한 뒤, 나는 오타와로 돌아와 연방 정부에서 업무를 시작했다. 2007년 나는 캐나다 외교부 근무를 시작했고, 2009년 외교관직에 임명됐다. 2010년 나는 미주기구 캐나다 대표부*의 대리 대표로 워싱턴 디시에 파견됐다. 4년간 나는 캐나다 대표로 다른 33개의 미주기구 회원국 대표들과 다양한 인권 관련 과정과 협상에 참여했고, 펜실베이니아가(街)에 위치한 캐나다 대표부와 내 사무소는 업무를 위한 최적의 공간이었다.

워싱턴에서 첫해를 보낸 뒤, 나는 다자 인권 외교의 기본 작동 원리를 터득했다. 다자 인권 외교는 정부간기구, 국가, 시민사회라는, 지속해서 활동하는 세 중심 주체로 구성된다.** 변형에 변형을 거듭하는 동맹의 계속된 변화는 혼란스러웠다. 예를 들어, 미주기구 캐나다 대표부로 우리를 계속해 찾아온 단체들은 국가 X와 국가 Y가 역내 인권을 제약하거나 해칠 수 있는 일에 착수하고 있다고 불평하며, 캐나다 정부에 토로하고자 했다. 그다음에 우리와 논의한 국가 A는 특정 시민단체가 문제를 일으키고 있다고 불만을 표했고, 그런 식의 운동을 지지하는 일은

---

* 재외공관은 외교관계를 수립한 국가의 수도에 설치되는 대사관, 국제기구(유엔, 유네스코 등)에 설치되는 대표부, 영사 보호를 위해 설치되는 총영사관으로 구분되며, 여기에서는 미주기구를 담당하는 공관이기에 대표부에 해당한다. 원문에서 mission은 주로 공관으로 번역했으나, 문맥상 국제기구 업무를 담당하는 공관을 뜻하는 경우 그 의미를 살려 대표부(또는 원문에 따라 상주 대표부)로 번역했다. (옮긴이)
** 다만 국가가 더 이상 국제 무대에서 단일한 행위자가 아니라는 인식이 높아짐에 따라 이 3자 모델도 진화하고 있다. 예를 들어, 더 많은 민간 영역 활동가가 국제적인 노력에 참여하고 있다.

현명하지 못하다며 우리에게 경계하라고 요청했다. 그 뒤 국가 B는 국가 A가 특정 시민단체의 신뢰도를 떨어뜨리려 한다며 우리에게 불만을 털어놨다.

오래지 않아 나는 미주기구에서 LGBT 권리에 관한 토론이 항상 큰 논란을 일으킨다는 점을 깨달았는데, 평범한 외교관들 사이에서 극적으로 일어난 대립은 성난 연설과 분노에 찬 반박으로 돌변했다. 시민단체 대표들은 참관인 자격으로 회의에 참여해 우리의 발언을 경청했다. 그들은 연설 중간중간 LGBT 친화적인 국가 대표에게 접근해 LGBT 권리 보호를 위해 '무언가 하기'를 요구했다. LGBT 권리를 힐난하는 회원국들이 만들어 낸 동성애 혐오 담론에는 매우 친숙한 울림이 있었다. 나는 외교관으로 일하기 전에 동성애 혐오 범죄를 연구했다(Janoff, 2005). 이제 이 선동적인 수사는 지역 차원의 논의에서, 그리고 점차 국제 차원의 인권 논의에서 자리를 잡아 가고 있었다. 외교 회의에 참여한 게이 참가자인 나는 미주 지역에 반LGBT 인권 침해가 만연함에도 이를 일축하는 외교관의 모습과 이들이 부도덕을 언급하는 부분에서 특히 불안감을 느꼈다.

퀴어 외교 분석하기

나는 내가 실천하고 있는 외교를 어떻게 '기록할 것인지' 생각했다. 나는 외교관, 시민사회 활동가, 정부간기구의 전문가와 대표의 3자 상호작용을 살펴봄으로써, 다자 외교 환경에서 LGBT 인권이 증진되고, 또 동시에 억압되는 방식을 연구하기로 했다. 이 연구는 다자 영역에서 LGBT 인권 의제에 대한 외교적 참여를 비판적으로 평가하는 것을 목표로 했지만, 더 넓은 차원에서 다자 인권 외교가 실제로 어떻게 전개되는지에 대한 연구가 됐다. 나는 "다자 외교 환경에서 LGBT 권리를 강화하거나 제약하기 위해 외교관*들이 정부간기구, 시민단체와 어떻게 협력하는가?"라는 질문을 제기하는 연구 작업을 설계했다. 이 핵심 질문에 수반되는 부수적인 질문들은 LGBT 권리를 지지하는 서구 외교관과 시민단체 대표가 직면한 문제, 국제 LGBT 운동이 직면한 미래의 문제를 다룬다.

나는 다양한 문헌 자료에서 외교관, 시민단체, 정부간기구 사이의 3자 관계에 대한 설명을 찾고자 했다. 그러나 정치학, 사회학, 국제인권법 분야의 연구는 주로 두 가지 측면, 즉 시민단체

---

* '외교관'과 '외교'라는 용어는 혼동을 줄 수 있다. 제3장 중 국제 관계 문헌에 대한 검토 부분에서 다룰 예정으로, 헤들리 불(Hedley Bull, 1995)은 외교란 국가 대 국가의 관계에서 "전문 외교관(professional diplomatists)"의 행위, 국가의 "공식 대리인(official agents)"과 "세계 정치에 기반을 둔" 유엔 등의 기관 사이의 관계를 모두 의미한다고 설명한다. 불은 전자가 너무 제한적이라고 보며, "용어의 더 넓은 의미"를 선호한다(Bull, 1995, 156쪽). 그러나 본 연구에서 '외교관'은 보다 제한적인 정의를 갖는다. 나는 연구를 통해 국가 대표, 정부간기구 대표, 시민단체 대표 사이의 3자 상호작용을 관찰했다. 내 연구 목적에 따라 '외교관'은 국가 대표의 약칭, '유엔 전문가/대표'는 정부간기구와 관련된 사람들의 약칭이며, '시민단체 대표'는 활동가나 운동가를 의미한다.

와 정부간기구에 집중돼 있었다. 자료들은 비국가 행위자들이 이룬 큰 성과와 이 분야에서 국제 규범의 부재, 국가 간 권력투쟁을 강조했다. 그에 반해 국가 행위자들이 LGBT 권리를 지지하거나 반대하는 '동기'를 조명한 자료는 거의 없었으며, 더 넓은 차원에서 자유민주주의적 가치를 장려하거나 제어하는 구상의 한 부분으로 다뤄질 뿐이었다. 정부간기구와 시민단체의 주체성은 문헌 자료에서 종종 다뤄지지만, 외교관은 주로 다양한 입장을 수용하거나 반대하는 이차원적 방식으로 언급되며, 외교관들이 결과를 성취한 원인과 방식에 대한 정보는 부족하다. 다행히도 노이만(2012)의 민족지학 연구를 통해 나는 내가 연구하고자 했던 외교관의 주체성을 확인할 수 있었다.

이 간극을 좁히고자 나는 필요한 이론 및 인식론의 관점을 수용해야 하며, 이를 위해 학문 간 경계를 넘어야 한다고 생각했다. 내 목표는 새로운 이론 수립이 아니라 내가 연구하는 복잡한 환경, 다시 말해 외교적인 갈등과 LGBT 권리에 대한 반발로 가득 찬, 밀집된 초국경적인 공간을 설명하는 데 도움이 될 포괄적인 이론적 틀의 설계였다. 사회학과 문화 연구 분야의 문헌 자료만으로는 이런 환경을 완전히 이론화할 수 없으며, 순수 정치학 또는 국제 관계 분석으로도 충분치 않을 것이다. 이 관점들만으로 내 연구 분야에 접근했다면 인식론적인 장벽에 부딪혔을 것이다. 올바르게 균형을 맞추고자 나는 퀴어 연구, 정치학 및 국제 관계, 정책 연구의 학제들이 교차하는 지점에서 포괄적인 이론적 틀을 설계했으며, 여기에 정치학과 정책 연구에서 발견되는 학제 간 방법론을 결합했다. 이 방식을 통해, 다양한 방법으로 수집된 경험적 사회과학 연구와 비판적 성찰을 결합하며, 사회 분석과 실천 개선 방안을 제시한다.

내가 이 통합적 접근 방식을 택한 이유는 몇 달마다 서구 언론이 특정 국가의 LGBT 커뮤니티가 동성애 혐오 선전의 표적이 됐다고 보도하고, 이어 무수한 외교적 비난이 촉발되기 때문이다. 소식이 잠잠해져도 몇 달 후 다른 국가에서 동성애 혐오 선전이 발생해, 또다시 반응이 촉발된다. 여기서 필요한 일은 이 사건들 사이의 연결고리를 분석하는 작업으로, 이는 반복되는 비극을 예방하거나 최소한 그 영향을 줄일 수 있는 정책적 대응을 구상하는 데 요구되는 중요한 첫 단계다.

책 개요

LGBT 외교 연구는 18세기 말 이후 성 및 성별 정체성*과 운동의 형성, 제2차 세계대전 이후 인권 외교의 출현이란, 서로 상이하지만 연결된 두 영역을 연구한다. 문헌 검토는 세 장에 나

---

* 원어로는 sexual and gender identities이며, 번역 시 'gender identity'가 한국어로 '성별 정체성'으로 사실상 굳어져 사용되고 있음을 감안해 '성별 정체성'으로 번역했다. 이 표현 외에 'gender'가 사용된 경우는 주로 그대로 '젠더'로 옮겼음을 밝힌다. (옮긴이)

누어 이뤄진다.

제2장의 제목은 "서구적 일탈에서 세계적 동성애 규범성으로 — 섹슈얼리티 이론과 성적 다양성 정치"로, 문헌 검토 분야는 다음과 같다: 섹슈얼리티의 사회적 구성, 민주적 틀 내 LGBT 운동의 역사와 발전, 서구의 '주류' 게이와 레즈비언 정체성의 확산, 교차성, 퀴어 이론과 기타 후기구조주의적 비평, 성 및 성별 정체성에 대한 초국적, 교차 문화적 이론, 비서구 LGBT 운동의 출현. 전반적으로 나는 문헌들이 국제정치 맥락에서 더욱 세계화된 LGBT 운동을 충분히 파악하지 못했다고 판단했다. 이에 LGBT 운동과 정체성 이론을 국제 관계 및 정치 이론과 연결하는 학제적 접근이 필요하다.

제3장 "국제 관계, 인권 외교와 LGBT 권리"에서는 외교, 국제 관계, 다자주의, 인권, 시민사회 참여, 국제 LGBT 운동과 단체에 대한 연구와 국제 관계 안에서 퀴어 주체(queer subject)에 관한 비판적 문헌을 검토한다. LGBT 권리를 포함한 서구의 인권 증진은 국제법, 외교, 개발 지원, 시민단체와의 협력을 통해 구현된다. 이 장에서는 LGBT 정치가 보편적 인권 담론과 그 외의 다자 프로세스에 포함된 양상을 비판적으로 평가하는 여러 연구를 제시한다.

제4장 "세계적 동성애 혐오, 퀴어 외교, 갈등"에서는 제3장에서 다룬 LGBT 권리에 대한 다자 또는 그 외 형태의 외교적 참여가 LGBT 권리 증진 및 보호 필요 담론과 더불어 문화상대주

의 개념을 바탕으로 한 반대 담론을 생성하여, 서구와 비서구 국가 간의 갈등을 초래해 온 과정을 다룬 문헌 자료를 검토한다. 다만 서구/비서구 이분법의 환원주의적 접근을 피함에 있어, 글로벌 성 정치에 관한 비판적 문헌은 중요한 도구가 되는데, 이를 통해 섹슈얼리티와 인권에 관한 탈식민 및 민족주의 담론, 국가 차원의 동성애 혐오와 그것이 국가 운영 수단으로 활용되는 방식, 성적 정체성 구성에 관한 서구와 이슬람의 논쟁과 같은 문제를 풀 수 있기 때문이다. 탈식민적 접근법은 LGBT 정체성과 운동을 다룬 확립된 사회학 및 국제 관계 문헌과 함께 고려될 때, 학제 간 이론적 틀 설계에 필요한 요소를 제공한다.

제5장 "LGBT 인권 외교 연구"는 내가 연구 과정에서 겪은 어려움을 다룬다. 나는 성찰적 시각을 활용해 연구자로서의 위치를 고민한다. 백인 게이 시스젠더* 남성, 북미 출신이자 외교관이란 내 다양한 관점은 끊임없이 교차했다. 때로 모순으로 보이는 정체성을 조율하는 일은 어렵기도 했고, 나를 예상치 못한 상황에 놓이게도 했다. 나는 연구가 진행되는 과정을 기술한다. 나는 제네바와 뉴욕을 방문했고, LGBT 인권 문제가 논의된 유엔 회의에 참가했으며, 국제적인 LGBT 인권 증진 활동에 참여했고, 외교관, 인권 옹호자, 유엔 전문가 및 대표 총 29명과 인

---

* 시스젠더(cisgender)는 트랜스젠더의 반대말로, 출생 시 부여된 성별과 자신의 성별 정체성이 일치하는 사람을 의미한다. (옮긴이)

터뷰를 진행했다. 내가 발전시키고자 했던 퀴어 인식론의 효과도 살펴본다. 내 자료 집합이 기대에 미치지 못한 이유, 보다 다원적인 자료 집합이 있기를 바랐던 이유와 함께, 이 관점을 향후 연구에 더욱 반영할 방법을 설명한다.

인터뷰와 참여자 관찰 자료에 대한 분석은 세 장으로 구성됐다. 제6장 "인권 외교 메커니즘"은 이데올로기, 문화 가치 체계, 민족주의 사이의 치열한 전투를 살핀다. 외교에 참여한 인사들과 진행한 인터뷰는 정부간기구, 외교관, 시민단체 간의 3자 역학 관계를 보여 준다. 인터뷰 참여자들은 이 핵심 3자가 함께 모이는 회의실, 위원회실, 외교 리셉션, 사교 행사의 세계로 독자를 안내하고, 유엔 인권 체계의 강점과 약점, 상주 대표부의 업무 작동 방식, 인권 외교의 정치화와 양극화, 그리고 보다 광범위하게는 국가 권력 블록의 변화에 대한 솔직한 시각을 제시한다.

제7장 "국제 무대에서의 LGBT 인권 증진"에서는 시민사회의 다자 외교 참여를 다룬 자료를 제시한다. 시민사회의 참여를 막거나 제한하는 특정 국가들의 갖은 노력에도 시민단체들은 정부간기구 대표자와 외교관과 긴밀히 협력해 LGBT 권리를 주류 인권 담론에 포함하는 데 상당한 영향력을 행사할 수 있었다. 외교관과 LGBT 인권 운동가들은 제네바와 뉴욕에서 다양한 유엔 메커니즘과 절차가 LGBT 권리 증진에 활용되는 양상, 아울러 LGBT 권리가 유엔 기관의 프로그램에서 더욱 주류

화되고 있는 모습을 자신들의 언어로 설명한다. 그러나 많은 승리의 순간들 사이에는 패배의 이야기도 있다. 유엔 전문가 임명 방해, 유엔 위원회와 협의회에 대한 LGBT 참가 저지, 유엔 지속가능발전목표(SDGs)에서 LGBT 권리 배제가 그것이다.

제8장의 제목은 "사례 연구 — 2014년 유엔 결의"다. 나는 제네바에 위치한 유엔 인권이사회에서 있었던 성적 지향과 성별 정체성에 관한 2014년 유엔 결의안의 시작, 전개, 논쟁을 살핀다. 외교관, 시민단체 대표, 유엔 대표와 인터뷰하며, 결의안을 '승리'로 이끌기 위한 기나긴 준비 과정, 경쟁 전략, 계획, 책략과 협상을 종합한다. 다양한 이해관계자 사이의 교차하는 관점에서 눈여겨볼 수 있는 지점은, 국제 무대의 '전투'가 보통은 상징적일 뿐이라 해도, 진지하게 받아들여지고 있고 최고위급에서 유심히 챙겨 보고 있다는 사실이다. 내 인터뷰 참여자들에게는 많은 것이 걸린 사안이었다. 협상에 관한 그들의 설명을 들으면, 마치 캐나다 사람들이 하키 설명을 하는 듯한 인상을 받는다. 보디체크,* 득점, 전술적인 승리는 면밀한 검토와 기념의 대상이다. 인터뷰 참여자들은 다자 절차에 관해 이야기를 시작했다가, 이내 개인적으로 느꼈던 감정을 설명했다. 국제 포럼에서 LGBT 권리를 옹호했다가 받은 공격이 자신을 향한 사적인 공격으로 느껴졌던 것이다. 한 서구 외교관은 "그들은 우리를 깡그리 무시했다"

---

* 아이스하키에서 몸을 부딪치는 행위를 뜻한다. (옮긴이)

고 전했다.

제9장의 제목은 "LGBT 인권 외교의 정책적 함의"로, 여기에서는 서두에서 정립한 학제 간 이론적 틀을 제5장, 제6장, 제7장에서 제시한 자료에 적용한다. 이 장은 두 부분으로 나뉘어 있는데, 내 핵심 연구 질문을 다룬 부분과 두 개의 부수적인 연구 질문을 다룬 부분이 그것이다. 첫 번째 부분에서는 LGBT 권리를 증진하는 다자 외교 환경에서 3자 상호작용을 통해 이뤄진 모범 사례에 대한 연구 결과를 제시한다. 두 번째 부분에서는 LGBT 권리 증진을 위해 노력하는 외교관과 활동가가 직면한 어려움과 국제 LGBT 권리 분야의 미래 동향에 대한 연구 결과를 제시한다. 나는 현재의 전략에 대한 초점 강화와 효율성 개선, 우선순위 영역의 명확한 정의, 정책과 연구 내의 공백 식별, 자원 통합, 중복 회피, 새로운 전문 분야 구축을 제안하며, 이를 실현할 수 있는 연구, 정책, 프로그램의 새로운 방향을 제시한다.

인터뷰 참여자들은 국제 개발 프로그램을 비롯해 오늘날의 모범 사례, 참여가 유망한 영역을 설명한다. 얼마 전까지만 해도 LGBT 시민단체들이 유엔 회의에 참여할 기회를 얻는 것은 그 자체로 승리를 의미했다. LGBT 권리가 유엔 결의안에 포함돼 통과되거나 유엔 보고서에서 언급되는 것만으로도 축하할 이유가 됐다. 많은 인터뷰 참여자는 장기적인 발전이 어떤 형태로 나타날지 명확하지 않다고 생각한다. 인터뷰 참여자 대다수는 지난 10년간 LGBT 인권 외교가 속도를 내고, 더욱 가시화 됐다는 점에는 동의한다. 그러나 승리를 선언할 시점이 언제인 가에 대한 합의는 거의 없는 것으로 보인다. 어떤 지표가 '진전' 을 보여 주는가? 국가의 진전을 측정할 때, 차별적인 법률의 철폐나 차별 금지 법제의 존재를 적절한 지표라 할 수 있는가? 공통된 합의는 없어 보인다. 이에 더욱 광범위한 전략과 장기적인 목표 수립은 어려워지고 있다.

제10장 "결론"에서는 LGBT 인권 외교에 더욱 집중하는 접근법에 대한 전망을 제시한다. 2017년과 2018년, 체첸에서 발생한 게이와 레즈비언에 대한 대량 구금과 학대 등 끔찍한 사건의 재발을 방지하기 위해서는 이 접근법의 많은 측면을 더 효과적으로 연결 지어 논의해야 한다.

용어에 대한 참고 사항

국제적인 LGBT 정체성을 다루는 비판적 문헌에서, 특히 '서양(West)'과 '글로벌 사우스(Global South)' 등 지정학적 용어는 논의를 어렵게 할 수 있다. 미뇰로(2016)가 "백인성, 이성애, 제1세계성(whiteness, heterosexuality, and First Worldness)"이 부여하는 특권을 언급했을 때 그 효과는 굉장했는데, 글로벌 노스/서구 선진국 출신 학자 대부분은 "제3세계(Third World)"라는 용어 사용을 중단하고, "글로벌 사우스(Global South)"라는 표현으로 대체했다. 박시 등(2016)은 소문자로 표기된 "west"와 대문자로 표기된 "Global North"가 종종 서로 바꿔 쓸 수 있는 표현이라고 본다. 그들은 "국제적으로 서양(west)이 퀴어 하위문화의 진보적 영웅으로 여겨진다"고 주장한다. 동시에 그들은 "글로벌 노스"가 자신들이 "여성과 퀴어 당사자를 포함해 모든 사람의 인권을 유일하게 보장하고 있음"을 내세운다고 지적한다(Bakshi et al., 2016). 문헌에 자주 등장하는 "서양(West)"과 달리, "동양(East)"은 거의 등장하지 않으며, 예외적으로, 서양이 구성한 "오리엔트(the Orient)"라는 용어가 멸칭으로 사용될 뿐이다. 예를 들어, 랑글루아는 "비(非)-서양 장소들이 신오리엔탈리스트 LGBT 활동가들에 의해, 미개발된 서양의 과거를 현대적으로 재연한 모습으로 묘사된다"고 주장한다(Langlois, 2015, 91-92쪽).

지정학적 구분 짓기와 모순은 사소한 문제가 아니다. 이 용어들은 현재 많은 비판적 성찰의 대상이 되고 있으며, 이 책에서 다루는 많은 갈등의 핵심을 이루고 있다. 일반적으로 나는 이 용어들의 사용이 특히 LGBT 권리의 맥락에서 명확히 설명돼야 한다고 생각한다. 예를 들어, 러시아는 특히 일부 '글로벌 사우스' 국가들과의 경제, 정치, 군사적 관계를 고려한다면, '글로벌 노스' 국가로 여겨질 수 있다. 하지만 러시아의 국내 및 국제 LGBT 인권 정책은 글로벌 사우스에 더 가까울 수 있다. 반면, 인도와 같은 글로벌 사우스 국가들은 식민지 시대의 소도미법*을 비범죄화했으며, 일부 글로벌 노스 국가에는 없는 LGBT 친화적인 법을 제정한 글로벌 사우스 국가들도 있다. 이 연구는 주로 호주와 뉴질랜드를 포함해서 서유럽과 미주 국가들이 중심이 된 핵심 자유민주주의 국가들이 LGBT 인권 담론을 국제정치에 포함하려는 외교적 노력을 분석하므로 나는 '서구(Western)'라는 용어를 주로 사용할 것이다. 완벽한 용어는 없겠지만, 여기에서 서구는 국제 무대에서 개인의 권리를 포함한 자유민주주의적 가치를 증진하는, 느슨하면서도 끊임없이 변화하는 정치 집단의 주요 행위자를 의미한다.

유사한 맥락에서 국제 LGBT 인권 커뮤니티 내에서 사용되는 용어에 대해서도 많은 질문이 제기될 수 있다. 예를 들어, 2017년 수백 명의 운동가는 몬트리올에서 열린 전국 LGBTTIQA2S 인권 회의에 참석했다. 나는 이것이 레즈비언(lesbian), 게이(gay), 양성애자(bisexual), 트랜스젠더(transgender), 트랜스섹슈얼(transsexual), 인터섹스(intersexual), 퀴어와 퀘스처너리(queer and questioning), 무성애자(asexual), 두 개의 영혼(two-spirited)을 의미한다고 추측했다. 그러나 프로그램이나 웹사이트 어디에서도 이 범주를 설명하는 '단서'를 찾을 수 없었기에 확신할 수는 없었다. 성 및 정체성 범주에 대한 오늘날 용어의 자세한 분석은 이 책이 다루는 범위를 넘어선다. 다만, 이 현상은 성 및 성별 정

---

* 소도미법(sodomy law) 동성 간 성행위를 규제하거나 처벌하는 법.(옮긴이)

체성에 기초해 가해지는 LGBT 대상 낙인과 병리화를 다룬 제2장의 학제 간 틀의 첫 번째 축과 매우 밀접한 관련이 있다.

이 범주들이 계속 세분될 것인지, 아니면 궁극적으로 고착될 것인지는 불분명하며, 이들의 유동적인 특성은 여전히 논쟁을 일으키고 있다. 이에 분석가들이 용어를 사용할 때 의미를 명확히 할 필요가 있다고 본다. 내 연구는 서구의 성 및 성별 정체성 개념의 확산과 이 정체성이 일부 비서구 사회에서 인식되는 양상을 다루므로, 이 책에서 나는 LGBT와 SOGI라는 용어를 주로 사용한다. 레즈비언, 게이, 양성애자, 트랜스젠더를 뜻하는 LGBT는 네 가지 성/성별 정체성을 아우르는 포괄적인 용어다. 이 용어는 1990년대 후반 새로운 글로벌 커뮤니티와 운동을 지칭하기 위해 사용되기 시작했다. LGBT라는 용어가 포괄성을 지향하지만, 비서구의 성 및 성별 정체성을 설명하는 데 적합하지 않은 서구의 개념이라고 보고 반대하는 사람들도 있다. SOGI는 성적 지향과 성별 정체성(sexual orientation and gender identity)을 뜻하며, 유엔에서 사용되는 용어다. SOGI는 차별의 유형에 초점을 맞추는 용어(예: SOGI에 근거한 차별)로, 차별을 받는 사람들의 정체성을 설명하는 표현인 LGBT(예: LGBT에 대한 차별)와는 구분된다. 나 또한 상황에 맞게 성/성별 정체성과 관련된 다음의 다른 용어들을 사용할 것이다.

- **동성애자(homosexual)**는 특히 행동과 낙인찍힌 정체성과 관련

돼 과학적이고 분석적이며 역사적인 맥락에서 사용되며, 일반적으로 스톤월 항쟁* 이후의 게이 해방(post-Stonewall gay liberation)보다 앞선 시기에 사용됐다.

- **게이**(gay)는 일반적으로 남성 동성애자를 의미하며, **레즈비언**(lesbian)은 여성 동성애자를 의미한다.
- **게이 해방**(gay liberation)은 서구에서 남성 중심으로 전개된 스톤월 항쟁 전후의 정치적 운동을 의미한다.
- **게이와 레즈비언**(gay and lesbian) 또는 **레즈비언과 게이**(lesbian and gay)는 1980년대와 1990년대 서구 하위문화와 사회운동을 지칭하며, 이에 대해 많은 트랜스들은 소외감을 느꼈다고 말한다.
- **트랜스**(trans) 또는 **트랜스젠더**(transgender)는 트랜스섹슈얼(transsexuals), 트랜스베스타이트(transvestites), 크로스드레서(crossdressers), 트랜스젠더(transgender) 사람들을 지칭한다.
- **LGBTI**는 종종 유엔에서 사용되는 용어로, 인터섹스를 포함한 커뮤니티/운동을 지칭한다.

---

* 동성애자, 드래그 퀸, 트랜스젠더를 위한 미국 뉴욕 소재의 술집이자 숙소인 스톤월 인(Stonewall Inn)에 1969년 6월 28일 경찰이 들이닥쳐 단속하는 과정에서 일어난 사건이다. 이전에도 경찰의 급습은 자주 있던 일이었고, 일부 인원의 체포, 뇌물 수수로 상황이 종료되는 게 일상이었다. 그러나 1969년 6월 28일 새벽, 경찰의 단속에 일부 사람들은 격렬히 저항했고, 오랫동안 억압받고 있던 많은 성소수자도 이에 가세했다. 스톤월 항쟁은 성소수자들이 차별과 멸시에 적극적으로 자신을 드러내 저항하는 방식으로 성소수자 인권 운동 양상이 변화하는 계기가 됐고, 이듬해인 1970년 6월 프라이드 행진이 처음 시작됐다.(옮긴이)

- **LGBTQ**는 퀴어/퀘스처너리*를 포함하는 커뮤니티/운동을 지칭한다.
- **성 및 성별 정체성**(sexual and gender identity)은 다양한 지향과 정체성을 지칭한다.
- **퀴어**(queer)에는 다음의 의미가 있다.
  — **퀴어**는 퀴어 이론과 퀴어 내셔널리즘에서 유래되고, 1990년대 초 북미에서 나타난 전복적인 문화와 정체성을 가리킬 수 있다.
  — **퀴어**는 젠더 이분법에 의문을 품고 이를 비판, 전복하며 사회현상을 비평하는, 후기구조주의에서 영감을 받은 용어로, 동사나 형용사로 쓰일 수 있다.
  — **퀴어**는 또한 자신을 이성애자, LGBT, 트랜스로 정체화하지 않은, 논바이너리와 젠더 비순응자를 포함하는 정체성 범주일 수 있다.

마지막으로, **동성애 혐오**(homophobia)의 개념은 모호할 수 있다. 이에 누군가를 동성애 혐오적이라고 칭할 때는 신중함이 필요하다. 애덤(1998)은 반LGBT 억압에 대한 다양한 학문적 접근 방식을 살피며, **동성애 혐오**의 뿌리가 심리학에 있다고 보았는

---

* 퀘스처너리란 자신의 성별 정체성, 성적 지향이 확립돼 있지 않으며, 이를 탐구하거나 의문을 품는 사람을 가리킨다. 원문 표현은 'questioning'으로, 한국에서 주로 통용되는 용어가 '퀘스처너리'임을 고려해 옮겼다. (옮긴이)

데, 이는 개인 속에 있는 동성애에 대한 비이성적인 두려움을 의미하는바, 상담과 교육을 통해 해소될 수 있다. **이성애 중심주의**(heterosexism)는 구조주의적 접근법을 취하며, LGBT 정체성의 발현을 방해하는 제도적, 물질적 틀이 존재함을 암시한다. 퀴어 이론가들의 시각에서 **이성애 규범성**(heteronormativity)은 동성애/이성애 이분법의 해체 필요성을 드러낸다(Adam, 1998). 동시에 학문의 영역 밖에서 대부분의 사람들이 누군가를 가리켜 이성애 중심적이라거나 이성애 규범적이라고 칭하지 않는다는 사실도 유념해야 한다. 동성애 혐오라는 용어는 심리학에 기원을 두고 있지만, 변화를 거듭해 왔다. 오늘날 일상 대화에서 동성애자가 느끼는 '동성애 혐오적(homophobic)'이란 용어는 유색인종이 느끼는 '인종차별적(racist)'이란 용어와 같은 성격을 가지며, 성적 지향과 성별 정체성에 기반을 두고 적극적으로 차별을 가하는 사람을 뜻한다. 인종차별주의자가 항상 폭력적이지는 않듯이, 오늘날 단어 용례를 보면 동성애 혐오자들도 항상 폭력적이지는 않다. 이 책에서 내가 동성애 혐오라는 단어를 사용할 때, 여기에는 LGBT를 깎아내리는 적극적인 의도가 있음을 가리키며, 이는 보시아(2013)가 제시한 국가적 동성애 혐오와 정치적 동성애 혐오라는 개념과 맥을 같이한다. 이 용어들은 제3장에서 논의한다.

제2장

서구적 일탈에서 세계적 동성애 규범성으로
— 섹슈얼리티 이론과 성적 다양성 정치

피크와 틸(2015)은 LGBT(레즈비언, 게이, 양성애자, 트랜스젠더) 권리가 "최근 '서구'의 지정학적 맥락 속에 깊숙이 자리 잡았다"고 봤다. LGBT 권리의 증진과 보호 노력은 "중요한 정책 변화를 이끌며 지난 10년간 세계적인 주목을 받으면서도", "문화적 저항과 정책적 반발"을 촉발했다(Picq & Thiel, 2015, 1-2쪽). 내 인터뷰 참여자들은 외교관, 인권 활동가, 유엔 전문가, 관료로서 자신들의 일상생활 속에서 겪는 갈등을 분명하게 설명한다. 제6장, 제7장, 제8장에 제시된 자료는 서구의 성 및 성별 정체성 개념이 어떻게 국제적인 LGBT 운동의 상징이 됐는지를 비롯해 서구 기반의 LGBT 시민단체가 국제적으로 LGBT 권리를 촉진하기 위해 일해 온 방식, 유엔과 그 외 정부간기구(政府間機構)가 LGBT 권리 의제를 주류 인권 담론으로 이끌어 온 과정, 다자와 양자 방식으로 LGBT 권리 인식을 높이려는 외교적 노력, 시민단체 대표와 외교관 간 긴밀한 협력 관계, 차별과 폭력을 겪는 LGBT에게 영향을 미치는 우선순위 사안들을 다루기 위한 시민단체들의 노력 등 다양한 주제를 다룬다.

제2장과 이어지는 두 장에서는 문헌 검토를 바탕으로, 위의

현상들을 해석하는 데 도움이 되는 다양한 이론적 관점을 살핀다. 이는 LGBT 운동이 촉발했고 계속 생성하고 있는 핵심 개념, 격렬한 논쟁, 급진적 사고와 사회 변화를 들여다볼 수 있는 창이 될 것이다. 성 및 성별 정체성은 20세기 대부분을 지배했던 정신의학, 의학, 범죄, 도덕 담론에 뿌리를 두고 다양한 방식으로 이론화됐다. 오늘날 국제 영역에서 동성애 혐오와 트랜스 혐오 담론을 자극하는 많은 수사적 표현은 20세기 이뤄진 동성애에 대한 병리화에 그 뿌리를 두고 있다.

LGBT 운동의 등장

빅토리아 여왕 시대에 아동, 커플, "히스테리적인" 여성, "변태적" 성행위를 하는 사람의 섹슈얼리티는 높은 경각심과 국가 개입의 대상이 됐다(Foucault, 1990, 104-105쪽). 푸코의 관점에서 이 "섹슈얼리티의 장치(deployment of sexuality)"(Foucault, 1990, 140쪽)는 빅토리아 여왕 시대에 섹슈얼리티가 억압됐다는 통념인 "억압가설(repressive hypothesis)"에 문제를 제기한다. 사실 푸코는 그 반대라고 주장한다. 즉, "담론의 폭발(discursive explosion)"(Foucault, 1990, 17쪽)이 성적 행동에서 성적 정체성으로의 패러다임 전환을 촉발했다는 것이다. 19세기 후반 섹슈얼리티가 크게 주목받자, 규율 방식이 더욱 개인화되고 전문가들의 권력이 강화됐다(Epstein, 1992, 250쪽). 의사와 정신과 전문의들은 성적 "비정상"을 설명하기 위해 새로운 명칭을 부여했다(Foucault, 1990, 105쪽). 법적, 의학적, 종교적 담론이 결합하면서 새로운 성적 범주들에 대한 명칭 부여는 일련의 법률, 구금, 정신과 치료와 그 외 형태의 사회적 통제를 만들어 냈다.

저서 『게이와 레즈비언 운동의 부상 *The Rise of a Gay and Lesbian Movement*』(Adam, 1995)은 비정상성 및 일탈과 결부돼, 새롭게 구성된 동성애 개념이 곧이어 낙인, 범죄화, 초법적 폭력으로 이어진 양상을 보여 준다. 그러나 동시에 이런 표적화에 대한 저항은 사회운동을 촉발했고, 그 영향은 오늘날에도 지역사회, 국가, 국제 차원에서 이어지고 있다. 자기 정체화(self-identification)는 LGBT 정치의 비밀 무기가 됐고, 오늘날까지도 그렇다. 낙인찍힌 사람들은 동성애 딱지에 맞서 싸우며 집단적인 성과를 이뤘다. 최초의 현대적인 LGBT 인권 단체는 1897년 베를린에서 설립됐다. 이 단체는 과학-인도주의 위원회(Scientific-Humanitarian Committee)로, 당초 초점은 동성애 행위에 대한 처벌을 규정한 독일 형법 제175조에 대한 저항이었다. 그러나 얼마 지나지 않아 이 신생 운동은 사회적 인식과 관용을 높이기 위한 활동에 몰두했다. 1920년대까지 독일의 운동은 큰 진전을 이뤘고, 다른 국가의 동성애자 운동에 영감을 줬다. 그러나 20세기 초반까지 동성애자 단체들은 서구 세계의 여러 지역에서 고립돼 있었다(Adam, 1995, 19쪽).

나치가 정권을 잡자 1930년대 초부터 제2차 세계대전 종전까지 독일과 피점령국에서 수천 명의 동성애자와 동성애자로 의심되는 사람들이 박해, 체포, 살해됐다. 살아남은 많은 동성애자는 지하로 숨어야 했다(Adam, 1995, 53-57쪽). 다른 서구 지역의 경우, 20세기 대부분 시기에 경찰과 언론 캠페인에서 동성 간 친밀성을 표적으로 삼는 일이 흔하게 일어났다. 여타 국가에서는 영화 내 동성애 검열, 반동성애 언론 선전이 이뤄졌다. 오늘날 여러 국가에서 동성애는 여전히 군대, 경찰, 기타 보안 기관에서 위협으로 여겨진다. 비슷한 유형의 박해와 범죄화는 20세기 서구에서 발생했는데, LGBT는 이 관행에 저항하며 상당한 성과를 거뒀다. 디밀리오(1981)의 연구는 미국 군대가 동성애자들에게 부도덕하고 정신병적이며 변태적이고, 국가 안보에 위협이 되는 존재라는 프레임을 씌운 과정을 보여 준다. 제2차 세계대전 중 캐나다군 관계자들은 동성애자들을 "정신병적 성격"과 "비정상적 성적 취향"을 가진 "반사회적 정신병자"로 분류하고 추방했다(Kinsman & Gentile, 2010, 69쪽).

냉전 동안, 퀴어 섹스는 "음모, 동원, 반대, 문명에 대한 위협"과 연관되며, "이질적인 타자"로 여겨졌다(Stychin, 1998, 7-10쪽). 미국에서는 연방 공무원, 외교관, 군인을 표적으로 삼은 캠페인인 "라벤더 공포"*가 1950년대 초 시작돼 1970년대까지 계속됐

---

* 20세기 중반 미국에 퍼진 동성애자에 대한 도덕적 공포를 의미한다. 공산주의자에 대한

다(Johnson, 2006). 캐나다도 비슷한 과정을 겪었는데, 동성애자 공무원이 해고됐고, 동성애자에게는 군대와 연방경찰 지원이 금지됐다. 존슨(2013)은 미국이 "국가 주도의 동성애 혐오적 공포"를 서구 동맹국들에 수출해 감시 대상 명단 작성, 감시, 해고로 이어지게 된 과정을 설명한다. 이 이념의 바탕에는 동성애가 부적응에 해당하며, 공무원을 협박에 취약하게 하고 공산주의 이념에 노출한다는 믿음이 있었다(Johnson, 2013, 55-61쪽). 즉, 동성애가 국가 안보에 위협이 된다는 생각이었다(Stychin, 1998, 1쪽). 미국은 유엔과 26개의 정부간기구에서 일하는 미국인들을 조사했고, 이 기구들에 동성애자를 퇴출하라고 전반적인 압력을 가했다(Johnson, 2013, 63-71쪽).

캐나다 외교부도 많은 동성애자를 퇴출했다. 예를 들어, 1960년 외교부는 동성애자로 확인되거나, 의심되거나, 그런 소문이 도는 직원 59명을 식별했다(Kinsman & Gentile, 2010, 131-132쪽). 한 캐나다 외교관은 자신이 머문 몬트리올 호텔 침실이 다른 남성 동료와의 대화 녹음을 위해 도청됐다고 주장했다(Kinsman & Gentile, 2010, 143쪽). 캐나다 외교부는 전통적으로 게이에게 매력적인 직장이었는데, 그들은 가족이 있는 외교관들이 별로 가고 싶어 하지 않는 지역으로 자진해 홀로 파견

공포가 확산하던 당시, 동성애자들이 국가 안보를 위협하는 우려 대상 인물로 지목됐다. 연방 정부는 동성애 혐오를 제도화했고, 수천 명의 동성애자 공무원이 해고된 것으로 알려져 있다. (옮긴이)

되고 싶어 했다.* 실제로 1940년대 후반과 1950년대 외교부는 "총각" 외교관을 소비에트 블록 국가들에 배치하는 정책을 시행했다(Kinsman & Gentile, 2010, 132쪽). 예를 들어, 데이비드 존슨은 1956년부터 1960년까지 주소련 캐나다 대사로 근무했다. 존슨은 자기 부하 서기관 중 한 명이 소비에트 국가보안위원회(KGB)의 함정에 빠졌다는 사실을 알게 된 후, 그를 오타와로 돌려보냈다. 이후 캐나다 연방경찰의 심문 과정에서 그 서기관은 존슨 대사 또한 동성애자임을 실토했고, 존슨은 소환, 해임됐다. 해당 서기관은 다른 동성애자들의 이름이 담긴 명단을 제출했고, 그 결과 이들도 해임됐다(Kinsman & Gentile, 2010, 93-95쪽). 존슨의 전임자인 존 왓킨스는 1954년부터 1956년까지 주소련 캐나다 대사로 근무했고, 그도 동성애자였다. 모스크바에 파견돼 근무하는 동안, 그 역시도 소비에트 국가보안위원회가 쳐 놓은 함정의 희생자가 됐다. 그는 캐나다로 귀임한 후에도 소련의 스파이로 의심받는 등 국가에 대한 그의 충성심은 몇 년간 계속 의혹의 대상이었다. 1964년 그는 연방경찰관들에게 납치됐다. 그는 몬트리올의 홀리데이 인 숙소에 구금됐고, 한 달간 심문을 받았으며, 결국 심장마비로 사망했다(Kinsman & Gentile, 2010, 95-97쪽).**

---

* 레즈비언들도 캐나다 외교부에 들어갔지만, 1980년대 중반까지도 여성 외교관에게 승진에 제약이 있었기에 이들은 이중 차별을 당했다. E. Keeble과 H. Smith(2001)를 참고하라.
** 이언 애덤스(Ian Adams, 1999)는 이 사건에 관한 책을 썼다. 『에이전트 오브 인플루언스

게이 해방운동의 발전

1960년대 초, 서구에서 나타난 사회적, 지식적 변화는 북미에서 서구의 LGBT 운동 형성과 전 세계로의 확산 양상을 이해하는 데 핵심이다. 게이와 레즈비언 커뮤니티는 점차 가시화됐고 목소리를 높였으며, 이는 학교 캠퍼스와 거리에서 베트남 전쟁, 노동자 권리, 시민 권리, 여성 권리와 관련된 이슈에 대해 시위하는 운동가들의 입장과 일치했다. 동시에 사회학 분야에서도 변화가 일어났으며, 그중 하나가 동성애에 대한 관점의 변화였다. 20세기 프로이트 이론에 영향을 받은 학자들은 동성애 욕망의 억압에 초점을 맞췄다. 섹스는 "압도적인 동물적 힘"(Epstein, 1992, 247쪽)으로, "리비도의 유압적 은유를 가진 충동의 메타 심리학"(Epstein, 1996, 148쪽)으로 이해됐다. 범죄학자들은 동성애자를 "타자", 이방인, 일탈 행동을 하는 외부인으로 여겼다(Humphreys, 1970; Reiss, 1961).

그러나 점차 동성애는 "상호 주관적으로 맞춰진 사회적이고 역사적인 구성"으로 여겨진 "성적 의미, 정체성, 범주"의 시각에서 이해되기 시작했다(Epstein, 1992, 247쪽). 매킨토시(1968)의 연구는 이 새로운 접근법을 잘 보여 준다. 현대 서구의 성별 정

---

*Agent of Influence*로, 이 책은 2002년 크리스토퍼 플러머(Christopher Plummer) 주연의 동명 영화로 제작됐다.

체성 범주는 최근에 고안됐으며, 동성애자의 사회적 역할은 독특하고 구별된다는 것이 매킨토시의 주장이다. 동성애적 행동은 흔할 수 있으나, 동성애자는 여전히 사회적 위협으로 여겨진다. 이 긴장을 유지하기 위해 동성애자에게 낙인이 가해지고 장벽이 세워진다. 아울러 스튜어트 홀의 시각에서 보면, LGBT 주체의 출현은, 1960년대 근대적 주체가 상징적 상호작용을 통해 사회의 맥락에서 형성된 사회적 구성으로 이해되기 시작했음을 보여 주는 사례라 할 수 있다. 정체성은 주체를 구조에 연결하는 일종의 봉합선 역할을 하는데, 이는 "주체들과 그들이 거주하는 문화적 세계를 안정화한다"(Hall, 1992, 276쪽). LGBT 주체들이 **집단으로** "동성애자 역할"을 자임할 때, 그들의 정체성은 더욱 가시화된다. 1969년, LGBT가 뉴욕에서 자신들의 권리를 주장한 후, 스톤월 항쟁은 새로운 사회운동을 시작했는데 이때 게이, 레즈비언, 트랜스젠더는 자신들의 커뮤니티를 향한 경찰의 억압에 항의하며 폭동을 일으켰다. 흑인, 미국 내 멕시코계 이민자, 페미니스트, 반전 운동에서 영감을 받은 게이 해방운동은 인식 확산, 젠더와 성 역할에 대한 의문 제기, 성적 억압 종식을 목표로 하는 사회혁명의 일환으로 여겨졌다(Adam, 1995, 81-85쪽). 이 운동이 가진 폭넓은 맥락을 이해하고자 위크스(2007)는 1960년대와 1990년대 사이에 일어난 네 가지 주요 변화를 다음과 같이 제시한다.

- 섹스와 출산, 결혼과 출산, 섹스와 결혼을 분리하는 "개인적 관계의 민주화와 비공식화"
- 여성해방운동에 따른 성적 자율성 증대
- 동의, 비범죄화, 폭력, 포르노그래피 및 미성년자의 섹슈얼리티와 관련된 사안을 포함한 "공적 영역과 사적 영역의 경계 재구성"
- AIDS 전염병으로 촉발된, 세속적이고 친밀한 생활로의 전환 및 이를 통한 개인적 자율성 제고*(Weeks, 2007, xi쪽).

이 변화들은 이후의 장들에서 자료를 분석할 때 중요하다. LGBT 권리를 둘러싼 동서양의 충돌 대부분은 이 변화들이 비교적 두드러지지 않은 사회에서 많이 발생한다. 예를 들어, 개인적인 관계가 더 공식적이고 덜 민주적인 사회, 여성의 성적 자율성이 적은 사회, 성적 활동에 대한 선택이나 동의와 관련해 사람들의 자율성이 적은 사회, 사람들의 성적 자율성이 법이나 폭력의 제약을 받을 수도 있는 사회가 그렇다.

---

* 저자가 인용한 글에서 위크스(2007)는 1980년대 초 HIV/AIDS 위기 당시, 편견으로 인한 미흡한 대응, 나아가 동성애자 커뮤니티에 대한 공격이 있었으나, 동성애자들이 자발적으로 조직화돼 안전한 성관계 방법 등 예방 캠페인을 효과적으로 이끌었다고 설명한다. 위크스는 동성애자들이 문제를 정의하고 해결책을 찾기 위해 준비가 돼 있었다는 점에 주목한다. 또한 위크스는 사람들 간의 연결이 HIV 확산을 촉진했지만, 동시에 이 연결을 통해 사람들이 공통의 인간성, 자율성의 기쁨, 상호성의 의미 등을 학습했다고 본다. 위크스는 이를 통해 성적 문제와 친밀성 문제를 권리와 책임, 사회정의 문제와 연결하는 기회가 마련됐다고 본다. (옮긴이)

스톤월 항쟁 이후, 서구에서는 도시의 게이와 레즈비언 커뮤니티가 폭발적으로 증가했고 집단적 커밍아웃도 있었다. 그러나 가시성 제고는 게이, 레즈비언, 트랜스젠더를 공격에 취약하게 만들기도 했다. 예를 들어, 1980년대 초 캐나다 토론토의 게이 사우나들은 전례 없는 습격을 연거푸 받았다. AIDS 위기는 취약성을 더욱 악화시켰다. 제니스와 브로드(1997)는 "새로운 사회운동의 출현과 제도화"가 폭력의 정치를 새로이 규정했고, 이에 LGBT에 대한 폭력 등이 "더 이상 사적 영역의 개인적인 문제로 여겨지지 않게 됐다"고 지적한다(Jenness & Broad, 1997, 24-27쪽).

평등 추구 운동, 주류화와 퀴어 비평

초국적 관점에서 LGBT 정치를 볼 때, 서구의 LGBT 시민단체들이 택한 경로가 다른 국가에서 재현될 수 있을지 의문이 제기되며, 이는 '보편적' 또는 '국제적' LGBT 운동의 가능성에 의구심을 일으킨다. 1970년대부터 2000년대 초반까지 서구에서 LGBT 평등을 위한 투쟁은 입법, 정책, 제도 개혁을 위해 교섭 활동을 한 게이나 레즈비언 활동가에 의해 주로 이뤄졌다. 게이와 레즈비언이 주류에 진입하면서 이들의 목표는 "민권 정치 전략(civil rights political strategy)"의 주류화를 통해 게이 "해방"에서 게이 "평등"으로 옮겨 갔다(Epstein, 1992, 282쪽). 서구의 게이와 레즈비언 커뮤니티가 더욱 일관된 정체성을 택하기로 한 전략적 결정은 효과가 있었던 것으로 보이는데, 법적 보호와 정치적 대표성이 꾸준히 증가했기 때문이다. 웨이츠(2013)는 특정 유형의 동성애 행동이 비범죄화됨으로써 동성애자들에게 암묵적인 시민권이 부여돼, 이들이 제한적인 방식으로 정치 영역에 발을 들일 수 있게 됐다고 본다. 웨이츠는 현대적 동성애자 시민을, 그림자에서 등장해 "심리학적 분석을 거쳐 새로운 책임성을 부여받은" 모습으로 묘사하면서(Waites, 2013, 168-171쪽), 동성애자 시민에게 행동을 관리해야 한다는 부담이 지워졌다고 본다(Waites, 2013, 171-173쪽).

서구의 운동은 낙인찍기와 구분 짓기에 대한 반응으로 생겨났고, 공유된 소수주의적 정체성("게이와 레즈비언")을 중심으로 결집했으며, 이는 1980년대와 1990년대 정치적 성과와 높은 가시성으로 이어졌다. 그러나 20세기 후반이 되자 응집력 있는 게이와 레즈비언 정체성 개념은 와해되기 시작했고, 성 및 성별 정체성에 대한 새로운 이론화로 이어지는 중대한 분열을 겪었다. 홀의 주장에 따르면, 게이와 레즈비언 정체성의 분열은 아마 포스트모던 주체들 때문이었을 텐데, 이들은 상이한 범주와 대립을 통해 형성된 다양한 사회적 정체성과 입지(social identities and inhabiting positions)로 구성된 주체들이었다(Hall, 1997, 57쪽). 다른 학자들은 후기구조주의자들이 이 분열에 기여했다고 보는

데, 이 학자들에 따르면 후기구조주의자들은 "게이와 레즈비언" 정체성에 문제를 제기했으며, 이 정체성을 "다양하고, 관계적이며, 끊임없이 재구성될 수 있는" 성격의 것으로 재정의하고 "단일화된 정체성을 비롯해 이성애와 동성애라는 주요 범주에 대한 거부"로 재해석했다(Rankin, 2000, 187쪽).

후기구조주의적인 정체성 개념으로의 전환은 1990년대 퀴어 이론이란 새로운 비평의 흐름에 영향을 줬다. 예를 들어, 버틀러(1993)는 퀴어 주체를 탐구했는데, **퀴어**라는 용어는 퀴어 주체를 부끄럽게 하면서도 퀴어 주체를 생성하는 방식으로 작동하며, 이들은 **퀴어**라는 용어의 사용에 맞서기 위해 **퀴어**라는 용어를 사용한다. 규제, 배제, 정상화라는 사회적 전략은 젠더와 섹슈얼리티를 끊임없이 연결 짓는데, 퀴어 분석의 임무는 이 연결이 형성되는 방식을 이론화하는 일이다(Butler, 1993, 226-240쪽). 퀴어 이론과 퀴어 네이션 운동*은 한때 게이와 레즈비언이 차지했던 공간에 대한 포스트모던의 탈중앙화로 읽을 수 있다. 반면, 엡스타인(1996)은 공유된 정체성의 중요성에 기반을 둔 게이와 레즈비언 사회운동에 퀴어 이론이 이의를 제기했다고 보면서도, 정체성이 유동성을 띠고 범주화에 저항할 때, 정치가 어

---

* 퀴어 네이션은 1990년 3월 미국에서 조직된 성소수자 단체로, 단체 활동가들은 '이상한, 비정상적인' 등 퀴어가 가진 부정적인 의미를 전복하고 다양한 성소수자들의 권리를 지지하고자 퀴어라는 용어를 전면에 내세우는 운동을 전개했다. 이들은 이성애 사회로의 편입에 반대하며 정체성 정치, 전투적 활동 방식을 추구했다. (옮긴이)

떻게 가능할 수 있을지 알기 어렵다고 주장한다(Epstein, 1996, 157-158쪽).

일부 트랜스젠더 이론가들도 퀴어 이론에 비판적인 견해를 보이는데, 이들은 퀴어 이론이 트랜스젠더를 이론화하는 능력이 있는지 의문을 제기한다. 나마스테이(2000)는 퀴어 이론이 후기구조주의의 반기초주의적(anti-foundationalist)* 의제에 기여하지만, 분석 영역이 "소설, 영화, 연극, 드래그 퍼포먼스"로 매우 제한돼 있다고 본다. 버틀러의 연구는 퀴어 이론과 동의어로 여겨지지만, 나마스테이는 버틀러가 트랜스젠더를 "치명적으로 오해"한다고 비판한다. 드래그 퀸이 젠더 체계를 파괴적인 방식으로 드러낸다고 여겨지는 반면, 트랜스섹슈얼이 규범적인 성/젠더 관계를 강화하는 매우 보수적인 젠더 속임수로 묘사된다는 것이다(Namaste, 2000, 13-20쪽). 많은 트랜스 연구가 정체성 범주에 초점을 두고 있어 트랜스젠더의 실제 경험은 지워지고, 트랜스젠더는 형상적인 존재, 생각할 수 없는 존재, 보이지 않는 존재 불가능한 존재로 축소된다. 젠더가 구성되는 방식을 이론화하는 작업은 소외된 트랜스젠더의 실질적인 삶을 개선하는 데 거의 도움이 되지 않는다. 나마스테이는 트랜스 주체의 경

---

* 반기초주의란 지식, 사회구조 등의 근거 또는 기반이 될 수 있는 불변의 진리 내지는 기초가 존재한다고 보는 기초주의를 거부하는 개념이다. 반기초주의에 따르면 지식, 의미, 진리는 보편적이거나 중립적이지 않으며, 역사적, 사회적, 언어적 맥락에서 권력관계나 담론, 문화적 실천 등으로 형성되는바, 유동적이다. (옮긴이)

험을 규제하고 생성하는 제도적 관계에 초점을 맞추며, 자신의 연구 질문을 일상 세계 안에서 구성하고자 한다(Namaste, 2000, 46-52쪽).

퀴어 및 트랜스 이론가들의 비평이 미친 영향은 또 있는데, 바로 레즈비언과 게이 운동이 점차 LGBT 운동으로 알려지게 됐다는 점이다. 그리고 이와 동시에 서구의 성 및 성별 정체성은 점점 더 주류화되고 있다. 다음 장의 주제로 논의될 이 보편화 현상은 비서구 국가들에 수출되는 성 및 성별 정체성의 '브랜드'에 중대한 영향을 미쳤다. 즉, 성 및 성별 정체성 운동이 권리 중심적인 방식이자 서구적인 방식으로 수출된 것이다.

동성애 규범성: 현대 서구 LGBT 정체성의 특징인가?

퀴어 문화는 더 급진적이고 다양한 정체성을 추구했지만, 아이러니하게도 그와는 반대로 많은 LGBT는 주류 사회에 융합하고자 노력했다. 서구에서 공적인 동성애자 인사들은 상당히 자리를 잡았다. 예를 들어 2019년 기준, 아일랜드의 리오 버라드커(Leo Varadkar) 총리, 아이슬란드의 요한나 시귀르다르도티르(Jóhanna Sigurðardóttir,) 총리, 세르비아의 아나 브르나비치(Ana Brnabić) 총리, 룩셈부르크의 그자비에 베텔(Xavier Bettel) 총리 등 네 명의 "커밍아웃한 동성애자"인 국가 지도자들이 있다. 데

이비드 엥 등(2005)은 지난 30년간 신자유주의의 부상, 테러와의 전쟁, 복지국가의 파열, 근본주의의 물결, 새로운 이민 형태, 레즈비언과 게이 문화의 주류화 및 법적 보호의 강화 등 서구에서 많은 변화가 발생했고, 그 결과 탈정체성(post-identity), 탈인종적 퀴어성(post-racial queerness)에 이르게 됐다고 주장한다(Eng et al., 2005, 2쪽).* 엥 등은 정상화 메커니즘(mechanism of normalization)**을 통해 퀴어 자유주의(queer liberalism)가 사생활, 결혼, 소비주의로 자유를 재정의하며, 일종의 반동적 정체성 정치(reactionary identity politics)를 재구성했다고 본다(Eng, 2005, 4쪽). 더건은 이를 가리켜 "동성애 규범성(homonormativity)"이란 용어를 제시했고, "가정과 소비에 기반을 둔 사적이고 비정치화된 게이 문화"로 정의했다(Duggan, 2003, 50쪽). 일례로, 캘리피아는 일부 보수적인 게이들이 "게이 섹슈얼리티를 단혼적(單婚的)이고 재생산적인 이성애로 환원시키려(rehabilitate gay

---

* 저자가 인용한 글에서 엥 등(2005)은 1990년경 등장한 퀴어라는 용어가 국가 권력의 정상화 기제에 도전하는 용어로, 당시 용어가 가진 정치적 약속에는 성, 인종, 성별, 계급, 국적, 종교 등에 대한 폭넓은 비판이 있었으나, 오늘날 "퀴어"의 의미가 축소돼 "동성애자", "백인", "남성"으로 제한되는 경우가 많음을 지적한다. 여기에서 탈정체성, 탈인종적 퀴어성은 퀴어 연구에서 다양한 정체성과 인종을 적극적으로 문제 삼지 않으려는 퀴어 자유주의의 요구 또는 경향을 의미한다. (옮긴이)

** 저자가 인용한 글에서 엥 등(2005)은 정상화 메커니즘이 게이와 레즈비언 정치뿐만 아니라 그 분야의 내부 작업까지 조직화하려 했으며, 특정한 특권을 가진 주체, 성적 행동의 기준, 정치적 참여 등을 중심으로 지배 논리를 구성하려 했다고 지적한다. 엥 등은 이에 맞서 퀴어 연구가 인종, 성별, 계급, 국적, 종교, 성별 정체성에 대한 광범위한 사회적 비판을 동원할 수 있어야 한다고 강조한다. (옮긴이)

sexuality as monogamous, reproductive heterosexuality)"한다고 지적한다. 더건은 이 남성들에 대해 "다른 성소수자들이 가진 쾌락의 경계를 비난하고 제약하는 거만한 엘리트"라고 비판한다(Califia, 1997).

푸아(2007)는 미국의 퀴어성(queerness)이 "엘리트적인 세계시민의 형태(elite cosmopolitan formulation)"가 됐다고 본다. 사회는 국가에 충성하는 LGBT 시민을 엄선해 받아들였다. 더 많은 퀴어들은 커플을 이루고 전통적인 가족과 친족 관계를 형성하고 있다. 그들은 개정된 법률과 초국적 입양을 통해 자신들을 전통적 이미지에 길들인다(Puar, 2007, 4쪽). 이런 정상화의 대부분은 동성 결혼이 동성애의 무질서함을 길들이고 사회 수용도 증가에 전반적으로 기여했다는 생각과 맞물려 있다. 일례로, 언론은 2019년 버라드커 아일랜드 총리가 동성 배우자와 함께 미국 백악관을 방문한 사실에 높은 관심을 보였다(Jackson, 2019). 서구에서 LGBT 권리의 진전 수준은 일정 정도 동성 커플의 혼인할 권리로 측정되며, 현재 24개국 이상에서 동성 결혼이 법적으로 인정되고 있다(CNN, 2019). 그러나 내 인터뷰 참여자들은 동성 결혼에 대해 많은 비서구 외교관과 논의하기가 거의 불가능하다고 지적했다. 혼인할 권리에 관한 논쟁은 향후 몇 년간 폭력적인 국제 대립으로 격화할 가능성이 있어 보인다.

버틀러(2004)에 따르면, 점점 더 많은 법적 관할에서 동성 결혼을 인정하면서 "정당성의 위기"가 발생하게 됐다. 이 분야의 논쟁은 과학 기술, 인구 통계, 페미니즘, "게이의 난잡함"에 대한 두려움이 얽혀 있다(Butler, 2004, 110쪽). 누군가를 결혼 제도에서 배제하는 것은 "규범성에 대한 판타지"를 표현하는 것이다. 전통적인 결혼은 "친족 관계에 대한 이념적 근거"가 된다(Butler, 2004, 116쪽). 레비스트로스(Claude Lévi-Strauss)의 관점에서 결혼 제도는 문화의 상징적 질서를 정립하며, 반대로 결혼의 소멸은 혼란을 일으킨다(Butler, 2004, 103쪽). 그러나 위크스(2007)는 동성 결혼이 이성애 규범성이나 신자유주의의 산물이란 견해에 반대한다. 그는 오히려 이것을 LGBT가 이성애 규범성에 도전하는 여러 방식 중 하나인 "전통적 제도의 퀴어링(queering of traditional institutions)"이라고 본다(Weeks, 2007, xiii쪽). 실제로 디에스(2015)는 동성 결혼이 "라틴아메리카 사회의 역사를 지배해 온 근본적인 이성애 규범적 요소들"을 변화시켰다고 주장한다. 여기서 중요한 것은 동성 결혼이 가족이란 중심 제도를 재구성한다는 점을 넘어, 섹스와 출산이 불가분하게 연결된다는 토마스주의적 가톨릭(Thomist Catholic)*의 믿음을 뒤엎는다는 사실이다(Díez, 2015, 29-38쪽).

앞의 문헌 검토에서 알 수 있듯이, 서구 국가들에서 LGBT 정체성의 "동성애 규범화(homonormalization)"는 법 개혁과 정치

---

* 13세기 가톨릭 신부이자 철학자인 토마스 아퀴나스(Thomas Aquinas)의 사상을 기반으로 한 가톨릭 신학으로, 진리를 이해하는 과정에서 신앙, 자연법, 이성의 역할을 강조했다.(옮긴이)

구조 접근을 통해 다양한 수준으로 뿌리내렸다. LGBT를 포함하도록 혼인 제도를 확대함으로써 동성애 규범적인 서구적 주체 형성이 촉진됐다. 그러나 이 모델이 비서구 국가에서 재현될 수 있을지 의문이 제기된다. 첫째, 이런 변화는 자유민주주의 체제 내에서는 가능했으나, 비민주 국가에서 강력한 엘리트의 동의 없이 실질적인 법적, 정치적 변화가 어떻게 발생할지 불분명하다. 둘째, 다음 장에서 언급하겠으나, 비서구 국가에서의 성 및 젠더 주체성(sexual and gender subjectivities)의 발전은 상이하게, 주로 자본이나 인권 보호가 거의 전혀 없는 상황에서 이뤄져 왔다. 서구 모델이 서구 바깥의 세계에서 재현될 수 있을지 의문이다. 오히려 입법 및 정책 변화가 함께 점진적으로 나타날 가능성이 커 보인다.

탈식민적, 초국적, 국제화된 LGBT 정체성과 운동

이 절(節)에서 나는 서구와 비서구의 젠더와 섹슈얼리티 구성의 공존을 다룬 이론을 검토한다. 위크스(2007)는 21세기 초, 현대적 섹슈얼리티의 여러 모순이 주목받았고, 그 결과 관계, 젠더 역할, 트랜스젠더 정체성에 대해 의문이 제기됐으며, 새로운 권위, 서사, 성적/친밀한 시민성(sexual/intimate citizenship)의 형태가 확대됐다고 지적한다(Weeks, 2007, xii쪽). 올트먼은 세계화가 전통적인 경제적, 사회적, 젠더 및 성별의 관계를 파괴했다고 주장한다(Altman, 2008, 147-149쪽). 이어지는 제3장과 내 자료를 통해 다시 설명하겠지만, 일부 비서구 국가의 동성애 혐오 담론은 서구가 동성애 정체성에 대한 그들만의 개념과 구성을 이용해 비서구 국가들을 오염시켰다며 서구를 "비난"하고 "책망"한다. 젠더 및 섹슈얼리티에 대한 초국적이고 탈식민적인 접근법은 이런 주장의 타당성 여부를 평가하고 이에 대응하기 위해 LGBT 운동가들이 활용하는 전략을 이해하는 데 도움이 될 수 있다.

비교 섹슈얼리티 연구는 다양한 정체성 범주 간의 관계를 보여 준다. 루고네스(2007)는 미 대륙에서 스페인 사람들이 폭력적인 방식으로 부여했던 "이성애주의(heterosexualism)" 이데올로기를 설명하며, 식민 권력의 작용에서 젠더가 인종에 융합된 방식을 제시한다. 일례로, 유럽인이 미 대륙에 도착하기 전, 미 대륙에 있던 많은 토착 국가는 인터섹스인 사람들을 인지했고 두 개 이상의 젠더를 인정했다(Lugones, 2007). 식민지인들은 자신들의 언어로 지칭할 수 없는 사람들을 낙인찍는 용어를 사용했는데, 예컨대 프랑스인들은 서구의 젠더 역할에 맞지 않는 토착민들을 남성 매춘부(male prostitutes), 남색주의자(sodomites), 자웅동체(hermaphrodites)로 칭했다(Kinsman, 1996, 92-97쪽). 또한 이 주체들에게 부여된 영적 측면은 서구 인류학자들에 의해 종종 무시됐다(Shelley, 2008, 23쪽). 프리외르(1998)는 주중에 남성으로 옷을 입고 전통적인 직종에서 일하지만, 주말이면 여성으로 옷을 입고 성을 팔아 수입을 보충하는 멕시코 남성들의 세계를 탐구한다. 프리외르는 자신의 조국인 노르웨이를 떠올리며, 노르웨이에서는 게이 남성이 이성애자처럼 행동할 때만 용인된다고 말한다. 프리외르는 "어느 나라가 더 관용적인가?"(Prieur, 1998, 66쪽)라는 질문을 던진다.

퀴어 디아스포라 연구는 인종 및 민족성 문제와 함께 다양한 섹슈얼리티를 이론화하며, 비판적 인종 이론과 탈식민적 연구를 다시 생각하도록 촉구한다. 퀴어 디아스포라는 가족/친족 구조, 민족국가, 시민성, 제국주의와 제국에 이의를 제기하며, 서구의 성적 발전(Western sexual development)에 핵심 역할을 했던 "인종화된 이성애적 가부장제(racialized heteropatriarchy)"를 논박한다(Eng, 2005, 8쪽). 뤼베이드(2005)에 따르면, 초국적 이론은 다양한 사회에서 복수의 정체성을 동시에 취하는 행위자로 이민자를 이해하는 데 도움을 준다. 때때로 퀴어 이민자들은 새로운 곳에 입국하기 위해 자신의 성 및 젠더 규범을 포기해야 한다. 난민들은 자신의 조국을 포기하고 조국을 악마화해야만 망명을 할 수 있다(Luibhéid, 2005). 마날란산(2003)은 미국에 거주하는 필리핀 남성에 대한 연구에서 서양 게이 정체성과 **바클라** 정체성(동성애, 반음양, 크로스드레싱, 여성성, 변형의 요소가 결합된 정체성)이 서로 절충을 이루는 과정을 다룬다. 그는 **바클라**와 게이 남성이 "두 개의 정체성 방식이 아니라 두 개의 문화

이데올로기 사이를 가로지를 수 있는 경계들"이라고 주장한다(Manalansan, 2003, 13-14쪽).

나는 세계 각국 수도에 있는 국제 LGBT 인권 단체 대표들을 인터뷰하면서 시민단체들의 발전과 운영 방식을 알아보고자 했다. 이 과정에서 나는 국제적 시민사회운동에 대한 디버트(1997)의 정의가 특히 유용하다고 생각했다. 디버트는 국제적인 시민사회운동을 본질적으로 "국가의 통제로부터 대체로 자율성을 갖춘 초국적인 정치 네트워크이자 이해 집단"으로 정의한다(Deibert, 1997, 14-15쪽). 이런 시민단체들은 "영토-정치적인 경계를 넘어 사회 및 이해 집단 활동의 밀집된 네트워크를 확산시킴으로써 현대 세계 질서 패러다임"에 근본적인 이의를 제기한다. 이 새로운 네트워크들은 "자신들이 하는 운동의 열망과 관심사를 보편적인 용어의 틀로 규정"한다. 국제적인 운동은 특정 사안에서 정당한 영향력을 주장하며, 탈영토화 과정을 통해 "합법적인 권위에 대한 영토 국가의 독점적 주장"에 이의를 제기한다(Deibert, 1997, 18쪽).

일반적으로 국제 LGBT 인권 운동에 관한 연구는 여러 사안을 다룬다. 여기에는 현장에서 조직되는 옹호 활동의 유형, LGBT 활동가들이 활용하는 프레이밍 전략, LGBT 시민단체가 국내적으로 협력하는 연대체 등이 있다. 예를 들어 애덤, 다위벤닥, 크라우벌(1999b)은 사회운동 이론을 활용해, 모든 LGBT 운동이 현장에 있는 LGBT 인구를 성공적으로 대변하기 위해 거치는 단계들을 목록화했다. LGBT 단체의 생애 주기를 살펴보면, 초기 단계는 비범죄화에 초점을 두는 경향이 있다. "다음 단계가 되면 운동은 다른 분야에서 차별에 맞서 싸운다." 시민사회가 강한 국가에서는 이런 운동이 분명 더욱 성공을 거둘 것이다(Adam et al., 1999b, 344-352쪽). 레녹스와 웨이츠(2013a)는 글로벌 사우스의 시민단체가 참여하는 다양한 LGBT 인권 옹호 활동을 설명한다. 그들은 16개 영연방 국가에 관한 연구를 통해 대부분의 국가에 최소 하나의 LGBT 시민단체가 존재한다는 점을 발견했는데, 이 시민단체는 더욱 광범위한 인권 단체가 LGBT 의제를 외면할 경우 필요한 역할을 할 수 있다. 단체의 활동으로는 소송, 시위, 정보 캠페인, 입법 검토 요청 등이 있다(Lennox & Waites, 2013a, 509-512쪽). 레녹스와 웨이츠는 국내 차원의 다양한 정치적인 기회들을 제시한다. 일례로 LGBT 활동가들은 국회의원, 선거운동, 국가 인권 기관과 LGBT 권리에 수용적인 개별 부처들과 협력한다. 대중적인 옹호 활동과 자원 동원도 중요한 전략이다(Lennox & Waites, 2013a, 520-531쪽).

LGBT 활동가들은 정치적인 기회와 상황에 맞춰 다양한 프레이밍 전략을 활용하는데, 여기에는 HIV와 건강 문제, 심리적 지원, 폭력 예방, 관광과 관련된 경제적 이슈 등이 있다. 동성애 비범죄화 운동은 글로벌 사우스의 LGBT 활동가들이 자주 사용하는 프레이밍 전략이다. 힐데브란트(2013)는 1791년 프랑스에서 사적인 동성 간 성행위 금지가 해제됨에 따라 동성애 비범죄화 추세가 시작됐다는 점과, 동성 간 성행위가 금지된 적이 없는 전 세계 13개 국가가 과거에 프랑스 식민지였다는 점을 지적한다. 20세기 초 공산주의 국가에서는 비범죄화의 물결이 일어났고(Hildebrandt, 2013, 2-8쪽), 이 물결은 1960년대 서구에서 사회적인 수용이 증가하는 시기에 또 한 번 일어났다. 1980년대 **더전 대 영국** 사건*을 계기로 국제인권법은 중요한 전환점을 맞았고, 1990년대에는 20개의 구(舊) 공산주의 국가가 동성애를 비범죄화하며 또 한차례 물결이 일었다(Hildebrandt, 2013, 13-17쪽). 동성애는 19세기 대영제국 전역에서 범죄로 규정됐는데(Kirby, 2013), 비록 여러 국가가 1967년 비범죄화를 시작했지만, 영연방의 35개 국가에는 여전히 반동성애 법률이 남아 있다(Mendos et al., 2020).

동성 간 성행위 금지법 폐지 노력이 있었던 일부 글로벌 사우스 국가의 경우, 현장에서 상당한 저항과 반발이 있었다. 레녹스와 웨이츠(2013)가 편집한 연구서는 아시아(Shah, 2013 참고), 아프리카(Santos, 2013 참고), 영어권 카리브해 지역 내 여러 영연방 국가(Gaskins, 2013 참고)에서의 비범죄화 전략과 전망을 검토한다. 영연방 국가에서 LGBT 시민단체가 비범죄화를 촉진하기 위해 활용하는 가장 일반적인 전술은 의회 기관, 법원

---

* 당시 북아일랜드에는 성인들 간 합의한 상태에서 행한 동성애를 범죄로 보아 수사하는 법을 갖고 있었으나, 이 사건에서 유럽인권재판소는 해당 법이 사생활의 자유를 보장하는 유럽인권협약의 위반으로 판단했다(Dudgeon vs the UK). (옮긴이)

및 기타 사법 기관을 통한 법제 검토 요청과 소송이다(Lennox & Waites, 2013a, 529-531쪽). 바하마에서는 공적 영역과 사적 영역의 분리에 초점을 맞춘 "사생활에 관한 권리" 프레이밍 전략을 활용해 비범죄화를 달성했다. 이 접근 방식은 특히 LGBT 평등에 대한 지지가 약한 사회에서 격화되는 논쟁을 누그러뜨릴 수 있다(Lennox & Waites, 2013a, 535쪽). 다른 학자들은 가장 유망한 접근으로 헌법 개정을 꼽는데, 포용적인 헌법으로의 개정은 제기되는 비난을 일소할 수 있어, 비범죄화를 주제로 한 끝없는 논쟁의 필요성을 우회하는 방법이다. 남아공의 1996년 헌법은 긍정적인 사례로 자주 언급되는데, 성적 지향은 차별 금지 근거로서 평등 조항에 포함됐다(Spruill, 2001, 4쪽). 스티친은 이 방식을 "정체성 범주의 탈물화(dereification)*를 특징으로 하는, 새롭게 상상된 국가 정체성"을 위한 기회로 본다(Stychin, 1998, 53-59쪽).

키팅(2013)은 미국에서의 발전이 글로벌 사우스의 현장 LGBT 조직에 미치는 영향을 설명한다. 국가의 동성애 혐오는 종종 글로벌 노스 국가들의 LGBT 운동 성과에 대한 반응으로 촉발되며, 현장의 LGBT 단체들은 이에 대응하지 않을 수 없다. 그 결과, 실제로 현장의 LGBT 단체들은 자신들만의 운동을 형성할 기회를 박탈당하고, 대신 "유럽과 미국의 동료들"에게 더

---

* 탈물화(脫物化)란 사회적 세계의 객체들이 사회적으로 상대적이며 인간의 인식과 활동에 의존한다고 인식하는 것을 의미한다. (옮긴이)

욱 의지하게 된다(Keating, 2013, 251쪽). 다만, 레녹스와 웨이츠 (2013a)의 연구는 서구 LGBT 운동을 모델로 하는 글로벌 사우스의 운동이 일반적이지는 않다고 시사하는 듯하다. 그 예로, 인도에서는 여성 단체, LGBT 단체, 전문 단체 사이에 광범위한 연합이 구축됐다. 연구자들에 따르면, 서구 LGBT 조직에 관한 연구는 캠페인의 성공을 위한 기초로 정체성 정치의 필요성을 강조하는 경향이 있지만, 흥미롭게도 위의 사례는 그와는 다르게 나타난다. 레녹스와 웨이츠는 글로벌 사우스 국가들의 동성애 비범죄화 과정에서 노동조합과 현장의 LGBT 운동 사이의 연계를 거의 발견하지 못했는데, 이는 "아마도 비범죄화 과정에서 노동조합 활동가들이 핵심 동맹이 아니었음을 시사한다." 그들은 LGBT 운동에 더 도움이 되는 단일한 틀이나 플랫폼, 구조는 존재하지 않으며, 다양한 전략을 전개하는 게 실제로 더 유익한 방법일 수 있다고 결론지었다(Lennox & Waites, 2013a, 509-514쪽).

LGBT 정치와 인권에 대한 탈식민적 접근을 향해

"글로벌 섹슈얼리티들(global sexualities)"을 다루는 문헌 자료는 실제로 방대하지만, 이 용어는 복잡한 학문적 범위를 지나치게 단순화할 수도 있다. 글로벌 섹슈얼리티에 관한 다양하고 중첩되는 문헌들은 다음과 같다: 상이한 문화 사이의 정체성 범주가 갖는 유사성과 차이를 중점적으로 연구하는 비교 섹슈얼리티 연구(Guzmán, 2006; Prieur, 1998; Weeks, 2007), 성과 젠더가 식민주의에 영향을 받은 방식을 다룬 탈식민적 연구(Lugones, 2007; L. T. Smith, 1999), 이주가 국경을 넘어 성 및 성별 정체성에 미치는 영향을 보여 주는 초국적 연구(Luibhéid, 2005; Manalansan, 2003), 서구적 성 및 성별 정체성 구성이 비서구 사회에 미치는 영향에 대한 비판적 연구(Puar, 2007; Eng et al., 2005), 동성애가 전 세계 다양한 관할권 내에서 정치적, 법적, 사회적으로 규제되는 방식에 대한 분석(Diez, 2015), 전 세계의 LGBT 운동의 출현과 상호 연결성(Adam et al., 1999a, 1999b; Lennox & Waites, 2013a).

이 모든 연구 분야는 탈식민적 맥락 내에서 성적, 인종적 위계의 교차점에서 촉발돼 초국적으로 이뤄지고 있는 LGBT 권리에 대한 저항 현상을 밝히는 데 도움을 준다. 글로벌 섹슈얼리티에 관한 연구는 라흐만(2014)이 언급한 개념인 **동성애 식민주의(homocolonialism)**를 이해하는 데 도움이 된다. 그는 이 용어를, 전통적이고 반동성애적으로 구성된 문화를 상대로 서구 문화가 존중을 요구하는 담론을 "고전적인 식민주의적 방식으로" 주입하는 "동성애 규범적인 내셔널리즘의 전개(deployment of homonormative nationalism)"로 정의한다. 이어 그는 이런 식으로 서구의 LGBT 정체성 수용을 요구한 결과 "무슬림의 동성애 혐오가 촉발"된다고 설명한다. 이런 반응은 국제적 차원에서 "문화적/종교적 통합을 유지하기 위해 서구의 문화 제국주의에 저항하는 담론"으로 규정된다(Rahman, 2014, 279-280쪽). 그러나 그 과정에서 "전통적 사회"에 사는 LGBT의 삶은 영향을 받는다. 만일 그들이 국가의 표적이 된다면, 그들은 서구의 지원에 의존할 수 있고, 이 경우 소외당한 LGBT 집단의 성적 정체성이 사실은 서구의 영향을 받은 것이란 주장은 힘을 얻게 된다.

보시아(2020)는 저서『국제 LGBT 정치에 관한 옥스포드 핸드북 *The Oxford Handbook on Global LGBT Politics*』에서 위의 충돌을 탐구한다. 보시아(2020)는 "성적 다양성 정치의 세계화"가 일부 국가에서는 동성애의 비범죄화와 보호 확대로 이어지지만, 다른 국가에서는 시민사회에 대한 탄압, 성 및 젠더 소수자들에 대한 감시와 추방, 고문으로 이어졌다고 지적한다(Bosia, 2020, 3쪽). 같은 책에서 라흐만(2020)은 비순응적 성 및 성별 정체성을 억압하고 소수화하는 이성애 규범 구조가 서구 식민 자본주의에 본질적으로 내포돼 있으며, 서구의 LGBT 정치는 이런 서구 식민 자본주의에서 유래한다고 주장한다. 또 다른 편집본인『섹슈얼리티의 탈식민화 *Decolonizing Sexualities*』(2016)에서 편집자들은 "신식민지적인 인식론적 범주(neo-colonial epistemic categories)"를 재고하기를 요구하며, "탈식민적 퀴어성(decolonial queerness)"이란 새로운 개념을 제안한다(Bakshi et al., 2016, 1-2쪽).

몇 해 전, 비링아와 시보리(2013)는 "식민지 이전의 현실과 변방의 현대성 맥락에서 성적 의미와 분류를 형성하고 이에 이의를 제기하는 신념, 관행, 문화적 전통의 다양성"을 조사했다. 저자들은 현재 글로벌 사우스에서 일어나고 있는 "서로 얽혀 있고 모순적으로 보이는 두 가지 과정"을 중요하게 지적한다. 즉, 한편으로는 "고대 성적 관습, 관계, 정치 및 표현에 대한" 일종의 "탈식민적 기억상실"이 발생해 사실과 허구를 구분하기 어렵게 만들고 있다. 그러나 동시에 "탈식민 정권의 성적 정치와 과거 식민 시기의 전임자들 사이에는 뚜렷한 연속성"이 존재한다(Wieringa & Sivori, 2013, 12쪽). 비링아와 시보리는 유럽 중심적인 시각이 새로운 성적 주체성을 형성하고 규제했을 뿐 아니라 새로운 형태의 중심부-주변부 관계를 설정했다고 주장한다. 즉, 그들은 "정상적이고 현대적인" 구성이 중심부에, "일탈적"이고 "전통적인" 것이 주변부에 위치됐다고 지적한다(Wieringa & Sivori, 2013, 1-2쪽). 예를 들어 정부간기구들은 글로벌 사우스에서 기금 지원 계획을 세울 때 서구적 정체성 범주(LGBT 등)를 활용한다. 현장의 시민단체가 이런 용어들을 받아들이면, 글로벌 사우스에 있는 반대론자들은 서구의 정부간기구와 외교관들이 다른 국가 국민에게 그들만의 섹슈얼리티 개념을 강요하고 있다고 주장하는 근거가 될 수 있다(Wieringa & Sivori, 2013, 4쪽). 이 "서구적 섹슈얼리티 개념화의 인식적 헤게모니"는 탈중심화돼야 한다(Wieringa & Sivori, 2013, 17쪽).

비링아와 시보리와 마찬가지로 라오(2020)는 서구의 기금 지원 단체들이 인도에서 성소수자를 지원하기 위해 사용하는 용어에 회의적인 시각을 갖고 있다. 그는 21세기 탈식민의 환경에서 동성애 혐오 경험과 식민주의를 분석하며 여러 주제를 탐구한다. 예를 들어, 우간다의 동성애 금지법은 "국제적인 마찰"을 일으켰으며, 이는 "젠더와 섹슈얼리티가 국가, 종교, 인종, 계급, 카스트 등 다양한 범주에 의해 상호 구성"되는 양상을 상징적으로 보여 준다(Rao, 2020, 12쪽). 또 다른 예로, 라오는 테리사 메이(Theresa May) 영국 총리가 식민지 시대 영국의 소도미법에 유감을 표시했지만 노예 제도에 침묵했던 모순적인 사건을 지적한다(Rao, 2020, 9쪽). 또한 그는 국제 개발 분야의 용어에서 범주의 복잡성과 다양성이 무시된 채 **트랜스(trans)**가 "젠더 비순응을 가리키는 포괄적 지표"로 사용돼 왔음을 지적한다. 라오는 서구적 정체성 범주가 글로벌 사우스로 이식되는 현상을 "동성애 자본주의(homocapitalism)"의 사례라고 지적하고, 이는 글로벌 사우스 사회들이 서구의 성/성별 정체성 범주를 받아들일 때 글로벌 사우스 사회에 "성장과 생산성으로 가득한 장밋빛 미래의 전망"이 제시되는 "합의된 전략"이라고 설명한다(Rao, 2020, 12쪽). 그에 반해 자금 지원 신청 과정에서 **히즈라(hijra)***는 지원

---

* 히즈라는 남성과 여성의 전통적 성별 이분법에 속하지 않는 사람들을 일컬으며, 역사적으로 인도, 파키스탄, 방글라데시 등 남아시아 지역에서 오랫동안 존재해 왔다고 알려져 있다. 인도에서는 2014년 대법원 판결에 따라 히즈라가 법적으로 제3의 성으로 인정받게

이 필요한 성적 다양성 집단이라기보다는, 카스트의 불평등을 개선한다는 인도 헌법상의 약속에 비춰, "후진적인" 집단이라는 프레임이 씌워진다(Rao, 2020, 29쪽, 216쪽).

이론가들과 연구자들이 섹슈얼리티 연구의 탈식민화 방안을 고심하고 있는 가운데, 웨이츠(2020)는 인권이 잘못 해석되거나 간과될 위험이 있다고 지적한다. 그는 인권 연구와 탈식민적 비평이 더 밀접하게 연결돼야 한다고 주장한다. "오늘날의 권력과 불평등의 양상과 구조가 특히 식민주의 영향을 받아 형성됐다는 점을 역사적으로 더 깊이 고려할 필요가 있다"(Waites, 2020, 8쪽). 웨이츠는 LGBT 인권에 대한 많은 이론이 "기초적인 보편주의와 문화상대주의 사이의 긴장" 속에 "갇혀" 있다고 지적한다. 그 결과, 국제 LGBT 권리의 증진과 보호는 "유엔 인권이 점차 다양한 사람들에게 이전되는 하향식 모델(top-down model)"과 동의어가 됐고(Waites, 2020, 10-12쪽), 이 과정에서 다자 영역의 인권 담론이 배타적 방식으로 작용하고 있으며, 초국적인 식민주의와 초국적인 인종차별 문제에 대한 지속적 관심이 부족하다는 사실은 고려되지 않는다(Waites, 2020, 13쪽).

됐으나, 여전히 사회적 소외와 차별을 겪고 있고, 상당수 히즈라는 최하층 계급에 속해 있다. 여기서 라오는 서구 단체들이 히즈라를 "지원이 필요한 성소수자 집단"이라기보다 최하층 계급에 속한 "후진적 집단"으로 여기는 점을 비판한다. (옮긴이)

소결

LGBT 정체성과 운동에 관해 이 장에서 검토한 문헌은 내 세 가지 연구 질문을 통해 얻은 자료를 분석하는 데 중요한 기초가 된다. 자료 분석 틀을 설계할 때, 나는 다음 세 가지 주요 영역이 특히 유용하다고 본다. 첫째 영역은 국가, 정부간기구, 시민단체의 3자 간 상호작용이다. 국내 제약에서 벗어난 시민단체의 세계화는 초국적인 권리 옹호 네트워크를 성장시켰는데, 이 네트워크는 인권 의제를 수립하고, 사안을 제기할 수 있는 다자적인 플랫폼을 발굴했으며, 인식 개선과 정책 변화를 위한 교섭활동을 수행했다. 이 3자 활동은 개별 회원국을 "다시 겨냥하여" 회원국의 정책 변화를 촉진하고 국제 규범을 더 잘 준수하도록 하는 잠재력을 갖는다.

둘째 영역은 성 및 성별 정체성을 기반으로 한 정체성이다. LGBT 권리에 대한 초국적인 저항을 해석하는 핵심은 성 및 성별 정체성이 사회적으로 구성되며 유동적이란 사실을 이해하는 데 있다. 성 및 성별 정체성에 기반을 둔 주체들의 식민화, 규제 및 억압은 다양한 섹슈얼리티 모델과 결과를 발생시켰다. 셋째 영역은 사회운동 이론이다. "모든 경우에 적용되는 천편일률적인" LGBT 사회운동 이론은 존재하지 않는다. 특정적인 분석은 특정 정치, 역사, 사회, 문화의 맥락 내에서 LGBT 운동이 이룬 성과와 어려움을 이해하도록 도움을 줄 수 있으나, 국제 수준에서 일어나는 사건들을 이론화하려면 다음과 같이 세분화된 다양한 요소들이 필요하다: 젠더와 섹슈얼리티의 탈식민적, 초국적 이론, 낙인화와 범죄화에 저항하는 현장 운동, 정부간기구를 통해 국제적으로 LGBT 권리를 주장하면서 다양한 측면에서 저항하는 초국적 시민사회 네트워크. 이 장에서 살펴본 사회적 구성 분석은 다음 장에서 논의할 국제정치와 관련된 특정 이론적 통찰과 함께, 세계적 동성애 혐오와 LGBT 권리를 둘러싼 갈등을 더욱 정확히 이해할 수 있는 틀을 제공할 것이다.

이 장에서는 나는 성 및 젠더 소수자들에 대한 표적화가 서구에서, 그리고 점차 전 세계적으로 정체성 기반의 권리 주장 운동을 발생시킨 과정을 다룬 문헌 자료를 검토했다. 아울러 자료들은 식민지 이전의 성 및 성별 정체성이 서구의 구성과 결합하는 방식을 분석했다. 다음 장에서는 LGBT 정체성과 운동의 이론화가 국제 관계, 인권, 외교를 다룬 문헌 연구 내에서 공존하고 있는 양상을 살핀다.

제3장

국제 관계, 인권 외교와 LGBT 권리

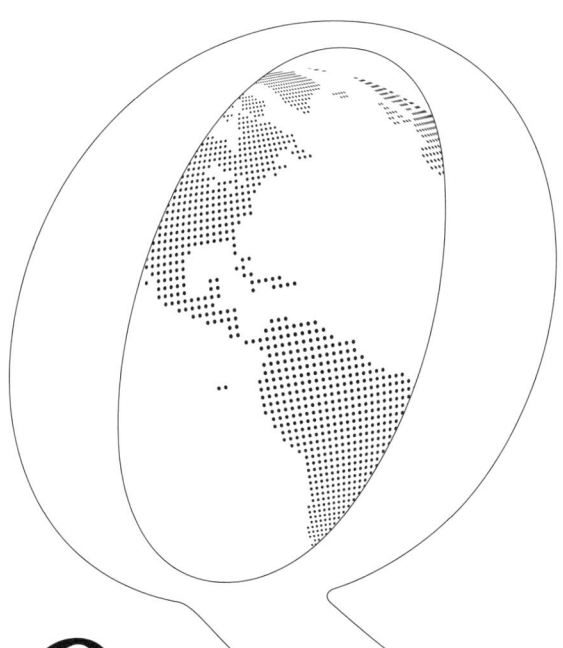

버틀러(2004)는 LGBT(레즈비언, 게이, 양성애자, 트랜스젠더) 권리를 인권과 동등하게 간주하는 것을 "현실의 재창조… 인간의 재구성"이라고 본다. 버틀러는 이 생각에 대해, 내가 인정을 받고, 또한 인정을 제공해야만 나 자신의 존재를 유지할 수 있다는 헤겔의 인정 개념과 연결 지었다. 역으로, 내가 인정받을 수 없다면, 나는 나 자신으로 존재해 나갈 수 없다(Butler, 2004, 29-31쪽). 힐러리 클린턴 당시 국무장관이 2011년 12월 6일 제네바 소재 유엔 인권이사회 연설에서 "동성애자 권리는 인권"임을 천명했을 때, 그는 인정을 제공했다. 클린턴은 "이 그룹의 구성원들은 모든 사람과 마찬가지로 공동의 인간성을 공유하기에 존엄성과 권리를 온전히 누릴 수 있다… LGBT로 살아간다고 해서 덜 인간적이지 않다"고 말했다.* 당시 세계에서 가장 주목받고 강력한 여성 정치인 중 한 명이었던 클린턴은 "인정을 제공"하고 있었던 것이다. 제네바 호숫가에서 수많

---

* 연설의 발췌문은 C. Wilkinson and A. Langlois(2014)에서 인용했다. 참고로, 2017년 8월 25일 현재, 원본 영상과 연설 원문은 미국 국무부 웹사이트에서 삭제됐다.

은 조약 협상과 평화 회담이 이뤄지는 이 장소의 격을 감안할 때, 회의실에 있던 아무리 완고한 외교관이라도 LGBT 권리가 성숙기에 접어들었음을 인정하지 않을 수 없었을 것이다. 이제 LGBT 권리는 국제 관계 안에서 최고위급 간 협의의 명실상부한 주제로 자리를 잡았다. 100년 남짓한 세월 동안 LGBT 운동은 진정으로 국제적인 현상이 됐다.

그러나 LGBT 권리가 폭넓은 자유주의적 인권 개념과 결부되면서 국가 간 갈등과 양극화가 초래됐다. 반대하는 많은 국가는 자국 내에서 동성애를 범죄화하고 제한한다. 서구는 LGBT 권리 증진을 위해 국제법, 다자와 양자 외교, 국제 원조, 시민단체와의 긴밀한 협력 등의 수단을 쓴다. 이런 수단이 국제 무대에서 활용되는 방식에 관해 외교관, 유엔 전문가, 시민단체 대표 등 내 인터뷰 참여자들이 상세히 묘사한 내용은 이후의 장에서 소개한다. 제2장에서 나는 LGBT 정체성과 운동이 전 세계적으로 확산한 방식을 설명했다. 퀴어 외교가 국가를 초월해 발생하는 동성애 혐오를 헤쳐 나가는 도구로 등장한 방식을 이해하기 위해서는 성 및 성별 정체성에 대한 연구와 국제 관계, 인권, 외교에 대한 연구를 종합적으로 검토해야 한다. 비록 LGBT 권리가 주류 국제 관계 문헌에서 그다지 다뤄지지는 않지만, 나는 국제 관계의 "퀴어링"*을 시도하는 일부 새로운 연구를 살펴보고

---

* 원문의 표현은 "to 'queer' international relations"로, 동사로 사용된 퀴어는 '기존 제도, 연

자 하며, 이 작업에 앞서 몇 가지 주요 이론적 개념, 제도 및 프로세스를 검토한다.

국제 관계와 새로운 외교 형태의 부상

"국제 관계"라는 용어는 18세기 말에 고안됐다(Brown, 2005, 19쪽). 19세기 국제 관계를 형성한 자유주의는 계몽주의의 "낙관론적 세계관"과 민주주의, 자유무역 개념을 결합했다. 그 결과 제1차 세계대전이 끝날 무렵, 국제법과 다자주의를 적용해 미래의 전쟁을 예방하고자 한 사조인 자유주의적 국제주의(liberal internationalism)가 등장했다. 미국 대통령 우드로 윌슨(Woodrow Wilson)의 이상주의는 국제연맹(League of Nations)의 창설에 기여했다(Mingst, 2008, 60-61쪽).* 전통적 외교가 제1차 세계대전의 파괴를 막는 데 실패하자, 연맹 창립자들은 이 새로

구 등에 반영된 젠더와 섹슈얼리티에 대한 전통적인 규범을 퀴어의 시각에서 도전하거나 전복하는 활동'을 의미한다. 한국에서 '퀴어링'이란 용어가 보편적으로 사용됨을 고려해, 동사로 사용된 queer를 문맥에 맞게 '퀴어링', '퀴어링하다', '퀴어링하기' 등으로 번역했다. (옮긴이)

* 윌슨 대통령은 1918년 1월 미국 의회에서 14개조 평화 원칙을 발표했으며, 이 원칙의 마지막 조항은 "국가들의 연맹(League of Nations)" 창설을 제안했다. 이는 윌슨식 이상주의의 특징을 잘 보여 주는 사례로, 그는 세계 평화를 위해 국가들이 자국의 이익을 넘어 국제 협력과 공동체적 가치를 추구해야 한다고 보고, 이를 실현하기 위한 국제기구와 국제 규범의 필요성을 강조했다.

운 제도적 틀이 민주적 정치 체계를 강화하고 민족자결 운동을 지원함으로써 성공할 수 있다고 봤다(Brown, 2005, 21-25쪽).

학자들은 '외교'라는 용어를 다양한 의미로 사용하는 경향이 있다. 불(1995)은 세 가지 용례를 설명한다. 첫 번째 의미로, 외교는 국가들과 "세계 정치에 기반을 둔" 기타 실체들이 서로 "공식 대리인과 평화적 수단을 통해" 행동하는 방식을 뜻한다. 두 번째 의미로, 외교는 불이 일컫는 "전문 외교관들"의 행동을 뜻한다. 다만 그는 대사와 특사의 역할이 줄어들고 있다고 보아, 이 정의가 제한적이라고 생각한다. 세 번째 의미는 상당히 모호한데, 국가 간 절제되고 미묘한 관계의 실천을 뜻한다(Bull, 1995, 156쪽). 그는 외교란 "순수한 형태", 다시 말해 "하나의 독립적인 공동체와 다른 공동체 사이의 메시지 전달"뿐만 아니라, 국가와 유엔 및 기타 국제기구 등 "세계 정치에 기반을 둔 기타 정치적 실체" 사이의 관계를 의미한다고 주장한다(Bull, 1995, 157-158쪽). 이어 불은 외교의 다섯 가지 주요 기능을 제시한다. 첫째는 국가 지도자와 기타 정치 주체 간 의사소통 촉진이다. 외교의 두 번째 기능은 조약의 협상이다. 세 번째 기능은 정보 수집이며, 네 번째 기능은 평화를 구축하거나, "마찰 효과"를 최소화하려는 노력이다. 외교의 마지막 기능은 "국가들의 사회가 존재함"을 상징하는 것이다(Bull, 1995, 163-166쪽).

불행히도 외교에 관한 비판적 연구는 센딩, 노이만, 풀리오(2011)가 지적한 바와 같이 충분하지 못하다. 연구는 상대적으로 최근까지도 실무자들에게 맡겨졌으며 그들은 협상, 정보 수집 및 그 외의 과정에 대한 업무를 설명하기 위한 기능적인 접근법이나 역사적 사건을 재조명하기 위한 기술적인 접근법을 썼기에 실천과 분석에 혼돈이 발생했다(Sending, Neumann & Pouliot, 2011, 530쪽). 외교를 다룬 다른 문서들은 외교관들의 회고록 형식을 띠는 경우가 많은데, 노력과 상사의 도움으로 이룩한 성공담과 승진 경험을 내용으로 한다. 일부 외교관들은 이국적이고 호화로우면서 혼란스러운 세상에 오게 된 내용을 기록하기도 한다(Elam-Thomas, 2017; Hinton, 2015 참고). 문헌 내 존재하는 이와 같은 간극을 해소하기 위해 "외교관들과 다른 인사들이 외교 업무를 이해하고 수행하는 방식을 포착하는 분석 도구"가 설계돼야 한다는 것이 센딩, 노이만, 풀리오의 주장이다(Sending, Neumann & Pouliot, 2011, 532쪽). 그러나 '외교'에 관한 많은 연구가 실제로 다루고 있는 주제는 국제 관계다. 예를 들어 "개인 외교(personal diplomacy)"를 다룬 포크트의 연구는 직업 외교관이 외교정책을 실천하는 방식이 아니라, 세계 지도자들이 중요한 역사적 시점에 내리는 주요 결정을 다룬다(Vogt, 2017). 이런 점에서 센딩, 노이만, 풀리오는 "진짜" 외교관들을 뒤편으로 밀어내는 학자들을 비판하고, "외교의 의미는 이념 주도의 정치 변화를 발생시키는 수단 그 이상"이라고 본다(Sending, Neumann & Pouliot, 2011, 541쪽).

전통적인 외교 관계에서 국가들은 외교부를 통해 외부의 국가 행위자들과 상호작용을 했는데, 이 상호작용은 "서로를 인정하는 정치 단위 간에 대표와 협상을 다루는 대화" 과정에서 이뤄졌다(Sending, Neumann & Pouliot, 2011, 531쪽). 대표들은 비공식적이거나 "조용한" 외교를 수행하는데, 이는 인물이나 정책에 대해 특정 국가에 압력을 가할 때 효과적인 도구다. "공개"하겠다는 위협은 종종 행동을 유발한다(Donnelly, 2013a, 141쪽). 반면, 오늘날 외교는 "신사적인" 특성을 잃고 있다. 탈영토화의 결과로 "새로운" 외교가 부상했으며, 오늘날에는 특정 기관을 대표하거나 특정 주제를 다루는 대사로도 활동할 수 있다. 외교는 연결과 확장이 이뤄졌으며, 그 결과 오늘날 핵 외교, 군사 외교, 개발 외교 등이 수행된다. 한 가지 큰 변화는 세계 정치의 법률화(legalization)로, 여기서 "변호사들은 자신의 권위 있는 해석을 제공하며, 중심적인 외교 행위자가 됐다"(Sending, Neumann & Pouliot, 2011, 528쪽). 탈영토화는 특히 다자 외교 영역에서 가장 두드러진다. 유엔은 외교 공동체의 "화려한 모습"을 뽐내고 있지만, 시민단체나 특정 국가를 대표하는 기구는 아니다(Sending, Neumann & Pouliot, 2011, 537쪽). 정부간기구(政府間機構)와 시민단체도 세계 시민을 대표해 활동하지만, 결국 "국가 행동과 국제법 준수를 공개적으로 지지하는 일은 국가 대표들의 몫이다"(Sending, Neumann & Pouliot, 2011, 541쪽).

다른 비판적 문헌은 "새로운" 외교의 다른 측면에 초점을 맞춘다. 여성을 포함해 전통적으로 소외된 외교관에 대한 새로운 연구가 그 사례다(Aggerstam & Towns, 2018; Cassidy, 2017). 노이만(2008)은 유럽 외교부 내에서 남성성과 여성성이 생산되는 방식을 연구하며, 국제 관계에 대한 구체적인 접근법을 취한다. 그는 외교직의 남성성을 다음 세 가지 유형으로 구분하는데, 첫째, "전통적인 공무원 남성성", 둘째, "상승 지향적인 탐험가", 셋째, 메트로섹슈얼한 정체성으로 "더 일반적이고 지적이며 다양한 층위의 남성성"이 그것이다(Neumann, 2008, 681쪽). 초창기 여성은 "아내" 또는 "타자수"의 자격으로만 외교부에 들어올 수 있었으며, 당시 여성의 역할은 매우 단순 명료했다. 이후 여성들은 외교관의 자격으로 외교부에 입부하고 그들의 지위가 확장됐는데, 이에 따라 세 가지 여성성의 범주가 등장했다는 것이 노이만의 설명이다. 세 가지 여성성의 범주에는 첫째, "외교관보다 여성임을 우선시하는 여성성(woman-first-diplomat-next)", 둘째, "여성보다 외교관임을 우선시하는 여성성(diplomat-first-woman-next)", 셋째, "요구 상황에 따라 '여성'의 지위를 전술적으로 활용하는" 제3의 여성성이 있다(Neumann, 2008, 681쪽). 첫 번째 범주의 여성들은 "중년 남성들의 모임"에서 배제된다는 불리함이 있으며, 두 번째 범주의 여성들은 "남자들 중 하나"가 되기를 선택해, "남성적인 기준에 따라 경쟁을 수락하고 심판받기를" 강요받는데, 노이만은 이를 여성에 불리한 요소로 본다(Neumann, 2008, 688쪽). 노이만은 세 번째 남성성과 세 번째 여성성이 "전통적인 외교적 젠더 구조를 흔들어 놓았지만", 지배적인 지위를 차지하고 있는 것은 여전히 "전통적인 공무원 남성성"이라고 결론 내렸다(Neumann, 2008, 691쪽). 노이만이 외교관의 몸에 젠더가 새겨지는 방식을 잘 보여 줬다면, 타운스(2020)는 미국 미디어의 젠더 묘사를 분석해 국제 관계에서 전통적인 고정관념이 작동하는 방식을 보여 주는데, 이때 외교 영역은 남성화되기도 하고 여성화되기도 한다. "외교는 종종 군사와 구분돼, '부드러운 것', 군사력에 대한 소위 '여성적' 대안으로 묘사된다." 외교관이 화려하고 수다스러우며 프랑스적이거나 평화를 추구하는 인물로 그려지면, 외교의 정당성은 줄어든다(Towns, 2020, 574쪽). 군사적 관점에서 여성적 특성은 "신체적으로 약하고, 폭력 사용을 꺼리며, 감정적이거나 남성의 성적 욕망의 대상이 되고 싶어 하는" 것과 동일시되는데, 이는 고전적인 남성적 계층 구조와 충돌한다(Towns, 2020, 580쪽).

LGBT 외교관에 대한 오늘날 대부분의 연구는 체계적인 역사적 차별(Johnson, 2006, Kinsman, 1996 및 Kinsman & Gentile, 2010 참고)과 게이와 레즈비언 외교관에 대한 표적화를 집중적으로 다룬다. 전직 외교관인 콥과 날랜드(2017)는 미국 외교에 관한 종합 가이드를 발행했는데, 여기에는 미국 LGBT 외교관이 직면한 제도적 차별과 라벤더 공포에 대한 내용이 포함돼 있다. 그들은 외교관인 패트릭 리네한의 말을 인용하며, 1984년 국무부 보안 관리들이 그에게 했던 다음의 말을 전한다. "우리는 한때 전체 시간의 90퍼센트를 동성애자 색출에 보냈지만, 이제는 그만뒀습니다. 당신은 국무부에서 퀴어로 지낼 수 있지만 우리는 이에 대해 듣고 싶지 않습니다"(Kopp & Naland, 2017, 25쪽). 그들은 힐러리 클린턴 전 국무장관이 2009년 "외교 규정을 개정해 동성 동거인의 정의를 포함"한 점을 강조한다. 2015년 존 케리(John Kerry) 당시 국무장관은 커밍아웃한 게이인 직업 외교관 랜디 베리(Randy Berry)를 첫 LGBT 인권 특별 대사로 임명했다. 같은 해 공개적으로 게이임을 밝힌 남성 6명이 전 세계 미국 대사관의 공관장이 됐다(Kopp & Naland, 2017, 26쪽). LGBT 외교의 실천과 게이 및 레즈비언 외교관의 증가는 별개의 사안이지만 중첩되기도 한다. "LGBT 친화적인" 외교관들은 이제 일과 업무에서 일상적으로 LGBT 권리를 증진한다. 추후 제시할 외교관들과의 인터뷰는 현실에서 여전히 외교적 벽장*이 작동하지만, 점점 더 많은 외교관이 자신이 동성애자임을 공개적으로 밝히고 있음을 보여 준다.

일부 학자(Kennan, 1997; Sharp, 1997 참고)는 외교의 "종말"을 예견했지만 센딩, 노이만, 폴리오(2011)는 "새로운 행위자들이 글로벌 거버넌스에 포함되고 새로운 형태의 통치가 수립돼 활용됨에 따라" 외교 제도가 "시간이 흐르면서 어떻게 변화할지"를 묻는 것이 더 합리적이라고 주장한다(Sending, Neumann &

---

* 성소수자가 자신의 성적 지향 또는 성별 정체성을 공개적으로 밝히는 것을 영어로 "Coming out of the closet(벽장 속에서 나오다)"라고 표현한다. 이와 반대로 자신의 성적 지향, 성별 정체성을 숨겨야 하는 상황을 가리켜 벽장으로 표현했다. (옮긴이)

Pouliot, 2011, 536쪽). 이들은 케넌이 설명한 "외교관이 없는 외교의 세계"를 향해 우리가 나아가고 있다는 데 동의하지 않는다(Kennan, 1997, Sending, Neumann & Pouliot, 2011, 535쪽에서 인용).* 이후 장들에서 제시할 내 자료들은 외교의 탈영토화를 통해 LGBT 권리가 국가 간 논의를 넘어 국제 관계의 여러 다른 영역으로 확장돼 온 방식을 보여 준다.

다자 인권 체계의 작동 원리

1946년 국제연맹이 해체되면서 유엔이 그 자리를 대체했다. 1948년 세계인권선언의 근본 메시지는 "모든 인류 구성원의 고유한 존엄성"이었다(Donnelly, 2013b, 19-23쪽). 어떤 이들은 이 문서가 200년 전, 계몽주의의 주체가 개인의 권리를 기초로 고전적 자유주의 정부 이론을 탄생시켰고, 이를 통해 대중이 새로운 국민국가의 구조에 연결되며 시작된 오랜 과정의 결과로 본다(Hall, 1992). 18세기 말에 이르러 평등하고 양도할 수 없는 권리라는 개념이 서구 정치 이론에 등장했다. 평등한 권리란 일부 권리만이 아닌, 모든 권리가 중요하다는 개념을 가리킨다.

---

* 외교의 성격 변화에 대한 저자들의 견해는 매우 적절하다. 외교가 점점 더 많은 영역으로 확장됨에 따라 외교관이 개인적 주체로서 활동할 여지가 있다는 것이 내 연구에서 확인됐다. 외교관들은 단순한 메시지 전달뿐 아니라 인권 논의를 주도할 수 있다.

양도할 수 없는 권리란 일부 사람만이 아닌, 모든 사람이 권리를 가진다는 개념을 뜻한다. 초기에는 "모든" 사람에 여성과 노예가 포함되지 않았다(Donnelly, 2013b, 89-91쪽). 그러나 19세기와 20세기에 이르며 노예제, 식민주의, 여성에 대한 태도가 급격히 변했다(Donnelly, 2013b, 24-25쪽). 도널리는 제2차 세계대전 이후에야 비로소 세계가 모든 국가의 모든 사람에게 평등한 정치적 권리가 있다는 개념을 수용할 준비를 했다고 주장한다(Donnelly, 2013b, 89-91쪽). 실제로 세계인권선언은 베스트팔렌 조약의 원칙인 국가 주권과 불간섭에 이의를 제기했다. 이 "엄청난" 변화(D'Amico, 2015, 61쪽)는 세계인권선언이 "오래 지속된 서구적 사상과 관행을 반영"하지 않았다는 점에서, 사실 "서구적" 문서가 아님을 보여 준다(Donnelly, 2013b, 91쪽).

세계인권선언은 경제적, 사회적, 문화적 권리에 대한 국제 규약과 시민적, 정치적 권리에 대한 국제 규약을 탄생시켰는데, 이들은 개인적 권리와 일부 집단적 권리를 명시하고, "차별 금지와 같은 개념의 실현을 위한 장치를 제공하는" 국제조약이다(Donnelly, 2013a, 26쪽). 유엔 인권 체계는 이 규범들의 감독과 이행 임무를 맡고 있으며, 유엔 헌장기구, 유엔 조약기구, 그리고 1993년 제네바에서 설립된 유엔 인권최고대표사무소(OHCHR)로 알려진 사무국 등의 세 기관으로 구성돼 있다.* 조

---

* 2016년 유엔은 연 예산의 약 3.5퍼센트를 인권에 할당했다. 이는 약 9,500만 달러에 달하

약기구는 국가가 정기 보고서를 제출하는 과정에서 국가의 규범 이행을 감독한다. 도널리는 이 제도에 대해 "한계가 있고 강제성이 없는 모니터링"이라고 평가하며, "(일부 국가가 그렇듯) 보고서 제출을 거부하더라도 이에 대한 어떠한 제재도 없음"을 지적한다(Donnelly, 2013b, 166쪽). 도널리는 제2차 세계대전 이후 국제 인권 체계가 구축될 때, 일련의 정치적 타협의 결과 "규범적 힘"은 있지만 국제적인 집행 체계가 없는 인권 체계가 탄생하게 됐다고 지적한다(Donnelly, 2013b, 170-171쪽). 그러나 그는 조약기구의 보고 체계를 예로 들면서, 이 제도의 목적이 강제에 있지 않고 "준수하도록 장려하고 촉진"하는 것이라고 하며, "보고가 종종 상당히 긍정적인 효과를 냈다"고 강조한다(Donnelly, 2013b, 166쪽). 개인은 자신이 거주하는 국가의 정부가 특정 국제 의무를 준수하지 않아 인권이 침해됐다고 판단하는 경우, 조약기구에 진정을 제기할 수 있다. 예컨대, 1994년 유엔 자유권위원회는 호주 태즈메이니아 주의 동성애 처벌법이 시민적, 정치적 권리에 관한 국제 규약의 사생활의 권리를 침해했다는 결론을 내린 통보를 채택했다. 이 통보의 결과, 호주가 태즈메이니아 주에서 동성애를 비범죄화하는 길이 마련됐다.* 자유권위

며, 회원국들과 국제기구들은 이에 더해 1억 2,960만 달러를 기부했다(OHCHR, 2017c). 2017년 유엔 인권최고대표사무소에는 전 세계 24개 사무소에 994명의 직원이 근무했다(OHCHR, 2017a).

* **Toonen v Australia**, UN Human Rights Committee, Communication No 488/1992, UN

원회는 동성 관계와 관련해 두 개의 통보를 채택했다. **영 대(對) 호주** 사건*에서는 동성 동반자가 퇴역군인 연금을 거부당한 것이 차별에 해당한다고 봤다. **엑스 대 콜롬비아** 사건**에서는 콜롬비아의 동성 동반자가 유족연금 혜택을 거부당한 것이 차별에 해당한다고 봤다.

유엔 헌장기구는 인권 관련 정치적 담론을 위한 주요 포럼으로 자리 잡았다. 제2차 세계대전 이후 인권위원회(CHR)는 유엔의 중앙 인권기구였다. 회원국 가입은 자발적이었으나, 냉전이 끝날 무렵 많은 국가는 "비판으로부터 자신을 보호하거나 다른 국가를 비판하기 위해" 가입했다. 반면에 데이비스는 20세기 인권위원회의 인권 보호 및 증진 노력을 "독이 든 잔"이라고 평가한다(Davies, 2010, 450쪽). 인권 상황이 매우 열악한 국가들도 인권위원회에 가입하거나 심지어 인권위원회를 이끌 수 있었는데, 일례로 리비아는 2003년 의장직을 맡았다. 일부 국가들은 다양한 절차를 활용해 자신을 향한 비판을 피함과 동시에 다른 회원국들을 강하게 비판했다. 2001년 미국은 위원회의 회원 자격을 잃었다. 이에 따른 반발과 분열은 유엔 인권 체계의 완

Doc CCPR/C/50/D/488/1992 (4 April 1994) [8.7].
* *Young v Australia*, UN Human Rights Committee, Communication No 941/2000, UN Doc CCPR/C/78/D/941/2000 (18 September 2003).
** *X v Colombia*, UN Human Rights Committee, Communication No 1361/2005, UN Doc CCPR/C/89/D/1361/2005 (14 May 2007).

전한 개혁으로 이어졌고, 2006년 유엔 인권이사회가 창설됐다(Davies, 2010, 450-454쪽). 유엔 인권이사회는 유엔 제네바 사무소에서 연 3회 회의를 연다. 3-4주 진행되는 회의에서 47명의 위원은 여성 대상 폭력에서 식량권에 이르기까지 광범위한 주제에 대해 최대 30개의 결의안을 심의한다. 유엔 인권이사회에는 다양한 위원회, 전문가, 절차와 메커니즘이 있다. 또한 유엔 인권이사회는 유엔 특별절차를 감독하는데, 특별절차란 LGBT, 여성, 장애인, 인신매매 피해자, 유독 폐기물, 용병, 테러와의 전쟁 등 인권 침해 조사를 포함하는 44개 주제 및 12개 국가 임무에 초점을 맞춘 일련의 독립 전문가, 특별보고관, 실무 그룹을 가리킨다. 전문가들은 문제에 대한 대중의 인식을 높이고, 보고서를 작성하며, 인권 상황을 실시간으로 감독하는 **현장** 방문을 수행한다(OHCHR, 2017e).

유엔 인권이사회의 가장 잘 알려진 도구는 보편적정례인권검토(Universal Periodic Review, UPR)일 것이다. 2008년 수립된 UPR은 회원국들이 인권 문제에 대해 서로의 진전을 평가할 수 있는 동료 검토 메커니즘이다.* 이 절차는 인권 상황이 매우 열악한 회원국이 우수한 회원국을 평가할 수 있다는 점에서 논란의 여지가 있기도 하다. 193개 유엔 회원국 모두가 순환해 평가

---

* 모든 유엔 회원국은 해당 국가의 국제인권규범 준수 여부를 평가하기 위해 3년 또는 4년마다 유엔 인권이사회에서 UPR 검토를 받는다. 이 과정은 후속 장에서 자세히 논의한다.

받는다. 회원국을 검토하는 과정에서 다른 회원국들은 질문하고 권고할 권리가 있지만, 검토받는 회원국은 응답할 의무가 없다(OHCHR, 2017f). 데이비스(2010)는 UPR을 "적대적이지 않으며, 대화 중심의 접근법"이라 평가하고, 아울러 현실주의자*와 구성주의자**가 각기 다르게 해석하는 "이행 압력(compliance pressure)"에 대한 대응이라고 해석한다. 합리적 선택 이론***에서 이행 압력은 행위자 간 권력 비대칭에서 발생하는데, "타국의 행동을 '평가'"하고, "따라야 할 '개선책'을 제공"하는 외부의 동기 모델(external incentives model)이 필요하다. 구성주의자들은 이행이 "사회적 제재와는 별개로 행동 변화의 정당성을 당사자에게 설득함으로써 촉진"된다고 주장한다(Davies, 2010, 445-446쪽). 데이비스는 UPR 모델을 두 접근법의 절충안으로 본다. 즉, 회원국을 처벌하는 대신 "수사적 행동(rhetorical action)"을 통해 "그 국가가 나아갈 경로를 제시"한다는 것이다. 그러나 개별 검토에 걸리는 시간이 불과 3시간뿐이기 때문에 심층 분석이 어

---

* 현실주의는 국제정치학의 이론 중 하나로, 현실주의자들은 국제사회를 무정부 사회로 인식하고, 국가는 힘을 추구하며, 국제사회의 가장 중요한 행위자라고 본다. 현실주의적 시각에 따르면 국제 관계는 국가들의 권력정치에 영향을 받는다. (옮긴이)
** 국제정치학에서 구성주의는 국제 관계가 물질뿐 아니라 관념 등에 의해 상호 주관적으로 구성된다고 본다. 구성주의적 시각에 따르면 국제 관계는 국가를 비롯한 여러 행위자의 상호작용과 실천 등을 통해 구성된다. (옮긴이)
*** 국제정치학에서 합리적 선택 이론은 현실주의의 국가 중심성을 수용하면서, 각 국가가 자국의 국익을 최대화하는 과정에서 취하는 합리적 선택이 일정 조건에서 국가 간 협력을 가능하게 할 수도 있다고 본다. (옮긴이)

렵다. 이어지는 조사 과정에서의 권고 사항들은 매우 광범위하여 감독에 어려움이 있다(Davies, 2010, 460-463쪽).

스미스(2013)는 유엔 안전보장이사회 상임이사국인 중국, 프랑스, 러시아, 영국, 미국의 UPR 검토 내용을 조사했다. 스미스는 중국이 UPR 검토에서 다른 네 개의 상임이사국에 비해 가장 긍정적인 평가를 받았음을 발견했다. 중국은 "알려지고 본받아야 할 모범 사례를 구현"했다고 자주 인정됐다. 사형, 표현의 자유, 종교, 소수자에 관한 언급도 일부 있었지만, "중국의 활동 사항은 논의 과정에서 일부 선별된 내용만이 반영됐다"(Smith, 2013, 8-16쪽). 맥마흔과 아스체리오(2012)는 8,000개의 UPR 권고 사항을 분석한 결과, 서구 회원국이 세계 다른 지역의 회원국보다 3배 더 많은 권고 사항을 제안했고, 서구 국가들의 권고 상당수는 아프리카와 아시아 국가들을 대상으로 이뤄졌음을 발견했다. 아시아와 아프리카 회원국들은 다른 아시아와 아프리카 회원국들로부터 받은 권고를 훨씬 더 수용*하는 경향을 보였다(McMahon & Ascherio, 2012, 234-238쪽). 예를 들어, 중국은 아시아와 아프리카 회원국이 제시한 권고 사항 41개를 모두 수용했지만, 서구 회원국들에서 받은 69개의 권고 중에는 8개만 수

---

* UPR 규정에 따르면 유엔 회원국들은 다른 회원국이 제시한 인권 권고에 대해 '수용' 또는 '불수용'을 선택할 수 있다. 회원국이 다른 회원국의 권고를 불수용하기로 한 경우나, 수용하고도 이행하지 않기로 한 경우 모두 아무런 영향이 없으므로 양자 간에는 학술적인 차이만이 존재할 뿐이다.

용했다. 저자들은 이 과정에서 "양극화된 특성"을 보여 주는 "명확한 지역적 패턴이 있다"고 결론지었다(McMahon & Ascherio, 2012, 242-245쪽). 레녹스와 웨이츠(2013)는 영연방 회원국의 UPR 권고 내용 239개를 분석했다. 이 국가들은 LGBT에 대한 권고 중 14퍼센트만 수용했다. 반면에 영연방이 아닌 국가들은 LGBT 권고를 세 배 더 많이 수용했다(Lennox & Waites, 2013, 540쪽).

유엔 인권 체계 외에도 인권을 다루는 여타 정부간기구들이 있다. 예를 들어, 유럽에는 유럽연합 집행위원회(European Commission), 유럽사법재판소(European Court of Justice) 등 인권 증진과 보호를 위한 다양한 기관이 있다(EU, 2017). 유럽평의회(Council of Europe)는 **인권과 기본적 자유의 보호를 위한 유럽협약**의 당사국인 47개 회원국을 결속시킨다(Council of Europe, 2017). 미주 인권 체계의 이행은 미주인권위원회(Inter-American Commission on Human Rights)와 미주인권재판소(Inter-American Court of Human Rights)가 감독한다(Duhaime, 2012). 아프리카 인권 체계(ACHPR, 2017)는 취약한 제도, 허술한 보고 메커니즘, 인권 침해 진정에 대한 조사를 회피하는 국가 등으로 많은 어려움에 놓여 있다(Donnelly, 2013b, 175-177쪽).

다자 인권 외교

국제 무대에서 LGBT 권리에 대한 지지는 서구 민주주의 국가들이 자신을 스스로 국제적인 인권 영웅으로 규정하려는 광범위한 경향의 일부로 여겨질 수 있다. 덩커(2007)는 탈식민화 과정에서 아시아와 아프리카 국가들이 인권을 서구적이고 유럽-대서양 중심의 구성물로 보고 비판하기 시작했다고 주장한다(Duncker, 2007). 이 반대 논리는 특히 가족법, 성평등, 종교의 자유, 표현의 자유, 문화적 권리와 관련해 특정 문화에 적합한 "제한된 인권 개념"을 만들며, 인권을 재정의한다. 보편주의자들은 하나의 인권 집합이 모두에게 적용돼야 한다고 주장하는 반면, 상대주의자들은 인권이 문화, 정치에 의해 좌우될 수 있다고 주장한다(Duncker, 2007). 맥마흔과 아스체리오(2012)는 보편주의를 강조하는 국가들이 "공유된, 초국적인 가치"에 초점을 맞춘다고 강조한다. 반면, 문화상대주의자들은 "개별 문화의 우위"를 중시한다. 문화상대주의자들은 보편적 인권이 존재하지 않는다는 주장, 또는 보편적 권리는 특정 사회의 "특수한 사회적, 문화적, 역사적 시각을 통해 조정, 해석돼야" 한다는 주장 중 하나를 택한다. 예컨대, 아시아 회원국들은 "서구 가치"에 맞서 균형을 맞추고자 주권, 위계, 권위를 강조하는 "아시아 가치"를 종종 옹호하기도 했다(McMahon & Ascherio, 2012, 231-232쪽).

양자 차원에서 인권 외교는 두 국가가 이 주제를 논의하기 위해 조우할 때 수행된다. 또한 인권 외교는 외교관들이 유엔, 미주기구와 같은 다자 포럼에서 자국을 대표해 인권을 공개적으로 논의할 때도 이뤄진다. 제네바, 빈, 워싱턴, 뉴욕에서 매일같이 외교관들은 자국의 인권 입장을 설파하고 협상한다. 서구 국가들의 외교부는 자국의 국내 인권 정책을 대외적으로 투사하고, 인권에 대한 국제적인 존중을 외교정책의 핵심 요소로 삼고 있다. 도널리는 "국제 인권 체계는 인권에 대한 정부의 약속이 국가적 정당성과 국제적 정당성 확보에 필수 요소로 받아들여지는 세계를 구축해 왔다"고 설명한다(Donnelly, 2013b, 199쪽). 그는 지미 카터(Jimmy Carter) 대통령 치하의 미국이 인권을 외교정책에 통합한 최초의 서방 국가였다고 강조한다. 당시 이것은 논란의 여지가 있었는데, 반공주의적 노력에서 관심을 다른 곳으로 돌리려 했기 때문이었다. 1980년대 초반 캐나다와 네덜란드가 뒤를 이었으나, 다른 서구 국가들은 1980년대 후반과 1990년대 초반에 이르러서야 인권 외교정책을 채택했다(Donnelly, 2013b, 197-198쪽). 인권 외교정책은 국제 규범 변화 과정에서 강화되는데, 인권 증진에 대한 국가의 의지가 높아진 것은 "국가의 선호와 국제 인권 체계 간 상호작용의 원인이자 결과다"(Donnelly, 2013a, 139-142쪽).

인권이 오늘날 국제정치의 "통치화(governmentalization)"를 주도하는 주요 요인이라고 랑글루아는 주장한다(Langlois, 2012, 561-562쪽). 다음은 오늘날 인권의 국제적 증진과 보호를 외교의 핵심 요소로 보는 서구 국가의 몇 가지 사례다.

- 캐나다: 외교부의 네 가지 목표 중 하나는 "보다 정의롭고 포용적이며 지속 가능한 세계에 대한 캐나다의 기여 강화"다. (외교부, 2018)
- 미국: 국무부가 밝힌 구상은 "민주적 가치를 장려하고 제시하며, 자유롭고 평화로우며 번영하는 세계의 발전"이다. (국무부, 2018a)
- 호주: 2017년 외교정책 우선순위 백서의 다섯 가지 목표 중 하나는 "모든 국가의 권리가 존중받는, 개방적이고 포용적이며 번영하는 인도-태평양 지역의 추구"다. (외교통상부, 2018)
- 프랑스: 프랑스 외교부의 8개 중점 분야 중 하나는 인권이다. (유럽외교부, 2018)
- 독일: 독일의 5대 외교정책 우선순위 중 하나는 민주주의와 인권 증진이다. (연방 외무부, 2018)

도널리(2013a)에 따르면, 인권 외교는 다음의 세 가지 주요 분야에 집중한다: 개인의 처우(정치범 등), 특정 정책(사형제 등), 국가의 행동을 특징짓는 광범위한 양상(심각하고 체계적인 인권 침해 등)(Donnelly, 2013a, 141-142쪽). "더 조용한" 외교적 접근 방식에는 인권 침해 피해자와의 협력, 개인과 조직 대상 교육, 특정 법률이나 사회적 관행과 정책의 변화 노력 등이 있다. 대외 활동, 정보 수집, 다양한 관점 전달 등을 수행하는 공공외교는 현지 정부가 행동에 나서도록 압력을 더한다. 예를 들어, 미국은 인권 관행에 관한 연례 국가 보고서를 발행한다(Donnelly, 2013b, 198-203쪽; Department of State, 2018b 참고). 도널리는 "수치심 동원", 다시 말해 특정 사안을 공개하겠다고 압박하는 것이 가장 효과적인 인권 외교라고 주장한다(Donnelly, 2013b, 198-203쪽). 국가는 대외 원조와 인권의 연계를 포함해 다양한 수단을 활용할 수 있으며, 극단적으로는 잔혹한 정부에 광범위한 경제 제재를 가할 수 있지만, 이는 "역설적으로" 시민들에게 피해를 줄 수 있다(Donnelly, 2013a, 143쪽).

국제 인권 체계에 LGBT 권리 포함하기

20세기 말까지 LGBT 활동가들은 일부 서구 국가와 유럽연합 내에서 상당한 영향력을 행사했지만, 이 성과는 유엔에 반영되지 않았다. 일련의 회의에서 다른 소외된 집단의 권리에 대한 목소리가 높아지는 와중에도 LGBT 권리는 최소화되고 배제됐다. 오웰(George Orwell)의 말을 빌리자면, 일부 권리는 다른 권리보다 더 평등했다.* 샌더스는 LGBT 권리를 국제 인권 의제에

---

* 모든 권리가 동등하게 다뤄지지 않았음을 뜻한다. (옮긴이)

포함하려는 활동가들의 초기 투쟁을 추적한다(Sanders, 1996). 1982년 유엔 자유권위원회는 핀란드 텔레비전과 라디오 프로그램에서 동성애자에 대한 차별이 문제가 된 진정 사건에서 규약 위반이 없었다고 결론지었다.* 1983년 성매매에 관한 유엔 보고서는 남성 성매매, 복장 도착, 성전환, 소아성애를 부정적으로 다뤘다(Sanders, 2006). 이 과정을 돌이켜보며 모건(2001)은 유엔이 "이성애 규범성을 수행하고 정당화했고" 기껏해야 "동성애자를 오해받는 피해자로 여기는 소수화 담론에 참여해 왔을 뿐"이라고 비판했다. 동성애에 대한 유엔의 표현은 최악의 경우 두려움을 조장한다. "소아성애에 대한 히스테리, 성적 가해 및 전파에 대한 잘못된 신념, 서구의 부패와 질병에 관한 담론이 표현의 전면에 주로 등장한다"(Morgan, 2001, 211쪽).**

1992년 캐나다의 게이와 레즈비언 권리 단체인 에갈(Egale)의

---

* 레오 헤르츠베리 외 대(對) 핀란드(Leo Hertzberg et al. v. Finland, Communication No. 61/1979) 사건을 가리킨다. 성도덕 훼손죄를 규정하고, 동성애와 관련된 공개적인 표현을 처벌했던 당시 핀란드 형법 제20장 제9항에 대해 자유권위원회는 "보편적으로 적용할 수 있는 공통 표준은 없으며, 공중도덕에 대해서 당국에 어느 정도 재량권이 부여돼야 한다"고 결정하며, 핀란드 성평등 단체의 시민적, 정치적 권리에 관한 국제규약 제19조(표현의 자유) 침해 주장을 기각했다. (옮긴이)

** 저자가 인용한 글에서 모건(2001)은 1993년 빈(Wien) 인권 회의, 1995년 베이징 세계여성대회 등을 들며 성소수자에 대한 극단적인 낙인이 지속돼 왔고, 유엔 내 담론에서 동성애가 공포를 불러일으키는 부정적인 이미지로 재현돼 왔다고 주장한다. 여기에는 동성애를 소아성애로 왜곡해 연결 짓는 논리, 동성애자가 성적 가해 행위를 하거나 동성애를 퍼뜨린다는 주장, 동성애와 성소수자 문제를 서구의 타락이나 질병으로 보는 혐오적 서사가 있다는 것이 그의 주장이다. (옮긴이)

존 피셔(John Fisher) 대표는 게이와 레즈비언 단체 대표로는 최초로 유엔 인권 포럼에서 연설했다. 1993년 유엔 빈(Wien) 세계 인권회의는 동성애 의제가 결과 문서에서 결국 제외되기는 했으나 에갈과 다른 두 시민단체가 전 세계 인권 단체와 함께 참여하며 전환점이 됐다(Morgan, 2001, 211쪽; Sanders, 1996). 같은 해, 국제 레즈비언, 게이, 양성애자, 트랜스젠더 및 인터섹스 협회(ILGA)는 LGBT 시민단체로는 최초로 유엔 경제사회이사회에서 협의 지위를 부여받았다(Sanders, 1996). 1994년 차별에 대한 유엔 회의에서 프랑스는 성적 지향에 대한 언급을 포함하자고 제안했으나 수용되지 않았다(Sanders, 2006).

2003년, 국제 LGBT 시민단체들은 빈에서 열린 유엔 인권회의에 참석했고, 여기서 브라질은 "인권과 성적 지향(Human Rights and Sexual Orientation)" 결의안 초안을 제출했다. 그러나 진척이 없었고, 2004년 유엔 인권위원회 제59차 회기에서 논의는 무기한 연기됐다. 2008년 아르헨티나는 SOGI(성적 지향과 성별 정체성) 선언으로 알려진 공동성명을 유엔 총회에 제출했고 서구 회원국들의 지지를 얻었다.* 이는 57개 회원국의 반대 성

---

* 국가들은 특정 주제에 대한 결의안을 추진하기에 지지가 충분치 않을 때 공동성명을 발표한다. 제출된 결의안이 부결되는 불명예를 피하고자 추진되는 공동성명은 특정 주제에 대해 국가 그룹이 우려하고 있음을 알리며, 해당 문제에 관해 향후 결의안이 제출될 가능성을 제시하고, 결의안이 현재 얼마나 지지받고 있는지 측정한다. 즉, 회원국은 자신의 '친구'가 누구인지 알아낼 수 있다.

명을 촉발했는데, 이 성명은 시리아가 제출했고, 러시아, 중국, 교황청, 아랍 연맹, 이슬람 협력기구 회원국들이 공개적으로 지지했으며, 아르헨티나가 주도한 이 공동성명이 "국제 인권 틀을 훼손하고, 소아성애와 같은 '혐오스러운 행위'를 정당화할 위험이 있다"고 주장했다(D'Amico, 2015, 58-60쪽). 2010년 미국은 초법적 처형과 약식 처형에 관한 유엔 총회 결의안에 성적 지향과 성별 정체성 언급을 포함하는 수정안을 제안했고, 문서는 통과됐다. 2011년에는 때가 무르익었다. 유엔에서 최초로 채택된 SOGI 결의안*이 2011년 6월 17일 인권이사회에서 찬성 23표, 반대 19표, 기권 3표, 부재 2표로 통과됐다. 다미코는 "2008년 중립적인 국가들이 찬성 또는 반대로 이동한 것은… 관점이 다소 양극화됐음을 시사한다"고 본다. 이것은 LGBT 인권에 관한 유엔의 첫 번째 결의였다. 인권이사회의 후속 SOGI 결의안은 2014년, 2016년, 2019년 통과됐다. 2011년 인권이사회 결의 통과 이후 아시아, 유럽, 미주에서 세 차례 지역 세미나가 열렸다. 세미나 결과는 2013년 오슬로 회의에서 논의됐는데, 회의는 노르웨이와 남아프리카공화국이 공동 의장을 맡았고, 200명 이상의 시민단체와 정부 대표가 회의에 참석했다(D'Amico, 2015, 64-67쪽).**

---

* 결의안 공식 제목은 "인권, 성적 지향과 성별 정체성(Human rights, sexual orientation and gender identity)"이다. (옮긴이)

** 오슬로 회의는 유엔 내 LGBT 인권 외교의 발전에서 흥미로운 장을 제공했는데, 이는 제7장에서 자세히 논의한다.

국제 관계와 인권 외교를 퀴어링하기

전반적으로 볼 때, LGBT 권리가 국제정치 세계에서 다루기에 합당한 의제가 됐다고 할 수 있는가? 일부 성과가 있었지만, 세계인권선언 이후 72년이 지난 지금도 동성애는 수십 개 국가에서 범죄로 규정돼 있다는 점을 기억할 필요가 있다. 퀴어 국제 관계의 이론화 작업은 LGBT 주체들이 큰 결단력을 갖고 국제정치의 세계에 '진입하기' 위해 노력한 과정에 대한 서사에만 집중할 수는 없다. 주어진 과제는, 이전 장에서 설명한 LGBT 주체들에 대한 낙인과 병리화의 양상을 현재의 국제 관계, 인권 외교의 전개와 연결 짓는 방법의 모색이다.

이 장에서 나는 지금까지 국제 관계, 다자주의, 인권 외교, 그리고 그 과정에서 시민단체들의 역할에 관한 문헌을 검토했다. 여기서는 관련 개념을 퀴어링하는 일부 학자들의 시도를 살핀다. 여기서 목표는 국제 관계와 인권 외교에 대한 모든 퀴어 비평을 세세히 다루는 데 있지 않으며, 오늘날 퀴어의 시각에서 검토되는 주류 자료들의 일부 측면을 조명하고자 한다. 프레이밍 도구로, 이 장에서 사용했던 범주와 동일한 범주를 사용해 국제 관계, 다자주의, 인권 외교, 국제인권법과 국제 개발 등의 개념이 변화를 요구받고 있는 양상을 살핀다. LGBT 정체성과 운동이 비서구의 맥락으로 옮겨질 수 있는지 고찰하며 이 장을 마무리한다.

국제 관계를 퀴어링하기

논의의 시작점으로, 일부 비평 이론가가 주류 국제 관계 이론을 바라보는 시각을 검토할 필요가 있다. 대부분의 국제 관계 이론은 국제 섹슈얼리티 정치를 다루고 있지 않은데, 이는 놀랍지 않다. 피크와 틸(2015)은 섹슈얼리티에 대한 "무관심"의 근원이 사실은 "이해해야 하는 세계와 패러다임적 [국제 관계] 이론을 단절시키는 폭넓은 이론적 격차"에 있다고 주장한다(Picq & Thiel, 2015, 3-4쪽). 노이만과 센딩(2007)에 따르면, 국제 관계 학자들은 국가 간의 "지속적이고, 기본적으로 동질적인 정치적 투쟁"을 지칭하기 위해 "국제(the international)"를 사용하는 현실주의자들과 민주주의, 인권, 법치, 시장경제와 같은 요소들과 관련된 "규범 확산이 초국적으로 이뤄지는 과정"으로 "국제"를 바라보는 구성주의자들로 대개 구분된다(Neumann & Sending, 2007, 678-689쪽). 그러나 시먼스와 올트먼의 관점에서는 이 두 이론 중 어느 것도 일부 국가들이 LGBT 권리를 그토록 반대하는 원인을 쉽게 설명할 수 없다(Symons & Altman, 2015, 62쪽). 브라운(2005)은 일부 후기구조주의 페미니스트들이 고전적인 국제 관계 이론의 기반이 되는 많은 계몽주의 원칙을 유럽 중심주의적이고, 남성주의적이며, 합리주의적이라고 본다는 점을 강조한다. 그들의 관점에 따르면 해방은 자유주의적인 덧셈식 접근으로는 달성될 수 없으며, 그 대신 "국제"에서 젠더 개념이 반드시 질문돼야 한다(Brown, 2005, 57쪽).

웨버(2016)는 섹슈얼리티에 대한 국제 관계 학자들의 이론화가 부족하다는 점에는 동의하지만, 동시에 퀴어 연구 학자들이 주권과 정체성 사이의 중요한 연결 짓기 작업을 거부한다고 주장한다(Weber, 2016, 3쪽). 시먼스와 올트먼(2015)이 지적했듯이 많은 국가에서 섹슈얼리티는 국가 정체성과 연계돼 있다. LGBT 권리 반대는 서구 문화와 정체성 범주의 강요에 맞서 자국의 주권을 수호하는 활동으로 이해되고 있다(Symons & Altman, 2015, 61-65쪽). 다행히도 퀴어 국제 관계 문헌을 통해 이 문화 충돌을 해소할 수 있는 새로운 도구를 얻을 수 있다. 릭터-몽프티와 웨버(2017)는 주류 국제 관계 문헌에서 "전쟁/평화, 국제/국내, 공공/민간과 같은 이분법적인 분석"에 대한 문제 제기가 그다지 이뤄지지 않는다고 주장한다. 그러나 "남성/여성, 이성애/동성애와 같은 젠더화된 성적 이분법"을 보는 관점을 적용한다면, "현대 군대와 군대의 남성성"과 관련된 기본적인 국제 관계 개념을 복합적으로 보는 새로운 이해가 가능하다(Richter-Montpetit & Weber, 2017, 11-13쪽). 랑글루아(2015b)는 현재 국제 관계 이론 속의 격차를 해소하기 위해 재사고(rethinking)가 필요하다고 보는데, 전통적인 "인권" 패러다임을 넘어 국제 관계를 이론화하기 위해 퀴어의 시각이 필요하다는 주장이다. 이는 확립된 이론적 틀을 "버리고" 위치성과 성찰성을 활용해 완전히 새로운 각도에서 현상을 바라봄을 뜻한다

(Langlois, 2015b, 387쪽).

다자주의를 퀴어링하기

이 장의 초반부에서 나는 자유민주주의적 가치와 인권을 촉진하기 위해 전후(post-war) 다자 제도, 과정, 프로그램이 등장한 양상을 제시했다. 퀴어 학자들은 오늘날 정부간기구가 임무 수행에 적합하다는 생각에 이의를 제기하고 있다. 예를 들어, 헤이건(2016)의 연구는 유엔이 분쟁 지역과 전쟁터에서 퀴어 이슈를 규정짓는 방식을 살핀다. 헤이건의 연구는 유엔의 여성, 평화, 안보 정책 의제를 대상으로 한다.* 헤이건의 연구에 따르면, "이성애 규범적 전제(heteronormative assumptions)"(Hagen, 2016, 314쪽)의 결과로, 그리고 분쟁 중에 발생하는 폭력을 젠더화된 권력관계로 제대로 규정하지 못한 결과로 퀴어 여성들은 대부분 간과된다. 예를 들어, "젠더"와 "여성"은 같은 의미로 사용되는 것으로 보이는데, 이 관점에서 보면 실제로는 남성도 다른 남성의 강간 대상이 될 수 있지만, 분쟁과 관련된 강간 피해자는

---

* 2000년 유엔 안보리 결의안 1325호에 따라 여성, 평화, 안보는 오늘날 평화와 안보 과정에 여성이 더욱 적극적으로 참여하도록 하고자 여러 국가의 군사 대표와 외교 대표가 한자리에 모이는, 세간의 이목을 끄는 다자간 정책 노력으로 자리 잡았다. 예를 들어, 캐나다의 여성, 평화 및 안보 정책 의제에 대한 지원을 다루는 외교부 웹페이지를 참고하라.(GAC, 2020).

여성으로 전제된다. 갈등 지역의 피해자와 성폭력 통계가 집계될 때, LGBT 피해자가 드러나지 않는 문제도 있다. 그들의 정체성 범주가 있는 그대로 전달되지 않기에 그들은 국제적인 모니터링과 보고에서 간과된다. 그 결과, 성 및 성별 정체성을 기반으로 한 살인, 사상(死傷), 성폭행의 발생률 측정은 불가능하다. 헤이건은 이 격차를 주류 시민단체들의 활동과 연결 짓는데, WPS(여성, 평화, 안보) 구조가 처음 구축됐을 때 LGBT 단체가 논의에 포함되지 않았기 때문이다(Hagen, 2016, 314-318쪽). 헤이건은 정책 입안자들에게 "성 및 젠더 기반 폭력(SGBV)"*의 가해자에게 영향을 끼치는 "사회, 정치, 경제적 요인"을 고려하기를 주문한다(Hagen, 2016, 322쪽). 다시 말해, 분쟁 상황에서 LGBT의 피해를 알기 위해 성 및 젠더 기반 폭력과 같은 용어는 "퀴어링"돼야 한다.

또한 비판적 연구는 정부간기구들이 분쟁에 휘말린 LGBT를 대상으로 구체적인 혜택을 제공하는 프로그램을 개발하지 못한 점을 살핀다. 예를 들어, 2012년 세계 최대 규모를 자랑했던 케냐의 유엔 난민 캠프는 인근 국가의 분쟁 지역에서 탈출한 많은 LGBT 난민의 안식처였다. 그러나 이 대규모의 하위 집단이 가진 고유의 요구와 우려를 다룰 수 있는 프로그램 요소는 없었다(Hagen, 2016, 328쪽).

---

* 'Sexual- and gender-based violence'이다.

인권 외교를 퀴어링하기

다자 포럼에서 서구 회원국들은 LGBT 권리를 더욱 수용하고 있지만, 다른 국가들은 여전히 반대하고 있다. 랑글루아(2015a)는 다른 국가들이 LGBT 권리를 "존중"해야 하는 서구 국가들의 필요성을 분석한다. LGBT 권리 존중은 국가들을 "경제와 정치 공동체의 적합한 구성원으로 인정"하는 데 핵심 요소가 됐다. LGBT 권리는 쉽볼렛(shibboleth)*이 됐다. 국가가 LGBT 권리를 존중하기만 하면 다른 권리는 무시해도 되는 프리패스를 얻는다(Langlois, 2015a, 31-34쪽). 보시아(2015)는 서구의 LGBT 외교정책 수출을 다음과 같이 설명한다.

> 21세기에 접어들며 국가들의 신자유주의적이고 제국주의적 요구가 있는 가운데… 세계화와 신자유주의의 강력한 움직임은 앵글로-아메리카 서방에서 발생해 힘을 얻고 있으며, 동성애 규범성과 동성애 혐오를 함께 조장하고 있다. 앵글로-아메리카 서방은 유럽과 전 세계의 다양한 '동방(easts)'들과 달리 자신들만이 단일하고 완벽한 현대성을 지닌 존재로 인식하고, 이들의 해방을 기대한다. (Bosia, 2015, 41쪽)

---

* 쉽볼렛(shibboleth)이란 단어를 제대로 발음할 수 있는 사람과 그렇지 않은 사람을 나누던 성서의 일화에서 비롯된 표현이다. 특정 집단이 다른 집단과 자신을 구별하기 위해 사용한 단어나 문구를 뜻한다. (옮긴이)

"동성애자의 권리는 인권"이란 힐러리 클린턴 전 국무장관의 선언은 LGBT 권리가 이제 국제적으로 새로운 수준의 인식에 도달했음을 의미한다. 릭터-몽프티와 웨버는 클린턴의 LGBT 권리 증진이 "현대성과 문명의 지표"로 규정됐다고 본다(Richter-Montpetit & Weber, 2017, 7-8쪽). 하지만 클린턴의 구호는 실제로 결코 중립적이지 않으며, 랑글루아(2015a)가 지적했듯이 특정한 정치적 관여를 암시한다. "보편주의적이란 주장, 국제적인 도덕 운동이란 주장과 같은, 인권의 수사적 표현에 현혹되기 쉽고 국제 인권 제도 구조의 거시적인 영향을 간과하기 쉽다"(Langlois, 2015a, 28쪽). 키팅(2013)에 따르면, 클린턴의 연설은 "동성애 보호주의(homoprotectionism)"의 사례로, 이는 국가가 성소수자들을 동성애 혐오적 수사(修辭)와 정책으로부터 보호함을 뜻한다. 따라서 클린턴의 발언은 국가적 동성애 혐오에 맞선 싸움이 아닌, 동성애 혐오적 태도와 가치에 맞선 싸움을 가리킨 것이었으며, 미국을 이 싸움의 선봉에 위치시킨다. 클린턴은 미국이 "아직 갈 길이 멀다"고 인정하면서도, 억압받는 LGBT를 향해 "미국에 동맹이 있다"고 선언한다. 키팅은 이 입장에 문제가 있다고 보는데, "미국은 성 정의를 위한 싸움에서 기껏해야 변덕스럽고 불안정한 파트너일 뿐"이기 때문이다(Keating, 2013, 249쪽). 더 나아가 미국에는 여전히 관계 인정, 아동 입양, 양육, 직장, 학교, 공공 주택 등 분야에서 광범위한 차별이 존재한다(Rimmerman, 2008).

일부 학자들은 클린턴의 발언에 대해 서구인들이 글로벌 사우스에서 그들의 우수한 LGBT 정체성 브랜드를 내세우면서, 자신들의 홍보에 신념을 갖기 시작한 모습을 보여 주는 많은 사례 중 하나일 뿐이라고 본다. 예를 들어, 푸아(2007)는 아프가니스탄 여성 해방을 추구하는 미국의 외교정책과 중동에서 동성애자 해방을 목표로 하는 외교정책 사이에 유사점이 있다고 본다(Puar, 2007, 41-51쪽). 보시아(2015)는 2011년 이후 오바마 행정부의 LGBT 친화 정책이 "국내적으로는 선거 홍보"이며, "외국에서는 세계 초강대국의 지정학적 안보 이익이 민감하게 걸린 사항"이라고 본다. 다시 말해, "미국의 국제적 이익"이 LGBT 인권 의제에 얽혀 있다는 것이다(Bosia, 2015, 47-48쪽).

국제인권법을 퀴어링하기

유엔 핵심 조약과 그 외 메커니즘은 LGBT 시민을 보호하지 못했다고 지적받아 왔다. 모건은 "국제 법률 분야에서 섹슈얼리티는 여전히 소외되고 논쟁의 여지가 있는 분야"라고 본다(Morgan, 2001, 208쪽). 랑글루아(2015a)는 LGBT 인권 침해 피해자가 직면한 주요 어려움을 다음과 같이 지적했다. "이들이 공식적인 국제기구나 국제 인권 운동의 법 구조에서 직접 기대할 수 있는 것은 거의 없다"(Langlois, 2015a, 24쪽). 다미코(2015)는 실패의 원인이 "미묘하고 교활하며 드러나지 않는 이성애 중심적 편견"이라고 주장한다. 일부 조약에서는 이성애 규범적 용어가 LGBT에 적대적으로 사용됐다. 예를 들어, 세계인권선언에서 "도덕, 공공질서 및 일반적 복지"라는 문구는 LGBT 권리를 지지하는 표현을 제외하려 했던 회원국들에 의해 사용됐다. 또한 국제형사재판소의 로마 규정은 LGBT에 대한 집단학살을 인정하지 않는다(D'Amico, 2015, 69-70쪽). 비슷한 맥락에서 셸(2009)은 "성적 권리에 대한 젠더화된 투쟁"이 레즈비언 권리를 간과하는 방식을 검토한다. 여성차별철폐협약은 레즈비언을 대변하지 못했다. 국제인권법에서 여성은 보호가 필요한 아내이자 어머니, 또는 남성과 "동등한" 사람, 피해자로 구성되는 경향이 있다(Sheill, 2009, 57쪽). 여성에 대한 성폭력이 국제형사재판소 등의 다자 포럼에서 논의되는 방식에 대해서도 페미니즘의 시각에서 우려가 제기됐는데, 국제형사재판소는 최근까지 이 행위를 "명예 범죄"로 규정하며 범죄의 성격을 모호하게 했다. 여성 폭력에 관해 유엔 사무총장이 발표한 보고서(UNGA, 2006)에서는 139페이지 중 한 문단만이 반레즈비언 폭력을 언급했다(Sheill, 2009, 58-59쪽).

"LGBTI" 권리가 유엔 포럼에서 논의되기는 하나, 초점은 주로 게이의 권리, 특히 남성 간 성관계의 비범죄화에 맞춰져 있다. 많은 국가에서 남성 간 성관계가 금지된 경우라도 여성 간 성관계는 법이 침묵하고 있다(Sheill, 2009, 62-63쪽). 그러나 많은 레즈비언은 비국가 행위자에게 학대당하고 있으며, 집이란 사생활 영역에서 주로 그렇다. 사적 공간에서 레즈비언에 대한 위험이 도사리고 있는 것이다(Sheill, 2009, 64쪽). 게다가 여성 폭력에 관한 국제 담론은 주로 남성이 여성을 학대하는 이성애 관계를 전제한다. 세라(2013)는 여성차별철폐협약의 국내 폭력 구제 사례를 살피고, 퀴어링될 수 있는지 검토한다. 여성차별철폐협약은 국가가 피해자 보호에 더 큰 노력을 기울이기를 촉구한다. 그러나 많은 국가는 피난처, 사회 서비스, 접근금지명령, 기타 형사 사법 보호 조치 등 이성애 관계의 여성에게 부여되는 것과 동일한 지원을 레즈비언 가정 폭력 생존자에게 제공하지 않는다(Serra, 2013). 재생산권과 관련해 창겔리니(2008)는 시민적, 정치적 권리에 관한 국제 규약이 "가족", "가족생활"을 보호하고 있음을 활용해, 유엔 인권 메커니즘이 동성 부모와 출산을 지지할 가능성을 연구한다(Zanghellini, 2008).

2006년, 국제 인권 전문가 단체는 욕야카르타 원칙(Yogyakarta Principles)을 성안했는데, 이는 국제인권법에 존재하던 공백을 해소하는, 성적 지향과 성별 정체성에 관한 일련의 국제 원칙이다. 헤이건(2016)은 이 원칙이 "여성, 평화, 안보 프레임워크 등 유엔 절차에 더욱 급진적인 젠더 관점이 적용될 수 있는 방식에 대한 고려 사항을 알리는 데" 사용될 수 있다고 본다(Hagen, 2016, 330쪽). 반면, 미텔슈태트(2008)는 욕야카르타 원칙이 비국가 행위자가 "원치 않는 국가나 반발하는 국가에 국제법과 규범을 강요"하려는 경향의 일부로 본다. 미텔슈태트는 인권 시민단체들이 구태여 "태도 변화보다 법 변화에" 그토록 노력을 기울이는 이유에 의문을 제기한다(Mittelstaedt, 2008, 353쪽).*

국제 개발을 퀴어링하기

릭터-몽프티와 웨버(2017)는 "LGBT 주체의 안전과 개발 요구"가 "인권과 규범 확산뿐만 아니라 전쟁과 안보를 둘러싼 지정학적인 투쟁의 핵심 지형"이라고 지적한다(Richter-Montpetit & Weber, 2017, 5쪽). 오늘날 LGBT 커뮤니티에 대한 국제 원조의 효율성과 영향에 초점을 둔 비판적 연구 수가 늘고는 있지만(Mason, 2018 참고), 문헌 대부분은 개발원조가 실패한 상황에 중점을 둔다. 연구자들은 캐머런(David Cameron) 영국 총리가 LGBT 인권을 보호하지 않는 정부에 대한 자금 지원을 중단하겠다고 위협한 데 대해 많은 아프리카 지도자들이 강력히 반발한 사건을 다뤘다. 그의 발언은 2011년 호주에서 열린 영연방 정상 회담에서 있었다(Kaoma, 2013; Sarpong, 2012). 올트먼과 베이러(2014)는 캐머런 영국 총리의 입장을 비판하며, 그의 발언이

---

* 내가 인터뷰한 한 활동가는 이 원칙들이 "LGBT 권리에 인권 조약들을 적용하기 위한 규범적 틀을 풀어내는 데" 중요한 역할을 한다고 느꼈다. 원칙들은 "현행 조약의 기존 조항들을 성적 지향과 성별 정체성의 관점에서" 검토하며, "인권 규범들 사이에 연결 고리를 형성하기 때문에" 강력한 효과를 발휘한다고 했다. 17개국에서는 이 원칙들을 국내 도구로 사용했으며, "네팔에서는 제3의 성의 권리를 개념화하는 법 개정으로 이어졌다"(시민단체 대표 15와의 인터뷰, 2015년).

"서구가 외국의 생활 방식을 조장하고 있다는 주장의 많은 증거 중 하나로 쉽게 왜곡"될 수 있다고 주장한다(Altman & Beyrer, 2014, 1쪽). 보시아(2015)는 LGBT 권리에 대한 우간다의 입장 때문에 우간다에 군사 지원이 지연된 사례를 설명한다. 그러나 지연이 제재로 규정된 것은 아니었는데, 우간다 정부의 특정 관료들이 확인되긴 했지만, 그들은 고위직이 아니었고 이름도 공개되지 않았다(Bosia, 2015, 49쪽).

모범 사례 측면에서 올트먼과 베이러는 더욱 전략적인 접근법을 제안한다. 예를 들어, 우간다에서 미국은 반LGBT 종교 단체에 대한 지원을 삭감하면서도, HIV/AIDS 환자 치료를 위한 자금 지원은 유지했다(Altman & Beyrer, 2014, 1-2쪽). 다만, 지원받는 현지 LGBT 단체들은 때에 따라 낙인찍기와 희생양 만들기의 피해자가 될 수도 있다(Rahman, 2014, 281-283쪽). 라흐만은 원조 삭감 정책을 검토할 때 이 정책이 재정난 증폭, 낙인찍기와 괴롭힘 가능성 등 현지 퀴어 단체들에 미칠 수 있는 영향을 반드시 고려해야 한다고 주장한다. 핵심은 현장의 우선순위를 인식하는 것이다. 일반적으로 국제 LGBT 운동은 세계화된 정체성들과 교차하는 지역적인 섹슈얼리티를 지원해야 한다(Rahman, 2015, 101-103쪽).

비서구적 맥락에서 서구 LGBT 정체성과 운동 비판

서구 LGBT 정체성이 비서구 사회에 전이될 가능성에 의문을 제기하는 연구들이 늘어나고 있다. 라흐만(2015)은 서구의 성적 정체성 개념으로는 세계적인 동성애 혐오를 해결할 수 없으며, "복잡하고 교차하는 성적 표현"이 더 많이 필요하다고 본다(Rahman, 2015, 104-108쪽). 정체성 범주에 관한 질문은 매우 중요하게 다가온다. 많은 학자가 "LGBT"라는 용어를 사용하지만, 다른 이들은 Q(퀴어, 퀘스처너리), I(인터섹스), 숫자 2(두 개의 영혼)와 같은 추가 문자를 포함하기도 한다(Wilkinson & Langlois, 2014, 251-252쪽). 웨이츠(2009)는 국제 인권 담론에서 성적 지향과 성별 정체성이란 두 가지 주요 범주가 우세를 점하고 있고 이분법적인 젠더 모델을 특권화하고 있다고 비판한다. 예를 들어, 욕야카르타 원칙은 성적 지향과 성별 정체성이 "모든 사람의 존엄성과 인권에 필수적"이란 보편주의적 주장을 한다. 일부 문서에서는 **성적 지향, 성별 정체성, 동성애**가 혼용돼 혼란을 일으킨다. **지향**은 선천적인 특성으로 구성돼 "양성애와 양립할 수 없는 것"으로 만든다. 동시에 트랜스젠더 이론가들은 **성별 정체성**이 이원 젠더 체계를 특권화한다고 비판한다. **젠더 표현**(gender expression)은 이 간극을 해결하기 위해 등장했다. 웨이츠는 성적 지향과 성별 정체성이란 범주를 계속 사용하면서도, 동시에 그 의미를 질문하는 논쟁을 장려해야 한다고 주장한다. 그는 이 논쟁이 "불일치와 괴리, 분열"을 낳으며 국제인권법 내에서 계속될 것이라 예상한다(Waites, 2009, 143-150쪽).

서구 LGBT 주체에 부여된 가치도 상당한 논쟁거리다. 앞의 장에서 나는 동성애 규범성의 개념을 살폈는데, 이는 서구에서 게이와 레즈비언 정체성에 대한 수용이 증가하면서 LGBT 주체가 보수화됐다는 생각을 의미한다. 웨버(2016)는 "정상적인 동성애자"의 섹슈얼리티가 더 이상 병적인 것으로 여겨지지 않는 데 반해, "변태적인" 동성애자는 "국가 동성애 애국주의(national gay patriotisms)를 위협하고, 국내와 국제 신자유주의 질서에 위협을 가하는 존재"가 된다는 점을 지적한다(Weber, 2016, 8-11쪽). 랑글루아(2015a)는 "국가와의 교제(dating the state)"라는 관련 개념을 제시하는데, 이는 LGBT가 권리를 부여받는 대가로 "국가정책"을 지원하도록 기대를 받는 과정을 뜻한다(Langlois, 2015a, 31-34쪽). 푸아(2007)는 서구의 동성애 규범적인 LGBT가 "매우 군사주의적이고, 남성주의적이며, 인종 및 계급 특정적인 내셔널리즘"을 자극하는 사상을 지지한다고 주장한다(Puar, 2007, 4쪽). 푸아는 이런 시민을 "미국의 내셔널리즘과 제국주의적 확장 계획을 테러와의 전쟁으로 확장"하는 "호모내셔널리스트(homonationalists)"로 칭한다(Puar, 2007, 2쪽). 호모내셔널리즘(homonationalism)은 "비국가적이고 비규범적인 섹슈얼리티를 감시하고, 미국의 성적 예외주의의 초국적인 담론을 가능케 하는 위치성을 강조"한다(Puar, 2007, 20쪽). 푸아는 9·11 테러 이후 미국의 백인 게이 남성들이 아프가니스탄 폭격을 지지했으며, 9·11 테러의 게이 희생자 마크 빙엄은 언론에 의해 테러리스트에 맞선 남성적이고 전형적인 미국 영웅으로 묘사됐다는 점을 강조한다(Puar, 2007, 41-51쪽).

호모내셔널리즘의 개념은 글로벌 사우스에서 LGBT 권리를 증진하는 서구 중심 시민단체의 활동을 연구하는 비판적 문헌에서 주로 언급된다. 예를 들어, 브라운과 내시(2014)는 "글로벌 사우스에서 서구적 게이와 레즈비언 정체성이 단순하고 일방적이며 획일적으로 수용되는" 개념에 우려를 표했다(Browne & Nash, 2014). 랑글루아(2015b)에 따르면 서구가 글로벌 사우스의 LGBT 권리를 규정지을 때 종종 사용하는 인권 서사는 "식민지적, 제국적, 자본주의적, 그리고 기타 착취적 역학 관계"를 지탱하는 권력관계를 감춘다(Langlois, 2015b, 393-395쪽). 그는 글로벌 사우스를 "미개발된 서구 과거의 현대적인 재현"으로 보는 LGBT 활동가들을 비판한다(Langlois, 2015b, 391-392쪽).

마사드(2007)는 더 나아가 서구 LGBT 인권 운동이 "세계를 이성애화(heterosexualizing the world)"하고 있다고 비판하며, 아랍인들이 동성애의 수용 또는 불수용이란 서구식 이분법을 택하도록 표면적으로 강요받고 있다고 주장한다(Massad, 2007, 188쪽).[*]

---

[*] 저자가 인용한 저서에서 마사드(2007)는 동성애/이성애라는 서구의 고정된 성적 정체성 범주가 비서구 사회, 특히 아랍 세계에서의 성적 행동이나 욕망에 보편적으로 적용되지 않는다고 주장한다. 마사드는 서구의 성적 정체성 범주가 비서구 사회에서 성

마사드는 국제 LGBT 운동에 "게이 인터네셔널"이란 별명을 붙이고, 이들을 히스테리적이고 파괴적인 세력이라고 비난한다(Massad, 2007, 160-190쪽). 랑글루아(2015b)는 동성애 혐오성 공격으로 고통받는 현지 커뮤니티가 직면한 정치적 역학 관계를 고려해, 서구 중심의 LGBT 활동가들이 그들의 전략을 조정하는 대신 특정한 성적 정체성과 사상을 확산시키고 있다고 본다(Langlois, 2015b, 393-395쪽). 비슷한 맥락에서 미텔슈태트(2008)는 서구 LGBT 활동가들이 때때로 득보다 실이 더 클 수 있다고 주장하며, 나이지리아의 동성 결혼 금지 법안 사례를 살핀다. 법안은 통과되지 못하고 뒤편으로 물러났지만, 한 영국 운동가가 이 법안에 반대하는 세계적인 캠페인을 시작하자 미국 의회, 유럽 의회, 유엔, 휴먼라이츠워치, 뉴욕 타임스 등에서 성명을 발표했다. 나이지리아가 국제적인 주목을 받은 이후, 법안이 다시 등장했다. 아프리카 시민단체들은 이 "신식민지적인" 캠페인이 조용한 협상 전략을 무너뜨렸다고 비판했다(Mittelstaedt, 2008).

한편 서구 국가들과 시민단체들이 자신들의 섹슈얼리티의 개념을 다른 국가에 수출한다는 비난을 받는 동안, 보수적인 서구 시민단체들은 종종 환영받는다. 초국적인 동성애 혐오 담론이

적 표현의 다양성을 존중하기보다는 규격화하고 억압한다고 보며, 이를 이성애화(heterosexualizing)라는 용어로 빗대어 표현했다. (옮긴이)

형성된 것이다. 서구의 종교 및 보수 시민단체와 연구소는 동성 결혼 등의 사안에 반대하는 운동을 시작하는 방법에 대한 정보, 전문 지식, 전략을 공유한다(Browne & Nash, 2014). 우간다에서는 AIDS 사업 지원을 위해 투입된 국제 원조가 종종 보수적이고 종교에 기반을 둔 시민단체로 향했고, LGBT 커뮤니티와 충돌을 일으켰다. 얼마 지나지 않아 세계 최초로 국가 전역에 동성 결혼이 금지됐다(Weiss & Bosia, 2013, 47-51쪽).

소결

제2장에서 검토한 문헌은 광범위한 차별과 폭력의 결과로 LGBT 주체들이 온전한 시민이 되지 못하고, 많은 제도에서 배제되고 보호를 거부당하고 있음을 보여 줬다. 이 장에서 나는 국제 관계의 경쟁이 치열한 영역을 탐구하면서, 다자 인권 외교를 설명하는 주요 이론적 개념을 강조했고, 핵심 기관들의 작동 방식을 설명했으며, 국제 인권 조약, 과정, 메커니즘의 맥락에서 LGBT 이슈가 소외되는 과정을 제시했고, 인권 외교에서 시민 사회의 역할을 검토했다.

LGBT 이슈에 대한 국제 관계 연구는 전환점을 맞이한 것으로 보인다. 과거 연구들은 국가와 시민단체가 다자 포럼과 절차 내에서 LGBT의 관심사, 어려움, 권리와 피해를 인지해야 한다고 주장할 때 나타나는 차별적이고 배타적인 전제와 관행에 초점을 맞추고 있었다는 것이 내 문헌 검토를 통해 드러났다. 상대적으로 최근의 현상인 퀴어 국제 관계 연구는 국제 관계와 인권에 대한 이성애 중심적 접근을 반박하기 위해 등장했다. 퀴어 이론가들은 성 및 성별 정체성이 구성되는 방식을 질문하기 위해 비전통적이고 때로는 대립적인 접근법을 사용한다. 국제 관계 및 국제사회운동을 다루는 학자들은 교차적 분석과 탈식민적 분석을 결합해, 퀴어 주체들이 국제 인권 체계 안에서 규정되고 다뤄지는 방식을 탐구한다. 인권 외교가 서구식 LGBT 권리를 비서구 국가에 수출하는 트로이 목마라는 비난에 맞서 자신을 방어해야 했던 서구 기반 LGBT 운동 역시 퀴어 이론의 연구 대상이다. 다음 장에서는 제2장과 제3장에서 얻은 이론적 통찰과 오늘날 비서구의 반발을 초래한 갈등 상황을 탐구한 문헌을 함께 연결 짓고자 한다.

제4장

세계적 동성애 혐오, 퀴어 외교, 갈등

다미코는 서구의 친LGBT 외교정책이 글로벌 사우스 국가에서 반발을 일으킬 수 있다고 주장한다(D'Amico, 2015, 68-69쪽). 이에 따라 발생하는 마찰을 이해하는 방식은 다양하다. 예를 들어 위크스는 "탈전통화와 개인화 과정(detraditionalizing and individualizing processes)"이 성적 정체성을 둘러싼 갈등의 원인이며, 이는 동성애 혐오 폭력의 급증으로 이어질 수 있다고 주장한다(Weeks, 2007, 200-205쪽). 올트먼은 "어떠한 형태의 자유로운 표현이라도" 전체주의 정부가 위협을 받을 때, 그 정부는 성적 행동을 통제할 수 있다고 지적한다(Altman, 2001, 136쪽). 이 장에서는 성 및 성별 정체성에 대한 서구의 시각과 일부 비서구 국가의 내부 정치 간의 접점을 다룬 문헌을 검토한다. 이 장 마지막 절은 복잡한 주제를 다루는데, 민족주의, 종교적 극단주의, 정치적 동성애 혐오, 성 및 성별 정체성에 대한 탈식민적 관점에서의 구성을 분석한다.

이 장에서 검토하는 와이스와 보시아(2013) 및 보시아(2013, 2014, 2015)의 비판적 연구는 다행히도 세계적 동성애 혐오에 관한 종래의 연구가 갖는 한계를 설명하는 중요한 도구를 제공한다. 연구자들은 국가가 성소수자를 낙인찍고 표적화하며 제약하는 방식과 이유, 그리고 그 목적을 돕는 데 서구의 성 및 성별 정체성 담론이 이용되는 방식에 대한 새로운 이해를 제시한다. 다음에 살펴볼 체첸의 폭력적인 동성애 혐오 캠페인에 대한 사례 연구는 이 연구가 순전히 '학문'에만 머물지 않음을 여실히 보여 준다. 일반적으로 게슈타포적인 국가 행동은 아직 사라지지 않았으며, 방치될 시 다시 표면으로 나올 수 있다. 그러나 나는 미래에 체첸과 같은 상황이 되풀이되지 않도록 하는 방법을 제시한 문헌을 검토하면서 긍정적인 결론을 내리고자 한다.

제2장에서 나는 서구의 성 및 성별 정체성의 사회적 구성이 국제적인 사회운동으로 변화한 양상을 다룬 문헌을 검토했다. 제3장에서는 국제 관계와 인권에 관한 문헌을 검토하며, 인권에 대한 보편적 개념을 포함한 서구 자유주의 가치가 외교와 시민사회를 통해 다자적, 양자적으로 전파된 양상을 살펴봤다. 또한 그간의 국제 관계 문헌이 LGBT(레즈비언, 게이, 양성애자, 트랜스젠더) 주체가 국제 관계 영역에서 소외되고, 단독적으로 주목받지 못했다고 주장하는 비판적 학자들에 의해 지적받고 있다는 점도 살펴봤다. 이 장은 퀴어 외교가 세계적 동성애 혐오를 해결하기 위한 도구로 등장하는 과정을 이해하고자 내가 설계하는 학제 간 이론적 틀의 마지막 조각을 맞추고자 한다.

캅카스*의 악몽

2017년 러시아 체첸 자치공화국에서 보안 당국은 LGBT를 대상으로 한 폭력적 캠페인을 벌였다. 세계 지도자들은 목소리를 높였고, 정부간기구(政府間機構)와 시민단체는 행동에 나섰으며, 일부 국가는 망명처를 제공했다. 브로크와 에덴보리(2020)는 이 위기를 분석하면서, "일부 사람들은 체첸의 사건을 '고대적' 부족 문화, 국민 사이의 전통주의적 태도, 이슬람 종교성 증가의 맥락에서 보고 있으나, 왜 하필 이 시점에 반LGBT 캠페인이 시작됐는지를 이해하려면 동성애 혐오 정치가 발생하는 사회, 경제, 역사적 맥락을 고려하는 것이 중요하다"고 지적한다(Brock & Edenborg, 2020, 677쪽).

체첸은 인권 침해가 만연한 지역이다. 람잔 카디로프(Ramzan Kadyrov) 수장은 여성이 난잡한 행동을 했다고 의심된다는 이유로, 그리고 동성애 혐오 폭력의 일환으로 명예 살인을 공개적으로 용인했다(HRW, 2017, 2-3쪽). 2017년 2월부터 4월까지 체첸에서 100명 이상의 동성애자와 양성애자 남성이 납치되고 국영 교도소에 구금돼 고문당했다(HRW, 2017, 1-2쪽). 국제인권감시기구(휴먼라이츠워치)가 인터뷰한 피해자들은 전기 충격을

---

* 흑해와 카스피해 사이에 위치한 산악 지역으로, 코카서스라고도 불린다. 여기서 캅카스는 북캅카스에 위치한 체첸 자치공화국을 의미한다. (옮긴이)

당하고 몸이 파랗게 멍들 때까지 막대기와 파이프로 구타당했다고 말했다(HRW, 2017, 18-21쪽). 최소한 한 명이 부상으로 사망했고 두 명이 가족에 의해 살해됐다. 보안 당국은 가족 중 남자 구성원을 불러 가족의 명예를 지키는 방법이라며 이들을 죽이라고 지시했다(HRW, 2017, 15쪽). 구금된 남성 일부는 풀려난 뒤 체첸을 떠났다. 다른 남성들은 친구들이 구금됐고 휴대전화가 압수당했다는 사실을 알게 되자 체첸을 떠났다. 한 남성은 자신의 검거가 단지 "시간문제"일 뿐이라고 말했다(HRW, 2017, 18-21쪽).

곧바로 외교적 파장이 일었다. 쥐스탱 트뤼도 캐나다 총리와 앙겔라 메르켈(Angela Merkel) 독일 총리를 포함한 세계 여러 지도자가 우려를 표했다. 특히 러시아 정부가 초기에 관련 보고를 무시하고, 독립 조사를 요구하는 국제적 목소리를 거부했기 때문이었다. 사건이 알려진 지 한 달이 지나서야 푸틴(Vladimir Putin) 대통령은 해당 혐의에 대한 추가 조사를 약속했다(HRW, 2017, 2-3쪽). 국제 LGBT 권리의 증진과 보호를 위해 노력해 온 국가들의 조직인 평등권연합(ERC)은 24개국이 서명한 공동성명을 발표했으며, 성명은 "보안 기관과 그 외 정부 당국에 의한 게이의 임의 구금, 고문 살해 보고" 내용들을 비난하고, 러시아 정부에 "부당하게 구금된 사람들의 석방과 모든 책임자에 대한 책임 추궁"을 촉구했다(ERC, 2017). 3개월 후, 카디로프 수장은 다큐멘터리 촬영 중 숙청에 관해 질문을 받았다. 그는 체첸 사건의 결과 다른 나라들이 부정적인 인상을 받게 된 점에 분노했다. 그는 인터뷰에서 "세계를 무릎 꿇리고 뒤에서 괴롭힐 것"이라고 공언했다. 그는 체첸에 동성애자가 있다는 사실을 부인하면서, "만약에 동성애자가 있다면, 우리의 피가 더럽혀지지 않도록 캐나다로 데려가라"고 덧붙였다(Keating, 2017).

브로크와 에덴보리(2020)는 카디로프의 발언이 폭력적 역설에 해당한다고 지적한다. "국가는 존재하지 않는다고 한 사람들을 폭력적으로 괴롭히고, 겁을 주며, 고문하고 죽이는 조직적 캠페인을 하면서, 동시에 이를 부정한다"는 것이다(Brock & Edenborg, 2020, 674쪽). 체첸의 캠페인은 "퀴어 가시성(queer visibility), 그리고 더 구체적으로는 폭력적인 국가 소속감과 국가 통합 정책의 일부로 퀴어 국민을 삭제하고 폭로"하는 사례다(Brock & Edenborg, 2020, 675쪽). 간단히 말해, 체첸의 캠페인은 "정치적 복종, 카디로프 정권에 대한 충성, 성적 순응을 국민에게 요구하며 공포감을 주는 도구"다(Brock & Edenborg, 2020, 689쪽). 또한 이 상황에서 서구 LGBT 운동이 대응하는 방식에 대한 중요한 함의가 있다. 연구자들은 지나치게 단순화된 서구의 해방 서사를 경고하며, "가시성을 해방 또는 위험 중 하나로 단순화해 이해하기보다는, 가시성의 다양한 측면이 갖는 다중적이고 모순적인 효과를 비판적으로 검토해야 한다"고 주장한다(Brock & Edenborg, 2020, 692쪽). 이 주장은 내가 유엔에서 진행한 인터뷰에서 한 LGBT 활동가에게 들었던, "가시화"가 LGBT 운동에 큰 성과를 가져왔다는 이야기를 떠올리게 했다. 그러나 여전히 많은 곳에서 가시적인 퀴어로 산다는 것은 치명적일 수 있다.

변태성, 민족주의와 식민주의

체첸에서의 사건은 단순한 반발이나 무작위적인 증오가 아니었다. 동성애는 변태적 생활 방식, 종교적 일탈, 순수한 국민에게 강요된 서구의 관행으로 거론되며, 체계적인 비난의 대상이 됐다. 즉, 국가에 대한 위협이란 것이다. 동성애가 서구에서 유래한 도덕적 오염의 결과라는 프레임이 씌워졌다. 올트먼은 이 현상을 "역오리엔탈리즘(reverse orientalism)"이라고 부르는데, 비서구 비평가들에 의해 서구가 성적으로 타락했다고 비난받는 현상을 의미한다(Altman, 2001, x쪽). 보시아(2013)는 동성애자들이 개, 돼지보다 더 나쁘다고 한 로버트 무가베(Robert Mugabe) 전 짐바브웨 대통령의 유명한 발언이 영국과 백인 지배를 비난하던 시점에 나왔다는 사실에 주목한다. 해당 발언의 결과로 카난 바나나(Canaan Banana) 전 대통령에게 남색 혐의가 씌워졌다. "공중도덕에 반하는 신체적 접촉"을 금지하도록 확대된 짐바브웨 법률의 유연성은 국가적 동성애 혐오의 모듈화된 특성*

---

* 모듈화(modularize)란 시스템을 모듈이란 단위로 나누어, 상황에 맞게 시스템을 손쉽게

을 보여 주는 사례다(Bosia, 2013, 42-44쪽). 말레이시아에서도 이와 유사하게 동성애를 질병으로 치부하는 과정이 나타났다. 총리의 정적인 안와르 이브라힘(Anwar Ibrahim)은 남색 혐의로 구금됐다. 남색은 서구의 동성애 강요를 나타내는 상징으로, 국가 주권에 대한 폭력적이고 일방적인 공격으로 간주됐다(Bosia, 2013, 42-44쪽).

실제로 스티친(1998)은 국가가 종종 성적, 젠더화된 용어로 구성돼, 재생산의 수동적 주체이자 "민족의 어머니"인 여성을 보호해야 하는 남성화된 이미지와 결부된다고 지적한다(Stychin, 1998, 7-10쪽). "이성애 민족주의(heteronationalism)"의 물결이 일부 아프리카 탈식민국가를 휩쓸었을 때 흑인 민족주의적 남성성은 암묵적으로 이성애자로 해석됐다(Stychin, 1998, 12쪽). 예를 들어, 로버트 무가베 짐바브웨 대통령은 식민 오염(colonial contamination)이란 비유를 사용했고, 스티친이 제시한 두 가지 정체성인 "포위된 민족국가와 남성 주체"를 강화했다(Stychin, 2004, 956쪽). 1995년까지 무가베 대통령은 동성애를 "식민주의, 자본주의, 백인 남성에 의한 아프리카인 성적 착취로 인한" "토착적 아프리카 이성애의 타락"과 연결 지었다. 동성애자에 대한 거부는 "백인 식민주의자의 제거, 그리고 그와 함

변경할 수 있게 하는 작업을 의미한다. 동성애 혐오의 모듈화된 특성이란 동성애 혐오의 전개 여부와 방식 등이 정치적인 필요, 상황 등에 따라 결정된다는 사실을 가리킨다. (옮긴이)

께 신화화된 식민지 이전 아프리카의 섹슈얼리티에 끼친 백인 식민주의자의 타락한 영향력의 제거와 은유적으로 동일시"됐다(Stychin, 1998, 61쪽).

일부 국가에서는 공개적인 동성애 반대 캠페인이 극적인 정치적, 구조적 변화의 시점들과 관련이 있을 수 있다. 예컨대 인도에서는 세계화가 경제를 변화시키던 시점에 반레즈비언 폭동이 발생했다(Bosia, 2013, 40쪽). 1980년대 초, 이란 혁명 이후 동성애가 사형 범죄로 규정되면서 200명의 동성애자가 처형된 것으로 알려져 있다. 이란은 페르시아의 동성애 역사를 무시했고, 동성애는 팔레비(Pahlavi)* 정권과 연계된 서구의 수입물로 규정됐다. 최근에는 이란에 동성애가 존재하지 않는다는 공식 선언이 있었으나, 동성애는 다시금 검열, 감시, 급습, 체포, 강제 항문 검사를 통해 관리돼야 하는 사회문제가 됐다(Korycki & Nasirzadeh, 2013). 이집트에서는 LGBT가 국가 안보 위협으로 분류됐다(Richter-Montpetit & Weber, 2017, 14쪽). 보시아(2013)는 이집트 당국이 게이 바를 급습하고 공개 재판이 이뤄진 것과 동일한 시기에 이슬람주의 운동이 세력을 확장하고 통화가치가 하락했음을 지적한다. 국가의 행태에 동조하는 언론들은 재

---

* 1925년부터 1979년까지 이란을 통치한 마지막 왕조로, 친서방 외교를 추진했다. 팔레비 정권의 서구화 정책 및 이에 따른 문화적 변화, 경제적 불평등에 반대하던 대중은 1979년 이란 혁명을 일으켰고, 팔레비 정권은 막을 내렸다. 이후 전통적 이슬람 가치 수호를 내세운 아야톨라 루홀라 호메이니가 이란이슬람공화국을 수립했다. (옮긴이)

판 중인 남성들을 서구 동성애의 확산과 관련짓고, 외부에서 가해 오는 위협으로 묘사하는 서사를 전개했다. LGBT는 한때 일탈적이거나 타락한 존재 정도로 여겨졌겠지만, 국가와 언론은 전략을 통해 그들에게 국가의 적이라는 프레임을 씌웠다(Bosia, 2013, 39-40쪽). 또한 국가적 동성애 혐오는 신성모독과 불경(blasphemy)이란 종교적 비유를 사용한다. 카메룬에서는 게이와 레즈비언이 "도덕적 불순의 위험한 요인"으로 낙인찍혔다. 이 낙인은 "마녀, 악령, 악마 숭배"로 바뀌었다. 주술은 형법 위반에 해당한다는 점에서, 이 사례는 국가적 동성애 혐오가 일련의 법과 제도의 변화를 통해 전개되는 방식을 보여 준다(Ndijio, 2013, 122-125쪽). 다른 국가들에서는 종교 기관과 언론이 협력해 동성애 혐오적 묘사를 강화한다. 카오마(2013)는 우간다의 신학적, 정치적, 공적 담론에 서구 동성애 정체성에 관한 서술이 가득 차 있는 양상을 분석한다. 예를 들어, 미국 근본주의 선교사인 스콧 라이블리(Scott Lively)는 우간다 의회에서 서구 동성애의 위험성에 관해 4시간 동안 연설했다. 2010년 우간다의 한 신문은 "그들을 처형하라(Hang Them)"는 제목을 달고 "우간다 최고의 동성애자들"의 이름과 주소, 직장을 게재했다(Kaoma, 2013, 76-82쪽).

윌킨슨(2014)은 러시아와 같은 권위주의 국가에서 정치적 동성애 혐오가 "보다 민족주의적이고 대중 선동적인 도덕 규제 체계"의 핵심에 있다고 주장한다. 동성애 선전 금지법은 2006년 러시아 지역 법률로 도입됐고, 이후 2013년 연방법이 됐다. 개념 정의가 없어, 이 법은 전통적인 러시아 가치에 반대되는 모두를 가리키게 됐다. 윌킨슨은 국가가 자국만의 인권 의무를 재해석하는 방법으로 도덕적 주권을 선택할 때 종종 정치적 동성애 혐오가 중심 동기 요인이 된다고 주장한다. 러시아 법에 대한 서구의 비판은 "문화 제국주의"와 "위험한 도덕적 타락"을 비민주적으로 강요하는 행위로 여겨졌다(Wilkinson, 2014, 365-368쪽). 일부 글로벌 사우스 국가에서는 동성애 혐오 캠페인에 저항하기 위한 강력한 현지 운동이 등장했으나, 다른 국가들에서는 와이스(2013)가 언급한 바와 같이, "선제적으로 취해지는 동성애 혐오(preemptive homophobia)" 과정이 나타난다. 즉, LGBT 운동이 형성되기까지 기다리기 전에 운동이 뿌리내리지 못하도록 국가가 차단하려 한다(Weiss, 2013). 정부가 더욱 수용적 태도를 보인다고 할지라도 결과는 엇갈릴 수 있다. 예컨대 린드(2013)는 에콰도르의 헌법 개정 과정을 분석한다. 차별금지법이 제정됐음에도 "성적 일탈과 성적 현대화에 관한 초국적 담론들이 경쟁하면서 새로운 형태의 동성애 혐오와 트랜스 혐오가 등장했다". 그러나 전반적으로 린드는 에콰도르의 LGBT 운동이 강화됐다고 본다(Lind, 2013).

앞의 사례와 체첸의 사례는 경제와 정치적 불확실성, 안보, 주권, 종교적 정체성에 대한 위협 등 일련의 동인들이 국가를 자극하고, 서구의 도덕적 오염을 비난하는 식의 전략을 비롯해, 미디어를 통한 수치심 주기, 동성애 혐오적 법률, 대규모 체포, 수감, 고문, 시민단체와 언론 탄압 등의 방법을 통해 LGBT를 표적화하고 박해하게 하는 양상을 보여 준다.

무슬림 정체성, 퀴어 정체성과 국제 관계

라흐만(2014b)은 성적 다양성이 국제 관계에 주입되는 작용이 "동양의 전통적 공간을 향해 변증법적이고 정의 내리는 방식으로(dialectically and definitionally)" 이뤄지며, 이는 동양 문화를 현대성과 충돌하는 방식으로 설정하는 도발적인 움직임이라고 주장한다(Rahman, 2014b, 279쪽). 체첸 외에도 무슬림이 다수인 많은 국가는 LGBT 시민을 명시적으로 억압하는 국가정책을 갖고 있다. 무슬림 인구가 많은 45개국 중 30개국은 동성애를 범죄로 규정한다. 특히 동성애 혐오와 종교, 특히 이슬람교 사이의 연관성은 논란이 되며, 명확히 할 필요가 있다. LGBT 권리를 강하게 반대하는 국가에는 러시아, 나이지리아 등 무슬림이 다수를 차지하지 않는 국가들이 있음에도, "문명 충돌"의 관점으로 이 문제를 접근하면 무슬림이 다수인 국가가 동성애 혐오자로 규정되는 양극화된 정치 환경을 조성하게 되며, 그 결과 태도 변화가 일어나기 어려운 상황이 초래된다. 라흐만은 오늘날 서구의 시대를, 이슬람과 동성애를 대립 구조로 보는 "이슬람적 타자성(Islamic otherness)"의 시대로 묘사한다(Rahman, 2014a, 2-3쪽). 무슬림은 동성애자에게 특별히 위협이 되는 존재로 분류된다. ISIS와 탈레반을 포함한 종교 극단주의 단체를 피해 도망친 LGBT 난민에 대한 언론 보도는 서구에서 이슬람 혐오를 키우고 있다. 네덜란드에서는 게이를 폭행한 범죄자들이 대부분 백인 유럽인임에도 게이 폭행이 "무슬림 문제"로 부각됐다. 아이러니하게도 네덜란드의 우익은 종종 미디어에서 무슬림을 동성애 혐오자라고 비난한다(Hekma, 2011). 푸아(2007)에 따르면, 암살된 우익 네덜란드 정치인 핌 포르타윈(Pym Fortuyn)*은 준법정신이 투철한 백인 동성애자들과 "변태적으로 성애화되고 인종화된 무슬림 인구" 간 이분법을 만든 호모내셔널리스트 주체를 대표한다(Puar, 2007, 20쪽).

라흐만은 무슬림 국가에서 탈식민 시대에 이뤄지는 성적 규제를 접근하는 방식에 두 가지가 있다고 설명한다(Rahman, 2014a, 71-72쪽). 첫 번째 방식은 마사드(2007)의 접근법으로, 중세 시대로 거슬러 올라가 당시 독특한 아랍의 동성애 문화가 예술과 문학에서 찬양받았음을 살펴보는 것이다. 식민주의로 인해 이 역사는 강제적으로 변화를 겪고 부정됐지만, 아랍의 동성 간 친밀성은 문화적으로 특정적인 현상이었고, 오늘날에도 그

---

* 네덜란드의 동성애자 정치인으로, 2002년 총선 당시 이슬람을 후진적인 문화로 평가하는 등 반이슬람, 반이민 성향을 드러냈다. 2012년 환경 및 동물권 단체 활동가에게 암살됐다.(옮긴이)

렇다. 이것이 서구의 동성애 개념과 비교될 수 있다고 보는 시각은 그 자체로 문화 제국주의 태도며, 아랍 세계에 LGBT 권리를 존중하라는 서구의 요구는 서구 인권 규범의 강요가 된다(Massad, 2007). 라흐만은 다음의 두 번째 접근 방식을 주장하는데, 이 시각은 이슬람 세계의 문화와 민족이 다양하다는 점에서, 다양한 퀴어 무슬림 정체성이 수 세기 동안 공존해 왔다고 본다. 이 퀴어 주체들은 오늘날 "보다 세계화되고 있는 서구 동성애 정치적 정체성 담론"과 교차하고 있다(Rahman, 2015, 101-102쪽). 이는 퀴어 무슬림이 서구의 LGBT 정체성을 모방하고 있음을 의미하지는 않는다. 사실, 무슬림 동성애의 역사는 "서구적 현대성을 나타내는 동성애" 담론을 지속 불가능하게 한다(Rahman, 2014a, 92쪽).

라흐만은 이슬람 이전의 문화 전통, 도시화, 사회 통제, 산업화를 비롯한 수많은 다른 요소가 연결된 문제이기 때문에, 서구 LGBT 정체성과 운동을 신식민주의 정치와 동일시하는 태도를 환원주의적이라고 본다(Rahman, 2015, 97-99쪽). 그러나 현재 국제 LGBT 권리에 대한 서구의 공식은 무슬림 세계 일부 지역에서 신식민주의의 한 형태로 인식된다(Rahman, 2015, 92-95쪽). LGBT 권리는 현대성과 연결돼 있고, 현대성은 자본주의, 민주주의 국가에서 유래했다. 따라서 서구 문화를 옹호하지 않고서는 LGBT 권리를 옹호하기 어렵다(Rahman, 2015, 92-95쪽). 한편 동성애에 대한 "계몽된" 태도는 서구의 우월성을 주장하는 방식이 됐다. 이는 "문명화" 차이의 맥락에서 동성애에 대한 담론이 표면화될 때 나타난다. 서구는 동성애에 대한 자신의 견해에 비판의 여지가 없다고 생각하며, 이는 "서구 예외주의의 결정적 특성"에 해당한다. 결과적으로, 이런 불일치는 자유민주주의, 개인의 권리와 동일시되는 현대성 구상에서 무슬림 세계를 배제한다. 여기에 깔린 메시지는 여성과 LGBT 권리가 자유민주주의적 틀 내에서만 가능하다는 것이다(Rahman, 2014a, 2-3쪽). 그러나 서구의 성적 현대화가 세계에 이익이 될 것이란 가정은 오늘날 무슬림의 성적 다양성의 현실을 왜곡하는 오해를 만든다.

여론조사에 따르면 무슬림이 LGBT 권리를 지지하지 않는다는 것은 사실이다. 불행히도 이런 태도는 세속적 틀 안에서 경제적, 민주적 발전과 관련하여 무슬림 국가와 사람들이 현대적이지 못하다고 보는 것으로 설명된다. 이런 관점에서는 서구식 현대화가 무슬림의 동성애 혐오에 대한 "해결책"이 되겠지만(Rahman, 2014b, 277쪽), 이는 LGBT 정체성이 빠진 "민족적이거나 인종적인 방식의 성과 젠더 문화"를 제안하는 반대 반응을 촉발한다(Rahman, 2015, 95쪽). 그에 따른 결과로 삼각의 역학 관계가 형성된다.* 즉, 서구에서는 퀴어 권리에 대한 지지가 이슬람 동성애 혐오에 대한 저항으로 볼 수 있지만, 무슬림 국가에서는 퀴어 권리에 대한 반대가 신식민주의적 정체성 구조의

---

* 서구, 무슬림, 퀴어 권리 사이의 역학 관계를 의미한다. (옮긴이)

강요에 대한 저항으로 간주될 수 있다(Rahman, 2014b, 279쪽). 이 난제에서 빠져나오는 유일한 방법은 "전통적인" 무슬림 문화와 "우월하고 진보적인" 서구 문화의 획일적이고 정적인 정의에서 벗어나는 것이다(Rahman, 2014b, 281-283쪽). 라흐만은 연구가 "억압의 일상적 경험"에 초점을 맞춰야 한다고 본다(Rahman, 2015, 101-102쪽). 이 분야의 연구가 "문명적 대립 속 고정불변의 지점들로서가 아닌, 상호 연결되고 상호 의존적인" 두 세계를 보여 줄 것이란 점에 의심의 여지가 없다(Rahman, 2014a, 115쪽).

세계적 동성애 혐오 이론의 한계

체첸 및 기타 사례는 국가적 동성애 혐오가 각국의 역사, 정치, 문화의 맥락에 따라 작동하는 양상을 보여 준다. 억압이 작동하는 방식을 이론화해, 분석가로서 우리가 이 끔찍한 사례에서 교훈을 얻고 재발을 막을 수 있는 방법을 찾을 수 있을까? 세계적 동성애 혐오에 대한 새로운 이론을 설계하려면 기존의 이론적 분석에 대한 검토와 비판이 필요하다. 보시아(2013, 2014, 2015), 와이스와 보시아(2013)는 다음의 다섯 가지 접근을 비판한다.

섹슈얼리티의 세계화: 금세기 초 일부 학자들은 이주, 관광, 미디어, 인터넷이 결합해 새로운 성 및 젠더 주체성을 형성한다는

개념인 섹슈얼리티의 세계화에 초점을 맞췄다.* 그러나 연구들은 LGBT 권리에 대한 배척과 낙인, 억제와 제한을 위해 국가들이 활용하는 전략에 그다지 관심을 두지 않았다(Weiss & Bosia, 2013, 8쪽). 몇몇 학자들은 관광업과 국제 LGBT 시민단체가 일부 국가에서 국가적 동성애 혐오를 촉발한다고 지적하지만, 다른 국가들을 보면 이런 요소가 국가적 동성애 혐오를 발생시키지 않으며, 심지어 LGBT 시민단체가 약하거나 산발적으로 존재하는 국가에서도 그렇다(Bosia, 2014, 259-264쪽).

종교성과 전통: 학자들은 종종 동성애 혐오를 "고정적인 종교 가치와 섹슈얼리티에 대한 전통적 태도를 보여 주는 변수"로 환원한다. 이렇게 보면 동성애 혐오는 국가와 분리돼 "사회"가 하는 것으로, LGBT 활동가들이 서구의 섹슈얼리티 모델을 활용해 맞서 싸워야 하는 대상이 된다(Weiss & Bosia, 2013, 8쪽). 그러나 이것은 과도한 단순화라 할 수 있는데, 특히 "전통적"이고 "종교적"으로 여겨지는 국가 가운데서도 일부는 다른 국가들에 비해 상대적으로 LGBT 운동과 커뮤니티가 활발하기 때문이다.

문명 충돌: 일부 학자들은 서구의 영감을 받은 LGBT 운동가들이 외국의 성적 정체성을 "전통 사회"로 옮겨 와서 문화 갈등을 촉발해 비서구 국가에서 문제를 악화시켰다고 주장한다. 그러나 서구의 LGBT 활동가들 역시 그들의 국가 내에서 이런 종류

---

* 제2장에서 검토한 내용 외에도 Weeks(2007)와 Altman(2001), (2004), (2008)을 참고하라.

의 갈등을 촉발한다. 즉, LGBT 권리에 대한 반발은 초국적 현상이다. 이것이 문명 충돌에 해당한다는 생각은 과도할 수 있다(Weiss & Bosia, 2013, 9-11쪽).

사회적 역행성: 일부 학자들은 국가적 동성애 혐오가 전통과 두려움의 서사와 결부된다고 주장한다. 그러나 이 견해는 동성애를 치유될 수 있는 사회적 병리로 규정하며, 그 심각성과 정치성을 퇴색시킨다. 이런 접근법은 편견, 비합리적 혐오, 편집증에 시달리는 역행적이고 "성심리적으로 원시적인" 사회의 이미지를 강화한다(Weiss & Bosia, 2013, 11-12쪽). 보시아는 더욱 "진보된" 사회 출신의 LGBT 운동가들이 더 억압받는 LGBT 주체들을 "구제"하는 방식의 서사에 이의를 제기한다(Bosia, 2014, 257-258쪽).

성적 현대화: 일부 이론가들은 반동성애적 태도가 궁극적으로 사라질 것이라 주장한다. 동성애 혐오는 종교적이거나 "전통적"인 구성으로 규정되며, 도시화가 늘어날수록 LGBT의 수용도는 필연적으로 높아진다. 그러나 이 접근법은 동성애 혐오를 "개인적 태도의 공적 표현"으로 규정하며, 동성애 혐오 정책을 공포하는 국가의 역할을 간과한다(Weiss & Bosia, 2013, 12-13쪽).

그 외의 이론적 접근들은 이성애 규범성 내지는 남성성 구조 안에서의 성 및 성별 정체성에 초점을 맞추거나, 동성애 혐오를 "주어진" 것으로 간주해, 정치적 전략으로 선택되는 이유를 명확히 설명하지 못한다. 퀴어 이론가들은 "정상화하는 담론 구조

(normalizing discursive structures)"를 설득력 있게 제시하지만, 이런 접근이 "실증적인 정책 결정(positivist policy making)"을 설명하는 것은 아니다(Weiss & Bosia, 2013, 14-15쪽).* 와이스와 보시아는 다양한 이론이 갖는 한계를 검토한 뒤, 국가가 전개하는 동성애 혐오 억압이 무작위적인 활동이 아니며, 단순히 탈식민적 긴장 속에서 이뤄지는 성소수자에 대한 전체적인 억압으로도 설명될 수 없다고 주장한다. 그것은 의도적인 정치적 전략이기 때문이다(Weiss & Bosia, 2013, 1-2쪽). 정치적 동성애 혐오는 "국가적 집단 정체성의 권위적 개념"을 창출하려는 목적을 위해 정권이 활용하는 것이다. 국가는 LGBT를 적극적으로 희생양 삼아 이를 달성한다(Weiss & Bosia, 2013, 3쪽).

보시아는 또한 국가 행위자들이 "성소수자를 비난의 표적이자 박해의 대상으로 삼는" 시기와 이유를 연구한다(Bosia, 2013, 31쪽). 보시아가 제시하는 국가적 동성애 혐오 이론의 핵심은 모듈적 특성(modular nature)이다.** 이는 동성애 혐오가 상황에 따라 나타났다가 사라진다는 점을 의미한다. 국가적 동성애 혐오

---

* 정상화하는 담론 구조란 특정 규범, 가치 등이 한 사회 내에서 정상적이고 당연한 것으로 수용되도록 하는 언어적 메커니즘을 의미한다. 후술하는 바와 같이 저자가 인용한 글에서 와이스와 보시아(2013)는 국가가 의도를 갖고 동성애 혐오를 정치적 전략으로 채택한다고 지적한다. 이때 정상화하는 담론 구조는 동성애 혐오가 사회적으로 수용되는 방식을 설명할 수 있다. 다만, 정상화하는 담론 구조는 국가의 관련 정책 결정이 왜, 어떻게 이뤄지는지를 실증적인 차원에서 설명하지는 않는다. (옮긴이)
** 모듈적 특성에 대해서는 앞의 제3장 146-147쪽의 각주를 참고하라. (옮긴이)

는 국가가 항상 사용하는 전략이 아니다. 이는 특정한 전통이나 신념으로 쉽게 설명될 수 없는 사안인데, 그 이유는 "전통"이 가변적이며, "고도로 모듈화된 LGBT 괴물 이미지"를 활용해 만들어지기 때문이다(Bosia, 2013, 33-34쪽). 그는 정치 체계가 심각한 위기에 직면할 때 국가가 LGBT 커뮤니티에 폭력을 행사하는 경향이 있다고 주장한다. 이런 행위는 소속감을 강화하면서 국가 권위를 증명한다. 국가적 동성애 혐오는 위기 발생 시 전개되는데, 이는 "국가 통치에 적합한 도구"가 된다. 국가적 동성애 혐오는 축소된 국가 역량을 다른 행위자들과의 동맹을 맺어 보충하는 데 사용될 수 있다(Bosia, 2013, 31-32쪽). 예를 들어, 우간다에서는 점차 국가가 기독교 단체의 국제적 지원에 의존하게 되면서 동성애 혐오 담론이 뿌리내릴 수 있는 공간이 열렸다(Bosia, 2014, 265-268쪽). 이집트에서는 군사 및 보안 당국이 시장과 경제를 변화시키는 데 여념이 없었다. 시간이 지나자, 젠더와 섹슈얼리티를 "정상"과 "위반"으로 구분 지으며, 이를 국가 통치의 핵심 도구로 삼았다. 이런 배경은 52명의 남성이 부도덕 행위로 재판을 받았던 사건과 적어도 10년 이상 지속된 LGBT 운동의 억압을 설명하는 데 도움이 된다(Bosia, 2014, 267-268쪽).

앞에서 인용된 연구들은 체첸 위기와 같은 사례를 이해하는 데 중요한 이론적 도구를 제공한다. 동성애 혐오적 억압을 단지 역행적인 사회의 종교 전통 고수로만 설명할 수 있는가? 동성애자를 표적으로 삼는 것은 "의도적인 정치적 전략"이었는가? 내가 보기에, 고정관념과 거창한 서사로 쉽사리 현상을 설명할 수는 있어도, 정치 지도자들이 증오나 종교적 이유에서가 아닌, 정치적 편의를 이유로 끔찍한 동성애 혐오 캠페인을 의도적으로 만든다는 공포스러운 시나리오를 고찰하기란 쉽지 않다.

옹호 활동과 갈등

제2장에서는 서구의 LGBT 운동이 국제적 운동으로 발전한 양상을 살펴봤다. 제3장에서는 이 국제적 운동이 보편적 인권과 민주적 가치의 증진을 통해 국제정치에 들어오게 된 과정을 검토했다. 이 장에서 나는 국가가 시민을 대상으로 동성애 혐오를 무기로 사용할 때 활용하는 서사, 사상, 전략, 전술, 신념 체계를 해석하는 문헌을 살폈다. 국가의 동성애 혐오는 역설적으로 현지 LGBT 운동의 등장으로 이어질 수 있는데, 보시아는 이를 가리켜, "국가적 동성애 혐오가 맺은 이상한 열매"라고 언급했다(Bosia, 2014, 257-259쪽). 희망적인 시각에서 인권 활동가, 외교관, 정부간기구가 LGBT 권리를 강화하고 갈등을 최소화하며 동성애 혐오 공격 캠페인에 맞서기 위해 협력하는 방식 일부를 강조하고자 한다.

국제 인권 체계 내에서의 옹호 활동: 내 인터뷰 참여자 다수는 자신의 성과에 자부심을 느끼면서도 기존 국제 인권 절차와 메커니즘의 효율성에 여전히 의구심을 품고 있었다. 그러나 LGBT 운동가와 전문가가 작성한 두 개의 문서인 욕야카르타 원칙(Yogyakarta Principles, 2018)과 몬트리올 선언(Declaration of Montreal, 2018)은 국제 LGBT 인권 의제를 촉진하고, 웨이츠의 말에 따르면 "새로운 담론적 틀"을 나타낸다(Waites, 2009, 138-139쪽). 일부 학자는 이들이 지역 및 전문적 정부간기구와 더욱 직접적으로 협력해야 한다고 주장한다. 라흐만(2014a)은 "국가 내에서 변화를 거부하는 커다란 저항"을 촉발할 위험이 있는 유엔 문서의 보편적 언어가 지역화 과정(regionalization)을 거쳐 완화될 수 있다고 주장한다(Rahman, 2014a, 142-144쪽).

기타 다자 포럼: 국제적인 LGBT 옹호 활동과 외교는 유엔 외에도 다양한 정부간기구를 통해 수행된다. 일례로 영연방에서는 공유된 가치에 대한 근본적인 불일치로 LGBT 권리 증진 목표가 특히 논쟁적이다(Cowell, 2013, 125쪽). 레녹스와 웨이츠(2013b)에 따르면, 입법자들이 동성애를 범죄화하는 구시대 법의 존치에 대한 비판에 대응할 때, 이들은 "종종 국내 정치적 청중과 상황에 부응하도록" "인종주의, 신식민주의, 문화 제국주의에 대한 비난"을 전략적으로 활용할 수 있다(Lennox & Waites, 2013b, 29쪽). 카웰(2013)은 거버넌스와 법치주의를 감시하는 기존 영연방 메커니즘으로는 진전을 이루기 어렵다고 주장한다. 정부 수반들이 주요 의사 결정자이기에 그들의 지원 없이는 LGBT 권리 진전이 미미할 것이다. 동성애 비범죄화 지지 선언

은 반발을 초래할 가능성이 크며, 이 분야의 진전은 어렵고 더 딜 것이다(Cowell, 2013, 139쪽). 레녹스와 웨이츠(2013a)는 지역 인권 기구가 LGBT 권리를 위한 투쟁에서 수행해 온 긍정적인 역할에 대해 더 많은 학문적 연구와 대중 인식이 필요하다고 주장한다. 예를 들어, 아프리카 인권 체계는 LGBT 권리 수용과 LGBT 시민단체 인정을 거부해 비판을 받아 왔지만, 지역 인권 체계는 연성법*을 경성법**으로 전환하는 데 효과적인 동력이 될 가능성이 있다(Lennox & Waites, 2013a, 516쪽).

주제별 전략: 레녹스와 웨이츠(2013a)는 글로벌 사우스에서 옹호 활동이 성공하기 위해서는 단순히 비범죄화와 같은 대중적인 주제에만 초점을 두어서는 안 된다고 본다. 반LGBT 법률은 분명 심각한 사안이지만, 형법이 강력하게 집행되지 않는 경우가 많기 때문이다. 물론 관련 법이 장래에도 발동되지 않으리라는 보장은 없다. 연구자들에 따르면 LGBT에게 가장 큰 위협은 법률의 엄격한 시행보다는 더욱 일상화된 경찰의 괴롭힘이다. 비범죄화를 달성한다고 할지라도, 동성 간 친밀한 관계가 사생활의 영역에서만 인정되는 한 완전한 시민권을 보장할 수 없기

---

* 국제법에서 구속력이 상대적으로 약한 법적 규범 또는 원칙을 가리킨다. 주로 선언, 권고, 보고서 등으로 나타난다. (옮긴이)
** 국제법에서 법적 구속력이 강한 규범을 가리킨다. 주로 조약이나 법원 판결 등으로 나타난다. 법적 구속력이 없는 연성법으로 국제법에 도입된 규범이라도 국가가 이를 법적 의무로 채택하여 구속력 있는 규범으로 발전되는 경우가 있으며, 이 과정에서 지역 인권 기구들이 법적 기준 마련, 법의 해석과 실행 등을 수행하는 역할을 할 수 있다. (옮긴이)

에 승리는 단지 부분적일 수 있다. 인권 운동가의 관점에서 더욱 포괄적인 전략이 필요하며, LGBT를 차별과 폭력에서 적극적으로 보호하는 긍정적인 법안을 통해 큰 변화를 만들 수 있다(Lennox & Waites, 2013a, 533-534쪽).

접근 방식의 차이: 일부 학자는 글로벌 사우스에서 국가 주도의 동성애 혐오 사건에 직접 개입하는 서구 기반 시민단체에 매우 비판적이다. 일례로 앞 장에서 살펴본 바와 같이 미텔슈태트(2008)는 나이지리아에서 동성애 혐오적 법률에 반대하는 한 영국 운동가의 국제 캠페인이 나이지리아 LGBT 운동가들로부터 "신식민주의적"이라고 비난받은 사례를 제시했다. 그러나 보시아(2015)는 글로벌 사우스에서 인권 보호 활동을 하는 모든 서구 기반 LGBT 인권 단체들의 역할을 단지 "구조 임무"로 일축하는 비평가들이 실제로는 단체들의 목적과 "구조가 필요한 대상과 그들을 억압하는 세력"에 대해 오해하고 있을 수 있다고 주장한다(Bosia, 2015, 47-48쪽). 반면 윌킨슨(2014)은 본질적인 정체성을 반영하는 캠페인을 조직할 수 있는 현지 LGBT 시민단체의 범위가 제한적이라고 본다. "본 디스 웨이(Born This Way)"식의 캠페인*은 다양한 LGBT 이야기의 "재인간화(rehumanization)"**

---

* 가수 레이디 가가(Lady GaGa)의 곡(〈Born This Way〉)에서 유래한 LGBT 인권 캠페인으로, LGBT의 타고난 성적 지향과 성별 정체성은 자연스러운 것이기에 부끄러움 없이 수용해야 한다는 메시지를 담고 있다. (옮긴이)
** 특정 개인이나 집단이 인간으로서 권리와 존엄성을 인정받지 못하는 상황을 바로잡는

를 통해 강조하는 미디어 캠페인에 비해 효과가 작다(Wilkinson, 2014). 미텔슈태트(2008)는 국제 인권 단체들이 글로벌 사우스 지역에서 LGBT 권리의 증진과 보호를 위해 할 수 있는 역할이 있다고 보면서도, 이 단체들이 덜 대립적이고 서구의 법을 수출하려는 것으로 보이지 않게 하는 접근법을 취해야 한다고 주장한다. 예를 들어, 휴먼라이츠워치가 동성 결혼을 금지하는 법안에 관해 과테말라 의회에 의견 표명을 요청하는 서한을 보냈을 때, 휴먼라이츠워치는 과테말라가 다른 서구 국가처럼 동성 결혼법을 통과시키라고 요구하기보다는 과테말라 자국 법률을 모범 관행의 사례로 활용해 더욱 평등한 법제를 마련하도록 독려했다(Mittelstaedt, 2008). 라흐만(2015)은 LGBT 정체성을 서구의 현대성 개념과 분리하기 위해 글로벌 사우스의 LGBT 역할 모델이 필요하다고 주장한다. 나아가 새로운 초국적 대화가 필요한데, 동성애 혐오에 대한 대응은 유엔 회의장을 넘어 피파(FIFA)와 월드컵을 포함한 다른 글로벌 이니셔티브로 확대돼야 한다. LGBT 권리에 반발하는 국가에 수치심을 주거나, 이들을 배제하는 징벌적 접근을 취하기보다는 스포츠 행사와 함께 문화 행사나 회의를 개최한다면 잠재적으로 많은 사람에게 다가

과정을 의미한다. 여기서는 LGBT들이 갖고 있는 성적 지향이나 성별 정체성만 강조하는 방식에서 벗어나, 그들이 갖고 있는 다양한 경험을 통해 그들을 복합적인 인격체로 묘사하려는 노력을 뜻한다. 재인간화는 인간적인 시각에서 LGBT 권리에 관한 대화를 수행함으로써 고정관념을 해소하는 데 그 목적이 있다. (옮긴이)

갈 수 있을 것이다(Rahman, 2015, 104-108쪽).

종교적 차이: 레녹스와 웨이츠(2013a)는 사회운동이 속한 정치적 기회 구조에서 종교 기관이 중요한 역할을 할 수 있다고 본다. 이 기관들은 종종 LGBT에 반대하는 것으로 여겨지나, 연구에 따르면 그렇지 않은 경우도 많다(Lennox & Waites, 2013a, 517-518쪽). 이 연구 결과는 LGBT 시민단체가 세속적 인권 담론의 한계를 넘어 종교적 논의에 더 적극적으로 참여하도록 장려할 수 있다. 라흐만은 무슬림이 다수인 사회에 있는 퀴어들이 동성애 혐오와 이슬람 혐오가 겹치는 그들의 경험을 명확히 표현하면서 섹슈얼리티에 대한 그들만의 시각을 제시할 필요가 있다고 믿는다(Rahman, 2014a, 145-151쪽).

체첸은 '퍼펙트 스톰'*의 여파로 등장한 LGBT 인권 외교의 현대적 사례다. 이곳에서 발생한 폭력적인 동성애 혐오적 캠페인은 다양한 시각에서 볼 수 있다. 이는 경제적, 정치적 위기에 직면한 정권을 위한 지지를 확보하기 위해 민족주의와 LGBT 정체성이 함께 활용된 양상을 보여 주는 사례다. 또한 LGBT 커뮤니티를 희생양 삼는 것을 정당화하기 위해 체첸의 무슬림 정체성이 무기화된 방식을 보여 준다. 아울러 LGBT인 피해자들이, 인권 침해를 자행하고도 광범위한 면죄부를 누린 국가에 사는 결과로 받은 고통에 대한 연구다. 그리고 이것은 현장에 강

---

* 두세 가지 이상의 악재가 동시에 발생해 악영향을 내는 현상을 가리킨다. (옮긴이)

력한 LGBT 시민단체가 부재할 때 발생하는 비극적 상황을 드러낸다. 이 위기는 국제 인권 및 인도주의 단체가 적대적인 환경에서 피해를 당한 LGBT를 구출하기 위해 기울이는 노력을 보여 준다. 또한 이것은 권위주의적 환경에서 이런 사건의 언론 보도와 관련된 어려움을 나타낸다. 마지막으로 이 위기는 서구의 양자 및 다자 외교 노력이 국제 무대에서 인식을 제고하고 일부 인도주의적 지원이 이뤄지게 한 방식을 보여 준다.

소결: LGBT 인권 외교의 이론화

이 장에서 나는 LGBT 권리를 둘러싼 국가 간 갈등의 측면, 즉 민족주의, 종교적 불관용, 식민지 유산, 국가에 의해 전개되는 정치적 동성애 혐오를 연구한 문헌을 검토했다. 또한 심각한 갈등을 해소하는 데 활용 가능한 전략을 제시한 국제 LGBT 옹호 활동에 관련한 문헌도 살펴봤다. 국제 운동가들과의 인터뷰 자료를 분석한 후, 제9장에서는 갈등을 완화하고 체첸과 같은 상황의 재발을 막기 위한 모범 사례와 권고 사항을 제시할 것이다.

이 장의 서두에서 언급했듯이, 국제 관계에서 LGBT 권리를 둘러싼 현재의 갈등을 다루는 퀴어 외교와 옹호 활동 현상을 쉽게 설명할 수 있는 단일한 이론적 노선이나 학문은 없다. 대신 나는 제2장, 제3장, 제4장의 문헌 검토를 통해 포괄적인 학제 간 이론적 틀을 구축했다. 제1장에서 설명한 바와 같이 이 틀은 퀴어 연구, 정치학, 국제 관계, 정책 연구의 학제 간 접점에 있는 분석 도구로, 정치학과 정책 연구에서 특징적인 방법론을 사용하고, 현재의 사회적 관행에 대한 실증적 사회과학 연구와 비판적 성찰을 결합해서 실천 개선 방안을 사회적으로 분석하고 제안한다. 내 이론적 틀은 다음과 같다.

20세기, 인권의 보편적 개념을 포함한 서구의 자유주의적 가치가 전 세계로 확산하기 시작했다. 다자 포럼에서 LGBT 권리 지지는 서구 민주국가들이 자신들을 국제적인 인권 영웅으로 규정하려는 넓은 관행의 일부로 볼 수 있다. 도널리가 설명하듯이 "국제 인권 체계는 인권에 대한 정부의 약속이 국가적 정당성과 국제적 정당성 확보에 필수적인 요소로 받아들여지는 세계를 구축해 왔다"(Donnelly, 2013, 199쪽).

LGBT 인권 지지는 19세기 후반 시작된 초국적 운동의 부상에 뿌리를 두고 있다. 푸코(1990)는 동성애 주체의 출현을 동성 간 행동의 규제와 병리화 과정을 통해 추적한다. 애덤(1995)은 비정상 및 일탈과 결부된 서구의 동성애 정체성 구성이 곧 낙인화, 범죄화, 초법적 폭력으로 이어진 양상을 기술한다. 20세기 말까지 표적화에 대한 저항은 국내 정체성에 기반을 두고 평등을 추구하는 수많은 운동을 낳았고(Adam, 1995), 이는 상당한 성과와 더 큰 가시성을 창출했다.

1990년대, 더욱 국제화된 LGBT 운동이 등장해 국제 인권 포럼에서 더욱 두드러지게 참여하기 시작했으며(Kollman & Waites, 2009), 특히 유럽(O'Dwyer, 2013)과 유엔(D'Amico, 2015) 체계가 대표적이다. LGBT 인권 외교는 활동가들이 외교관, 정부간기구와 협력해 비서구 국가에서 지속되는 동성애 혐오성 차별과 범죄를 다루는 과정에서 수행된다. 그러나 LGBT 권리의 증진과 보호는 동성애 식민주의라는 비난을 촉발하기도 하는데, 라흐만(2014b)은 이를 가리켜 전통적이며 동성애 혐오적이라고 인식되는 문화를 향한 서구의 "동성애 규범적인 내셔널리즘의 전개"로 설명한다. 결과적으로 이는 "서구 문화 제국주의에 저항해 문화/종교 정체성을 유지하려는 담론"을 생성한다(Rahman, 2014b, 279-280쪽). 이 저항은 종종 주권에 대한 공격(Symons & Altman, 2015)에 따른 반응이라는 프레임이 형성되는데, 비서구 국가들은 이질적이고 변태적인 서구의 성적 정체성이 자신들의 전통적이고 종교적인 문화에 강요되고 있는 과정에 직면해 있다고 주장한다(Stychin, 1998).

그러나 이런 설명은 불충분하며, 국제 무대에서 LGBT 인권 보호를 공개적으로 거부하는 많은 국가가 자국 내에서도 LGBT의 인권 침해를 자행한다는 점을 강조할 필요가 있다. 보시아(2013)는 국가 체제가 심각한 위기에 처할 때 국가적 동성애 혐오가 촉발된다고 주장한다. 성소수자에 대한 박해는 소속감을 강화하고 "국가 통치를 위한 편리한 도구"가 된다. 이에 정치적 동성애 혐오는 사실 특정한 전통이나 신념과 연결될 수 없는 데, 이는 "전통"의 가변성과 "고도로 모듈화된 LGBT 괴물 이미지"를 사용해 만들어지는 정치적 동성애 혐오의 특성 때문이다(Bosia, 2013, 31-34쪽). 국내 수준에서 생성된 정치적 동성애 혐오는 국제 인권 담론과 결부돼 갈등을 낳고 종종 양극화를 초래한다.

요컨대 내 학제 간 틀은 LGBT 인권의 국제화에서 나타난 정책적 함의를 더 깊이 이해할 수 있게 해 주는 도구다. 이는 외교관과 활동가가 다양한 국제적 맥락에서 권리를 강화하거나 제약하는 방식에 대한 연구다. 주제가 복잡하기에 나는 모든 이론적 관점을 살피고, 이들이 갖는 장점과 한계를 비판적으로 수용해야 했다. 성적 정체성의 구성과 성적 주체의 규제는 분명 여러 문화권에 걸쳐 무수히 많은 형태를 보인다. 그렇지만 어느 시점에서는 인권 요구의 진전과 운동 강화를 위해 일정 범주의 성적 정체성을 인정할 필요가 있다. 비록 그 범주가 부정확하더라도 말이다. 일부 비평가는 인권 제도와 절차를 동성애 식민주의를 위한 수단으로 일축하지만, 불완전한 제도라도 성소수자의 인권을 침해하는 국가에 책임을 묻는 데 중요한 역할을 한다. '전통'문화 수호를 내세우는 국가의 주장을 액면 그대로 받아들이기보다는 국제 무대에서 국가의 동성애 혐오 담론 전개에 이의를 제기하고, 해당 국가 내에서 발생 중일지 모르는 동성애 혐오적 법 및 정책 적용과 연결 지어야 한다.

제5장

LGBT 인권 외교 연구

내 연구 작업의 주요 목표는 외교관, 동성애자 활동가, 분석가로서 내가 가진 관점을 활용해 LGBT(레즈비언, 게이, 양성애자, 트랜스젠더) 인권 의제에 대한 다자 외교 활동을 비판적으로 평가하는 것이다. 내 주된 연구 질문은 "다자 외교 환경에서 LGBT 권리를 강화하거나 제약하기 위해 외교관들이 정부간기구(政府間機構), 시민단체와 어떻게 협력하는가?"였다. 나는 다자 차원에서 LGBT 권리에 대한 국제정치에 속히 몰입할 수 있게 하는 실용적인 연구 작업을 설계하기로 했다. 2015년 봄, 나는 제네바와 뉴욕에서 몇 주를 보냈는데, 이 두 도시에는 유엔 사무소가 있고, 인권 문제에 대한 정례 유엔 회의가 열리며, 여러 인권 단체와 시민단체, 그리고 유엔 인권 회의와 협상에 적극적으로 참여하고 있는 수십 개국 출신의 외교관이 모여 있다. 나는 여러 회의와 행사에 참여했고 외교관, 인권 활동가, 유엔 관계자와 전문가 29명을 인터뷰했다.

이 장은 내가 다양한 관점에서 지식을 생성할 수 있게 도와준 페미니즘 인식론에 관해 논의한다. 나는 내가 사용한 방법과 예상치 못하게 발생했던 문제를 성찰한다. 인터뷰에서 얻은 자료는 제6장부터 제9장에 걸쳐 제시된 분석과 정책 권고의 바탕이 됐다. 나는 이 장에 내 일기, 인터뷰, 참여 관찰의 성찰적 내용을 엮었다. 그리고 내 연구의 개선점을 생각하며 이 장을 마무리한다.

퀴어한, 성찰적 관점 인식론

이 장에서 나는 내 연구 과정뿐 아니라 내가 선택한 관점을 비롯해 연구자, 외교관, 게이로서 내 과거 경험이 선택에 미친 영향에 대한 몇 가지 맥락을 제시하고자 한다. 사실 어떻게 지식이 생성되고, 누가 발화의 주체가 되는지의 문제는 끝없는 논쟁을 불러일으킨다. 도러시 스미스(1990)는 뒤르켐(Émile Durkheim) 이후 사회학이 주체와 세계의 직접적 대면(subject's direct encounter with the world)에서 멀어졌다고 주장한다. 주체가 대상화 담론에 잠식돼 사라진다는 것이다(Smith, 1990, 46-47쪽). 주체는 대상화하는 학제(objectifying disciplines)를 통해 개념화되는데, 이는 공식 문서, 법정 기록, 경찰 기록에서의 연구, 측정 및 설명 방식을 취한다. 이에 맞서기 위해 스미스는 인간의 삶을 지배하는, 사회적으로 조직된 관행에 초점을 맞춘 연구를 지지한다(Smith, 1990, 4쪽). 스미스는 사회학을 가부장적 시도로 보며, 사회학이 여성들의 실제 경험에 기초하고, 여성의 일상 세계를 문제로 삼아야 한다고 주장한다(Smith, 1990, 27쪽).

킨스먼과 젠틸레(2010)는 이론과 방법을 연결하는 사회 연구 분석 틀로, "능동적 주체성과 반-사물화(反-事物化, anti-reification)*에 충실한" 분석 틀을 제시한다. 사회적 세계는 사람들의 사회적 실천을 통해서만 구성되고 이해될 수 있으며, 이는 성찰적이고 대화적이며 상향식의 분석 방법을 설계함으로써만 가능하다(Kinsman & Gentile, 2010, 26쪽). 내 연구는 프램프턴 등(2006)이 제시한 전제, 즉 사회 연구가 세상을 변화시킬 수 있으나, 목적과 방법이 충분히 검토됐을 때만 가능하다는 가정에서 시작한다. 그러나 다양한 시점이 중첩될 경우, 누구의 관점을 취할 것이며, 내 연구에서 나 자신을 어떻게 위치시켜야 하는가? 네이플스(2003)는 복수의 관점이 명확히 제시돼야 한다고 본다. 계급, 성별, 인종 구분에 따라 관점은 변하게 마련이다. 일례로, 다차원적 관점이란 틀은 시간과 공간에 따라 다양한 사회적 위치에서 여성 경험이 갖는 특수성을 탐구한다(Naples, 2003, 75-85쪽). 비슷한 맥락에서 콜린스(1999)는 "내부의 외부자(outsider within)" 역할을 하는 여성이 여성의 삶을 독특한 관점에서 볼 수 있다고 믿는다. 예를 들어, 백인 가정에서 집안일을

---

* 저자가 인용한 글에서 킨스먼과 젠틸레(2010)는 공식 문서 등에만 의존하는 연구는 자칫 사회적 실천과 사람들의 관계가 사물, 변수, 범주 등의 형태로 단순화되는, 사물화(reification)의 담론적 과정에 빠질 수 있다고 지적한다. 즉, 사물화하는 식의 접근은 사람들의 실제 경험과 그 복잡한 사회적 맥락을 간과하기에 경계해야 한다는 것이다. (옮긴이)

하던 흑인 여성은 어떤 측면에서 "보이지 않는 존재"였지만, 다른 측면에서 그가 가진 "내부자의 지위"는 사회적 관계에 대한 대안적 시각을 제공했다(Collins, 1999, 155쪽). 하딩(1993)은 복수의 관점을 취했을 때 발생하는 모순들의 중첩을 인정한다. 연구 대상에서 지식을 "발견"하는 경험주의 인식론자들(empiricist epistemologists)과는 달리 관점 이론가들(standpoint theorists)은 "지식 대상을 형성하는 사회적 힘과 동일한 종류의 힘이 지식인과 그의 과학적 작업을 형성한다(다만, 결정하지는 않는다)"는 점을 인정한다. 말하자면, 주체는 동질적이거나 일관되지 않으며 이질적이고 모순적이다. 주체는 내부자이면서도 외부자일 수 있으며, 심지어 상충하는 두 의제에 깊이 관여돼 있을 수 있다(Harding, 1993, 63-64쪽).

과거 동성애자 활동가였던 나는 LGBT 커뮤니티 활동에 참여하고 활동가들과 인터뷰하는 과정에서 내부자처럼 느꼈기 때문에 이 내부자/외부자 구분에 깊이 공감했다. 활동가들의 열정과 확고한 신념은 내 인생에서 매우 특별했던 시기를 떠올리게 했다. 동시에 외교관과 유엔 직원을 인터뷰하면서, 내 관점이 변화했음에도 불구하고 여전히 내부자처럼 느꼈다. 인터뷰를 진행하며 나는 인터뷰 참여자들과 비슷한 방식으로 옷을 입고 행동하며 자신을 표현했는데, 활동가들을 만나 대화를 나눌 때보다 더 신중하게 행동하고 있다는 것을 알아차렸다. 네이플스의 관점 분석은 이 차이를 이해하는 데 도움이 됐다. 이 방법은 본질적으로 성찰적이었다. 테일러와 러프(2005)는 자신의 젠더와 섹슈얼리티가 연구 과정에 미치는 영향을 고려할 때, "자기 성찰"이 "중요"하다고 본다. 이 연구자들은 드래그 퀸 연구에서 "우리의 젠더와 섹슈얼리티가 연구 과정을 복잡하게도 했지만, 우리가 여성이고 레즈비언이란 사실이 드래그 퀸의 세계로 진입하는 데 방해가 아니라 오히려 도움이 됐다"고 했다(Taylor & Rupp, 2005, 2115쪽).

쇼버그(2015)는 연구자가 "LGBTQ의 위치와 **삶의 경험**에 관심을 기울이면서, 국제정치 및 국제정치 내의 성별 정체성에 대해 우리가 무엇을 어떻게 배우는가"를 질문할 때, 성찰적 접근법이 국제 LGBTQ 관점에 통합될 수 있다고 본다(Sjolberg, 2015, 163쪽). 쇼버그는 LGBT 국제 관계 연구가 단지 국제 LGBT 이슈의 세계를 분석하는 데 그쳐서는 안 되며, 퀴어 연구자들의 세계에도 주목해야 한다고 주장한다. "LGBTQ의 위치성(positionality)은 학자들이 연구하는 '외부 세계'뿐만 아니라… **학자의 세계**에도 존재한다". 퀴어 연구 학문에서 중요한 점은 "LGBTQ의 위치, 관행, 삶, 경험에 대해 우리가 '외부 세계'에서 알게 된 바를 활용해 학제적 연구 과정의 구조와 기능을 재검토하는 작업"이다(Sjolberg, 2015, 168쪽, 강조는 인용문의 저자).

LGBT 주체를 대상으로 하는 연구 수행에 내재한 어려움은 많은 문서에서 다뤄져 왔다. 동성애 혐오성 폭력에 대한 내 과거 연구(Janoff, 2005)에서는 비가시성 문제가 큰 어려움이었다.

즉, 인터뷰에 참여한 퀴어들은 종종 자신의 정체성을 숨겼고, 증오 범죄는 종종 강도나 "성적 충동에 의한 범죄"로 위장됐다. 또 다른 어려움은 이 주제에 대한 전반적인 정보 부족이었다. 퀴어 폭력에 대한 통계는 공식 기록에 거의 존재하지 않았다. 실증적 자료 부족 때문에 나는 여러 다른 출처를 활용해야 했다(Janoff, 2005). 핼버스탬도 이를 언급하며, "퀴어 방법론은 의도적이거나 우연히 배제된 주체들에 대한 정보를 수집하고 생성하기 위해 갖은 방법을 사용하는 하이에나식 방법론"이라고 설명한다(Halberstam, 1998, 13쪽). 에킨스는 크로스드레서에 관한 연구에서 연구자의 임무는 사회 세계에서 숨겨진 의미를 발굴하는 것이 아니라 "사회적 상호작용 내에서 나타나는 의미의 역사와 결과를 추적하는 것"이라고 주장한다(Ekins, 1997, 36쪽). 그러나 퀴어 주체의 "일상 세계"가 연구의 중심이 된다 해도 연구자는 여전히 어려움에 직면한다. 스콧(1999)은 자신의 비밀스럽고 숨겨진 삶을 기록하는 게이 남성의 사례를 살핀다. 많은 독자에게 이 경험은 "증거"로 간주되고, "진정성"을 지닌 반박 불가능한 진실로 여겨진다. 그러나 경험이란 사실상 특정 현실을 제시하기 위해 선택적으로 배열된 정보다. 경험을 가진 개인으로 바라보기보다는 경험을 통해 구성된 존재로 주체를 봐야 한다고 스콧은 주장한다(Scott, 1999, 85-93쪽).

포괄적인 틀에서 킨스먼과 젠틸레(2010)는 "레즈비언, 게이, 퀴어의 섹슈얼리티가 일탈적이고 비정상적이며 비자연적인 것으로 구성되는 사회적 관행"을 지적한다. 연구자들은 이 부정적인 구성을 반박하고 LGBT의 일상 세계를 반영하기 위해 역사적 연구에서 "퀴어의 사회적 경험을 분석의 중심에 두고, 이성애 중심의 주류 캐나다 역사 서사를 파열시킨다"(Kinsman & Gentile, 2010, 5쪽).

외교정책 이슈로 부상한 LGBT 권리 관찰하기

이 절에서는 내 연구에 영향을 준 개인적, 직업적 요소를 되돌아본다. 테일러와 러프(2005)의 말로 표현하자면, 내가 게이 남성 외교관이란 사실은 연구를 쉽게 하면서도 복잡하게 만들기도 했다. 직업, 국가, 성적 정체성과 관련해 내가 지닌 관점은 나를 내부자처럼 느끼게도 했지만, 어떤 경우 나를 외부자로 느끼게 했다. 나는 인생 절반 이상을 LGBT 인권 분야의 정책, 연구, 언론과 활동에 참여했다. 1982년 콜롬비아에서 교사로 일하면서 나는 처음으로 LGBT가 체계적인 표적이 되고 있음을 알게 됐다. (특히 트랜스) 성노동자들은 그 외의 "바람직하지 못한 자들"과 함께 우익 암살단이 정한 "사회적 정화"의 대상이 됐다(Ordoñez, 1995). 1980년대 캐나다에서 AIDS 위기가 전개되자, 기자로서 나는 고통받는 이들을 지원하고, 동성애 혐오 확산에 맞서기 위해 조직된 현장 단체들과 함께 일하며 전염

병에 관한 기록을 남겼다. 그 과정에서 레즈비언과 게이 운동은 힘을 모아 보건 의료 개선, 안전한 거리 구축, 정치적 대표성과 법적 평등을 요구했다. 1990년대에 접어들면서 나는 캐나다와 외국의 동성애 혐오 폭력이란 주제에 대해 알리고 학술 연구를 수행했다. 1997년에는 캐나다 전국 동성애자 평등 단체인 에갈 (Egale) 이사회에 합류했고, 1998년 암스테르담 게이 게임즈* 개최 기간 중 국제앰네스티가 주최한 세계 최초의 국제 LGBT 인권 회의에 캐나다를 대표해 참여했다. 2005년 나는 캐나다의 동성애 혐오 폭력에 관한 첫 번째 책(Janoff, 2005)을 출간했고, 이 책은 프랑스어로 번역됐다(Janoff, 2007). 나는 미국, 프랑스, 불가리아, 콜롬비아, 자메이카, 튀르키예, 코스타리카, 페루에서 이 연구를 발표했다. 1981년에는 캐나다 외교부에 지원했지만 고배를 마셨고, 수십 년 후 운명이 뒤바뀌어 외교에 발을 들이게 됐다. 나는 연방 정부에서 근무하기 위해 2002년 오타와로 이사했고, 2007년 캐나다 외교부의 정책보좌관으로 고용됐다. 2009년에는 캐나다의 외교관직에 임명됐고, 2010년 첫 외교 부임지로 미국 워싱턴 디시 소재 캐나다 대사관 겸 미주기구 대표부에 도착했다.

외교관직은 전통적으로 동성애자에게 매력적인 곳으로 여겨

---

* 동성애자, 트랜스젠더 등 성소수자가 참가하는 국제 스포츠 대회로, 1982년 미국 샌프란시스코를 시작으로 4년에 한 번씩 세계 각 도시를 돌아가며 개최된다.

졌지만, 나는 외교관 생활이 특히 독신자에게 외로울 수 있다는 점을 알게 됐다. 외교관은 본질적으로 이동이 잦은데, 파견은 고립을 낳고, 불안정한 생활환경을 조성하며, 기존의 관계와 우정, 가족 구조에 부담을 줄 수 있다. (캐나다인들은 차별 금지 보호를 받고 있지만, 워싱턴에 있는 동안 나는 라틴아메리카와 카리브해 지역의 일부 LGBT 외교관들이 같은 수준의 지원을 받지 못하고 있음을 목도했다.) 나아가 동성 배우자와 동성 동반자에게 완전한 외교적 지위, 외교 면제, 취업 비자를 부여하는 국가도 상대적으로 적다. 이 특권은 이성 배우자에게 훨씬 더 많이 부여된다. 내가 2010년 워싱턴에 갔을 때, 미국 정부는 외국 외교관의 동성 동반자에 대한 외교관 신분증 발급(accreditation), 취업 비자 제공을 여전히 거부하고 있었다. 나는 제3국 출신인 남자와의 교제 관계를 끝낼 수밖에 없었는데, 그가 미국에서 합법적으로 살 수 있는 방법을 찾는다고 할지라도, 우리의 관계 속에서 그가 경력에 피해를 보고, 자립성을 유지할 수 없을 것이기 때문이었다. 2011년에 미국이 정책을 변경했지만 이미 우리 관계는 되돌릴 수 없었다. 여기서 아이러니한 부분은 대중이 외교 생활을 매력과 특권으로 인식하고 있다는 점이다. 외교 생활이 대중에게 제대로 이해되고 평가받지 못한다는 생각에다 관계에 대한 부담, 이동, 고립이 주는 영향이 더해지면서 일부 LGBT 동료들이 겪는 전반적인 고통을 야기한다.

    내가 LGBT 외교를 처음 접한 것은 캐나다 고위 외교관과 글로벌 사우스 국가 대사 사이의 양자 협의*를 목격한 자리였다. 캐나다 외교관은 "우리는 남성 동성애자들이 그들의 성적 지향으로 인해 신체적, 성적 공격의 표적이 되었다는 보고서의 내용에 우려하고 있다"고 말했고, 그 뒤 회의실은 갑자기 조용해졌다. 대사는 이 발언을 예상한 듯 보였는데, 그는 주저함 없이 캐나다 측에 "정부 최고위층"이 이 문제를 "검토"하고 있으며, 이를 매우 심각하게 받아들이고 있음을 전했다고 확언했다. 나는 솔직한 대화가 오고 갔다는 점에 놀랐고, 우리 외교관이 이 문제를 거리낌 없이 제안할 수 있었다는 사실에 기뻤다. 1984년 내가 유엔 앞에서 했던 시위를 돌이켜보며, 나는 한때 주변에 머물던 이슈가 주류에 편입되고 있다는 사실에 들떴다. 워싱턴에서 보낸 4년 동안 나는 미주기구에서 LGBT 인권 문제에 대한 논의가 점점 더 격렬해지고 있음을 알게 됐는데, 많은 영어권 카리브해 회원국이 격렬히 항의하는 주제였다. 2015년 오타와 본부로 돌아온 후 나는 인권 부서에서 LGBT 권리 이슈를 다루는 정책보좌관으로 임명됐다. 이 직책을 맡는 동안, LGBT 시민단체와 교류하기 위해 노력했고, 총리실에 특별 자문관이 임명됐으며, 캐나다가 우루과이 수도 몬테비데오에서 열린 국제 LGBT 인권 회의에 캐나다 의회 소속 인사(Parliamentary Secretary)를 파

---

* 양자 협의란 언론의 주목을 받지 않고 양국 외교 대표가 상호 관심 주제에 대해 최신 정보를 제공하고 의견을 교환할 수 있는, 공식적이지만 절제된 회담을 설명하는 데 사용하는 용어다.

견해 LGBT 권리를 지지하는 정부 간 연합인 평등권연합(Equal Rights Coalition)을 창설했고 칠레와 함께 평등권연합 공동 의장이 됐다. 2년간의 임무를 마친 후, 나는 중동 관계 담당 부서로 옮겼고, 외교 업무를 위해 아프가니스탄과 파키스탄에 파견됐다. 비록 새로운 임무가 LGBT 권리와 구체적으로 관련되지는 않았으나, 조직에서 내 경력이 축적되면서 이 주제는 계속 수면 위로 올라왔다. 워싱턴에서 다자 협상가로, 오타와에서 정책보좌관으로 LGBT 인권 의제를 다룬 경험이 내게 계속 쌓여 있었다. 나는 LGBT 인권 외교에 대한 이해를 심화할 수 있는 방법을 찾고 싶었다.

연구 방법론

나는 계급, 성별, 인종 및 다른 특성 사이의 교차점을 고려해 복잡한 권력관계를 설명할 수 있는 다중 관점 연구 설계를 택했다. 내가 선택한 주요 방법론은 참여 관찰, 인터뷰와 개인 서사였다.

참여 관찰은 내 연구 작업의 필수적인 부분이었다. 테일러와 러프(2005)는 LGBT 커뮤니티에서 참여적 방법을 사용하는 연구자들이 "젠더, 성별 및 그 외 긴장이 얽힌 관계를 다루며", 이 과정이 "한편으로 이해와 관계를 방해할 수 있지만, 다른 한편으로 해석을 풍부하게 할 수 있다"고 본다(Taylor & Rupp, 2005, 2116쪽). 이 접근법의 좋은 사례는 에킨스(1997)의 크로스드레서 연구로, 그는 미리 정해진 아이디어가 거의 결여된 채 연구 환경에 접근했다고 말했다. 초기 단계는 탐색, 참여 관찰, 직접 관찰, 현장 연구로 구성됐으며, 크로스드레서들을 개별로 만나고, 지원 그룹 회의에 참석하며, 드래그 바를 방문하고, 크로스드레서와 전기 제모, 목소리 교정, 수술 등에 동행했다. 그는 드래그 행사와 크로스드레서의 주말 모임에 참여했다. 그는 크로스드레서의 인권 자문으로 활동하며 책, 문서, 시청각 자료 아카이브를 구축했다(Ekins, 1997, 37-45쪽). 나는 연구를 위해 인터뷰를 진행하는 기간 중 제네바와 뉴욕에서 다섯 가지 활동에 참여했다. 제네바에서는 유엔 인권이사회의 여러 UPR(보편적정례인권검토) 세션에 참석했다. 그리고 국제 동성애 혐오 및 트랜스 혐오 반대의 날(IDAHOT)을 기념하는 유엔 특별절차 회의와 시민단체 회의에 적극적으로 참여했다. 뉴욕에서는 IDAHOT를 기념하기 위한 유엔 주최 행사에 적극 참여했다. 또한 유엔 본부에서 LGBT 시민단체 대표들과 함께 지속가능개발목표에 성적 지향과 성별 정체성 관련 사항을 포함할지 논의하는 회의에도 참석했다.

개방형 질문을 통한 심층 인터뷰는 내가 제6장, 제7장, 제8장에서 수집하고 분석한 자료의 핵심이다. 킨스먼과 젠틸레(2010)가 지적한 바와 같이, 사람들이 자신의 이야기를 공유할 수 있게 하는 작업은 "사회적 세계의 대화적 성격을 반영하며, 다양한 이야기들은 공식적인 이야기가 가진, 부분적이고 이념적인 성격을 드러내는 데 도움이 된다"(Kinsman & Gentile, 2010, 14쪽). 개인적 관점 공유는 강력한 연구 도구가 될 수 있다. 인터뷰, 스토리텔링, 구술 서사는 개인적 경험을 전달하는 객관적 방식에서 주관적 방식에 이르는 연속선 위에 존재한다. 셸리(2008)에 따르면, 서사 기법은 "트랜스젠더를 인식 주체(knowing subject)로서 해석학적이고 대화적인 방식으로 참여시키는 작업"이다. 이 방법은 "이야기로 풀어낸 삶의 중요성"을 연구에 "포함하기 위해" 사용된다. 인터뷰 수행자와 참여자 사이의 간극을 줄이는 방법들이 존재한다(Shelley, 2008, 10쪽). 에이비스(2002)는 인터뷰 수행자가 다양한 입장을 취하고 성찰적으로 참여할 수 있다면 연구 과정이 풍부해진다고 본다. 페미니즘 방법론은 연구자가 뒤편으로 사라지지 말고 대화의 일부가 될 것을 요구한다. "연구는 타인을 탐구하는 만큼 자신을 탐구하는 것이다"(Avis, 2002, 193쪽). 더 나아가 애커(2000)는 연구자에게 자기 스스로가 피험자의 위치에 서 있다고 생각해 보기를 권한다. 페미니즘 방법론의 원칙 중 하나는 "거리두기를 거부하는 것(refusing to stay detached)"이다. 연구자들은 "내부의 외부인(outsider within)"으로 행동함으로써 자신의 이야기를 공유하고 자신을 감정적으로 표현하며 신뢰를 형성할 수 있다(Acker, 2000, 193쪽). 내가 인터뷰한 29명은 다음과 같다.

- 유엔 직원, 유엔 특별절차 담당자, 유엔 조약준수 감독기관 직원 등 유엔 소속 인사 7인*
- 외교 공관 또는 수도에서 유엔 회원국을 대표하는 공직자 8인**
- 인권 단체와 LGBT 권리 단체 구성원, 직원, 자원봉사자 등 시민사회 활동가 14인***

인터뷰 참여자 중 15명은 40세 미만, 14명은 40세 이상이었다. 20명은 백인, 9명은 비백인이었다. 17명은 글로벌 노스 국가 출신, 12명은 글로벌 사우스 국가 출신이었다. 19명은 남성, 9명은 여성, 1명은 논바이너리였다. 19명은 LGBTQ로 정체화했으며, 10명은 그렇지 않았다.

내가 작성한 현장 기록은 최종적이고 추가적인 통찰을 제공했다. 제네바 출장의 핵심 사항을 강조한 성찰적 기술은 인터뷰에서 얻은 자료를 보완한다. 네이플스(2003)는 학자의 1인칭 서술이 때로는 의구심을 불러일으킬 수 있음을 경계한다. 많은 학자는 자신이 분석하는 문제와 개인 생활 경험을 분리하도록 훈련을 받아 왔기 때문이다. 다만 네이플스는 이론적 통찰을 바탕으로 한 비판적 성찰의 형태로, 구술 서사가 일상생활의 전개 속

---

* 인터뷰 인용 시 "유엔 대표"로 명기했다. (옮긴이)
** 인터뷰 인용 시 "외교관"으로 명기했다. (옮긴이)
*** 인터뷰 인용 시 "시민단체 대표"로 명기했다. (옮긴이)

에 포함된 복잡한 역학 관계를 밝혀내는 데 도움이 될 수 있다고 본다. 예를 들어, 네이플스가 자신이 겪은 성적 학대 경험에 관해 공개적으로 글을 쓰기로 한 결정은 성찰성과 개인 구술의 힘을 함께 보여 주는 좋은 사례다. 네이플스의 목표는 "근친상간 생존자"를 매우 색다른 방식으로 제시하는 것이었다. 이런 정체성 범주의 복잡성을 전함으로써 네이플스는 자신의 상황에 있는 다른 사람들이 그를 해당 범주로 단순화해 이해하는 것을 막고자 했다(Naples, 2003, 187-193쪽).

제네바 출장기

1년간 무급 휴직 중이었던 나의 주된 고민은 제네바에서 저렴한 숙소를 찾는 것이었다. 도착한 지 몇 시간 지나지 않아 나는 한 달간 단기 임대 계약을 협상했고, 2,500불을 현금으로 지불했다. 산의 아름다운 전망을 감상할 수 있는 아파트로, 제네바 중심부까지는 트램으로 약 20분 거리에 있었다. 인터넷 설치에 며칠이 걸렸기 때문에 기차역 근처 스타벅스가 내 임시 사무실이 됐다. 이후 며칠간 바쁘게 지냈다. 스위스 휴대전화를 사고 유엔 연구원 출입증을 얻었는데, 덕분에 와이파이 이용이 가능했고, 유엔 사무국 본거지인 팔레 데 나시옹의 유엔 도서관과 그 외 건물에 들어갈 수 있었다. 인권이사회 회의가 열리는 건물에 들어가려면 추가 인증이 필요했는데, 출입증을 받을 수 있도록 상주 대표부나 유엔 공인 시민단체의 도움을 얻어야 했다. 나는 제네바에 있는 국제 시민단체에 연락했고, 이 단체는 내 이름을 대표자 명단에 올려 주는 데 동의했다.* 혼란 속에 나흘이 지났고, 상황은 조금씩 안정을 찾기 시작했다. 다음은 내 일기에서 발췌한 내용이다.

마침내… 일이 시작됐다. 나는 코르나뱅 기차역 앞 보행자 거리에 위치한 한 튀르키에 음식점 테라스에 앉아 있다.

며칠 동안 여러 행정적인 문제와 씨름하다가 결국 어제 스타벅스에 가서 이메일 20통을 보냈다.

오늘 아침, [한 서구 국가 외교부 소속 X]**에게 전화가 왔고, 그는 인터뷰에 응할 [시민단체] 소속 인사 몇 명의 이름을 내게 건넸다. 그리고 [인권 운동가]에게 이메일을 받았는데, [인터뷰를 위해 만날 수 있는] 유일한 시간이 한 시간 후라고 해서 급히

---

* 나는 가능한 한 독립성을 유지하고 싶었다. 나는 캐나다 공관의 동료 외교관들에게 연락하지 않고, 그 대신 내가 접촉하고 있는 시민단체를 통해 인증받기로 했다. 나는 캐나다 외교관 동료들에게 호의를 받고 있다는 인상을 주고 싶지 않았다.
** 대괄호([ ])는 원저자가 표현을 인용하는 과정에서 수정이 있었음을 의미한다. 예컨대 원문에 포함된 특정 인사의 성명, 단체명 등을 공개하기 적절하지 않다고 판단할 시 원저자가 문맥에 맞게 일반적인 용어 등으로 수정할 수 있다. (옮긴이)

서둘렀지만, 열쇠를 아파트 안에 둔 채 문이 잠겨 있음을 확인했다. 온종일 밖에 나와 있었고, 지금은 스타벅스에 돌아와 업무 중이다.

[운동가]와의 인터뷰는 훌륭했지만, 강도가 높았다.(현장 기록, 발췌 #1, 2015년 4월 24일)

유엔 인권이사회 UPR 참관

모든 UPR 세션은 인권과 문명 동맹 회의장(Human Rights and Alliance of Civilization Room)에서 진행되는데, 미니 유엔 총회 홀과 유사하며, 개별 유엔 회원국의 국명이 표시된 책상이 줄지어 배치돼 있다. 스페인은 회의장 개조를 위해 2천만 달러를 기부했고, 회의장은 다채로운 색상의 조각 천장을 갖췄다. 내가 참관한 UPR 세션에서 검토 대상 회원국은 안도라, 벨라루스, 불가리아, 크로아티아, 온두라스, 자메이카, 라이베리아, 리비아, 몰디브, 마셜 제도, 몽골, 파나마, 미국이었다. 세션은 약 2주간 이어졌다. 고도의 긴장감이 돌면서도 약간 답답한 느낌의 분위기였다. 회의 진행 중 정장 차림의 인사 수백 명이 회의장 안팎을 끊임없이 오가고 있었다. 발언자들의 모습은 거대한 화면에 투사됐고, 연설은 모든 유엔 공식 언어로 스피커를 통해 전달됐다.

진행 중인 절차를 이해하는 데 다소 시간이 걸렸다. 세션은 매우 단편적으로 진행되는 듯했다. 내가 참석한 첫 번째 검토에서 벨라루스 대표단은 연단에 올라 자국의 인권 정책을 발표했고, 이어 유엔 전문가들이 벨라루스에 관해 발언했다. 그러나 시간 대부분은 수십 개에 달하는 회원국에 할당됐고, 이들은 벨라루스의 인권 상황 개선 방안을 권고했다. 회원국이 의견을 발표하기 시작한 지 정확히 1분 15초가 지나자 마이크가 꺼지고 발언권은 목록상 다음 회원국에 주어졌다. 외부인인 내가 기록한 관찰 내용은 다음과 같다.

베네수엘라는 벨라루스의 인권 상황을 칭찬했다. 오스트리아는 벨라루스의 협박과 자의적 체포를 지적했다. 보츠와나는 벨라루스의 대규모 체포, 성폭력, 표현의 자유 부족을 비판했다. 브라질은 벨라루스가 성평등을 강화하고 젠더 기반 폭력에 대응할 것을 권고했다. 캐나다는 자유선거, 정치범 석방, 시민단체의 공식 등록 권리, 성적 지향에 대한 집회 및 결사의 자유를 요구했다. 칠레는 벨라루스에 성적 지향과 성별 정체성에 대한 차별 금지 법안 제정을 권고했다. 벨라루스는 자국이 의료 서비스 접근 분야에서 세계 선두에 있다고 하면서, 이 서비스는 성적 지향과 무관히 모든 사람에게 제공된다고 응답했다. (현장 기록, 발췌 #2, 2015년 5월 4일)

나는 모든 인권 문제가 논의되기 때문에 성적 지향과 성별 정체성 의제가 검토 과정에서 차지하는 비중이 상대적으로 작다는 점을 깨닫기 시작했다. 나는 성적 지향과 성별 정체성과 관련한 권고를 제시한 회원국에 집중했고, 그 내용은 다음과 같다.

아르헨티나, 브라질, 프랑스, 캐나다는 라이베리아에, 합의한 동성 간 관계를 비범죄화할 것을 권고했다. 콜롬비아는 라이베리아에 성적 지향과 성별 정체성에 기반을 둔 폭력과 차별 해소를 촉구했다. 콜롬비아는 이 분야의 법안을 공유할 의향이 있다고 말했다. (현장 기록, 발췌 #3, 2015년 5월 4일)

다음 날 말라위의 UPR 검토가 이뤄졌다. 주요 내용은 다음과 같다.

네덜란드, 슬로베니아, 남아공, 스위스, 미국은 모두 말라위의 성적 지향과 성별 정체성과 관련된 사안에 대해 권고했다. 스페인은 동성애가 최대 14년의 징역형을 받을 수 있는 범죄라는 점을 지적했다. 스웨덴은 동성애 혐오에 반대하는 공공 캠페인을 권고했다. 노르웨이는 말라위가 동성애 처벌법을 집행하지 않는 조처가 일부 있었음을 인정했다. 영국은 동성 결합을 배제하는 말라위의 최근 결혼법에 우려를 표했다. (현장 기록, 발췌 #4, 2015년 5월 5일)

이때 나는 제네바 출장 계획이 실수였던 것은 아닌가 하는 생각이 들기 시작했다. 회의실을 둘러보니 모든 과정이 미리 잘 짜인 각본처럼 진행되고 있다는 인상을 받았다. 아무도 발언 내용에 주의를 기울이는 것 같지 않았고, 발언은 회의 전에 미리 준비된 내용처럼 보였다. 각 검토 과정에서 수십 개의 회원국이 연달아 권고하기 때문에 검토 대상 회원국이 권고 사항에 심도 있게 응답하기란 불가능했다. 회의에 참석한 대표자들은 논의되는 문제보다는 노트북과 휴대전화에 더 집중하는 듯했다. 그러나 2주간의 UPR 세션 동안 인권 분야에서 활동하는 모든 외교관과 시민단체가 이 건물에 모여 있었기 때문에 실제로는 이 순간이 제네바에 있기에 정말 좋은 시기임을 깨달았다. 유엔 사무국이 모든 진행 과정을 기록하고 있었으므로 나는 모든 내용을 적는 것이 크게 중요하지 않다는 사실을 알게 됐다. 회의 내용은 기록되고 있었고 나중에 검색으로 찾을 수 있었다. 실제 외교는 다과, 식사, 커피, 포도주를 제공하는 아래층 서펀타인(Serpentine) 바에서 이뤄졌다. 이곳은 내가 제네바에서 많은 시간을 보냈던 곳으로, 여기서 나는 많은 인터뷰를 진행했다.

특별절차 참관

유엔 인권 특별절차 임무 담당자와의 인터뷰 조율 시도는 어려웠다. 제네바에서는 다양한 주제로 매년 수백 개의 특별절차 회의가 열린다. 나는 각 담당자의 사무소에 이메일을 보냈고, 이후 두 명의 유엔 특별보고관에게서 그들의 생각을 나와 공유하기를 원한다는 답변을 받았다. 그러나 한 명은 프랑스에 있었고, 다른 한 명은 미국에 있었다. 사실 전문가 대부분은 제네바에 상주하지 않고, 연중 몇 차례 회의를 위해 제네바를 방문한다. 다행히도 당시 유엔 기업 및 인권위원회(UN Committee on Business and Human Rights) 회의가 진행 중이었다. 이번에도 나를 등록해 준 시민단체 덕분에 참석이 가능했다. 장소는 매우 인상적이었는데, 목재 패널의 회의실로 그 안에는 9미터 높이의 창문, 통역사 부스가 있었고, 회의실 앞 책상에 앉아 12명의 청중을 바라보던 4명의 실무 그룹 위원이 있었다. 회의 시간의 대부분은 유엔 기업과 인권 지침에 제시된 권고 사항 이행을 위한 각 회원국의 진행 상황을 점검하는 실행 계획과 벤치마킹 훈련 등의 과정을 논의하는 데 할애됐다. 기업과 인권 개념이 유엔 시스템 내 다양한 영역에 통합되는 방법, 관련 목표가 2015년 이후의 유엔 개발 의제와 일치하는 방식 등에 대한 많은 논의가 있었다.

청중 가운데 일부는 위원회에 기업의 사회적 책임에 관해 매우 복잡한 질문을 했다. 한 청중은 '질문'에 15분을 쓰기도 했다. 어조는 매우 학문적이었고, 인권 침해에 관한 언급은 거의 없었다. 회의실 안에 앉아 있으면서 나는 내 연구가 이토록 무미건조한 진행 과정에 적합한지 의문이 들었다. 그렇지만 나는 이 과정이 '퀴어링'될 수 있는지 궁금했다. 즉, 회의에서 성적 지향과 성별 정체성 이슈를 제기할 때 어떤 영향이 있는지 보고 싶었다. 어느 순간 그들은 질문을 받게 됐다. 위원회의 작업이 직장에서 고용주에 의한 동성애 혐오성 폭력과 차별에 맞서는 LGBT에게 본질적인 도움이 될 수 있는지 내가 질문했던 것이다. 이런 질문을 해도 될지 미리 실무 그룹에 문의했기 때문에 그들은 놀라지 않았다. 그들은 여러 다른 질문을 받은 뒤, 빡빡하게 예정된 절차가 종료되기 전 마지막 몇 분 동안 모든 질문에 답하려고 노력했다. 회의가 끝나기 1분 전, 실무 그룹 위원은 내 질문에 답했다. 그의 답변을 나는 다음과 같이 기록했다.

원칙적으로 어떤 형태의 차별도 용납될 수 없습니다. 우리는 국제노동기구(ILO)와 긴밀히 협력하고 있습니다. 우리는 국가 차원에서 발생하는 LGBT 대상 직장 내 차별을 해결하기 위해 국제노동기구가 하는 일이 충분하다고 생각합니다. 우리가 인권위원회에 LGBT 권리와 기업에 관한 전체 보고서를 제출할 수 있다면 당신도 이를 만족스러워할 것이라 확신합니다. 우리는 조약기구들과 많은 협력을 하고 있고, 그들이 모든 권리를 기구 체계 내에 통합할 수 있도록 권고하고 있습니다. 다만 우리가 그들과 좀 더 긴밀하게 협력해야 한다는 점을 인정합니다. (현장 기록, 2015년 5월 7일 발췌 #5)

이 질문의 일반적 성격과 그들의 솔직한 답변 방식을 고려할 때, 나는 이 답변이 꽤 만족스러웠다. 나는 성적 지향과 성별 정체성 의제에 대해 국제노동기구가 진행 중인 작업을 알지 못했었는데, 공교롭게도 회의 직후 가이 라이더(Guy Ryder) 국제노동기구 사무총장이 직장 내 동성애 혐오와 트랜스 혐오 차별에 관련한 인식 제고 캠페인에 관한 성명을 발표했다(Ryder, 2015). 그러나 만약 내가 원주민이나 장애인에 대해 비슷한 질문을 했다고 해도 반응은 대개 비슷했을 것이란 생각도 들었다. 이 생각이 들자, 나는 유엔이 다루는 전체 인권 사안 중 성적 지향과 성별 정체성 의제가 '부차적 성격'을 갖는다고 인식하게 됐다. 현재 특별절차가 검토하고 보고할 책임이 있는 임무의 수는 크게 늘었다. 특별절차 회의를 '퀴어의 시각에서 보려는' 시도를 통해 나는 특정 유엔 인권 프로세스가 국내 수준의 변화, 예컨대 실질적인 신규 정책, 퇴행적인 법률 철폐, 사회 변화를 향한 수사적 또는 상징적 접근 등에 어느 정도 영향을 미칠 수 있는지를 고민할 수 있었다. 또한 유엔 인권 체계가 다루는 의제의 규모와 범위 때문에 내 질문에 관해 해당 위원회나 다른 위원회가 답변할 수 없다는 점도 깨달았다. 나는 연구자로서 내가 할 수 있는 일이 이 제도 중 일부를 조사하고 긍정적인 영향을 줄 수 있는 몇 가지 권고를 도출하는 것이란 결론에 도달했다.

제네바의 IDAHOT 행사 참관

5월 13일, 나는 국제 레즈비언, 게이, 양성애자, 트랜스젠더 및 인터섹스 협회(ILGA)가 IDAHOT를 기념하고, 국가 주도의 동성애 혐오에 대한 연례 보고서(Carroll & Mendos, 2015)를 발표하기 위해 제네바 법원(Palais de Justice)에서 개최한 부대 행사에 참석했다. 이런 시민단체의 부대 행사는 유엔에서 많이 진행된다. 이 행사에 외교관, 정부간기구 대표와 활동가 약 35명이 함께했다. 연설자들의 어조와 의도는 진지했지만, 분위기는 어둡지 않았고, 서로를 힘차게 격려하는 자리였다.

행사는 레나토 사바디니(Renato Sabbadini) 당시 ILGA 사무총장의 인사말로 시작됐는데, 그는 모두를 환영한 뒤, 유엔 인권최고대표사무소(OHCHR)에서 온 연설자를 소개했다. 연설자는 유엔 사무국을 대표해 몇 마디 격려의 말을 전했다. 다음은 헤지나 코르데이루(Regina Cordeiro) 브라질 대사였다. 내가 본 브라질 대사의 역할은 기본적으로 유엔 인권 체계의 틀 안에서 진행 중인 LGBT 권리에 대한 외교적 노력을 거듭 언급하는 것이었다. 또한 그는 브라질의 국내외 역할을 설명할 기회를 얻었다. 대사는 자랑스러운 목소리로 브라질에는 LGBT 의제를 다루는 국가 위원회가 있으며, 국가 보건 의료 제도가 트랜스젠더 수술을 지원하고 있고, 2012년부터 민법상 동성 결혼이 가능하며, 현재 국가 인구조사가 동성 커플이라고 밝힌 인구를 포함하고 있다는 사실과 함께, 여전히 LGBT에 대한 폭력 예방을 위한 노력이 필요하다는 점을 강조했다. 대사는 브라질의 진전에 대해 "여전히 작업이 진행 중이지만, 다자 인권 체계, 특히 인권이 사회 내의 활동이 없었다면 불가능했을 것"이라고 언급했다.

코르데이루 대사는 이어 유엔 인권이사회에서 LGBT 권리를 위한 전체 여정을 청중에게 소개했다. (이에 대해서는 자료를 검토할 이후 장들에서 심도 있게 다룬다.) 2011년 첫 번째 결의 및 보고서, 2012년 보고서에 관한 패널 토론, 일련의 지역 세미나, 오슬로 공여국 회의, 그리고 대사가 힘주어 언급한 2014년 결의안이 그것이다. 대사는 "남미의 이니셔티브가 다양한 지역의 지지를 받았다"며 "이제 우리는 앞으로 나아가고자 한다"고 말했다. 대사는 반기문 당시 유엔 사무총장과 그의 직원들이 추진한 LGBT 권리 관련 조치를 높이 평가했다. 대사는 UPR이 LGBT 권리에 대한 인식을 높이고 관심을 촉구하는 훌륭한 유엔 메커니즘이라고 칭찬했다. 대사는 조약기구와 특별절차가 성적 지향과 성별 정체성 사안에 대해 지속해서 보고하기를 요청하며, "국가들이 이를 계속 지원하는 중요한 역할을 해야 한다"고 강조했다.

다음 발표는『국가 주도의 동성애 혐오에 관한 연례 보고서 Annual Report on State-Sponsored Homophobia』(Carroll & Mendos, 2015)를 공동 집필한 아일랜드 법학자 앵거스 캐럴(Aengus Carroll)이 맡았다. 이 보고서는 LGBT를 통제 또는 보호하는 수많은 법률을 파악하기 위해 학자, 정부 관료, 언론인이 참고하는 포괄적인 국가별 보고서로, 가장 권위 있는 자료다. LGBT에 관한 법률은 동성애 행위에 대한 사형 등 가장 극단적인 법률부터 차별을 예방하고 결혼의 자유 등 권리를 부여하는 법률에 이르기까지 다양하다. 연례 보고서는 전년도의 진전과 후퇴를 모두 되돌아보는 기회를 제공한다. 이어 글로벌 사우스의 한 인권 운동가가 발표했다. 그는 다른 지역의 진전과 달리 "우리나라에서는 상황이 더 나빠졌다"고 한탄했다. 그는 동성 결혼 금지법 도입을 비난하며, 그 결과 실제로 더 많은 혐오 발언이 있었다고 주장했다. 그는 "성소수자의 권리를 말하지 못하게 하는 것이 이 법의 목표였다"고 말했다. 이 법은 여론조사의 결과에서 드러난 바와 같이 인구의 92퍼센트가 동성 결혼을 범죄화해야 한다고 생각한다는 점에 근거했다. 법체계가 LGBT를 보호하지 못하기 때문에 "우리가 가진 유일한 의지처는 국제 인권 체계"라고 설명했다. 그는 여성에 대한 폭력과 LGBT에 대한 폭력 사이의 관계를 언급했다. 여성차별철폐협약은 자국의 여성을 폭력으로부터 보호하는 조치를 강화하는 데 매우 유용한 수단이었으나, 이와 반대로 유엔 인권 체계는 자신의 국가에서 LGBT 보호에 완전히 무력하다고 주장했다. 이어 그는 LGBT 권리가 "안보화"돼야 한다는 급진적인 제안을 했다. 그는 국가가 LGBT를 보호하지 못할 때, 국제 안보군이 개입해야 한다고 생각한다며, "LGBT의 안전과 '국제 안보'가 갖는 전체적 의미 사이의 연결 고리를 만들어야 한다"고 주장했다.

이어진 다음 발표도 매우 열정적이었다. 토론토에 본사를 둔 정보통신 회사인 리위 코퍼레이션이 화상회의 형식으로 발표에 참여했는데, 이 회사는 접근이 어려운 사람들을 대상으로 민감한 주제에 대해 설문 조사를 설계하고 관리하는 전문 기업이다. 그들은 51개국에서 5만 명 이상을 대상으로 웹 기반의 무작위 설문 조사를 진행했는데, 이는 지금까지 유사한 조사 중 가장 큰 규모였으며, 동성 결혼에 대한 대중의 지지가 전 세계적으로 매우 다양하다는 사실을 밝혀냈다(RIWI Corporation, 2016). 발표 후에는 활발한 토론이 이어졌고, 에이즈 연대와 아동 권리에 대한 행사를 포함해, 향후 ILGA가 공동 후원할 부대 행사들에 대한 공지로 마무리됐다. 이어진 리셉션에서는 모든 참석자가 자유롭게 어울렸고, 서로를 잘 아는 것처럼 보였다. 어떤 이들은 이 유형의 행사를 가리켜 "이미 같은 사상을 가진 사람들에게 설교하기(preaching to the converted)"라고 비판할 수 있겠지만, 외교관, 유엔과 시민단체 대표가 이 분야의 진행 상황을 공유하고, 정보를 교환하며, 전문 지식을 알리고, 네트워크를 강화하는 중요한 기회임은 틀림없었다. 내가 제네바를 방문하면서 관찰하고 참여하고자 했던 LGBT 인권 외교의 삼각 협력 사례이기도 했다.

뉴욕 유엔 협상 참관

ILGA 행사가 끝나자마자 나는 집으로 급히 돌아가 짐을 꾸렸다. 다음 날 아침 뉴욕으로 떠났다. 제네바 인터뷰를 통해 얻은 일차적인 결과 중 하나는 LGBT 권리가 유엔 인권 체계에서 핵심적으로 다뤄져 왔지만, 다른 영역에서도 외교적 동력이 강화되고 있다는 사실이었다. 또한 양극화된 유엔 인권이사회 내에서 성적 지향과 성별 정체성 의제에 관한 논의가 이미 한계에 봉착했다는 점도 제네바에서 알게 됐다. 제네바에서 인터뷰를 통해 얻은 또 다른 일차적 결과는 르완다와 베트남과 같은 "중간 위치의" 국가 정부들이 서구의 자유주의적인 뉘앙스를 가진 "인권"이란 용어를 피하면서, LGBT 권리를 국민에게 더욱 효과적으로 "전파"할 수 있겠다는 확신이었다. 많은 이들은 일부 글로벌 사우스 국가들도 지속가능개발과 같이 좀 더 유연한 용어를 사용한다면 사법적 접근, 직장 내 차별, 주거와 건강과 같은 LGBT 권리의 특정 요소를 다루는 데 더 수용적일 수 있다고 생각했다. 나는 개발 담론을 통해 인권 문제에 접근하는 LGBT 운동가들을 만나고 싶었다. 내가 접촉한 시민단체를 통해 5월 중순 뉴욕 유엔 본부에서 '포스트 2015 프로세스'(CCEP, 2017)에 대한 시민사회 협의가 열릴 것이란 정보를 얻었다. (내 뉴욕 방문 직후, '포스트 2015 프로세스'는 지속가능개발목표로 바뀌었고, 몇 달 후 뉴욕에서 열린 2015 유엔 총회에서 채택됐다.) 협상을 통해 향후

15년 동안의 유엔 개발 우선순위가 명시될 예정이었기 때문에 이 협의는 매우 중요했다. 내가 참석할 뉴욕 협상에서 LGBT 활동가들은 성적 지향과 성별 정체성 의제를 지속가능개발목표의 진행 상황 측정에 사용되는 지표에 포함하기 위해 외교관들을 대상으로 배후에서 교섭할 예정이었다.

내 뉴욕 방문은 절묘한 시점에 이뤄졌다. LGBT 권리와 관련해서 유엔이 후원하는 (유럽과 미국에서 하루 간격으로 진행된) 두 개의 행사에 참여하고 이들을 비교할 수 있었기 때문이다. 앞에서 설명한 제네바 IDAHOT 행사는 5월 13일에 열렸다. 5월 14일에는 뉴욕 소재 유엔 인권 사무소가 타임스 스퀘어에서 연례 IDAHOT 행사를 조직했다. 5월 14일, 나는 미국으로 떠나 뉴어크 공항에 도착한 후, 유엔 본부에서 그리 멀지 않은 어퍼 이스트 사이드의 에어비앤비 아파트로 달려갔다. 가방을 내려놓은 뒤 오후 5시, 타임스 스퀘어에 도착했다. 유엔 행사는 전 세계 LGBT 가시성 및 대중 인식 향상을 목표로 하는 유엔의 자유와 평등(Free and Equal) 캠페인의 일환이었다. 규모가 크고 야심찬 행사여서 인상적이었는데, 번화한 타임스 스퀘어 위로 로이터와 나스닥 스크린에 상영된 영상은 엄청났다. 유엔 블로그는 이 행사를 다음과 같이 설명했다.

새로운 2분짜리 영상 〈얼굴들 Faces〉은 전 세계적으로 레즈비언, 게이, 양성애자, 트랜스젠더, 인터섹스가 가족과 지역사회에 기여하는 모습을 기념한다. 이 영상에는 배우가 등장하지 않고, 실제 인물들이 자신의 직장과 집에서 촬영한 장면들로 구성돼 있다. 그중에는 소방관, 경찰관, 교사, 전기 기술자, 의사, 자원봉사자 외에도 성소수자 인권을 지지하는 이성애자인 앨라이로 유명한 반기문 유엔 사무총장도 있다. 가수 세라 버렐리스(Sara Bareilles)도 지원을 아끼지 않았으며, 곡 〈브레이브 Brave〉를 영상 사운드트랙으로 쓰도록 허락했다(United Nations Peacekeeping, 2017).

약 35명의 LGBT 유엔 직원들이 42번가 인근 인도에 모였다. 그곳에서는 우리 머리 위로 대형 스크린이 밝게 빛나고 있었다. 분위기는 축제처럼 활기차면서도 편안했다. 별안간 영상이 나오자 모두가 환호했다. 공식 연설은 없었고, 동영상 속 '스타들'을 포함한 사람들은 여기저기서 자유롭게 대화를 나눴다. 나는 지친 몸을 이끌고 숙소로 돌아왔다. 하루가 꿈만 같았다. 비행기를 타고 제네바에서 뉴욕으로 이동하고, 타임스 스퀘어의 거대한 스크린에서 동영상을 보고, 미드타운에서 저녁을 먹고, 새벽 4시쯤 잠자리에 들었다. 유엔 회의 시작 전, 다행히도 뉴욕에서 며칠 쉴 수 있는 시간이 있었다. 덕분에 더 많은 인터뷰를 준비할 수 있었다. 다시 한 번 나는 내가 가진 연락처를 통해 시민단체를 접촉했고, 덕분에 단체의 대표단 명부에 추가됐다. 이후 며칠간 나는 지속가능개발목표 지표의 정확한 문구가 될 용어를 협상하기 위한 정부 간 회의에 참석했다. 나는 유엔 회의실의 분위기를 체득했다. 케냐와 아일랜드가 이번 회의의 의장국을 맡았고, 시민사회를 유의미하게 포함하는 방식에 관한 토론 문서가 배포됐다. 나는 유엔 직원들과의 인터뷰 조율 시도에 꽤 많은 시간을 보냈지만 결국 성사되지 못했다. 나중에 알게 된 사실이지만, 유엔 시스템 내 다른 부서에서 일하는 직원들은 '인권' 문제에 관해 언급하기를 꺼렸다. 이것이 유엔이 의제를 다루는 방식에서 발생한 '칸막이 현상'*의 결과였을까? 아무튼 나는 개발 관점에서 유엔 내 LGBT 외교에 관해 할 말이 많은 활동가들을 더 많이 인터뷰할 기회를 얻게 됐다. (많은 이들은 아프리카의 고위 대표단이 이 과정에서 시민단체를 최대한 배제하려고 적극적인 캠페인을 벌였다며 크게 불평했다.) 뉴욕 체류가 끝날 무렵, 나는 총 9회의 최종 인터뷰를 마무리했다. 나는 연구 단계를 끝마쳤다. 두 달 뒤, 5년 동안의 해외 생활을 마치고 캐나다 외교부에서 새로운 업무를 시작했다.

내 방법과 위치성에 대한 성찰

내 연구 주제의 복합성을 이해할 수 있는 틀을 구축하기 위해 여러 이론적 접근법을 결합해야 했던 것처럼 내 방법론도

---

* 원문 표현은 사일로(silos)다. '사일로 효과'란 부처 간 대화 또는 상호작용이 제한된 결과 발생하는 생산성 저하를 의미하며, 사일로에 대응하는 한국어 표현으로 '부처 간 칸막이'가 있다. 이를 고려해, 후에 나오는 사일로(silo)라는 단어는 '칸막이'로 번역했다. (옮긴이)

LGBT 인권 외교의 연대, 갈등, 경쟁의 복합적 그물망 속 내부 작동을 조망하는 질적 방법들의 조합이었다. 제네바와 뉴욕에서의 현장 연구는 내게 외교 수행자, 퀴어 연구자, 커뮤니티 운동가로 내가 있는 위치에서 지식을 생성하는 특별한 기회를 제공했다. 이 마지막 절에서는 내 위치성이 연구 형성과 정보 제공에 어떤 영향을 줬는지 성찰한다.

인터뷰 과정에서 많은 의견이 표출됐다. 가장 주목할 점은 인터뷰 참여자들이 기꺼이 시간을 내줬다는 사실이다. 인터뷰하기 전 일부 사람들은 내게 시간이 많지 않다고 딱 잘라 말했지만, 자기 생각과 의견을 전하면서 시간을 초과하는 일이 꽤 자주 있었다. 마치 과거에 누구에게도 이런 질문을 받은 적이 없었던 것처럼 말이다. 나 스스로에 대해서도 많은 것을 배웠다. 최대한 중립을 유지하려 했지만 가끔 내 의견이 드러나기도 했다. 공감은 때때로 본능적 감정으로 바뀌기도 했다. 일부 인터뷰 참여자들은 자신의 의견을 나와 공유하는 과정에서 직업적인 위험을 감수해야 했고, 나는 그들의 이야기를 익명으로 보호하되 그 강도를 희석하지 않으려고 고민했다. 다만 내가 아무리 '좋은 사람'으로 보이려 해도, 나와 인터뷰 참여자들 사이에 권력 차이가 존재한다는 사실을 인정할 수밖에 없었다. 내가 외교적 인물이란 점이 인터뷰 과정에 크게 작용했다. 나는 내가 '힘있는' 위치에 있다고 생각하지 않지만, 다른 사람들은 나를 다르게 보는 것 같았다. 나는 외교관이 되기 전까지 다른 삶을 살았기에 나를 잘 아는 사람들은 내게 다양한 측면이 있음을 잘 알고 있다. 하지만 내가 누구인지를 두고 다양한 선입견이 있다는 사실을 알게 됐다. 고리타분한 사람, 정보요원, 심지어 우파 외교정책을 지지하는 가부장적인 인물로 여겨지기도 했다. 외교관 신분이 많은 인터뷰 확보에 도움이 됐음은 분명하지만, 일부 인터뷰 참여자들은 나를 좋게만 보지는 않았다. 한 시민단체 대표에게 외교관과의 협력에 대한 의견을 물었을 때 그의 즉각적인 반응은 "다행히도 나는 외교관과 함께 일하지 않는다"였다. 나는 움찔했지만, 개인적인 공격으로 받아들이지 않고자 했다. 또 다른 인터뷰에서 한 시민단체 대표는 내게 캐나다의 현재 외교정책에 반대한다는 점을 분명히 밝혔다. 나는 당황했지만, 아무 말도 하지 않았다. 내가 누구인지만으로도 그 활동가의 신경은 곤두섰다. 외교관과의 협력은 그 활동가의 업무 중 일부였지만, 동시에 많은 좌절을 겪게 한 원인이었음에 틀림없었다. 나는 "외교관들과의 협업은 어떤가?"라고 질문을 던질 때, 돌아오는 답변에 다소 상처받을 수도 있다는 데 대비해야 한다고 되뇌었다.

글로벌 노스에 거주하는 글로벌 사우스 출신 활동가를 대상으로 한 다른 인터뷰에서는 신뢰 부족을 느낄 수 있었다. 어색함을 풀어 보고자 노력할수록 대화는 더욱 불편해졌다. 나는 그 활동가가 LGBT 운동 때문에 글로벌 노스로 망명 신청을 했으리라 추측했다. 내가 이 가능성을 언급하자 인터뷰는 중단됐다.

며칠 뒤 활동가는 내게 연락해, 내가 공무원이란 이유로 나를 정보 수집 중인 정보요원으로 생각했다고 설명했다. 그러나 그 활동가가 수소문한 결과, 친구의 친구를 통해서 내가 정보요원이 아니라는 점을 확신하게 됐다. 나는 그 활동가가 과거 살해 위협을 받았고, 망명을 허가받았다는 사실을 알게 됐다. 그러나 그 사실은 여전히 비밀에 부쳐져야 했다. 그렇기에 내가 망명 가능성을 무심코 언급했을 때 그런 반응을 보인 것이었다. 우리는 인터뷰를 다시 시작하고 마무리했다. 이 방식의 교류를 통해 나는 비록 서투른 순간이 몇 번 있었지만 내 연구 전략이 효과가 있음을 깨달았다. 나는 방어적인 모습을 보이지 않았기 때문에 공감과 신뢰의 공간이 열렸고, 이어서 길고도 진솔한 인터뷰가 가능했다.

소결

이 장에서 나는 내 연구의 통찰과 구성을 이룬 몇 가지 주요 인식론과 방법론적 문제를 검토했다. 내 목표는 참여 관찰, 인터뷰, 서사 형식을 활용해 국제 LGBT 권리를 연구하는 대화적이고 성찰적인 접근 방식을 설계하는 것이었다. 전반적으로 연구 작업은 성공적이었고, 목표를 달성할 수 있었다고 할 수 있다. LGBT 인권 외교에 대한 독특한 고찰이 드러났다. 내 연구 설계를 통해 이 환경에서 일하는 사람들이 자기 경험을 그들만의 고유한 표현으로 설명할 수 있었다. 내가 진행한 29개의 인터뷰는 독창적 연구로, LGBT 권리를 증진하거나 제약하는 외교관, 활동가, 유엔 대표의 3자 상호작용에 대한 통찰을 제공한다.

하지만 인터뷰 참여자의 65퍼센트가 남성이었기 때문에 더 많은 여성, 트랜스젠더, 논바이너리를 인터뷰했다면 좋았을 것이다. 또한 참여자의 69퍼센트가 백인이었다는 점에서 인종적으로 더 다양한 표본을 선정했다면 좋았을 것이다. 돌이켜보면, 인터뷰 대상 중 거의 절반을 차지하는 시민단체 대표와의 인터뷰와 균형을 맞출 수 있도록 외교관과 유엔 전문가와 더 많은 인터뷰를 진행했다면 좋았을 것이다. LGBT 권리를 반대하는 회원국 외교관 대상 인터뷰는 그들의 전략 수립과 행동 정당화 방식을 이해하는 데 중요한 통찰을 제공할 수 있었을 것이다. 그러나 인터뷰가 가능한, "LGBT에 친화적이지 않은" 대상을 찾기란 어려웠다. 나는 이와 관련한 중요한 연구가 여전히 필요하다고 본다.

성찰성은 내 연구 과정의 핵심 요소로, 내 위치성을 성찰하도록 유도했다. 내 나이, 계급, 인종, 젠더, 국적, 직업, 성적 지향 및 젠더 표현은 모두 이 연구를 형성하는 중요한 요소였다. 전문적인 차원에서 이 연구는 다가올 과제에서 직면하게 될 다양한 문제에 대비하는 매우 유용한 자료였다. 개인적인 차원에서는 외교 실무자, 사회 연구자, 활동가로서 내가 다양한 직책을 맡고 있음을 깨달았다. 나는 여러 관점을 갖고 있으며, 내 연구는 내가 특정한 한 가지 관점만으로 정의되지 않는다는 점을 이해하게 해 줬다. 여러 관점이 모두 나의 일부분임을 알게 됐다. 내 성찰적 접근 방식은 인터뷰 참여자와의 공감 형성에 도움이 됐다. 공감은 통찰력 있고 다층적이며 마음을 움직이는 반응을 생성하는 데 도움이 됐다고 생각하며, 이 반응은 이어질 세 장에서 제시하고 분석한다.

제6장

인권 외교 메커니즘

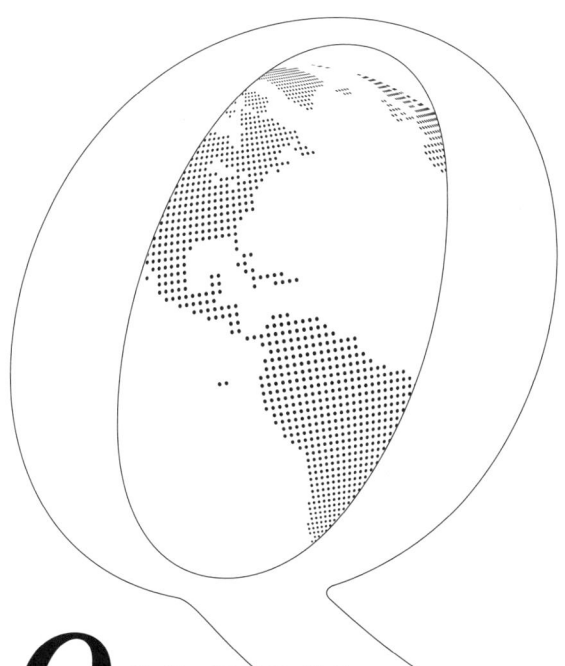

제4장에서 나는 다자 LGBT(레즈비언, 게이, 양성애자, 트랜스젠더) 인권 외교 현상을 이해하는 데 도움이 되는 학제 간 이론적 틀을 정립했다. 한 가지 핵심 요소는 지난 세기 동안 민주주의와 보편적 인권을 포함한 특정 서구 자유주의 가치가 국제 제도와 과정을 통해 증진됐다는 생각이다. 이 장에서는 이런 가치가 정부간기구(政府間機構), 시민단체, 국가 대표의 3자 관계를 통해 전달되는 방식을 참여자들의 관점에서 제시한다.

이 장은 제7장, 제8장과 함께 실무자들의 관점에서 인권 외교를 살펴본다. 나는 외교관, 인권 활동가, 유엔 대표와 29회 인터뷰를 수행하며 수집한 자료를 분석한다. 인터뷰 대부분은 국제 업무가 주로 이뤄지는 제네바와 뉴욕 소재 유엔 사무소, 외교 공관, 시민단체 사무실, 커피숍에서 진행됐다. 한 시민단체 대표는 "제네바나 뉴욕에서 문을 열 수 있다면 다른 국가에서도 문을 열 수 있다"고 말했다(시민단체 대표 8과의 인터뷰, 2015년). 내 자료 분석은 일반적인 내용에서 구체적인 내용으로 이어진다. 이 장은 다자 외교 환경 전반과 인권 외교 운영 방식을 제시하며, 제7장과 제8장은 LGBT 인권 외교에 초점을 둔다. 인터뷰는 국제 LGBT 권리에 관한 대화로 시작했으나, 얼마 지나지 않아 인권 외교 현황에 대한 깊고 폭넓은 성찰로 바뀌었다. 인터뷰 참여자들은 갈등, 역기능, 불신이 만연하고 양극화된 다자 외교 환경을 설명한다. 유엔 회의는 보편적인 인권 개념을 옹호하는 회원국과 그렇지 않은 회원국 사이에 벌어지는 전투의 최전선이다.

이 장에서 외교관, 유엔 대표, 인권 활동가가 숙고하는 주제는 다음과 같다: 유엔 인권 체계의 강점과 약점, 고위급 외교의 생소한 세계, 양복 속에 숨겨진 개인적 적대감, 양극화를 초래한 지역 역학 관계의 변화, 국가와 시민사회의 인권 의제 추진 방식, 회의장에서 시민사회가 겪는 어려움. 인권 외교 수행에 대한 인터뷰 참여자들의 솔직한 평가는 인권 외교의 성과뿐 아니라 불쾌하고 냉소적인 환경도 지적한다. 이 환경에서 강대국은 약소국에 인권을 무기 삼아 휘두르기도 하고, 위선적인 국가들은 유엔에서 인권 존중을 설파하면서 자국민의 권리를 침해하기도 하며, 회원국들은 경제와 지역 이해관계를 앞세워 인권을 기꺼이 희생하려 들기도 한다.

외교적 단절: '제네바' vs '현실 세계'

인터뷰 참여자들은 외교 업무 수행에 대해 관찰한 많은 내용을 나눴다. 센딩 등(2011)에 따르면, 전통적인 외교관계는 국가들이 외교부를 통해 외부 국가 행위자들과 상호작용하는 방식으로 이뤄졌으나, 이는 다자주의에 의해 재편됐다(Sending et al., 2011, 534-535쪽). 한 유엔 대표는 다자 외교 환경에서 여러 회원국 대표와 일한 경험에 대해 질문받자, "우리는 외교관들과 일하는 것이 어떤지 자주 생각하지 않는다"고 답했다(유엔 대표 11과의 인터뷰, 2015년). 다자 외교 환경에서 외교관은 때에 따라 자신의 정책과 정치적 선택을 주장할 수 있는 자유가 크지만, 어떤 경우는 각자가 속한 정부의 정책적 입장을 그대로 따라야 하는 제약을 크게 받는다. 유엔 대표는 외교관을 "효과적" 또는 "비효과적"으로 만드는 요소를 숙고했고, 외교관의 효과성을 나타내는 지표로 "재량"을 꼽았다. 자국에서 더 큰 영향력을 행사하는 외교관일수록 더 큰 변화를 이끌어 낼 수 있다. 다시 말해, 정치적 자본이 적은 하급 외교관은 정부의 "노선"을 엄격히 고수해야 할 압력이 더 높지만, 정치적 자본이 풍부한 고위 외교관은 압력으로부터 어느 정도의 일탈이 가능하고, "프리랜서처럼" 행동할 수 있다. 유엔 대표는 "잘 작동하면 효과가 좋지만, 정반대로 작동할 때도 있다"고 말했다(유엔 대표 11과의 인터뷰, 2015년). 즉, "유사 입장을 가진" 외교관은 인권 증진을 위해 헌신하는 유능한 활동가가 될 수 있지만, "반대 입장을 가진" 외교관은 같은 능력을 이용해 정반대의 일을 할 수도 있는 것이다. 일부 외교관들은 기껏해야 회피하는 태도를 보일 수도 있다. 유엔 대표는 "회의조차 열어 주지 않을 것이다. 만약 LGBT 의제를 논의하고자 외교 공관에 연락하면 무시당할 것"이라고 했다. 최악의 경우, 이들은 적극적으로 방해하기도 한다(유엔 대표 11과의 인터뷰, 2015년).

한 유엔 대표는 일선 부처를 대표하는 외교관보다는 외교 직무를 수행하는 (매우 "전문적"이고 "철저한") 외교관과 일하는 것을 선호한다고 했다. 하지만 그에 따르면, 외교관이 자국 수도에서 멀리 떨어져 있을수록 "고위급에서 결정된 사안을 현장에서 실현하기"가 더 어려워진다(유엔 대표 13과의 인터뷰, 2015년).* 외교관들은 인권 정책 문제로 갈등을 겪고, 시민단체 동료들에게 속마음을 털어놓기도 한다. "그들은 '나는 당신 편이지만 본국에서 받은 지시가 있다…'고 말한다"(시민단체 대표 19와의 인터뷰, 2015년). 한 활동가는 이렇게 설명했다.

…외교관들이 제네바에 부임할 때쯤이면 그들은 많은 것을 접한 상태로, 매우 개방적인 태도를 보입니다. 일부 외교관의

---

* 외교관이 본국 수도에서 멀리 떨어져 있을수록 본국 정부의 정책 결정 과정에 직접 참여하거나 관련자와 긴밀히 소통하기 어려울 수 있기에 외교 현장에서 빠르게 변하는 사안들에 대해 수도에서 내려온 지시를 그대로 적용하기 어려울 수 있다는 점을 언급한 것으로 보인다. (옮긴이)

경우, 개인적 견해가 국가의 입장과 항상 일치하지는 않습니다. 그들은 그들의 조직 내에서 사투를 벌이고 있습니다. 그래서 우리가 보는 것은 제네바의 견해와 본국의 견해입니다. (시민단체 15와의 인터뷰, 2015년)

한 유엔 대표는 외교관들을 설득하는 비결을 설명했다.

30대 초반의 중하급 외교관과 일할 때 그 사람의 사회적 프로필을 고려하면서 협상할 수 있습니다. 저 사람은 중도좌파 성향이고, 교육 수준이 높고, 여행을 많이 다녔고, 여러 나라 언어를 할 줄 알고, 열려 있는 사람이겠구나, 하고 아는 겁니다. 그게 일의 특성입니다. 그 사람이 갈등을 겪고 있다면… 나는 그 사람에게 찾아가 이렇게 말을 합니다. "봅시다, 우리 둘 다 당신의 입장이 이게 아니라는 것을 알지 않습니까. 뭔가를 해야 합니다. 당신은 옥스퍼드에서 국제관계학 석사도 하지 않았습니까. 이걸 진지하게 옹호할 수 있겠습니까?" 하고 말입니다. (유엔 대표 10과의 인터뷰, 2015년)

"전문성"은 외교관들에게 중요한 자질로 여러 번 언급됐고, 그와 반대되는 자질로는 정치적 편의성(political expediency)*이

---

* 전문 지식이나 원칙에 맞춰 행동하기보다는 자신의 정치적 이익, 단기적 성과를 중시하

꼽혔다. 외교관들은 한 공관에서 평균 3년만 근무하기 때문에 한 시민단체 대표는 "그들의 참여는 변동이 심하다"고 조심스레 말했다(시민단체 대표 16과의 인터뷰, 2015년). 예를 들어, 국가 X의 상주 대표부는 2014년부터 2016년까지 성적 지향과 성별 정체성 의제에 대해 행사를 주최하고 연설하는 등 매우 활발히 활동했는데, 부대사가 강력한 지지자였다는 사실이 큰 몫을 했다. 그러나 그가 갑자기 다른 곳으로 배치됐고, 그의 후임자는 다른 인권 문제에 집중하기로 했다. 국가의 일관성 부족과 관련된 또 다른 요인은 제네바와 뉴욕의 공관에서 일하는 사람들 상당수가 직업 외교관이 아닌 정치적으로 임명된 외교관이란 사실이다.* 한 글로벌 사우스 출신 외교관은 직업 외교관이 자국 외교부에서 외국에 파견되는 경우가 거의 없다고 밝혔다. 대신 정치적으로 임명된 인사들이 전 세계 많은 대사관과 대표부에 배치됐다는 것이다. 이 외교관에 따르면 정치적 임명자들의 가장 큰 단점은 전문 교육 부족이다. 상주 대표부의 한 수석 협상가는 대학 학위도 없었다. 임명된 사람 중 다수는 자리를 잡자마자 자신을 본국으로 돌려보내려는 모든 시도에 저항했다(외교관 12와의

는 태도를 뜻한다. (옮긴이)

* 정치적으로 임명된 외교관에는 두 유형이 있다. 주지하다시피 상주 대표와 부대표가 특정 이념적 입장을 관철하기 위해 고위직에 임명되는 경우가 많다. 그러나 잘 알려지지 않은 사실은 많은 국가의 외교 공관이 경력 외교관이 아닌 하급 정치 임명자로 구성돼 있다는 점이다. 이 자리는 선물로 주기 좋으며, 정치적 협력자들은 주로 자녀를 외국으로 보내고 제네바나 뉴욕과 같은 도시에서 상대적으로 특권적인 삶을 누릴 기회를 얻는다.

인터뷰, 2015년).*

시민단체 대표에 따르면, 한 글로벌 사우스 출신 외교관은 그에게 때때로 본국과 외교 공관 간 협의조차도 이뤄지지 않는다고 고백했다. 본국에서 지시가 그냥 내려온다는 것이다. 반면 몇몇 외교 공관은 본국에서 지시를 거의 받지 않거나, 본국의 지침이 매우 적어 주재국 외교관들이 더 많은 재량을 갖고 자기 입장을 제시할 수 있다(시민단체 대표 19와의 인터뷰, 2015년).** 한 유엔 전문가는 이를 "개인에 의해 주도되는 외교"라고 설명하며, "외교관의 개인적 견해가 실질적으로 영향을 줄 수 있다"고 말한다(유엔 대표 13과의 인터뷰, 2015년). 이 "개인 외교"에는 두 측면이 있다. 한 라틴아메리카 외교관은 작은 국가 출신이기 때문에 본국에서 세세하게 관리받을 가능성이 적다고

---

* 내 외교관 친구 한 명은 명망 있는 세계 수도에서 초임 외교관과 함께 일했는데, 그는 며칠간 직장에 출근하기를 거부하거나 몇 시간 일하다가 사라지곤 했다. 그러나 그 외교관은 높은 정치적 연줄을 갖고 있었다. 상사는 그 외교관을 본국으로 돌려보냈을 때 발생할 수 있는 복잡한 상황을 고려한 끝에 아무 조치도 취하지 않기로 했다. 결국 그 초임 외교관은 본국으로 돌아가 승진했고 다시 외국으로 파견됐다.

** 지시(instruction)와 지침(guidance)의 구분은 때때로 어려울 수 있다. 일반적으로 본국에서 특정 사안에 대한 지시가 내려오면, 외교관은 미리 정해진 방식으로 유사 입장 국가에 투표하거나 이를 지원해야 한다. 즉, 해석의 여지가 거의 없는 하향식 과정이다. 반면 본국에서 오는 지침은 보다 유연한 선택지를 제공해 외교관이 협력 관계를 맺고 정보를 수집하며, 다양한 대안적 시나리오를 본국에 회신할 때 더 많은 자율성이 있다. 즉, 외교관이 본국에서 지침이나 지시를 적게 받을수록 해당 사안에 참여(혹은 불참)할 자율성이 크다. 외교관들이 지시나 지침에 '목말라'하는 이유는 복잡할 수 있으나, 주로 두 가지로 요약된다. 첫째, 다자 포럼에서 논의되는 의제가 정부의 우선 사항인가? 둘째, 외교부가 이 의제에 참여할 수 있는 자원이 있는가?

말했다.

> …우리 국가는 모든 UPR 검토와 인권 주제를 다룰 자원이 부족하기 때문에 우리 공관은 우선순위를 정해야 합니다. 우리는 취약하다고 평가하는 집단의 목록을 내부적으로 갖고 있습니다… 저는 우리나라의 입장을 세우는 데 있어 본국에 영향력을 행사할 수 있습니다. 그렇게 이러저러한 이유를 만들어 낼 것입니다. 그들은 대부분 우리 제안을 받아들입니다. 제 권고 중 3분의 1가량이 수용됐습니다. (외교관 7과의 인터뷰, 2015년)

그러나 상황은 반대로 갈 수도 있다. 한 외교관이 말하길, 특정 사안에 대해 "일부 국가들이 양극화되고 있는 것처럼 보인다". 외교정책은 "속박에서 벗어나" 특정 대표의 개인적 편견에 의해 형성될 수 있다(외교관 24와의 인터뷰, 2015년). 예를 들어, 카리브해 지역의 한 외교관은 LGBT 권리에 관한 결의안에 민감해하며 진행을 몹시 방해했는데, 한 유엔 대표는 "그의 입장이 본국 정부의 최고 수준에서 채택한 실제 정책을 대표한다고 생각하지 않는다"고 말했다(유엔 대표 13과의 인터뷰, 2015년). 한 활동가는 2010년 (보통 외교관들이 UNGA*라고 부르는) 유엔 총회에서 초법적 처형에 관한 결의안에 대해 "몇몇 국가가 성적 지

---

* 유엔 총회의 영어 명칭인 United Nations General Assembly의 약자다. (옮긴이)

향에 관한 언급을 삭제하려고 한 이후", 관련 논의가 길어졌다고 회상했다(시민단체 대표 8과의 인터뷰, 2015년). 한 외교관은 이 결의안에 기권하기로 한 대사의 결정을 이렇게 회상했다. "…그가 정말로 본국의 견해를 대변했을까요? 아니면 자신의 개인적 견해를 대변했던 걸까요? 최소한 그는 반대투표를 하지 않았습니다"(외교관 12와의 인터뷰, 2015년).

한 유엔 대표는 "제네바의 외교 환경과 현실 세계 사이에 단절"이 있다고 설명했다. 역설적으로, 국내에서 정기적으로 인권을 침해하는 국가가 특정 인권 결의안에 반드시 **반대**투표를 하지는 않는다(유엔 대표 14와의 인터뷰, 2015년). 예를 들어, 한 유엔 대표는 2014년 LGBT 권리에 대한 결의안을 지지한 특정 국가에 관해 이야기했다.

> …그렇지만 그곳에서는 LGBT에 대한 폭력이 일어나고 있습니다. 외교정책과 국가 입장 사이의 격차가 그들만의 문제라고 말하고 싶지는 않은데, 그러면 정치적 게임이 되기 때문입니다… 외교관들과 일하면, 그들이 자기의 고용주의 이익에 봉사하고 있음을 알게 됩니다. 결국 그들은 자기 견해를 외교관의 역할과 절충해 자기만의 외교정책을 추진하는 겁니다.(유엔 대표 17과의 인터뷰, 2015년)

이 모든 논의가 끝난 후 부정적인 이미지가 떠올랐다. 변덕스럽고 이중적이며 말재주가 뛰어나면서도 특권적인 삶을 사는 외교관의 모습 말이다. 일부 시민사회와 유엔 대표들은 외교관에 대한 경멸감을 거의 숨기지 못했다. 한 활동가는 외교관이 자신이 동의하지 않는 관점을 차단하는 데 능숙한 사람이라고 느꼈다. "대립과 반론을 활용해 주장을 무시하는 데 능숙하다"는 것이다(시민단체 대표 29와의 인터뷰, 2015년). 한 유엔 대표는 외교관들이 인권 유린을 당한 사람들을 지원하기 위한 결의안의 세부 사항을 토론하는 데 낭비한 시간에 분노를 표하며 말했다. "나는 이 사람들을 보면 웃음이 납니다. 교도소에 가 보기는 했나요? 나는 이 사안에 이토록 많은 시간을 쓰고 싶지 않습니다"(유엔 대표 20과의 인터뷰, 2015년).

유엔 인권 체계의 장단점

랑글루아(2012)는 "인권"이란 용어가 "높은 정치적 존경과 정당성"을 지닌 개념이라고 지적한다. 국제인권법은 큰 진전을 이뤘고, 국제 인권 기구와 인권 시민단체는 과거 어느 때보다 번창하고 있다(Langlois, 2012, 558쪽). 이런 긍정적인 시각에서 보면, 우리는 "보편적 인권의 인정과 보호를 향해 선형적으로 발전해 나가는" 세계에 살고 있으며, 궁극적으로 인권이란 말이 필요 없어지는 상황인 인권의 "종결"로 향해 갈 것으로 전망할 수 있다. 그러나 비관론자들은 인권 개념이 군대, 기업, 종교에 장악됐다고 본다. 이제 누구나 자신이 인권을 지지하는 것처럼 보이길 원하고 있다(Langlois, 2012, 559-560쪽). 랑글루아는 보편적 인권 담론이 국제정치에서 "심각한 탈정치화 효과를 갖고 있다"고 본다. 정치인들이 정치적 문제를 숨기기 위해 인권 개념을 활용한다는 것이다. 또한 정부간기구의 인권 접근 방식을 보면, 다양한 주제와 집단에 대한 권리를 내용으로 선언을 내는데, 여기에는 "프로그램적 단순성(programmatic simplicity)"이란 문제가 있다(Langlois, 2012, 564쪽).* 아울러 랑글루아는 특정 국가에서 특정 시기에 발생한 규범 위반 사례만이 공론화되는 이유에 의문을 제기한다. 그는 이런 주장이 나타날 때, 주체와 위협이 만들어지고, 질서와 무질서에 대한 담론이 형성된다고 지적한다(Langlois, 2015, 386쪽).

내 인터뷰는 유엔이 가진 일부 강점과 많은 약점을 드러냈다. 유엔 체계의 주요 특징은 절차적 성격에 있는데, 행동 계획, 결의, 조약, 선택 의정서, 선언의 지속적인 협상이 이뤄지고 업데이트되며 끝없이 이어지는 것처럼 보인다. 한 글로벌 사우스 출신 유엔 전문가는 이 접근 방식을 옹호했다.

---

* 저자가 인용한 글에서 랑글루아(2012)는 아동이나 개발 관련 문제를 예로 들며, 이에 대한 권리 선언으로 문제가 해결될 수 있다고 믿는 태도를 "프로그램적 단순성"이란 용어로 비판한다. 즉, 특정 권리에 대한 선언은 복잡한 문제를 단순화해 처리하는 방식으로, 실제 문제의 깊이와 맥락을 제대로 반영하지 못할 수 있다. (옮긴이)

유엔에 대한 신뢰도가 높다고 생각합니다. 유엔 인권 체계 내에서 합의를 얻는 데 필요한 협상은 꽤 고통스러울 수 있으나, 모든 국가가 참여한다는 점에서 그 과정은 정당합니다. 결과가 무엇이든 간에 꽤 진지하게 수용됩니다. 유엔 차원에서 맺어진 국제 협약은… 국내 부처에서도 무시할 수 없습니다.(유엔 대표 14와의 인터뷰, 2015년)

제네바는 인권, 난민, 평화 협정 등 유엔의 '연성(softer)' 사안들을 다루는 중심지로 여겨진다. 제3장에서 언급했듯이 제네바에 있는 유엔 인권최고대표사무소는 10개의 조약기구와 5개의 헌장기구의 사무국 역할을 한다. 헌장기구 중 하나인 유엔 인권이사회는 연 3회 회의를 열고 최대 40개 회원국의 인권 검토를 조율한다. 이에 더해 뉴욕의 유엔 본부에서는 매년 가을 유엔 총회 제3위원회에서 인권에 관한 논의가 진행된다. 인권은 또한 유엔 안전보장이사회, 여성지위위원회와 개발, 환경, 평화 유지, 원주민 권리에 대한 수많은 모임 등 많은 유엔 기구 안에서 제기된다. 다만 한 활동가는 LGBT 권리 관련 논의를 위한 "더욱 튼튼한 토대"를 제공하는 장소로 제네바를 꼽았다(시민단체 대표 26과의 인터뷰, 2015년). 한 유엔 관계자에 따르면, 뉴욕 주재 유엔 외교 사절단은 "제네바와 비교할 때, 국내 정치에 더 집중하고 매우 정치적"이다(유엔 대표 4와의 인터뷰 2015년). 유엔의 논의 중복에 대한 불만도 일부 있었다. 제네바 주재 상주 대표부들에 속한 외교관 수십 명은 1년에 세 차례 유엔 인권이사회에서 인권 결의안들을 협상하고, 뉴욕 주재 상주 대표부 소속 외교관들도 유엔 총회 제3위원회에서 또 다른 인권 결의안들을 협상한다. 제네바에 파견된 한 외교관은 "[유엔 인권이사회] 결의안이 논의될 때 유엔 총회가 진행 중이었기 때문에 [본국의] 주목을 받기가 어려웠다"며 불만을 표했다(외교관 1과의 인터뷰, 2017년 4월 28일).

일반적으로 말해, 시민단체들과 유엔 대표들은 유엔 인권 체계에 긍정적인 견해를 갖고 있었다. 예를 들어, 한 시민단체 대표는 유엔 조약기구와의 협력을 "전략적 업무 관계"로 묘사했는데, "유엔의 규범적 인권 틀을 강화하는 기회"라는 것이다(시민단체 대표 15와의 인터뷰, 2015년). 또 다른 시민단체 대표는 일부 조약기구, 특히 여성차별철폐협약, 고문방지협약, 시민적, 정치적 권리에 관한 국제협약과 국제규약 등이 다른 기구보다 더 LGBT 친화적이라고 말했다(시민단체 대표 29와의 인터뷰, 2015년).

유엔 인권이사회와 같은 헌장기구에 대한 평가는 다소 엇갈렸다. 긍정적인 측면으로 2006년 창립 시점부터 인권이사회를 자세히 지켜봐 온 한 시민단체 대표는 현재 인권이사회 회원국 대다수가 SOGI(성적 지향과 성별 정체성) 결의안을 지지한다는 사실 자체로도 "커다란 변화"를 느꼈다(시민단체 대표 16과의 인터뷰, 2015년). 한 유엔 대표는 이를 다른 방식으로 설명했는데,

LGBT 권리를 지지하는 인권이사회의 인권 결의안을 다음과 같이 언급했다.

…이 사안의 국제적 정당성을 강화하고, 국제적 틀을 구축하며, 구제 수단을 제공합니다. 많은 국가가 이 결의안을 지지하지 않더라도, 동성애 혐오적 발언을 하기 전에 그들은 동성애자에 대한 폭력을 지지하지 않는다고 주장해야 합니다. 공적 논의의 기준을 바꾸려는 노력을 지원해야 합니다. 이렇게 되면 정치인들은 지지 견해를 보이기 쉬워지고, 강경한 접근을 취하려면 더 큰 비용이 듭니다. (유엔 대표 17과의 인터뷰, 2015년)

그러나 또 다른 유엔 대표는 인권이사회의 많은 결의안이 모호한 표현을 사용해 거의 무의미하다고 불만을 표하며 다음과 같이 말했다. "엄청난 지지를 받았고, 모두가 찬성투표를 했습니다. 그러나 공중에 뜬 구름처럼 보입니다. 원칙을 이야기하지만, 모든 국가가 찬성투표를 할 수 있을 만큼 표현이 모호합니다"(유엔 대표 14와의 인터뷰, 2015년). 이어 이 유엔 대표가 유엔 특별절차를 비판하는 말을 이어 가자 나는 놀라지 않을 수 없었다.

저는 특별절차가 큰 영향을 준다고 생각하지 않습니다. 그것이 있다는 것조차 알지 못했으니까요… 일부 절차는 다른 절차에 비해 더 큰 영향이 있었습니다. 나는 어조에 놀랐습니다… 전형적인 접근 방식은 매우 학문적이고 이론적입니다. 과정이 중시될 뿐 인권 기준 이행은 중요하지 않습니다. 우리는 본질적으로 싱크탱크에 불과합니다. (유엔 대표 14와의 인터뷰, 2015년)

이 유엔 대표는 인권에 대한 유엔의 "왜곡"에 불만을 제기했다.

제자리에서 있는 그대로 말할 수 없습니다. 저는 유엔 브리핑 소개 발언을 할 때, 인용되지 않도록 주의하라는 말을 들었습니다. 그러지 않으면 사람들이 "유엔이 그렇게 말했다"라고 할 것이기 때문입니다. "기관의 가치를 지켜야 한다. 장기적인 성공을 원하면 유엔의 폭넓은 신뢰를 지켜야 한다"라는 말을 들었습니다. 그게 제 브리핑의 전부였습니다. (유엔 대표 14와의 인터뷰, 2015년)

내가 실시한 인터뷰는 연간 세 번 열리는 UPR(보편적정례인권검토) 세션 중 한 세션과 같은 시기에 진행됐다. 인터뷰 참여자 대부분은 UPR 중 일부에 참여했으며 그들의 의견은 주로 긍정적이었다. 한 활동가는 에콰도르가 첫 번째 UPR 검토에서 성적 지향과 성별 정체성 사안에 대한 권고를 처음 받은 국가였다며 다음과 같이 회상했다. "보고서 채택이 논의될 때, 이집트는 그것이 UPR 절차와 무관하다고 하며 차단하려 했습니다. 에콰도르는 그렇지 않다고 말했고, 권고를 수용했습니다." 더 넓게 보면, 이 사례는 UPR 절차가 가진 건설적 힘을 보여 준다. 모든 글로벌 사우스 국가가 인권 성과에 대해 비판받기를 거부하지는 않는다(시민단체 대표 16과의 인터뷰, 2015년). 또 다른 활동가는 일부 국가의 경우, 인권이사회에서 제시된 UPR 권고가 매우 진지하게 수용되고 있음을 강조했다. 예를 들어, 인도의 소도미법을 폐지하라는 UPR의 권고가 고등법원에서 논의됐다. "이는 UPR이 법적 담론의 일부가 됨을 보여 주는 사례다"(시민단체 대표 19와의 인터뷰, 2015년). 다른 이들은 시민사회의 관점에서 UPR이 인권 상황을 조명하는 능력 덕분에 그 힘을 발휘한다고 본다.

> UPR은 증거를 제시하기 때문에 특히 가치 있는 도구입니다. 국가들은 동성애자가 없다고 종종 거짓말을 합니다. 차별적 법률이 존재한다고 해서 다 적용되지는 않습니다. 그러나 법으로 인해 부수적인 피해가 발생하기도 합니다… UPR은 많은 국가가 이 문제들을 일관성 있게 숙고하도록 강제합니다.(시민단체 대표 2와의 인터뷰, 2015년)

한 글로벌 사우스 출신 외교관은 낙관적 견해를 내비쳤다. UPR의 권고를 모두 수용하기로 함으로써 "자신의 정부가 더 높은 기준을 달성하고 더 포용적인 태도를 보이겠다는 깊은 의지를 증명한다"는 것이다(외교관 12와의 인터뷰, 2015년). 다른 글로벌 사우스 출신 외교관은 비록 국가가 UPR 권고를 반드시 준수해야만 하는 것은 아니지만, "다음 세션에서 이에 대해 질문하는 국가가 있을 것이다. 권고 사항을 불수용하거나 무시한다면 대가가 따른다. 이 과정은 국가가 문제를 내부적으로 검토하도록 강제한다"고 지적했다(외교관 23과의 인터뷰, 2015년). 인터뷰 참여자들은 UPR이 LGBT 권리와 관련한 주제에 특히 적합하다고 봤다.

한 글로벌 사우스 외교관은 제1차 회기와 제2차 회기*에서 다룬 "성적 지향과 성별 정체성에 대한 권고의 수와 깊이"를 비교하며, 회원국들이 이 과정을 더욱 진지하게 받아들이고 있다 믿고 있었다.** 회원국들이 SOGI 결의안을 지지하기로 약속하면, "이는 SOGI 결의안의 원칙을 채택하고 이를 국가 차원에서 이

---

* 제1차 회기는 UPR이 수립된 이후의 기간을 의미한다. 2008년부터 2011년까지 193개 유엔 회원국 전체가 처음으로 인권 검토를 받았다. 모든 유엔 회원국은 2012년부터 2016년까지 두 번째 인권 검토를 받았다. 제3차 회기는 2017년부터 2021년까지다.

** 내가 인터뷰한 일부 활동가들은 UPR 창설 이후 제네바에서 활동해 왔는데, 그들은 성적 지향과 성별 정체성 의제가 UPR에 처음 도입됐을 당시를 기억한다. 그들은 UPR에서 제시된 성적 지향과 성별 정체성 관련 권고 사항이 꾸준히 증가해 왔음에 주목한다. ARC International의 분석에 따르면 "국가들은 55개 이상의 다양한 주제에 대한 46,584개의 권고를 제시했다. 이 중 1,110개의 권고가 SOGIESC(성적 지향, 성별 정체성, 젠더 표현, 성적 특성을 의미한다 — 옮긴이)와 관련된 것으로, 전체 권고의 약 2.5퍼센트를 차지했다. UPR에서 다뤄진 주요 이슈 중 SOGIESC는 24위를 차지한다. 그러나 모든 지역의 150개 이상 국가가 SOGIESC 권고를 받았다는 사실은 주목할 만하다(ARC International 2016, 28쪽).

행하도록 촉진한다"(외교관 7과의 인터뷰, 2015년). 유일한 부정적 의견은 다른 글로벌 사우스 출신 외교관이 제시했다.

…권고가 많아도 결국 이행되지 않는 게 문제입니다. 권고를 수용한다 해도 실제로는 아무것도 하지 않는 국가들이 있습니다. 특별보고관과 독립 전문가들은 상황 진전에 도움을 줄 수는 있지만, 우리에게 필요한 것은 UPR 권고 사항의 이행을 추적할 수 있는 메커니즘입니다. (외교관 9와의 인터뷰, 2015년)

이 외교관은 UPR의 권고에 붙은 모호한 표현에도 불만을 표했다. 그는 예를 들어 "무언가와 관련된 조치를 강화하라"라는 게 무엇을 뜻하는지 의문을 제기했다(외교관 9와의 인터뷰, 2015년). 이 비판은 UPR 과정에 대한 데이비스의 비판과 일치한다. 그는 UPR에 외교관을 활용하는 관행 때문에 이 절차가 "인권 보호와 증진을 검토하고 개선하는 국가적 과정이 아닌, 외교 활동이 됐다"고 지적한다(Davies, 2010, 462-463쪽).

'우리 vs 그들'

다자 포럼에서 양극화는 국가들이 이념적 진영으로 나뉘는 경향에서 비롯한다. 인권 문제가 논의되는 인권이사회와 같은 포럼에서는 양 진영 간 깊은 간극이 있는 것으로 보인다. 스티친(2004)은 모든 국가가 궁극적으로 유사한 가치를 지닌다고 주장하는 보편적 인권 담론을 지지하는 국가들과 "문화적 차이와 공동체의 특수성에 관한 주장"을 고수하는 국가들 사이의 긴장을 설명한다(Stychin, 2004, 954-955쪽). 이 역학 관계의 근간에는 '유사 입장(like-mindedness)'이란 개념이 있다. 다자 협상에서 외교관들은 목표 달성을 위해 유사 입장을 가진 다른 회원국 동료들과 협력하라는 본국의 지시를 받는다. 그러나 많은 포럼에서 이 연합은 끊임없이 변화한다. 예를 들어 알바니아는 특정 사안에서는 유럽연합과 함께하고, 다른 사안에서는 이슬람 협력기구 회원국들과 함께할 수 있다.

실무자로서 내 경험에 따르면, 자국의 입장을 충실히 따르는 외교관들에게는 공감하지만, 견해가 다른 외교관들에게는 등을 지려는 경향이 있다. 그러나 나는 이 연구를 수행하기 전까지 이 간극의 깊이를 이해하지 못했다. 인권 협상을 했던 서구 및 서구 동맹국 외교관들과 인터뷰하며, 나는 그들이 LGBT 인권을 포용하는 유사 입장 국가들인 '우리'와 LGBT 권리를 수용하지 않는 아프리카, 아시아, 구소련 블록 출신 외교관들인 '그들' 간에 커다란 벽을 세웠다는 사실에 놀랐다. 한 시민단체 대표가 관찰한 바에 따르면, "서구 대 나머지'라는 사고방식을 깨기란 어렵다. 우리는 LGBTI 의제가 당신이 어느 쪽 세계에 속해 있는지에 대한 리트머스 시험지로 기능하는 불행한 상황에 놓여 있다"(시민단체 대표 28과의 인터뷰, 2015년).

한 서구 외교관은 "우리"와 "그들"의 차이를 능력 문제로 규정했다. 그는 반대 입장을 가진 회원국들이 "높은 조직력을 갖추고 다른 편의 전술에 대해 더 높은 인식"을 하고 있다고 봤다(외교관 18과의 인터뷰, 2017년 4월 17일). 다른 서구 외교관은 "우리 편에 속한 국가들이 국내법 개정에 더 적극적이다"라며, 입법 차원에서 이 차이를 규정했다. 이 외교관은 "반대 입장을 가진" 일부 국가가 LGBT 권리를 격렬히 거부하는 이유로 "LGBT 권리와 서구 가치 사이의 연관성"을 들며 다음과 같이 말했다. "이게 문명 간 충돌이죠? 박해가 늘어나고 있습니다"(외교관 1과의 인터뷰, 2015년).

앞에서 인용한 두 발언에서 서구 외교관들이 "우리 편"과 "다른 편"을 언급할 때, 모순을 느끼지 않았다는 점은 주목할 만하다. 그들의 시각에는 두 개의 진영만 존재한다. 나는 인터뷰 참여자들에게, 그들이 보기에 "어떤 회원국들이 LGBT 논쟁에서 다른" 편에 있는지를 묻지 않을 수 없었다. 한 서구 외교관은 이집트, 사우디아라비아, 아랍에미리트, 파키스탄을 언급했다(외교관 24와의 인터뷰, 2015년). 다른 서구 외교관은 "이집트와 파키스탄이 LGBT 권리를 촉진하는 서구 국가들에 가장 적대적이었다"고 했다(외교관 1과의 인터뷰, 2015년). 한 활동가는 "외교적으로 LGBT 권리에 가장 반대하는 회원국은 이집트, 러시아, 파키스탄, 이란, 우간다, 교황청"이라고 말했다(시민단체 대표 19와의 인터뷰, 2015년). 내가 인터뷰한 한 서구 외교관은 크게 불안함을 드러내며, 과거 아프리카 대사와 LGBT 권리에 대해 진행했던 회의를 떠올렸다.

> 그는 도와주기는커녕 우리를 깡그리 무시했습니다. 또한 사우디아라비아도 문제였고, 러시아, 카타르, 파키스탄도 마찬가지였습니다. 이 사람들은 우리가 죽는 꼴을 보고 싶어 했을 겁니다. (외교관 5와의 인터뷰, 2015년)

다시 말하지만, '우리'라는 용어는 서구와 라틴아메리카의 LGBT 친화적인 '유사 입장' 국가들을 지칭하는 용어다. 또한 복잡한 인류 집합체의 본질을 드러내는 '이 사람들'이란 용어에 주목해 보고자 한다. 이는 백인 인종차별주의자들이 아프리카계 미국인들에게 말할 때 사용하는 '당신들(you people)'이란 용어와 다르지 않다. 내 생각에 이 현상은 LGBT 친화적인 국가들이 자신을 최첨단에 있다고 인식하며, 이 권리 담론을 "자신들이 재빨리 이룩한 현대화의 증거"로 활용한다는 라흐만(2014)의 주장을 뒷받침한다. 이것은 서구 문명이 우월하다고 내세우는 효과를 전반적으로 발생시킨다. 그 이면에는 저항하는 비서구 국가들이 저개발 상태에 놓여 있을 뿐 아니라 도덕적으로 열등하다고 여겨지고 있다(Rahman, 2014, 274-278쪽).

지역 및 문화적 역학 관계의 변화가 반영된 투표 블록

내 인터뷰 참여자들은 비서구 지역의 '태도'에 대한 자기 견해를 나에게 거리낌 없이 공유한 듯 보였다. 짐작건대 내가 그들 진영의 일원인 백인 서구 외교관으로 보였기 때문일 것이다. 일례로, 한 외교관은 "아프리카인들은 일반적으로 느긋하지만, 아랍인들은 그렇지 않다. 아프리카인들은 아랍인들이 주도하도록 허용할 것"(외교관 5와의 인터뷰, 2015년)이라고 말했다. 한 외교관은 "카리브 공동체는 그다지 솔직하게 말하지 않는다"고 했다(외교관 24와의 인터뷰, 2015년).* 다른 외교관은 다음과 같이 말했다.

이집트는 정신 나간 게임을 하고 있었습니다… 그들은 개인적으로 받아들였습니다. 이슬람 협력기구(OIC)는 매우 강력한 블록이지만, 이집트는 정말이지 너무 지나쳤습니다. 그들은 정말로 극단적이고 공격적이었습니다… 라틴아메리카가 주도한 것은 좋았습니다. OIC는 라틴아메리카를 누를 수 없었거든

---

* 사실 이 외교관은 기아나에 본부를 둔 정부간기구인 카리브 공동체(CARICOM)의 공식 입장을 뜻한 것이 아니다. 유엔에서 지역적 정부간기구의 명칭은 특정 지역 진영을 지칭하는 약어로 자주 사용된다. 이 외교관이 실제로 하고자 했던 말은 "일반적으로 영어를 사용하는 카리브해 회원국들은 유엔에서 이것에 관해 그다지 솔직하게 말하지 않는다"였다.

요. (외교관 1과의 인터뷰, 2015년)*

'라틴아메리카가 주도했다'는 사실은 인권이사회 내에 있는 지역 블록의 본질에 대한 많은 성찰을 불러일으켰으며, 이는 제7장에서 더 자세히 다룬다. 많은 인터뷰 중에 중요한 질문은 라틴아메리카가 글로벌 사우스에서 등을 돌리고 점차 서구화되고 있는지 여부였다. 일부는 라틴아메리카가 아방가르드한 입장을 취한다고 주장했지만, 다른 이들은 라틴아메리카가 미국에 '팔려 버렸다'고 확신했다. 한 유엔 대표는 특정 집단의 구성원들이 동료로부터 종교, 지역 또는 언어에 따라 투표하도록 강요받는 경우가 많다며, "이는 국가들이 자신의 위치를 정하는 방식에 영향을 줄 수 있다. 이 블록은 자기와 동의하지 않거나 침묵하는 남아공과 같은 국가가 있더라도 지역 전체가 동의한다고 종종 주장한다"고 설명했다. 이 유엔 대표는 라틴아메리카가 대다수 글로벌 사우스 국가와 "반대되는" 투표를 한 것에 궁극적으로 대가를 치르게 될 것이라고 경계하며 다음과 같이 말했

---

* 'OIC'는 사우디아라비아에 본부를 둔 이슬람 협력기구(Organization of Islamic Cooperation)의 약자다. 그러나 이 외교관이 'OIC'를 언급했을 때, 이슬람 협력기구의 공식 입장을 뜻한 것이 아니다. 맥락상 이 용어는 '인권이사회에서 투표하는 무슬림 다수 국가 블록'을 줄인 표현이다. SOGI 결의안에 대한 지지가 어떻게 바뀌었는지를 설명하던 이 외교관은 사실 "아랍 회원국들이 라틴아메리카 회원국들을 누를 수 없었다"고 말한 셈이다. 나는 이 발언을, 무슬림이 다수인 유엔 회원국들이 뭉쳐서 이 결의안에 반대하더라도 이길 수 없었을 것이란 뜻으로 해석했다.

다. "비용이 드는 일입니다. 이사회에서 적을 만들게 되기 때문입니다. 보복의 대상이 되거나 다른 사안으로 공격을 받을 겁니다"(유엔 대표 17과의 인터뷰, 2015년).

'아랍인', '아프리카인', '라틴아메리카인'에 대한 일반화 외에 개별 국가의 입장에 대한 비판도 있었다. 한 활동가는 LGBT 권리가 러시아에 의해 "분열 쟁점"*으로 사용되며, LGBT 권리가 러시아의 "전통"이라는 모호한 개념을 위협한다는 프레임이 씌워져 있음을 지적했다(시민단체 2와의 인터뷰, 2015년). LGBT 권리에 대한 남아공의 입장은 거의 모든 이에게 의심받았다. 한 외교관은 남아공을 "중립적"이라고 평가하면서 "투표 하루 전, 대사는 자신들이 어떻게 투표할지 여전히 모르고 있다고 말했다"며 불만을 표했다. 그 이유는 다음과 같다. 남아공은 2011년 첫 인권이사회 SOGI 결의안에서 LGBT 권리를 공개적으로 지지했지만, 이후에는 모호한 태도를 보였기 때문이다. 반면, 같은 외교관이 베트남, 시에라리온, 나미비아를 "중립적"이라고 평가했을 때, 이는 긍정적인 의미로 이해됐는데, 국내 정책 변화를 가능하게 할 수 있는 국가들로 여겨졌기 때문이다. 카자흐스탄과 모로코에 관한 특별한 언급도 있었는데, 그 외교관은 이 국가들이 "결의안에 반대표를 던졌지만, 종종 가교 역할을 한다"고 평가했다. 태국도 특수한 사례로 여겨졌다. 태국은 "어떻게

---

* 조직이나 사회에서 갈등과 분열을 일으키는 의제를 의미한다. (옮긴이)

비칠지를 고려해 결의안 공동 제안에 참여하지 않기로 했고, 그렇게 함으로써 인권이사회에 남을 수 있었다. 태국은 이슬람 협력기구에 속하지 않으나 비동맹 집단의 일원이기에 독특한 관점을 갖고 있다"(외교관 1과의 인터뷰, 2015년).*

LGBT 권리를 지지하는 비교적 강력한 국내 정책을 가진 쿠바는 때때로 난처한 처지에 놓이기도 한다. 한 활동가는 "흥미로운 체스 게임이다. 일례로 쿠바는 매우 직설적이다. 쿠바는 77그룹에 속해 있기 때문에 특정한 LGBT 권리 이니셔티브를 지지할 수 없다고 한다"라고 말했다(시민단체 대표 25와의 인터뷰, 2015년).** "프랑코포니*** 관련 업무"를 했던 한 외교관은 "프랑코포니 국가들을 강하게 설득해" SOGI 결의안에 대한 지지를 얻어 낼 수 있으리라는 기대를 받았다. 한 시민단체 대표는

---

* 일반적으로 인권이사회에서 회원국이 결의안에 지지 의사를 표할 수 있는 방법은 세 가지다. 첫째, 결의안을 주도(lead)하거나 공동 제안(co-sponsor)하는 방법을 통해 회원국은 가장 큰 지지를 나타낼 수 있다. 둘째, 컨센서스에 동참하는 방법을 통해서 '우리가 크게 반기는 것은 아니나 함께하겠다. 우리는 문제를 일으키지 않을 것'이라 할 수 있다. 셋째, 투표를 요구한 뒤 '반대'하거나 기권할 수 있다. 태국의 경우 향후 인권이사회 이사국으로 선출되고자 했기 때문에, 잠재적으로 태국의 입후보를 지지할 많은 이슬람 협력기구와 비동맹 국가를 소외시킬 수 없었다. 태국은 SOGI 결의안에 대한 '컨센서스 동참' 방식을 통해 상황을 무마할 수 있었다. 그러나 확고한 지지를 공개적으로 표하는 공동 제안은 너무 큰 부담이었다. 이는 무슬림이 다수인 국가와 LGBT 권리에 반대하는 다른 회원국에 대한 모욕으로 여겨졌을 것이다.

** 유엔 산하 개발도상국 연합인 77그룹(Group of 77)의 회원국이며, 이들 중 다수는 LGBT 권리에 반대한다.

*** 프랑스어를 사용하는 국가와 지역, 또는 해당 국가들 사이의 협력 관계를 다루는 국제기구(국제프랑코포니기구, OIF)를 의미한다. (옮긴이)

이런 지역적 역학 관계를 아주 다르게 봤다. 특정 인종이나 국적을 비난하는 대신 "역학 관계가 BRICS* 국가를 향해 변화하고 있다는 점이 제네바에서 정치의 현실이다. 사우디아라비아는 내년 인권이사회 의장국이 된다. 글로벌 사우스는 전성기를 맞이할 것이며, 개발에 대한 권리를 요구하는 압력이 있을 것이다"(시민단체 대표 22와의 인터뷰, 2015년).

버스(2004)는 교황청이 유엔을 포함해 전 세계에서 LGBT 권리에 적극적으로 반대하고 있음을 지적한다. 유엔 상주 옵서버인 교황청은 유엔 회의와 행사에 적극적으로 참여할 수 있어 시민단체보다 큰 영향력을 행사한다(Buss, 2004, 261-262쪽). 버스는 같은 연구에서, 가톨릭과 기독교 우파를 포함한 보수적인 종교 단체들이 국제 포럼에서 연합을 형성하는 방법을 설명한다. 한 가지 방법은 LGBT 권리와 페미니즘을 연결하는 것으로, 이는 두 진영을 모두 비방하는 데 효과적이다. LGBT 권리는 "가족의 적"으로 묘사된다(Buss, 2004, 257-259쪽). 내가 인터뷰한 한 활동가는 버스의 연구가 사실임을 확인하며, "성적 지향과 성별 정체성, 그리고 성과 재생산 권리를 지지하는 단체들의 목적에 반대"하는 패밀리 워치(Family Watch), 가족 인권 센터(C-Fam) 등 보수 단체를 지원하는 활동에 교황청이 관여하고 있다고 강

---

* 브라질, 러시아, 인도, 중국, 남아공 5개국의 영문명 머리글자를 따 부르는 명칭이다. (옮긴이)

조했다(시민단체 대표 29와의 인터뷰, 2015년). 한 서구 외교관은 인권 외교에서 교황청의 역할에 관해 솔직하게 말했다.

> 교황청 주재 우리 대사는 LGBT 권리에 대한 교황청의 반대에 관해 우리 외교장관과 이야기를 나눴습니다. 우리가 인식하는 것보다 더 많은 일이 벌어지고 있습니다. 일부 서구 국가들은 이 사안에 우리보다 더 목소리를 내고 큰 성명을 발표할 수 있습니다. 그러나 우리는 조심해야 합니다. 우리가 비난 성명을 발표한다면 교황청과의 관계를 그르칠 수 있습니다. 저는 교황청이 십자군 전쟁을 벌이고 있다고 생각하지는 않습니다. 하지만 교황청은 LGBT 권리에 반대하기 위해 무슬림 지도자들과 협력해 왔습니다. 심지어 교황은 트랜스젠더를 핵무기에 비유하면서, 그들이 신의 질서를 거스르고 있다고 말했습니다! 우리는 또한 빈의 유럽안보협력기구(OSCE)에서 교황청 대사와 문제를 겪었습니다. 지난 3월 차별철폐일 행사 중 LGBT 권리가 언급되자 대사는 교황청의 지지를 철회했습니다. 교황청 대사들은 외교 공관에서 자유롭게 자신의 의제를 설정할 수 있습니다. (외교관 27과의 인터뷰, 2015년)*

---

* 이 인터뷰는 내 호기심을 자극했다. 제네바에서 열린 인권이사회 회의에 참석하는 동안 나는 인권이사회 대표단을 이끈 교황청 대사에게 연락했다. 나는 교황청 대사에게 내 연구 작업을 설명하고, 연구에 대한 개괄과 내 연락처 정보를 전달하며 인터뷰를 희망한다고 말했다. 그러나 교황청 대사는 내게 연락하지 않았다.

하지만 모든 종교적 대표가 동성애 혐오적이지는 않다. 일부 유엔 회원국은 유엔 대표단에 종교 대표를 포함하고 있다. 한 글로벌 사우스 외교관은 "대표단 내에서 '종교적 신념을 가진' 사람들 사이에서도 LGBT가 차별받고 있으며, 조치가 취해질 필요가 있다는 합의가 있었다"고 자랑스럽게 말했다(외교관 12와의 인터뷰, 2015년).

시민사회와 외교관의 관계

시민단체는 인권 외교에서 중요한 역할을 한다. 인권이사회에서 적극적으로 참여하는 시민단체의 수는 상당하며, 이들은 이사회가 회기 중일 때 이뤄지는 정치적 회의뿐 아니라 UPR 세션에서도 적극적이다. 외교관들은 뉴욕과 제네바를 끊임없이 왕래하기 때문에 이 도시들에 본부를 둔 시민단체와 유엔 대표자들이 다자 외교 메커니즘에 대해 훨씬 깊은 지식을 갖추고 있는 경우가 많다. 그들은 특정 정책 토론을 촉발하거나, 연장 또는 종료하기 위해 사용해야 하는 절차와 전술을 정확히 알고 있다. 한 활동가는 2006년 인권이사회가 설립되기 전 "예전" 유엔 인권 회의의 분위기를 다음과 같이 회상했다. "당시 시민단체의 접근성은 제한적이었고, 웹 방송이나 인터넷도 없었습니다. 우리의 역할은 전 세계의 인권 네트워크에 정보를 전파하는 일이었습니다"(시민단체 대표 15와의 인터뷰, 2015년). 또 다른 활동가는 "유엔에서 일어나고 일"을 회원들에게 알리는 것이 시민단체의 주요 임무라고 생각한다며, 다양한 유엔 인권 절차 내에서 "당사자들의 목소리가 전달되고 있는지 확인한다"고 했다(시민단체 대표 19와의 인터뷰, 2015년). 한 시민단체 대표는 이 작업을 "국제적 옹호 활동"으로 칭했고, "우리는 국제회의 참석자들을 지원한다. 진행 절차를 통해 그들을 돕는다"고 말했다(시민단체 대표 29와의 인터뷰, 2015년).

윌킨슨과 랑글루아(2014)는 많은 보수적인 시민단체가 LGBT 권리를 여타 인권 규범과 동등한 지위에 두는 것에 반발하며, "LGBT 권리가 인권이란 개념을 적극적으로 거부하려 한다"고 지적한다(Wilkinson & Langlois, 2014, 250쪽). 실제로 한 유엔 대표는 많은 시민단체가 스스로를 인권 활동 단체라 내세우지만, "일부 운동가 단체는 그들이 대표하려는 사람들을 반드시 대표하지는 않는다. 우리는 보다 폭넓은 대표성을 가진 시민단체로 나아가야 한다"고 강조했다(유엔 대표 14와의 인터뷰, 2015년). 한 활동가는 유엔 회의에 참석하는 인권 시민단체의 범위에 관해 다음과 같이 말했다.

유엔에는 섹슈얼리티와 무관하며, 어떤 식으로든 이에 대한 견해를 취하지 않는 주류 시민단체들이 있습니다. 그들은 교육, 물, 음식, 보호소, 노인 등을 다룹니다. 그들은 우리에게 적극적으로 반발하지는 않습니다. 다른 사람들과 소통하는 데 관심이 없는 일부 우파 기독교 단체도 있습니다. 그들은 조찬 기도회를 하고 베이컨을 나눠 줍니다. 그들이 본질적으로 전하려는 이야기는 "유대인이나 무슬림은 환영받지 못한다"는 메시지를 보내고 있습니다.* 일부 극단적인 사람들도 있지만, 우리의 일은 멍청하지 않은 사람들과 대화를 통해 그들이 진행 중인 작업에 섹슈얼리티 의제를 어떻게 통합할 수 있을지 논의하는 것입니다. (시민단체 대표 25와의 인터뷰, 2015년)

일부 시민단체들이 "멍청하다"고 여겨진다는 사실은 국제 인권 외교의 분리된 세계를 암시한다. 국가들과 시민단체들이 협력하는 대상은 그들과 유사 입장을 가진 국가들, 시민단체들이다. 이 사실은 "우리는 우호적인 공관들과만 협력한다"(유엔 대표 20과의 인터뷰, 2015년)고 한 유엔 전문가의 발언으로 재확인됐다. 한 활동가는 "결정을 내리는 주체는 외교관이지 우리가 아니다. 우리는 정부가 우리를 지원할 수 있도록 정부에 의존한다"고 설명했다(시민단체 대표 19와의 인터뷰, 2015년). 또 다른 활동가는 유사 입장을 가진 국가와 시민단체 간의 협력이 이뤄지는 방식에 관해 "외교관이 전략을 수립하는 데 도움을 줄 수 있

---

* 유대인이나 무슬림이 돼지고기를 먹지 않는다는 점에 착안해, 이 단체가 조찬 기도회에서 의도적으로 베이컨을 나눠 준다는 의미로 해석된다. (옮긴이)

다. 그러나 어떤 경우에는 대사가 개방적이지 않다"고 말했다(시민단체 대표 15와의 인터뷰, 2015년). 한 활동가는 자신의 역할을 다음과 같이 설명했다. "유엔에서는 다양한 행위자들이 무엇을 할 수 있는지 알아야 합니다. 제 임무는 자신이 하는 업무를 바꾸도록 사람들을 설득하는 일이기 때문에, 설득된 사람들이나 최소한 설득이 가능한 사람들과 대화하는 경향이 있습니다"(시민단체 대표 25와의 인터뷰, 2015년).

한편 외교관과 인권 활동가들 사이의 상호작용이 항상 우호적이지만은 않다. 보시아(2014)는 유엔과 유엔에 연계된 시민단체들이 서구식 LGBT 정체성과 권리 담론을 세계적으로 알릴 때, 글로벌 사우스 지역에 "부메랑 효과"가 발생하며, "새로운 요구자들이… 국가 내부의 반응을 촉발한다"고 주장한다(Bosia, 2014, 262쪽). 자기 지역에서 일하는 활동가들에게 가해지는 위험은 잘 알려졌지만, 나는 활동가들이 유엔 인권 회의 참여를 위해 서구에 올 때 직면하는 위험은 잘 알지 못했다. 한 활동가는 여러 유엔 건물의 복도에서 "자국 외교관들에게 위협을 받는" 활동가들을 목격했다고 말했다. 활동가들이 도착하면 곧바로 국제 시민단체들은 그들에게 보안 절차를 알려서 "그들이 안전하게 지낼 수 있도록 한다. 일반적으로 그들은 국제회의에 참석하는 동안 눈에 띄지 않기를 원한다". 실제로 자국 정부로부터 위협을 받는 일부 활동가들을 제네바나 뉴욕으로 데려오는 일은 매우 위험하다(시민단체 대표 29와의 인터뷰, 2015년). 한 활동가는 사례 하나를 알고 있었다.

　…인권 운동가들이 제네바에 오면 그들의 정부 대표가 건물 안에서까지 그들을 감시하고 따라다닙니다. 외교관들은 활동가들이 발언하는 행사에 참석해 사진을 찍고 적대적인 질문을 합니다. 그들은 고국에 돌아가면 보복을 당합니다. 비방 선전의 대상이 됩니다. 때때로 그들은 제네바로 떠나기 전이나 고국에 돌아온 직후 공항에서 실종되기도 합니다. (시민단체 대표 15와의 인터뷰, 2015년)

소결

　시먼스와 올트먼(2015)은 인권이사회와 같은 다자 포럼에서 서구가 "정교회, 기독교, 이슬람, 아프리카 가치에 의해 지속적인 어려움"을 겪고 있으며, 이는 포럼 내 고착화된 태도로 이어졌다고 지적한다. 그들은 타협이나 수용과 같은 반응 대신 양극화가 일어난 이유에 질문을 제기한다(Symons & Altman, 2015, 62-63쪽). 내 연구에 따르면, 양극화에는 여러 이유가 있다. 외교관들은 상대방을 인종, 종교, 국가, 출신 지역에 따라 분류하며 비인간화한다. 유엔에서 이념적이고 지역적인 블록은 회원국들이 이미 정해진 입장을 따르도록 강요하며, 더욱 정교한 접근 방식을 취할 가능성을 차단한다. 일부 시민단체들은 자기들의 목표를 지지하는 시민단체와 회원국과만 협력하기로 하며 양극화되는 모습을 보인다.

 이 장에서 인터뷰 참여자들은 다자 인권 외교의 일부 핵심 측면에 대해 강력한 견해를 피력했다. 긍정적인 측면으로, 유엔은 인권 침해를 저지른 회원국들에게 제네바와 뉴욕에서 책임을 묻는 플랫폼을 제공한다. 이에 대해 외교관과 시민사회 대표는 모두 UPR이 강력한 논의의 장이란 점에 동의한다. 다자 인권 외교의 강점 중 하나는 인권 외교가 근본적이고 새롭게 떠오르는 인권 문제에 대한 수사적(rhetoric) 검증을 비롯해 대규모 인권 침해, 전쟁범죄, 반인륜적 범죄를 공개적으로 규탄하는 일에 집중한다는 점이다. 이 논의의 장들은 변화의 정신으로 전 세계 사람들과 생각들을 규합할 수 있다. 그러나 수사적 전투에 대한 집중은 승리와 패배의 개념에 완전히 새로운 의미를 부여할 수 있다. 이런 논의의 장들은 유사 입장을 가진 파벌을 만들어 진영 간 차이를 공고히 한다. 인터뷰 참여자들이 제기한 가장 큰 우려 중 하나는 블록 투표에 따른 양극화인데, 이는 유엔 대표가 말한 대로 "소음을 일으키는" 해로운 환경을 초래한다. 다자 외교의 또 다른 약점은 실제적인 차원에 있는데, 인터뷰 참여자 다수는 외교관들의 훈련 부족, 전문성 결여, 사익 추구, 통상적인 현실과의 단절을 비판했다.

 요컨대 인터뷰 참여자들이 묘사한 다자 인권 외교의 모습은 그리 아름답지 않았다. 훌륭한 근무 환경 속에서도 실제로 인터뷰 참여자들은 종종 분노하고 씁쓸해했으며 냉소와 좌절을 느꼈다. 그들의 관찰을 통해 우리는 인권 외교의 내부 작용을 더 잘 이해할 수 있다. 다음 두 장에서 다룰 내용처럼 서구가 자유주의적 가치 확산의 일부로 LGBT 권리를 증진하는 일은 반발과 보복의 악순환을 촉발할 수 있다.

제7장

국제 무대에서의 LGBT 인권 증진

위크스(2007)에 따르면, 20세기 후반 성적 제약의 완화는 현시대를 위한 토대를 마련했으며, 이에 따라 섹슈얼리티는 극적인 변화를 맞았고, 관계, 젠더 역할, 성별 정체성에 대한 질문이 제기됐으며, 새로운 권위, 서사, 성적/친밀한 시민성(sexual/intimate citizenship)의 형태가 확산됐다(Weeks, 2007, xii쪽). 이 배경은 제4장에서 설명한 내 학제 간 이론적 틀이 묘사한 바와 같이 서구에서 권리 기반 LGBT(레즈비언, 게이, 양성애자, 트랜스젠더) 운동의 부상과 LGBT 인권 외교를 위한 조건을 조성한 자유주의 가치의 확산, 아울러 그에 따른 반발과 갈등, 문화 상대주의의 반대 담론을 보여 준다.

외교관들이 정부간기구(政府間機構)와 시민단체와 협력해서 LGBT 권리를 강화하거나 제약하는 방법에 대한 내 연구 질문에 답하기 위해 나는 29명의 유엔 대표, 외교관, 활동가에게 LGBT 인권이 외교관들의 다자주의 및 외교 세계와 교차하고 있는 양상에 대해 생각해 볼 것을 요청했다. 인터뷰 속에서는 LGBT 단체들이 그 범위에서 진정으로 국제적인 성격을 갖는가, 이 단체들이 국제 LGBT 권리 운동을 대표하는가, 혹은 국제 LGBT 권리 운동이 실제 존재하는가에 대한 물음이 들끓고 있었다. LGBT 권리에 관련한 국제회의와 콘퍼런스에서 다양한 시민단체들이 어떤 구성원들을 대표하는가에 대해 인터뷰 참여자들 간 합의는 거의 없는 듯했다. 한 활동가는 다음과 같이 말했다.

LGBT 운동은 전 세계적으로 확장됐고, HIV와 정치에 관한 운동에서 스포츠, 여행 등에 이르기까지 다양화됐습니다. 그런데 국제적 운동이 실제로 존재합니까? 국내 LGBTI 단체들은 상당히 많습니다. 하지만 이 단체들이 전 세계 대다수의 LGBTI를 얼마나 대표할까요?… '운동'이란 단어를 사용하기는 어렵습니다. 하지만 이것을 '커뮤니티'라고 부르기는 더욱 무리입니다. (시민단체 대표 28과의 인터뷰, 2015년)

LGBT 권리 담론은 유엔 인권이사회와 같은 다자 포럼에서 확산했다. 이는 우연히 또는 자연적으로 발생하지 않았다. 한 활동가의 표현을 빌리자면, LGBT 활동가들은 문이 열리기 시작할 때까지 수년간 인내심을 갖고 끈질기게 "문을 두드려" 왔다. 이 장에서 인터뷰 참여자들은 다자 외교 환경에서 LGBT 권리가 규정되고 구성되며 논의되는 방식을 그들 고유의 말로 전달한다. 특히 그들은 포럼 내에서 외교적 참여에 영향력을 행사하고자 노력하는 방식을 논의한다. 첫 번째 절에서는 유엔 환경

속에서 LGBT 권리가 증진되는 방식을 제시하고, 두 번째 절에서는 LGBT 권리를 증진하거나 방해하는 외교적 노력을 검토하며, 세 번째 절에서는 LGBT 인권 외교에 대한 시민사회의 관점을 분석한다.

나는 LGBT 권리에 대한 국제적 관심이 증가하고 있다는 가정하에 이 연구에 착수했으므로 인터뷰 참여자들에게 이 가정에 동의하는지 물었다. 한 외교관은 이 관심이 "세계화와 기술 발전"과 관련돼 있다고 보면서, "기든스(Anthony Giddens)의 말을 인용하자면, 사생활, 그리고 우리가 사생활을 다루는 모습에 대한 우리의 인식이 상당히 변화했다. 사람들은 다른 이들에 더욱 관대해진 것 같다"고 말했다(외교관 12와의 인터뷰, 2015년). 한 유엔 대표는 관심 증가를 LGBT 가시성의 꾸준한 증가와 연결 지으며, 이에 동의했다(유엔 대표 11과의 인터뷰, 2015년). 그러나 다른 유엔 대표는 내 말이 틀렸다며 바로잡았다. 그는 지역 간 "동성애의 정당성에 대한 인정"이 자리 잡지 못했기에 "참여 증가"가 반드시 "세계적인 관심의 증가"를 의미하지는 않는다고 주장했다. 그는 "아프리카는 LGBT 권리에 대한 국가들의 움직임이 얼마나 느린지를 잘 보여 주는 사례"라고 했다(유엔 대표 13과의 인터뷰, 2015년). 한 활동가는 성적 지향과 성별 정체성에 대해 곰곰이 생각하면서 "이는 매우 어려운 주제다. 많은 국가는 이것이 정당한 국제 인권 의제도, 제도의 일부도 될 수 없다고 보기 때문에 간극이 있다"고 말했다(시민단체 대표 15와의 인터뷰,

2015년). 다시 말해, 성적 지향과 성별 정체성이 핵심 조약들에 명시돼 있지 않기 때문에 "진정한" 인권이 아니며, 다른 인권에 집중해야 한다는 것이다. 그렇다면 이 "간극"은 LGBT 권리를 지지하는 국가와 지지하지 않는 국가 사이에만 존재하지 않으며, 유엔 인권 체계 내에서 인권을 구성하는 요소에 대해 일반적으로 더욱 포괄적인 접근 방식을 취하는 국가와 그렇지 않은 국가 사이에도 존재하게 된다.

국제 LGBT 권리를 위한 투쟁 규정하기

인터뷰 참여자 다수는 수년간 LGBT 권리에 대한 국제회의, 콘퍼런스, 협의회에 참가하고 함께하며 이들을 조직해 왔다. 나는 그들의 목표와 LGBT 권리가 세계 무대에서 두각을 나타내는 과정을 물었다. 한 활동가는 국제적 레즈비언 권리가 발전해 온 과정을 떠올렸다.

시민단체나 대표단 안에는 안전한 공간이 없었습니다. 지난 10년 동안, 매월 3월에 개최되는 [유엔 여성지위위원회] 회의에서 여성 코커스* 모임과 함께 비공식적인 LBT(레즈비언, 양성애

---

* 코커스(caucus)란 공식적인 국제회의가 진행되는 가운데 국가 간 입장 조율과 전략 수립

자, 트랜스젠더) 관심 그룹이 모였습니다. 우리는 항상 주류에서 약간 벗어나 있었습니다. 우리는 별도로 교육 훈련을 했고, LBT 운동가들을 위한 오후 훈련 세션을 몇 차례 가졌습니다. (시민단체 대표 25와의 인터뷰, 2015년)

한 시민단체 대표는 2005년까지만 해도 "성적 지향과 성별 정체성이란 용어를 언급만 해도 상당한 반발이 있었다. 유엔과 협력하기 어려웠다"고 설명했다. 인식이 매우 부족했기 때문에 "유엔 시스템 내에서 LGBT 권리를 이해시킬 필요가 있었다"(시민단체 대표 16과의 인터뷰, 2015년). 사실, 힐러리 클린턴 전 국무장관이 동성애자 권리는 인권이라고 선언하면서 새로운 지평을 열었던 2011년 인권이사회 결의가 나오기 전까지는 결의안에 성적 지향과 성별 정체성 문구를 넣자는 제안조차도 힘겨운 싸움이었다. 한 유엔 대표는 기본적인 차원에서 이 국제적 운동이 "LGBT 권리를 정당화하며, 작은 국가들에게 길을 열어 준다. 우리는 이 이슈를 정상적인 것으로 만들고 있다. 우리는 자국 내 운동가들의 일을 정상적인 것으로 만들고 있다"고 했다(유엔 대표 11과의 인터뷰, 2015년). 다른 유엔 대표는 "LGBT 권리는 공개적으로 다룰 수 없는 문제였다… 오늘날에는 어떤 이해관

등을 위해 특정 사안과 관심사를 공유하는 국가들끼리 비공식적으로 모이는 소규모 회의를 의미한다. (옮긴이)

계자도 이것과 무관하다고 말하기란 불가능하다"고 했다(유엔 대표 10과의 인터뷰, 2015년).

지금까지 우리는 문에 발을 들여놓으려고 노력해 왔습니다. 우리의 주장은 "우리를 차별하지 말라는 것"이었습니다. 우리는 인권 침해를 자행하는 국가들을 지목하기 위해 열심히 배후에서 교섭했습니다. 매우 정교한 인권 옹호 활동은 아닙니다. 그저 계속해서 주장하는 것이죠. (시민단체 대표 25와의 인터뷰, 2015년)

LGBT 권리를 특정한 방식으로 규정함으로써 이 사안에 대한 수용도를 높일 수 있다. 한 활동가는 "우리가 자신을 어떻게 위치 짓는지가 중요하다. 우리는 새로운 것이 아닌, 다른 모든 사람과 동등한 권리를 요구하고 있다"고 말했다(시민단체 대표 19, 2015년). 한 외교관은 "우리는 LGBT 권리에 관해 이야기하지 않는다. 우리는 LGBT 개인의 평등권에 관해 이야기한다"고 설명했다(외교관 27과의 인터뷰, 2015년). 일부 기관은 법의학적 항문 검사, 성 및 재생산권, 레즈비언 권리 등 특정 사안에 초점을 맞추며, LGBT 권리에 대한 주제별 접근 방식을 취한다. 그러나 다른 외교관은 일부 LGBT 권리가 간과되고 있다며 불만을 표했다. "다자 외교에서는 일종의 남성 우월주의가 있습니다. 왜냐하면 모두가 소도미법이 폐지돼야 한다는 데 동의하기 때문입니다. 우리는 통상 게이들의 권리를 증진하는 일에 편안함을 느낍니다"(외교관 18과의 인터뷰, 2015년).

한 시민단체 대표는 "미국이 힘을 쏟고 있다는 민감함"이 존재하지만, 아이러니하게도 "글로벌 사우스에서 활동가를 초청하기 위한 자금 모금이 미국에서 활동가를 초청하기 위한 자금 모금보다 우리에게는 더 쉬운 일"이라고 말했다(시민단체 대표 25와의 인터뷰, 2015년). 국제 LGBT 시민단체를 위한 자금 모금 문제는 흥미로우나 이 연구의 범위를 넘어선다. 다만 이 활동가는 인권 관련 논의를 위해 글로벌 사우스에서 활동가를 국제회의로 데려오는 것에는 인색하지 않은 미국인들이 정작 미국인 운동가들을 회의에 초청해 논의하게 하는 데는 지갑을 열지 않는 모순을 지적하고 있었다.

유엔의 시각으로 본 LGBT 권리와 인권 외교

한 서구 외교관은 LGBT 권리에 대한 유엔의 리더십이 중요하다고 강조했다. 반기문 당시 유엔 사무총장은 "매우 민감한 이슈에 앞장서서 중심을 잡으며" 큰 영향력을 행사했다(외교관 18과의 인터뷰, 2015년). 한 유엔 대표도 이 견해에 동의하며, 헬렌 클라크(Helen Clark, 당시 유엔 개발계획 대표), 나비 필라이(Navi Pillay, 전 유엔 인권최고대표), 자이드 라아드 알 후사인(Zeid Ra'ad Al Hussein, 당시 유엔 인권최고대표) "모두 확고히 LGBT 권리를 지지했다"고 말했다(유엔 대표 11과의 인터뷰, 2015년). (이 인터뷰는 2015년 이뤄졌으며, 유엔에서 LGBT 참여가 본격적으로 진행되던 시기와 일치한다.)

한 글로벌 사우스 출신 외교관은 "국가 수준의 사회 발전 변화"가 "국제 인권 체계에서 성적 지향과 성별 정체성 의제에 대한 외교정책 변화를 촉진했다"고 느꼈다(외교관 7과의 인터뷰, 2015년). 이 외교관은 국내 정책이 국제 인권 담론에 영향을 준다고 봤으나, 한 서구 시민단체 대표는 반대 방향의 효과를 보고 있다고 주장했다. "…지역 기구와 국제기구에서… 이 주제에 관한 논의는 결의안 채택이란 결과를 낳았습니다. 이는 긍정적인 태도로의 변화를 이끌었으며, 예컨대 [우리나라]에서는 15년 전과 비교할 때 태도 개선이 있었습니다. 대중의 태도가 변했습니다"(유엔 대표 20과의 인터뷰, 2015년). 다시 말해, 특정 국가의 LGBT 권리 수용은 국제 논의에 영향을 미치며, 그뿐 아니라 국제 LGBT 권리를 위한 투쟁은 역류 효과를 내 국내 수준에서 다른 국가의 정책과 법률을 변화시킬 잠재력이 있다. 한 유엔 대표는 국제적으로 논의되는 모든 인권 의제 중 LGBT 권리가 그토록 '독특한' 이유를 다음과 같이 설명했다.

국제인권법의 영역 내에는 합의된 특정 사안들이 있습니다. 이 경우 국가들은 대응 방법에 재량이 없습니다. 그러나 LGBT 권리는 그런 사안에 속하지 않습니다. LGBT 권리에 대한 통일

된 기준 마련에는 여전히 다소 불편함이 있습니다. 이 문제를 진정으로 다룰 수 있는 합의된 최소 기준은 존재하지 않습니다. (유엔 대표 10과의 인터뷰, 2015년)

유엔 대표는 이어 일부 회원국들이 자국의 동성애 혐오적 행위를 어떻게 합리화하는지 설명했다.

차별이란 비교 가능한 두 집단이 민주 사회에서 정당화되지 않는 특정 동기에 따라 다르게 대우받는 사실을 의미합니다. 그러나 민주 사회에서 정당화되는 대상은 변화하기 때문에 다양한 수준의 재량이 작용한다는 겁니다. 즉, 일부 국가들은 LGBT에 대한 차별이 정당하다고 계속 주장할 겁니다. (유엔 대표 10과의 인터뷰, 2015년)

유엔 대표는 지난 30년 동안 시민사회가 세계 여러 지역에서 상당한 발전을 이뤘고, 더 높은 수준의 표현의 자유와 결사의 자유를 누리고 있다고 느꼈다. 유엔 대표는 "자유"의 증가가 시민단체들이 LGBT 권리와 같은 새로운 의제를 다룰 수 있는 공간을 마련했다고 주장했다. 이제 시민사회는 다자 인권 프로세스에서 정부간기구들이 이 의제에 참여하도록 압력을 가하고 있다. LGBT 권리를 강화하는 논리는 모든 사람에게 합의된 사적 행위를 할 권리가 있다는 주장에 기반을 두는 경우가 많다. "더 넓은 의미에서, 아프리카에서 LGBT 권리를 옹호하는 것은 표현의 자유를 옹호하는 것이다"(유엔 대표 10과의 인터뷰, 2015년). 글로벌 노스 출신 시민단체 대표는 양극화되고 있는 이 의제가 "훨씬 더 넓은 권력 역학 관계와 관련이 있다"고 주장했다. 그는 글로벌 사우스 국가들의 LGBT 권리 거부가 악의에서 비롯된 게 아니라고 봤다.

> 대신 이 국가들은 발전할 권리를 원한다고 말합니다. 발전권 선언(The Declaration on the Right to Development)은 시민적, 정치적 권리가 경제적, 사회적, 문화적 권리 달성에 종속된다고 규정합니다. 이는 시민적, 정치적 권리를 당장 실현할 필요가 없다는 뜻입니다. 이것은 인권의 틀을 훼손합니다. 지역 블록의 입장에도 영향을 미칩니다.

시민적, 정치적 권리가 달성되기 전까지 경제적, 사회적, 문화적 권리에 집중하겠다는 이 접근 방식은 시민적, 정치적 권리가 즉시 달성돼야 한다는 자유주의 이론의 지배적 관점과 충돌한다. 일부 글로벌 사우스 국가들은 "우리나라에는 버겁다"는 논거를 사용한다. 즉, LGBT 권리를 지나치게 압박하면 반발이 일어나고, LGBT 시민들의 취약성은 더욱 커진다(시민단체 대표 22와의 인터뷰, 2015년). 이 인터뷰 참여자는 지역 블록 투표를 언급했는데, 이는 특정 국가가 다자 포럼에서 LGBT 권리를 지지하지 않기로 할 때 고려하는 지정학적 사안들을 제기한다. 이 주제는 다음 장에서 인권이사회의 SOGI(성적 지향과 성별 정체성) 결의안들이 지역들을 분열시키고 서로 대립하게 만들었던 과정을 다룰 때 살펴보고자 한다.

유엔 인권 체계 내 LGBT 운동

유엔 인권최고대표사무소는 LGBT 인권 이슈에 대한 일종의 국제 정보 센터 역할을 한다. 사무소는 많은 회원국에서 활동하는 현장과 지역 사무소의 지원을 받아 "현장에서 발생하는 인권 침해를 기록하고, 옹호 및 교육 활동"을 실시한다(유엔 대표 11과의 인터뷰, 2015년). 유엔 인권최고대표사무소는 인터섹스에 대한 폭력과 같은 사안을 다루는 전문가 회의를 지원하고 교도소, 여성에 대한 폭력, 건강과 같은 범 분야 사안에 관한 모범 사례를 다룬 보고서를 작성한다(유엔 대표 17과의 인터뷰, 2015년). 2013년 인권최고대표사무소는 자유와 평등(Free and Equal) 캠페인을 시작했다. 여기에는 내가 참석한 뉴욕의 IDAHOT(국제 동성애 혐오 및 트랜스 혐오 반대의 날) 기념행사와 같은 활동이 포함된다. 리키 마틴(Ricky Martin)과 같은 유명 인사들이 캠페인에 참여했다. 'Free and Equal'에서 제작한 볼리우드 콘셉트의 영상은 현재 조회 수를 가장 많이 기록한 영상 중 하나다(유엔 대표 11과의 인터뷰, 2015년). 그러나 한 외교관은 'Free and Equal' 캠페인에 대해 실체가 부족하며, 제네바와 뉴욕의 "본부"에서 지시받아 만든, 그저 기분 좋은 캠페인에 불과하다고 평했다. 이 외교관은 캠페인이 과연 실제로 현장 사무소에서, 지역사회 차원에서 이행되고 있는지에 대해 다음과 같이 의문을 제기했다. "현장 사무소가 지침을 따를까요? 그러지 않는다면, 이 프로그램을 이행하는 일은 주도적인 개인들의 몫이 될까요? 인권최고대표사무소가 할 수 있는 일에는 한계가 있습니다"(외교관 18과의 인터뷰, 2015년).

내 인터뷰 참여자들은 유엔 인권 체계가 LGBT 권리 증진에 훌륭한 장소라고 확신하는 이들과 기대에 미치지 못한다고 느끼는 이들로 나뉘어 있는 듯했다. 한 외교관은 특정 "조약기구들이 다른 기구들보다 LGBT 권리에 더 적극적이다. 그 예로 ICCPR*의 이행을 담당하는 자유권위원회가 있다"고 언급했다(외교관 27과의 인터뷰, 2015년). 한 활동가는 CEDAW**와 CAT***를 "이 논의에 개방적인 성향을 지닌 위원회"로 분류했다(시민단체 대표 29와의 인터뷰, 2015년). 다른 활동가는 아동권리위원회가 LGBT 청소년에 대한 의견을 접수했다고 말했다(시

---

* 시민적, 정치적 권리에 관한 국제규약(The International Covenant on Civil and Political Rights)
** 여성에 대한 모든 형태의 차별 철폐에 관한 협약(The Convention on the Elimination of All Forms of Discrimination and Violence against Women)
*** 고문방지협약(The Convention against Torture)

민단체 대표 25와의 인터뷰, 2015년). 일부 사람들은 조약기구들이 더 많은 일을 해야 한다고 보았지만, 한 유엔 대표는 다음과 같이 언급했다.

> 조약기구들은 많은 업무를 수행하고 있습니다. 국제법률가위원회는 조약기구의 보고서와 권고 사항을 요약합니다. 조약기구는 보고서와 권고 사항에서 LGBT 권리를 점점 더 많이 언급하고 있습니다. 이 분야의 국제인권법 판례는 기하급수적으로 늘어나고 있습니다. LGBT 권리는 국제인권법에 내재해 있고, 두터워지고 있습니다. (유엔 대표 11과의 인터뷰, 2015년)

유엔 특별보고관과 기타 위임자들이 작성한 보고서에는 LGBT 권리에 관한 내용이 점점 더 많이 포함되고 있다. "그들은 상호 대화 과정에서 국가들로부터 '이것은 논란의 여지가 있으며 권한 범위를 벗어난다'는 비난을 일상적으로 받는다"(유엔 대표 17과의 인터뷰, 2015년).* 다른 유엔 대표에 따르면, LGBT 권리는 인권옹호자 특별보고관, 표현의 자유 특별보고관, 집회의 자유 특별보고관에게 특별한 주목을 받았다(유엔 대표 11과의 인터뷰, 2015년). 한 시민단체는 LGBT 활동가가 위험에 처했을

---

* 유엔 인권 전문가들이 특별 보고서를 공개할 때, 그들은 종종 인권이사회에서 특별 세션을 부여받아 발표하며, 뒤이어 모든 유엔 회원국이 논의되는 주제에 대한 자국의 견해를 제시할 권리가 있는 '상호 대화'가 진행된다.

때 인권옹호자 특별보고관에게 서한을 보내는 캠페인에 참여했다(시민단체 대표 25와의 인터뷰, 2015년). 한 활동가는 의료 환경에서 트랜스젠더에 대한 생식능력 제거 수술 관행을 비판한 고문 특별보고관을 높이 평가하면서도, 보다 범 분야 차원에서 특별절차 수행과 건강, 종교, 청소년의 관점에서 더 많은 LGBT 사안 조사를 주문했다(시민단체 대표 21과의 인터뷰, 2015년). 한 외교관은 여성 폭력 특별보고관이 레즈비언과 트랜스젠더 사안을 다룬 사례, 고문 담당 특별보고관이 인터섹스 이슈를 다룬 사례를 언급했다(외교관 27과의 인터뷰, 2015년). 다른 외교관은 종교 및 신념의 자유 특별보고관과 비사법적, 약식 또는 임의 처형에 관한 특별보고관이 LGBT 사안에 관여했음을 언급했다(외교관 23과의 인터뷰, 2015년).

트랜스젠더에 영향을 주는 법률에 관해 한 시민단체는 신체 및 정신 건강 특별보고관, 소수자 문제에 대한 독립 전문가, 교육권 특별보고관, 의견 및 표현의 자유 특별보고관, 법 영역 내 여성 차별을 담당하는 실무 그룹 의장 앞으로 서한을 보냈다(시민단체 대표 2와의 인터뷰, 2015년). 반면 한 유엔 대표는 유엔 특별절차의 권한이 매우 제한적이라고 비판했는데, 방문을 희망하는 국가로부터 초청장을 받아야 하기 때문이다. 그 결과, 특별보고관은 이미 인권 의제를 선도하고 있는 국가들을 방문해 대중에게 발언하는 경우가 많다.

우리는 외교에 다양한 측면이 있다는 사실을 쉽게 잊습니다. 매체, 스포츠, 문화 등을 통한 공공외교도 효과적입니다. 예를 들어, 소치 올림픽에서 독일 수영팀은 LGBT 권리에 관한 중요한 성명을 발표했습니다. 이는 많은 사람을 결집하는 세계적인 메시지였습니다. 이것을 전문가 실무 그룹의 국가 방문이 갖는 효과와 비교해 보십시오. (유엔 대표 10과의 인터뷰, 2015년)

이 발언은 유엔 인권 체계 내에서 LGBT 권리에 대한 진전이 미진한 점에 지치고 낙담한 사람에게서 나왔다. 다만 이 작업 대부분이 점진적이란 사실에 주목해야 한다. LGBT 권리에 관한 장문의 무미건조하고 세세한 법률적 보고서는 사실 리키 마틴이나 독일 수영팀만큼 매력적이지 않을 수도 있다. 그러나 생성되는 전문 지식은 국제 LGBT 권리의 중요한 측면을 정치인과 실무자에게 알리는 데 중요한 역할을 한다.

건강, AIDS 및 인권

인권 체계 외의 다른 유엔 절차와 기관들도 LGBT 권리를 다루고 있으며, 특히 건강 분야가 중점적으로 다뤄지고 있다. 올트먼과 베이러(2014)는 동성 간 접촉을 통해 HIV에 감염된 사람들을 위한 자원이 부족하다는 점을 지적한다. 그러나 세계 많은 지역에서 상황을 개선하려는 서구의 요청은 성적 권리에 대한 지지로 여겨지고, "서구가 이질적인 생활 방식을 조장하고 있다는 또 다른 근거로 왜곡"된다(Altman & Beyrer, 2014, 1-2쪽). 한 외교관은 "성적 지향에 관해 대화하고 국가들의 의견을 일치시키는 데 있어 세계보건기구는 유엔 인권최고대표사무소와 큰 차이를 보인다"고 말했다(외교관 1과의 인터뷰, 2015년). 시민단체들은 건강 분야를 "젠더 위화감과 인터섹스 범주를 비정상적으로 보는 국제 질병 분류"에 관한 논의의 기회로 본다. "몇몇 아프리카 국가들은 이 분야에서 이뤄지는 세계보건기구의 작업에 반대한다"(시민단체 대표 19와의 인터뷰, 2015년). 또 다른 활동가는 "중국에서 LGBT에게 접근할 수 있는 유일한 방법은 AIDS 조직과의 협력"이라고 말하며, 이는 "LGBT 시민단체들이 체제에 대한 위협으로 여겨지기 때문"이라고 했다(시민단체 대표 28과의 인터뷰, 2015년). 글로벌 사우스 출신의 한 활동가는 미국이 아프리카에서 LGBT 권리를 강화하는 AIDS 정책 개발 워크숍에 자금을 지원해 온 점을 높이 평가했다. 그는 "유엔은 [우리나라] 정부와 시민사회 사이에서 중개 역할을 하며, 정부가 더욱 포용적으로 변하도록 배후에서 협의한다"고 말했다(유엔 대표 4와의 인터뷰, 2015년).

이 활동가들은 세계화, 섹슈얼리티, AIDS가 상호 연결된 양상을 보여 준다. 올트먼(2008)은 전통적인 가족 구조의 재편, 젠더 및 성적 관계의 재구성, 경제 변화가 모두 이주, 성매매 및 성적 활동의 경향성에 영향을 줬다고 주장한다(Altman, 2008,

149쪽). 사실 글로벌 사우스에서 AIDS 질병은 "동성애에 관한 새로운 논의와 조직의 공간"을 열리게 했다(Altman, 2008, 153-154쪽). AIDS 질병을 인정하기 꺼리는 정부를 비판하는 LGBT 활동은 때때로 반발을 일으켜 "전통문화와 사회구조의 붕괴" 담론을 촉발한다(Altman, 2008, 154-156쪽). 성적 지향과 성별 정체성과 HIV/AIDS 사이의 연관성을 다루려는 다자 프로세스는 표적이 됐다. 2001년 HIV/AIDS에 대한 유엔 특별 세션은 최종 문서에서 동성애자에 관한 언급이 삭제돼, "국제 무대에서 레즈비언과 게이 권리에 대한 반감이 얼마나 큰지"를 보여 주는 사례가 됐다(Buss, 2004, 272쪽).

한 유엔 대표에 따르면, 다자 차원의 AIDS 운동에서는 이런 문제가 수년 동안 발생했으며, 조직력을 갖춰 강력한 "성적 지향과 성별 정체성 운동"을 형성했다. 예를 들어, AIDS에 초점을 맞춘 유엔 기관인 유엔 에이즈계획(UNAIDS)은 세계보건기구의 최고 관리 기관인 집행이사회가 LGBT 건강을 우선순위로 삼도록 수년간 설득을 시도했다. 한 유엔 대표는 이렇게 말했다.

> 이 주제는 항상 차단됩니다. 이 계획을 저지하기 위해 모든 수준에서 조직적으로 시위를 벌이는 것 같습니다. 이는 러시아를 비롯한 일부 국가들이 LGBT를 악마화하기 위해 주도하는 고의적 시도로 보입니다. 집행이사회 회의에서는 이 사안이 다뤄지지 않게 하려는 자체 검열이 이뤄집니다. (유엔 대표 4와의

인터뷰, 2015년)

유엔 대표는 2010년 UNAIDS가 5개년 계획을 채택했을 때, 초점 분야 중 하나가 "LGBT와 다른 주요 인구 집단에 대한 모든 징벌적 법률을 종식하기 위한 차별 제로 프로그램"이었다고 하면서 "이란과 이집트가 이에 반대하는 각주를 추가했다"고 말했다. AIDS 외교는 더 넓은 사회적 논의의 출발점으로 건강 이슈를 활용해서 인권 문제에 접근할 수 있는 잠재력을 갖고 있다. 그러나 "인권이사회와 유엔 총회 논의는 유엔의 다른 영역에 영향을 미쳐 논의를 방해하려는 시도로 이어졌다"(유엔 대표 4와의 인터뷰, 2017년).

젠더 및 섹슈얼리티에 대한 권리

유엔에서는 LGBT 권리와 성 및 재생산 권리 사이의 연계가 어느 정도 중첩된다. 이 권리가 필연적으로 여성의 권리와 연관돼 있기 때문인데, "유엔에서는 성적 지향과 성별 정체성 개념보다 젠더 개념이 더 논란"이 된다(시민단체 대표 8과의 인터뷰, 2015년). 두 사안 간에는 공통점이 있는데, "러시아와 이집트가 이끄는 동일한 집단이 협상에서 권리에 반대하고 있고, 그것이 하나의 패턴으로 나타난다"는 점이다(시민단체 대표 29와의 인터뷰, 2015년). 버스(2004)는 유엔에서 "젠더"와 "성 및 재생산 권리"라는 용어에 대한 보수 국가들의 반대를 지적한다. 디스토피아적 담론이 사용되면서, 페미니스트는 레즈비언과 혼동된다(Buss, 2004, 265-266쪽). 특히 **젠더**라는 용어는 두려움의 대상이다. 생물학에서 사회적 구성으로의 전환은 국가가 "동성애, 양성애 및 트랜스섹슈얼리티"를 수용할 가능성을 열어 주기 때문이다(Buss, 2004, 270쪽). 한 외교관은 성 및 재생산 권리가 다음과 같이 많은 의미를 갖게 된 점을 언급하며 불만을 토로했다.

…부부 강간, 친밀한 동반자의 폭력, 성교육의 의미도 있습니다. 그러나 많은 나라가 특정 맥락에서 보기에 게이를 의미하는 '섹슈얼리티'라는 용어의 포함에 대해 많은 국가가 반대합니다. 우리는 이를 피할 수 없습니다. 매년 동일한 국가들이 이 용어에 반대합니다. (외교관 24와의 인터뷰, 2015년)

한 유엔 대표는 이를 "LGBT 개인의 완전한 평등과 여성 및 소녀의 성 건강에 반대하는 투쟁의 대리전"이라고 봤다(유엔 대표 4와의 인터뷰, 2015년). 페미니즘과 동성애 간의 이 "연결고리"는 여성의 권리 증진이 성관계의 급진적 변화를 불러오고, 이는 "'자연 가족' 위에 세워진 사회제도의 종말을 예고"한다는 기독교 보수주의자의 시각에 뿌리를 두고 있다(Buss, 2004, 271쪽).

외교의 시각으로 본 LGBT 권리와 인권 외교

 이 절에서는 외교관들이 LGBT 권리 중진을 통해 달성하려는 목표와 실현 방법을 비판적으로 살펴본다. 인터뷰 중간에는 외교관의 동기(motivation)를 비판적으로 평가하는 유엔과 시민단체의 시각이 포함돼 있다. 보시아(2015)는 서구 국가들이 국제적으로 LGBT 권리를 중진하려는 노력 뒤에 숨긴 동기를 비판적으로 볼 수 있게 도움을 준다. 그는 미국이 LGBT 권리 개념을 수출할 때 사용한 보편화된 언어가 "섹슈얼리티, 정체성, 해방에 대한 앵글로아메리칸의 스톤월 모델"과 잘 맞아떨어진다고 지적한다. 그는 주요 논거로 사생활, 평등 및 존엄성에 관한 주장이 제시됐다고 설명한다(Bosia, 2015, 47-48쪽).

'유사 입장 그룹'의 외교적 위치 정하기

 내가 인터뷰한 시민단체와 유엔 대표들은 모두 외교관이 LGBT 권리 지지를 통해 전하고자 하는 메시지가 무엇인지에 대한 각자의 판단이 있었다. 한 활동가는 LGBT 권리를 "정치적으로 조종하기로 모든 국가가 합의한 문제"라고 냉소적으로 평했다(시민단체 대표 22와의 인터뷰, 2015년). 이 활동가는 LGBT 권리가 서구의 "도덕적 우월성"을 내세울 수 있는 "자랑거리"가 됐다고 봤다(시민단체 대표 22와의 인터뷰, 2015년). 또 다른 활동가는 이 서구의 독특한 접근 방식이 글로벌 사우스에서 불신을 키우고, LGBT 권리가 "관타나모나 대규모 감시와 같은 문제로부터 관심을 돌리는 편리한 방법"이란 두려움을 불러일으킨다고 주장했다(시민단체 대표 28과의 인터뷰, 2015년). 한 유엔 대표는 LGBT 권리에 관한 서구의 주장이 긍정적이라 해도, 과할 수 있다고 지적했다.

일부 국가들은 국제 무대에서 자유를 옹호함으로써 자신들의 인권 수호 자격을 부각하려 합니다. 부유한 국가들이 LGBT 권리를 위해 고위급에서 정치적 지지를 보내고 자금을 지원하는 것은 좋은 일입니다. 그러나 그들은 인내심이 부족합니다. 그들은 결과를 원합니다. 많은 이들은 이 문제가 빠르게 진전되기를 바랍니다. 정치인들은 정치 지도자를 괴물로 묘사하면서, 논쟁에서 정치적 승리를 쉽게 얻으려 합니다. (유엔 대표 17과의 인터뷰, 2015년)

LGBT 권리를 국제적으로 증진하는 서구 국가들은 신중하게 균형을 유지해야 한다. 너무 강하게 주장하면 반발을 초래할 위험이 있기 때문이다. 한 활동가는 2011년 인권이사회에서 열린 첫 번째 SOGI 결의안에 관한 토론에서 보수적인 회원국들이 미국을 표적으로 삼은 과정을 반추했다. 미국에 반대하는 회원국들은 미국이 다른 국가에서 LGBT를 장려하면서 미국 내에서는 외면한다고 하며, 미국의 위선을 드러내려 했다. 그 결과 전 세계적으로 LGBT에게 자행되는 인권 침해 논의에 시간을 할애하는 대신 거의 모든 논쟁이 미국을 겨냥해 진행됐다.

> …20시간의 논의가 있었습니다. 그중 11시간 반은 회원국들이 동성애자에 대한 미국의 병역 금지를 철회하라고 촉구하는 데 사용됐습니다. 그러는 동안 다른 국가의 인권 침해를 말하기 위해 모인 25개 시민단체는 대기하고만 있었습니다. 적대국에게뿐 아니라 다른 국가들에 대한 비판도 가능해야 합니다. 저는 그 점이 불쾌했습니다. (시민단체 대표 8과의 인터뷰, 2015년)

이런 경향을 피하고자 다른 서구 회원국들은 더욱 절제된 접근 방식을 취하는 듯하다. 예를 들어, 한 외교관은 다음과 같이 말했다.

> 우리는 조심해야 합니다. 많은 외교적 수완과 전략이 필요합니다… 유엔에서는 동성 결합을 결코 언급하지 않습니다. 우리는 동성 결합을 합법화한 국가들을 높이 평가합니다. 하지만 이를 권고 사항에 포함하지는 않습니다. 우리의 목표는 동성애 금지 법률을 가진 국가의 수를 줄이는 것입니다. 공격적인 발언은 도움이 되지 않습니다. (외교관 27과의 인터뷰, 2015년)

다른 서구 외교관은 LGBT 권리에 대한 부정적인 공개 권고를 전달하기에 앞서 비공식 양자 회의를 마련하는 것을 선호한다고 하면서, 이런 비공식 회의를 가리켜 "UPR의 또 다른 층위"라고 설명했다(외교관 1과의 인터뷰, 2015년).* 몇몇 회원국은 토론을 완전히 피하려 한다. 글로벌 사우스 출신의 한 외교관은 유엔에서 LGBT 권리를 지지하며 더욱 공세적인 견해를 밝히고 싶었으나, 이와 별개로 다른 국내 문제로 논란을 겪던 상황에서 이 문제에 대해 아프리카와 아시아 국가들의 지지가 필요했기 때문에 갈등을 겪고 있었다.

사안을 선별해야만 하는 상황에 종종 놓이게 되는 게 현실입니다. 우리는 [X라는 사안]에 대한 우리의 결의안을 지지받고자 했습니다. SOGI 결의안에 반대했던 국가들은 사실 [X라는 사안에 대한] 결의안을 지지하고 있었습니다. 그 결과 우리는 동성애 혐오적인 국가들과의 협상에서 절제할 수밖에 없었습니다. (외교관 9와의 인터뷰, 2015년)

---

* 말하자면, 서구 국가인 X국이 글로벌 사우스 국가인 Y국에 대한 UPR 검토를 준비하고 있다고 하자. 외교관은 인권이사회에서 공개적으로 부정적 권고를 전달하는 것 외에도 Y국에 대한 검토가 진행되기 일주일 전, Y국 외교관과의 회의를 조율하며, Y국 외교관에게 부정적 권고 사항을 '대비'시키고 권고에 대한 근거를 설명한다. 그러나 이것이 '서구의 우월성'에 대한 인식을 증폭시킬 것인지 혹은 감소시킬 것인지는 고민해 볼 가치가 있다. 한편으로는 '교육의 순간'으로 볼 수도 있다. 그러나 Y국 외교관은 자국에 동성애를 범죄화하는 법이 있다는 사실을 구태여 상기할 필요는 없다.

이 양극화된 분위기는 당연하게도 서구 국가들이 유사 입장에 있는 국가들과 협력하게 만든다. 이런 관계를 공고히 하는 메커니즘 가운데 하나는 뉴욕에서 매달 모이는 친LGBT 회원국들의 비공식 모임인 유엔 핵심 그룹(UN Core Group)이다. 한 유엔 대표는 이 모임을 가리켜 유엔에서 LGBT 관련 의제가 제기될 때 울리는 "조기 경보 체계"라고 칭했다. 예를 들어, 2014년 러시아는 유엔 본부에서 "LGBT 유엔 직원의 혜택을 박탈"하려는 움직임을 주도했다. 러시아는 많은 아프리카 국가를 대상으로 데마르슈*를 실시했으나, 투표에서 패했고 굴욕을 당했다(유엔 대표 11과의 인터뷰, 2015년). 한 유엔 대표는 다양한 지역의 국가들이 실제로 LGBT 권리에 참여할 것인지, 아니면 그저 말로만 지지할 것인지를 생각하면서 회의감을 내비쳤다.

자원과 역량이 부족한 많은 국가의 경우, 정부가 LGBT 권리를 주류 의제로 삼기까지는 오랜 시간이 걸릴 것입니다. LGBT 권리가 과연 국제적으로 우선순위 과제가 될 수 있겠습니까? 불행히도 요즘 관행을 보면 모든 사안이 죄다 우선순위 과제라고 말합니다. "이건 흥미롭긴 한데, 우선순위는 아니다. 10년 후에 다시 이야기하자"고 말할 사람은 사실 아무도 없습니다. (유엔 대

---

* 데마르슈란 국제 관계에서 한 국가가 다른 국가를 상대로 특정 주제에 대해 공식적인 입장을 갖고 행하는 교섭을 의미한다. 자세한 내용은 제8장 318쪽의 '데마르슈'에 관한 각주를 참고하라. (옮긴이)

표 14와의 인터뷰, 2015년 5월 7일)

하지만 일반적으로 서구 국가들이 LGBT 권리를 다자 프로세스에 포함하려는 노력이 계속될 것이란 데에는 합의가 형성 중인 듯하다. 한 시민단체 대표는 "비서구 외교관들이 이 의제가 사라지지 않을 것이란 점을 깨닫기 시작했다고 본다. 인권 프로세스가 순환하기 때문에 이런 인식이 자리 잡고 있다고 생각한다"고 말했다(시민단체 대표 28과의 인터뷰, 2015년). 한 유엔 대표는 "현재 추세가 동성애 혐오적 국가들에 우호적이지 않다"고 확신했다(유엔 대표 17과의 인터뷰, 2015년).

글로벌 사우스에서 LGBT 권리를 지지하는 서구 프로그램

LGBT 권리를 가장 강력히 지지하는 국가는 어디인가? 한 서구 외교관은 국제 LGBT 권리의 선두 주자로 여겨지는 서구 국가들의 위계 구조를 설명했다. 2015년 인터뷰가 진행된 시점에서 미국은 전 세계 LGBT 권리에 대한 가장 큰 공여국이자 가장 열렬한 지지국이었다. 위계 구조의 최상위에는 "미국, 네덜란드, 스웨덴, 프랑스"가 있으며, "캐나다와 노르웨이는 중간에 위치"한다. 한편 "남아프리카공화국은 지도에서 사라졌으며", 반면 "아르헨티나, 브라질, 칠레는 지지 그룹에 속하는 것으로 여겨진다"(외교관 18과의 인터뷰, 2015년).

지지를 평가하는 척도는 개발 협력이다. 서구 국가가 지원하는 LGBT 개발 프로그램의 범위는 많은 이가 잘 알지 못한다. 프로그램을 파악하는 것은 이 연구의 범위를 벗어나기는 하나, 일반적으로 LGBT 프로그램은 두 가지 방식으로 국가의 지원을 받는다. 서구 개발 기관이 자금을 지원하는 대규모 장기 사업과 서구 대사관이 자금을 지원하고 지역 시민단체가 시행하는 소규모 단기 사업이 그것이다. 현재 전 세계적으로 수백 개의 해당 사업이 양자 차원에서 진행 중이다. 한 외교관은 대사관이 진행하는 몇 가지 사업을 나열했다. 프라이드 행사와 IDAHOT를 기념하는 지역 행사, 경찰과 언론을 대상으로 한 동성애 혐오 반대 교육, 동성애 혐오적 법률로 수감된 피해자에 대한 지원이 그것이다(외교관 18과의 인터뷰, 2015년). 그 외에 서구 공여국들이 지원하는 주제와 프로젝트에는 사업 및 LGBT 권리, 폭력 방지 프로그램, 옹호 활동, 청소년, 비범죄화 전략 등이 있다. 뉴욕과 제네바 주재 상주 대표부들은 LGBT 인권 운동가들이 인권이사회와 유엔 총회 회의에 참여할 수 있도록 지원한다. 그 외의 지원 사업들도 많다.

한 활동가는 관심의 급증이 "LGBTI 권리에 대한… 많은 자금과 주목과 결합해 편승 효과를 가져왔다"고 하면서, "현재 핫한 이슈"라고 했다. 그러나 "모든 시민단체가 동일한 기부자를 찾고 있다"(시민단체 대표 19와의 인터뷰, 2015년). 이는 다소 불만을 초래하기도 했다. 한 시민단체 대표는 다음과 같이 설명했다.

일반적으로 제네바는 시민단체에 협력적인 공간입니다. 우리 모두는 이를 최대한 활용하고 최적화해야 합니다. 하지만 우리의 자금 출처는 어떠합니까? 모두에게 동일하기에 경쟁 요소가 있습니다. 일부 시민단체들은 불균형을 느끼고 있습니다. 현재 다른 사안에 비해 LGBT 권리에 관심이 편향돼 있다는 겁니다. 현재 이 운동 내에서 논의가 이어지고 있습니다. (시민단체 대표 15와의 인터뷰, 2015년)

다음으로 시각적 문제도 있다. 모두가 스웨덴, 핀란드, 노르웨이 또는 네덜란드에서 자금 지원을 받고자 하나, 자금은 그만큼 한정적이다. 한 활동가는 "…미국, 영국, 프랑스 또는 독일에서 자금 지원을 받으면 문제가 되는데, 이 국가들이 국제 무대에서 영향력이 크기 때문이다. 반면 북유럽 국가들은 덜 간섭적인 것으로 인식된다"고 설명했다(시민단체 대표 28과의 인터뷰, 2015년). 랑글루아(2015b)는 유럽연합 국가들이 외교정책과 국제 개발 프로그램에 LGBT 권리 지원을 점점 더 크게 반영하고 있다는 점에 주목한다. 이런 조건을 꺼리는 수원국(受援國)은 빠르게 선별된다(Langlois, 2015b, 385쪽). 인터뷰 당시 한 유엔 대표는 "캐머런 영국 총리가 LGBT 권리를 침해하는 일부 국가에 원조를 끊겠다고 위협했을 때, LGBT 개인들이 피해를 입었다"고 말하며, 여전히 민감한 문제임을 지적했다(유엔 대표 17과의 인터뷰, 2015년). 그러나 한 시민단체 대표는 이미 이 논쟁은 더 이상 쟁점이 아니라고 말했다. "원조에 조건을 붙이는 정책은 더 이상 효과가 없다. 아프리카에 대한 중국의 영향력이 커지면서 역학 관계가 변화하고 있다"는 것이다(시민단체 대표 22와의 인터뷰, 2015년).

양자 외교

다자 LGBT 외교를 지역 및 양자 외교와 구분하기는 때때로 어렵다. "X국가" 출신 서구 외교관은 지역 관계가 어떻게 1:1 대화로 전환될 수 있는지를 설명했다.

2010년, 유럽평의회는 성적 지향과 성별 정체성에 대해 구속력 있는 정부 간 권고안을 최초로 채택했습니다. 러시아와 튀르키예는 이를 권고안으로 서명했습니다. 이것이 중요할까요? 그렇습니다. 반론으로 활용할 수 있는 중요한 수단입니다. [X국가]가 LGBT에 우호적인 의제를 제안할 때, 러시아는 "이건 [X국가]의 문제"라고 말할 수 없게 됩니다. 우리가 "아니다, 당신도 이를 수용하지 않았느냐"고 말할 수 있기 때문이죠. 부질없거나 사소하게 들릴지 모르겠으나, 이것은 중요한 도구입니다… 아프리카도 마찬가지입니다. 2014년 아프리카 위원회는 전문가 기구의 결의를 제시했습니다. 따라서 우리가 아프리카 국가들과 대화할 때 "우리만 그런 게 아니다. 아프리카 위원회도 이것이 아프

리카 헌장에 어긋난다고 말한다"고 말할 수 있게 됩니다. (외교관 27과의 인터뷰, 2015년)

이전 절에서 설명한 바와 같이 글로벌 사우스에서 LGBT 시민단체를 지지하는 서구의 프로그램은 중요하다. 이 현지 프로그램 대부분이 대사관을 통해 전달된다는 점은 미시적 차원에서 이뤄지는 양자 개발 외교의 한 형태를 보여 준다. 또한 양자 외교는 정치 영역에서도 이뤄진다. 레녹스와 웨이츠(2013)는 일부 탈식민적 민족주의가 "서구적이고 외부적인 것으로 정의되는 특정 동성 간 섹슈얼리티와 젠더 형태를 배제하는 도덕 담론을 통해" 발생한다고 지적한다(Lennox & Waites, 2013, 6쪽). 이로 인해 LGBT 권리에 대한 양자 논의는 매우 민감할 수 있다. 한 서구 외교관은 양자 회의에서 각 국가에 국제적 의무를 상기시키는 전략을 솔직하게 이야기했다.

최근 우리 외교장관이 [무슬림이 다수인 아시아 국가 X]에 있었고… [X국가] 외교장관과 LGBT 이슈에 관해 유익한 대화를 나눴습니다… 그러나 때때로 균형을 지키기가 어려웠습니다. 예를 들어, [X국가] 대통령은 반LGBT 선전 법안이 제안된 데 대해 이를 지지하지 않으며 법안 거부권을 심각하게 고려하고 있음을 우리에게 알렸습니다. 그러나 우리는 법안을 거부하라고 대통령에게 촉구하는 보도 자료를 발표할 수 없었습니다. 대

통령이 "서구의 압력"에 굴복하는 것처럼 보일 수 있기 때문입니다. (외교관 27과의 인터뷰, 2015년)

한 활동가는 서구의 양자 LGBT 외교의 구체적인 사례를 다음과 같이 설명했다. 인터뷰 참여자의 익명성을 보호하기 위해 몇 가지 세부 사항을 수정해 제시한다. 해당 글로벌 노스 국가를 '노르디카국'으로, 글로벌 사우스 국가를 '히파티아국'으로 칭한다.

노르디카국의 시민단체 A는 히파티아국의 수도에 위치한, 건실하고 신뢰받는 히파티아국 LGBT 권리 단체 B와 협력해 히파티아국에서 자행되는 동성애 혐오와 트랜스 혐오 폭력에 관한 보고서를 작성했다. 보고서는 피해자, 목격자, 활동가, 전문가와의 여러 인터뷰를 실었으며, 많은 사건에서 처벌이 이뤄지지 않고, 사법 제도가 작동하지 않음을 지적했다. 시민단체들은 이 보고서의 영향력을 극대화하고자 했다. 그들은 히파티아국 관계자들이 보고서를 읽고 반응하기를 원했다. 이를 위해 단체 B는 히파티아국 수도에 있는 노르디카국 대사관에 연락했다. 노르디카국 대사는 히파티아국의 법무부, 행정안전부, 국방부 장관에게 이 중요한 보고서가 나올 예정임을 알렸다. 대사는 고위급 회의를 요청했고, 회의 전 공무원들에게 미리 보고서 사본을 보냈다. 대사는 보고서 사본 다수를 손에 들고, 단체 A와 B의 LGBT 대표, 그리고 다른 두 주요 서구 국가의 대사들과 함께

회의에 도착했다. 히파티아국에서는 장관 한 명을 포함해 차관 여럿이 회의에 참여했으며, 이들은 이미 보고서를 읽고 준비된 상태였다. 이 고위 관료들은 자행 중인 인권 침해를 논의하고자 단체 B와 정기적으로 회의를 열기로 합의했다.

이 사례는 다음 사실을 보여 준다. 서구 외교관과 LGBT 시민단체 사이의 긴밀하고 정교한 협력 관계, LGBT 사안에 대해 글로벌 사우스 국가의 정책 결정자들을 접촉할 수 있는 일부 서구 외교관들의 상대적 수월함, 외교관들이 지역 시민단체를 지원해 지역의 위계 구조를 우회하고 기존 권력관계를 뒤집을 수 있는 방식, 양질의 연구 생산, 서구 기반 인권 단체와 현지 단체 간의 협력 등이다. 각 정부 부처 고위급이 참여했다는 사실로부터, 글로벌 사우스의 많은 정부 관료가 이미 LGBT 권리를 지지하고 있을 가능성을 짐작할 수 있다. 그들이 무관심한 주된 이유는 지역 정치에서의 비타협적 태도일 수 있다.

동성애 혐오와 외교

동성애 혐오가 외교 환경에 얼마나 깊숙이 침투해 있는가? 이 질문은 여러 이유에서 대답하기 어렵다. LGBT들에게 외교 환경이 어떠한지를 명확히 알 수 없게 하는 한 가지 사실은 외교 세계가 "게이 천국"이고, 동성애자에게 매력적인 장소라는 잘못된 인식이다. 이로 인해 "그런 환경이 어떻게 동성애 혐오적일 수 있나?"라는 의문이 제기된다. 한 활동가는 "솔직히 말하자면, 외교부는 게이의 메카다. 하지만 이 사람들이 반드시 그 나라의 분위기를 대표하지는 않는다"고 말했다(시민단체 대표 8과의 인터뷰, 2015년). 내 경험에 비춰 볼 때 외교관들은 위계적인 기관에서 근무하기 때문에 대부분은 경력에 미칠 영향을 우려해 이런 질문에 공개적으로 답할 수는 없다.

두 번째 사실은 많은 정부가 이미 LGBT 권리 지지를 외교정책에 포함하고 있다는 점에서 외교부에 본질적으로 동성애 혐오가 없을 것이란 가정이다. 세 번째 사실은 대사를 포함해 공개적으로 동성애자임을 밝히는 외교관의 수가 점점 더 늘어나고 있다는 점이다. 이 비교적 새로운 변화로 인해 외교부에 동성애 혐오가 사라졌다고 생각하기도 한다. 네 번째 사실은 대사나 외교장관이 게이나 레즈비언임을 공개한 경우라면 그들이 '진보적'이고 LGBT 권리를 지지하리라는 통념인데, 실제로는 그렇지 않은 경우도 많다. 마지막으로, 동성애자 대사가 자국 외교부에서 좋은 대우를 받더라도 파견된 국가에서 동성애 혐오적 대우를 받을 수 있다는 점이다.*

외교에서는 개인적인 것과 정치적인 것이 자주 얽혀 있다. 비록 내가 반드시 LGBT 유엔 대표, 외교관, 활동가를 대상으로

---

* 도미니카공화국에 관한 내용은 Lavers(2016)를, 교황청에 관한 내용은 Bitterman(2015)을, 나이지리아에 관한 내용은 West(2016)를 참고하라.

인터뷰하려는 의도는 없었으나, 인터뷰 참여자의 약 2/3가 게이, 레즈비언, 논바이너리 또는 퀴어로 정체화하고 있음을 알게 됐다. 이 비율은 더 넓은 범위의 인구집단을 대표하는 것도, 외교관이나 시민단체, 정부간기구 대표 집단을 대표하는 것도 아니지만, 다자 LGBT 외교 분야에서 활동하는 외교관, 활동가, 정부간기구 대표의 하위 집합을 잘 나타내 준다고 본다. LGBT 권리에 관한 논의 중 일부 인터뷰 참여자가 경험한 동성애 혐오 사례도 나왔다. 한 서양 게이 남성 외교관은 아프리카 남성 대사가 "LGBT 권리를 위한 싸움은 전통적인 가족에 위협이 되는 임계선"이라고 개인적으로 말했을 때, 그 말에 개인적으로 상처 받았다고 했다(외교관 5와의 인터뷰, 2015년). 또한 그가 동성애자임을 알고 있는 중동 남성 동료들이 그에게 자기 나라 여성들의 아름다운 외모를 언급하며 조롱하는 것이 괴로웠다고 했다. 그는 한 중동 외교관이 그에게 자기 나라에는 "동성애가 존재하지 않는다"고 한 적이 있음을 씁쓸하게 밝혔다. 그는 또 다른 중동 외교관이 자기 집에 만찬을 열고 위원회에 속한 모든 외교 동료를 초대했지만, 그는 초대받지 못했다고 했다.

동성애 혐오적 태도를 보이는 외교관들은 스티친(2004)이 언급한 "탈식민적 동성애 혐오 국가"의 관점을 드러내는 것으로 보이는데, 여기서 국가의 "자아" 형성은, "특별한 권리"를 가질 자격이 없는 특권적 엘리트들의 주장에 의해 억압받는 시민들로 이뤄진 국가의 모습으로 만들어진다. 국가는 도시 엘리트,

자유주의자, 백인, 부유한 게이, 정치적으로 올바른 서구인, 신식민지 세력으로부터 위협받는 "전통적인" 생활 방식을 누릴 권리를 요구한다(Stychin, 2004, 964쪽). 한 유엔 대표에 따르면 사람들은 일반적으로 공개적인 장소에서는 노골적인 동성애 혐오 발언을 자제한다. 그러나 "외교관들은 생활 방식, 질병, 비정상성, 유흥과 연관지어 동성애 혐오적 발언을 한다고 알려져 있다. 여전히 이런 발언은 개인적 트윗이나 결의안 초안에 대한 비공식 논의 중 나오는 경향이 있다"(유엔 대표 17과의 인터뷰, 2015년). 동성애 혐오에 관한 다른 언급도 있었다. 예를 들어, 티아라 장신구를 착용한 젊은 아시아 남성은 유엔의 시민단체 포럼에서 발언할 때 외교관들에게 조롱당했다(시민단체 대표 25와의 인터뷰, 2015년). 한 외교관은 "대사와 공무원의 성격이 LGBT 권리에 대한 반대에 큰 영향을 미친다"고 느꼈다(외교관 27과의 인터뷰, 2015년). 이는 한 유엔 대표의 경험에서 확인할 수 있었다.

> 한 [글로벌 사우스 국가] 대사는 역겨움을 느끼며 동성애에 관해 말할 엄두조차 내지 못했습니다. 그는 이 의제를 다루려 하지 않았고, 추진 동력은 완전히 멈췄습니다. 그러다 그 대사가 갑자기 떠났고 레즈비언 대사가 새로 부임하면서 상황이 크게 바뀌었습니다. (유엔 대표 11과의 인터뷰, 2015년)

한 사람은 직장에서의 동성애 혐오에 관해 이야기했다. 글로벌 사우스 국가 대통령이 외교장관을 임명하려 할 때, 가장 눈에 띄고 자격을 갖춘 후보자가 "…동성애자였고, 대통령은 동성애를 다소 혐오하는 성향이었기에" 그가 제외됐다는 것이다. 외교관은 다음과 같이 회상했다.

동성애자들에게 승진은 훨씬 더 어렵습니다… 동성애자 외교관들은 두 배로 더 열심히 일해야 합니다. [우리 공관에서는] 팀을 모집해야 했습니다. 우리는 외교 서비스 전문 인력을 가능한 한 많이 채용하고 싶었습니다. 우리는 두 명의 게이 지원자를 선택했습니다. 대사는 처음에 그들을 거부했습니다. 대사는 결국 한 명을 채용하기로 했고, 다른 한 명에 관해서는 "너무 게이 같다"고 말했습니다. (외교관 12와의 인터뷰, 2015년)

일부 활동가들은 외교관 대상 LGBT 권리 교육이 외교관의 역할에 중요하다고 본다. 그들은 때때로 "LGBT 권리에 주로 적대적인 국가의 대표단과 회의를 한다." 활동가들은 "자신들이 [동성애를 범죄화하는 두 아프리카 국가의 대사를 함께 만날 수 있었다는 사실에 기쁨을 느꼈다"고 했다(시민단체 대표 25와의 인터뷰, 2015년). 젠더 비순응 활동가들은 아시아 공관을 방문했을 때 한 외교관으로부터 "생식은 어떻게 하느냐? 아이는 어떻게 갖느냐?"는 질문을 받기도 했다. 그는 "그다지 모욕적인 방식으로 묻지는 않았고, 괴롭히려는 의도는 없었다"고 회상했다(시민 단체 대표 25와의 인터뷰, 2015년). 이 사례는 외교관 교육의 중요성을 보여 준다. 사람들은 종종 자신이 실제보다 더 많이 알고 있다고 생각하는 경향이 있기 때문이다.

게이/레즈비언 외교관의 부상

앞선 사례들에서 일부 LGBT 외교관이 경험하는 상황을 엿볼 수 있다. LGBT 외교관들은 외모와 태도를 감시받고, 업무 환경에서 자기 자신을 상당히 절제해야 하기도 한다. 외교관들과 일해 본 경험이 많은 한 유엔 대표는 다음과 같이 회상했다.

> 게이 또는 레즈비언 외교관은 자기의 성적 지향을 드러내기 전에 매우 신중할 것입니다. 이 직업은 일반적으로 보수적인 경향이 있다 보니, 너무 나설 수 없으며 신뢰를 쌓아야 합니다. 외교 업무에는 그 특성상 다른 업무 환경에서는 찾아볼 수 없는 수준의 제약이 있습니다. 이는 자신의 경력과 조직 내에서의 활동 능력을 제한할 수 있습니다.(유엔 대표 10과의 인터뷰, 2015년)

어떤 외교관은 자기의 성적 지향을 다른 외교관에 비해 더 공개적으로 밝히기도 한다. 한 라틴아메리카 외교관은 "내 동료들이 내가 동성애자라는 사실을 얼마나 알고 있었는지 모르겠다.

다른 회원국의 대표 중에는 동성애자임을 더 공개적으로 밝히는 사람도 있지만, 숨기는 사람도 있다. 나는 아프리카 출신의 한 대사가 동성애자라는 것을 알고 있다"고 말했다. 한 활동가는 아프리카 출신의 게이 외교관들이 공관에서 LGBT 권리에 더욱 적극적인 역할을 했지만, 본국에서 질책받은 경우를 알고 있었다(시민단체 대표 8과의 인터뷰, 2015년). 반면 한 서구 외교관은 LGBT들이 오늘날 유엔, 세계은행, WHO에서 LGBT 권리에 대해 수행하는 적극적 역할이 간과되고 과소평가되고 있다고 느꼈다(외교관 27과의 인터뷰, 2015년). 글로벌 사우스 출신의 한 외교관은 유엔에서 LGBT 권리 지지에 그토록 적극적인 이유를 다음과 같이 말했다.

제가 동성애자라는 사실이 주요했을지 모르겠습니다… 개인적으로 저는 이 사안과 매우 밀접하게 연관돼 있습니다. 당초에 저는 본국에서 어떤 지시도 받지 않았지만, [우리나라가 지지할 준비가 돼 있다고 말했습니다. 제가 게이란 사실이 도움이 됐던 이유는, 제가 이 사안을 이해하기 때문입니다. 차별과 인권 침해에 관해 발언할 때, 저는 그 상황에 대한 직접적인 경험을 갖고 임합니다. (외교관 7과의 인터뷰)

LGBT 권리 영역에는 일종의 불의가 내재해 있어, 불의를 보고 반응이 일어나 많은 사람이 움직이게 되는 듯하다. LGBT 권리 분야에서 일하는 한 이성애자 외교관은 다음과 같이 말했다.

저는 항상 인권 분야에서 일해 왔습니다. 이 사안은 제게 자연스러운 흐름입니다. 인권과 사회정의가 사회적으로 발전한 결과입니다. 저는 이 사안에 개인적으로 영향을 받지는 않습니다. 저는 LGBT 커뮤니티의 일원이 아니기에 그들을 대표할 수는 없지만, 항상 논의에 참여합니다. 제 가까운 친구는 동성애자들입니다… 이 분야에서의 업무는 매우 보람찹니다. (외교관 18과의 인터뷰, 2015년)

한편 모든 이성애자 외교관이 보수적이지는 않듯이, 모든 동성애자 외교관이 반드시 진보적인 것도 아니다. 한 서구 외교관은 내게 다음과 같이 말했다.

저는 제 개인적 상황을 통해 메시지를 전하고자 합니다. 저는 게이라고 해서 반드시 드래그 퀸처럼 행동하지 않는다는 점을 사람들에게 보여 주고자 합니다. 다른 사람들과 똑같이 보일 수 있다는 겁니다. 이 메시지를 씨앗처럼 심어 뿌리내리게 하고 있습니다. (외교관 5와의 인터뷰, 2015년)

나는 이 뻔뻔한 발언에서 일말의 관대함도 찾아볼 수 없었고, 도발적인 느낌을 적잖이 받았다. 특히 다른 인터뷰에서 이 외교관의 국가가 자유주의적 가치를 지닌 안식처로 묘사됐고, 아시아, 아프리카, 중동 출신의 외교관들이 동성애 혐오자로 비판됐기 때문이었다. 웨버(2016)라면 이 유형의 사람을 가리켜 "동성애 권리 보유자이자 동성애 애국자(the gay rights holder and the gay patriot)"라고 표현했을 것이다. 이 동성애자는 동성애가 더 이상 변태적인 것으로 여겨지지 않는 국가를 대표한다. "그는 동성애 규범적이고, 권리를 가질 권리가 있으며, 호모내셔널리스트다"(Weber, 2016, 5장, 6쪽). 이것은 내 인터뷰에서 호모내셔널리즘이 가장 노골적으로 드러난 사례였으나, 이런 태도가 얼마나 팽배해 있는지는 더 광범한 연구를 수행하지 않고서는 알 길이 없다. 또한 이 사례에서는 "우리와 그들"이란 이분법이 문제로 나타난다. 동성애 혐오가 모두 비서구 국가에서만 발견되지는 않는다. 공개적으로 LGBT라고 정체성을 밝힌 서구 국가 출신 사람들 사이에서도 때때로 발견된다.

시민사회의 시각으로 본 LGBT 권리와 인권 외교

이 절에서는 시민사회가 LGBT 권리의 증진과 보호를 위해 외교 수단을 사용하는 방식을 살펴본다. 나는 양자와 다자 활동을 모두 조사하고, 자격 부여, 종교 차이, 교육 및 대외 활동의 필요성 등 이 분야에서 시민사회의 작업에 어려움을 주는 구체적인 사안을 살핀다. 한 시민단체 대표는 "나는 이 일을 한 지 18개월이 됐고, 처음에 LGBT 권리는 내 업무의 10퍼센트에 불과했으나, 이제는 50퍼센트로 늘어났다"고 설명했다(유엔 대표 20과의 인터뷰, 2015년).

LGBT 시민단체와 UPR

나는 LGBT 시민단체가 UPR(보편적정례인권검토) 과정에 매우 조직적으로 참여하는 모습에 깊은 인상을 받았다. UPR 검토는 매년 세 번 진행되기 때문에 준비 작업은 몇몇 국제 시민단체들 사이에서 협력을 통해 사전에 잘 계획될 수 있다. 다음은 내가 한 활동가를 인터뷰하면서 수행한 다자 인권 외교에 관한 연구로, 이 활동가는 내게 글로벌 사우스의 LGBT 활동가들이 제네바의 UPR에 참여하는 방식을 설명했다. 이는 국제적인 LGBT 시민단체, 국가 차원의 LGBT 시민단체, 서구 국가의 상주 대표부 소속 외교관이란 3자 사이의 움직임으로, 이들은 다자 제도 내에서 매우 긴밀하고 체계적으로 협력한다. 다시 한번 글로벌 사우스 회원국을 '히파티아국'으로, LGBT 권리를 지지하는 서구 회원국을 '노르디카국'으로 칭한다. 활동가는 내게 UPR 절차를 단계별로 설명했다.

- UPR 세션에서 유엔 회원국 중 12-14개국의 국가 인권 기록

이 검토된다. (UPR 세션은 1년에 세 번 열린다.) 검토 대상국의 국명은 실제 검토가 이뤄지기 1년 이상 전에 유엔 인권최고대표사무소가 발표한다. 히파티아국에 대한 검토가 있기 6개월 전 히파티아국의 LGBT 시민단체가 '그림자 보고서(shadow report)'*를 작성하며, 이는 히파티아 시민단체의 그림자 보고서에 포함돼 마감일 전에 제네바 소재 유엔 인권최고대표사무소 사무국에 제출된다.

- 히파티아국에 대한 검토가 있기 3개월 전 유엔 인권최고대표사무소는 히파티아국에 관한 세 건의 공개 보고서를 발표한다. 첫 번째 보고서는 히파티아국 정부가 작성한 보고서로, 인권 상황 관련 일반적인 질문에 대한 답변으로 이뤄져 있다. 두 번째 보고서는 유엔 특별절차에서 준비한, 히파티아국의 인권 상황에 관한 보고서다. 세 번째 보고서는 히파티아의 모든 인권 시민단체가 제출한 그림자 보고서를 종합한 것으로, 여기에는 LGBT 권리에 대한 내용도 포함돼 있다. 이 보고서에 기술된 내용은 정부 보고서와 전적으로 차이가 나는 경우가 많다.

- 제네바 주재 노르디카국 상주 대표부는 히파티아국에 대한

---

* UPR 절차에서 활용되는 자료 중 하나다. UPR 절차에서는 통상 수검국 정부가 작성한 보고서, 시민단체가 작성한 그림자 보고서, 인권기구의 의견 등이 검토되는데, 정부가 작성한 공식 보고서와 달리, 그림자 보고서는 정부의 정책, 실태에 대한 비판적 시각을 주로 담고 있으며, 정부의 보고서에서 다루지 않는 문제를 부각시킨다. (옮긴이)

검토를 두 가지 방법으로 준비한다. 하나는 질의 준비고, 다른 하나는 권고안 준비다.

— 노르디카국 대표단은 히파티아국의 인권 상황에 관한 세 가지 보고서를 읽는다. 이 보고서에 기술된 인권 상황에 의문이 제기되면, 노르디카국 공관은 히파티아국에 대한 검토가 있기 약 일주일 전 유엔 인권최고대표사무소에 질의를 보낸다. 유엔 인권최고대표사무소는 노르디카국의 질의를 히파티아국에 전달해서 히파티아국이 불시에 질문을 받는 일이 없도록 한다. 히파티아국은 '심문 기일'이 있기까지 일주일 동안 답변을 준비할 수 있다.

— 검토 당일 백여 개국의 대표단은 각각 1분 15초 동안 히파티아국에 대한 권고안을 읽는다.

히파티아국에 대한 UPR 검토를 준비하기 위해 시민단체들은 다음과 같이 협력한다.

- 히파티아국에 대한 검토가 있기 약 6주 전 히파티아국의 LGBT 활동가들은 국제 시민단체의 조율을 통해 제네바에 도착한다. 여행비는 통상 서구 국가 정부와 재단의 기금에서 충당한다. 히파티아국 공관 소속 외교관들은 아마도 이 활동가들을 만나기를 원치 않을 것이다. 왜냐하면 이들은 그림자 보고서에서 히파티아국 정부를 비판했고, 이 보고서는 히

파티아국 공관과 100개 이상의 다른 공관에 배포됐기 때문이다. 그 대신 국제 시민단체는 히파티아국 활동가들이 여러 서구 국가의 상주 대표부에서 회의하도록 주선하며, 이들은 여기서 보다 우호적인 대화를 하게 된다. 한 활동가는 다음과 같이 설명했다. "우리는 자국의 상황을 이야기하는 활동가들을 데려오는데, 그 힘은 강력합니다"(시민단체 대표 3과의 인터뷰, 2015년).

- 히파티아국에 대한 UPR 검토가 있기 몇 주 전, 국제 시민단체는 제네바에 있는 LGBT 친화적인 유사 입장 국가들 공관에 문서를 배포한다. 이 문서에는 UPR 세션에서 검토를 받는 14개 회원국과 관련된 모든 성적 지향과 성별 정체성 사안을 요약한 내용이 포함돼 있고, 모든 수검국에 대한 성적 지향과 성별 정체성 관련 권고 사항도 들어 있으며, 각 대표부는 이 문서를 자유롭게 활용할 수 있다. 다음 단계로 국제 시민단체는 유사 입장 국가들의 공관과 후속 조치를 하는데, "공관의 질문이나 권고안 표현이 적절한지 확인"하는 작업이다(시민단체 대표 3과의 인터뷰, 2015년).

내가 인터뷰한 활동가들과 외교관들에 따르면, UPR 검토를 준비하는 이 다단계의 복잡한 과정은 효과가 있는데, 성적 지향과 성별 정체성 사안을 사전에 적극적으로 정의하고, 구체적인 입법과 정책 문제로 분류하며, 국가들이 특정한 조치를 하도록 촉구하기 때문이다. 한 시민단체 대표는 "많은 대표단이 우리의 권고 사항을 그대로 UPR 세션에서 읽고 있는 장면에 놀랐다"고 말했다(시민단체 대표 19와의 인터뷰, 2015년).* 지역 활동가들이 제네바를 방문해 UPR 절차에 참여하는 활동이 가진 장점은 일반적으로 자국 내에서는 만나기 어려운 자국의 고위 정부 대표와 만날 가능성이다.** 한 글로벌 사우스 출신 활동가는 다음과 같이 말했다. "검토가 진행되는 동안 LGBT 권리에 대한 비판에 [우리나라]는 모든 시민을 보호할 책임이 있다고 응답했습니다. 검토 후 저는 [우리나라]의 법무부 장관과 만났습니다. 그는 [우리나라]에서 누군가가 동성애로 기소된다면 법치가 존중될 것이라고 말했습니다"(시민단체 대표 6과의 인터뷰, 2015년). 검토 후 본국으로 돌아간 활동가는 검토의 효과가 바로 나타났다고 강조했다.

---

* 동성애자 친화적인 소규모 국가의 상주 대표부에는 제네바에서 진행되는 모든 유엔 인권 절차를 전담하는 외교관이 단 한 명뿐일 수 있으며, 이 외교관은 연간 40개국의 UPR 검토에 참석할 책임을 맡을 수 있다. 히파티아국에 대한 검토가 이뤄지는 당일, 해당 대표는 히파티아국의 LGBT에 대한 처우를 언급하고 싶어 할지 모르나, 본국으로부터 자세한 지시를 받지 못했고, 스스로 조사할 시간도 없다. 그래서 그는 LGBT 시민단체가 검토 일주일 전 이메일로 보낸 권고 사항 목록을 참고한다. 이 목록에는 히파티아국의 동성애 혐오 법률과 관행이 정리돼 있으며, 그는 자기 국가가 인권이사회에서 권고 사항을 발표할 차례가 되면, 이를 그대로 보고 읽을 수 있다.
** 한 회원국에 대한 UPR 검토가 진행될 때, 해당 회원국은 법무부 장관이나 인권부 장관을 제네바로 보내는 경우가 종종 있다.

…국가의 답변은 시민사회의 검토를 받게 됩니다. 예를 들어, 온두라스에 대한 검토에서 네덜란드는 LGBT 권리에 관한 질의를 제출했습니다. 온두라스가 이 질의에 답변하는 방식에 따라 활동가들은 "당신이 유엔에서 이렇게 조치하겠다고 하지 않았느냐"고 말할 것입니다. 반면 온두라스가 질의에 답하지 않으면, 활동가들은 "유엔에서 이런 질의를 받았으나 당신은 답변을 거부했다"고 말할 것입니다. (시민단체 대표 3과의 인터뷰, 2015년)

내 인터뷰는 시민단체가 이 분야에서 주도권을 잡게 된 방식을 보여 주며, 권리란 그저 "멀리 저편에서" 기다리고 있지 않으며, 주장과 쟁취, 논쟁을 거쳐야만 존재하게 된다는 랑글루아의 주장이 타당함을 입증한다(Langlois, 2015a, 29-30쪽).

시민단체: 걸림돌, 비판과 내부 갈등

LGBT 시민단체가 현재 유엔에서 강한 영향력을 드러내고 있지만, 이에 반대하는 목소리도 여전히 크다. 그들의 영향력을 배제하는 한 방법은 인증 절차를 이용하는 것이다. 시민단체는 다양한 방식으로 유엔 회의에 참여한다. 특정 유엔 회의를 참관하기 위해 건물 출입증을 받기는 비교적 간단하다. 그러나 시민단체가 지속가능개발목표에 관한 논의에 참여하거나 유엔 총회 또는 인권이사회에서 발표 또는 질문하는 등 유엔 프로세스에 더 깊은 수준으로 참여하려면 다양한 유엔 기관과 이사회를 연결하는 유엔 경제사회이사회(ECOSOC)의 인증을 받아야 한다. 경제사회이사회에는 시민단체를 검토하고, 인증을 부여하거나 거부하는 위원회가 있다. 이 위원회는 모든 지역의 유엔 회원국을 대표하는 대리인들로 구성되다 보니 본질적으로 정치화돼 있다.

나는 인터뷰를 통해 "일부 LGBTIQ 시민단체에 대한 인증이 지체되거나 완전히 거부되는 일이 반복해 일어났고, 인권 문제 논의, 조약 작성, 법률 사항 결정이 이뤄지는 장소에서 의도적으로 배제되고 있다"는 다미코(2015)의 주장이 옳음을 확인했다. 2014년 기준으로, 협의 지위 자격을 부여받은 12개의 LGBT 시민단체 중 서구 국가들에 본부를 두고 있는 곳은 11개였다. 제네바에 본부를 둔 국제 레즈비언, 게이, 양성애자, 트랜스젠더 및 인터섹스 협회(ILGA)는 2006년 협의 지위를 신청해 2011년 지위를 받았다(D'Amico, 2015, 67-68쪽). 서구에 기반을 둔 시민단체 대표는 인증받기까지 2-3년이 걸릴 수 있다고 말하며, "위원회는 LGBT, 성 및 재생산 권리 단체들을 일상적으로 차단한다"고 했다(시민단체 대표 29와의 인터뷰, 2015년). 신청서를 제출한 시민단체들은 특정 기준을 충족하는 능력을 보유하는지를 기준으로 평가된다. 이론적으로 위원회는 각 조직의 장점을 고려하게 돼 있다. 한 시민단체 대표는 다음과 같이 말했다.

일부 국가는 위원회의 기준에 명확하게 어긋나지 않는 이상 시민단체의 신청을 막지는 않습니다. 반면 기준에 관심조차 두지 않는 국가들도 있는데, 그들은 시민단체의 실질적인 작업을 달가워하지 않습니다. [우리 단체는] 인증받기까지 여러 차례 신청했고, 많은 정치적 자본을 써야 했습니다. (시민단체 대표 25와의 인터뷰, 2015년)

일부 시민단체들의 경우, 인증을 받아도 유엔 회의에 참석할 여력이 없는 아이러니한 상황도 있다. 다른 단체들은 유엔 회의에 참석할 여력은 있으나 인증을 받지 못했다. 한 서구 시민단체는 자신이 받은 인증을 이용해 글로벌 사우스 국가들이 유엔 회의에서 발언권을 갖도록 돕는다.

저는 인증을… [우리나라의] 상황에 관해 이야기하는 데 사용하지 않는 대신, 예컨대 [글로벌 사우스 국가]의 단체들이 발언할 수 있도록 합니다… 저는 우리 단체를 위한 발언자를 선택할 수 있고, 다른 사람들의 회의 입장을 위한 명찰을 준비합니다. 누군가가 자신의 국가에서 일어나는 자신의 상황을 진술할 수 있다면 훨씬 더 강력한 효과가 있습니다. (시민단체 대표 29와의 인터뷰, 2015년)

그러나 한 유엔 대표는 LGBT 시민단체에 대해 "…이보다 더 헌신적이고 열정적인 사람은 없을 것이다. 반면 이토록 매몰차게 배신하는 사람 또한 없을 것"이라며 가혹한 평가를 했다(유엔 대표 11과의 인터뷰, 2015년). 한 활동가는 보도 자료 배포를 위한 "시민단체들 사이의 경쟁"을 언급하며, 최전선에 있는 소규모 단체들의 목소리가 때때로 사라질 수 있다고 했다(시민단체 대표 2와의 인터뷰, 2015년). 또 다른 문제는 시민단체들이 "반대 입장"에 있는 진영과의 관계 맺음이 부족하다는 점이다. 한 시민단체는 "우리는 러시아나 아프가니스탄과 같은 강경 국가들과는 함께하지 않는다"고 딱 잘라 말했다(시민단체 대표 19와의 인터뷰, 2015년). LGBT 활동가들이 상주 공관 소속 외교관을 만날 수 있도록 지원하는 한 시민단체의 대표는 "대부분의 공관은 활동가들을 기꺼이 만나려 하지만, 이집트에는 우리가 구태여 묻지조차 않는다"고 말했다(시민단체 대표 3과의 인터뷰, 2015년). 무슬림 LGBT 의제를 다루는 활동가는 인도네시아와 말레이시아에 연락을 취했지만, "아직까지 아무런 응답을 받지 못했다"고 했다(시민단체 대표 26과의 인터뷰, 2015년). 이 활동가는 "무슬림 단체보다 LGBT 단체와 협력 관계를 맺기가 훨씬 쉽다. 중동에는 종교적 시민단체들과의 협력을 극도로 반대하는 세속적인 단체들이 많이 있다"고 말했다. 세속적인 중동 인권 단체들은 동성애 혐오적인 "폭력적 극단주의 서사"를 정당화하려고 이슬람을 활용하는 ISIS와 같은 집단에 맞서기 위해서는 더 나은 종교적 비평이 필요하다고 한 무슬림 LGBT 활동가를 비판했다(시민단체 대표 26과의 인터뷰, 2015년).

또한 LGBT 권리를 옹호하기 위해 평등의 시각을 사용하는 단체와 페미니즘의 시각을 사용하는 단체 사이에 뚜렷한 갈등이 있는데, 편의상 전자를 "주류" 시민단체로, 후자를 "급진" 시민단체로 칭하고자 하며, 후자의 경우 페미니즘의 시각을 통해 LGBT 권리를 위한 투쟁의 뿌리를, 성 및 재생산 권리의 억압에 맞서는 더욱 광범위한 운동의 부분에서 찾기 때문에 급진적이다. 한 활동가는 "우리는 임신중지에 대한 접근과 강제 결혼을 포함한 인권과 젠더에 집중한다"고 말했다(시민단체 대표 22와의 인터뷰, 2015년). 그러나 한 LGBT 권리 운동가는 "급진" 단체들이 주류 접근을 비판하는 방식에 큰 불만을 표출했다.

그들은 우리의 작업이 SOGI의 칸막이에 갇혀 있다고 주장하고, 이것이 우리의 사안에 도움이 되지 않는다고 말하며, 성노동, HIV/AIDS를 연구할 수 있는 교차적 접근이 필요하다고 합니다… 그들은 우리가 관심을 독차지하고 있다고 말하며, "너희가 감히 어떻게 내 이름으로 말할 수 있느냐?"고 합니다. 그들은 [우리 조직]이 글로벌 노스가 주도하는 신식민지적 조직이라고 합니다. 이런 분위기입니다. 그러나 유엔에서 이 분야에 대한 목소리를 키우면 역효과가 날 것입니다. 경계선이 그어졌음을 보게 될 것입니다. 아프리카 국가들은 아프리카에 성적 일탈이 강요되고 있다고 말할 것입니다. (시민단체 대표 19와의 인터뷰, 2015년)

분열은 다음에 제시된 사례에서 뚜렷이 나타났다.

특별보고관 논란

인권 외교의 세계에서는 항상 수십 개의 사안이 세계 무대에서 주목받고자 경쟁하고 있다. 2011년 6월 인권이사회에서 채택된 첫 번째 SOGI 결의안은 유엔 시스템 안에 새로운 인권 범주가 위상을 드러낼 때 발생하는 일을 보여 주는 사례다. 이 결의는 LGBT 권리에 관한 유엔 보고서 작성을 임무로 부여했다. 2011년 12월 인권이사회에서 이 보고서가 발표됐을 때, 힐러리 클린턴 전 국무장관은 제네바를 방문해 "동성애자의 권리는 인권"이라고 선언한 유명한 연설로 그 위상을 더욱 높였다. 내가 인터뷰한 유엔 인권 전문가들은 유엔 인권 체계 내에서 LGBT 권리를 효과적으로 구축하면서, 이 사안에 대한 추진력을 도모하기 위한 다음 논리적 단계는 성적 지향과 성별 정체성 사안을 전담하는 특별절차 창설이라고 설명했다. 특별보고관 또는 독립 전문가는 이 사안이 지속해서 주목받을 수 있게 도움을 준다는 것이다.*

---

* 소관 임무 수행인에게는 급여가 지급되지 않으나 상세 예산이 배정돼 방문, 보고서 작성, 특정 인권 문제에 대한 인식을 제고하는 활동에 참여가 가능하다. 특별절차 창설 방법은 복잡하나, 본질적으로 다음과 같은 단계가 포함된다. 첫째, 인권이사회에서 유사 입장 국가들의 지지 확보, 둘째, 유엔 인권최고대표사무소가 특정 주제에 대한 특별절차를 창설

2012년에는 클린턴 장관의 연설 여파로 분위기가 무르익었다. 한 유엔 대표에 따르면 노르웨이가 성적 지향과 성별 정체성 사안을 다루는 특별보고관 창설을 추진하고 있었다. 노르웨이는 LGBT 권리에 대한 주요 회의를 조직하고, 66개국의 시민단체 대표들을 초청했다. 남아공이 회의의 공동 의장을 맡았고, 회의는 성적 지향과 성별 정체성 의제에 대한 특별절차 창설을 위해 노력하자고 합의하며 긍정적인 분위기로 끝이 났다. 그러나 이 계획이 성공하려면 다음의 세 가지 사항이 충족돼야 했다. 첫째, 인권이사회에서 특별절차를 제안하는 결의안이 다수의 투표로 통과할 것. 둘째, 인권이사회 회원국 중 글로벌 사우스 회원국이 이 결의안에 공동 제안국으로 참여할 것. 셋째, 글로벌 사우스 시민단체의 지지를 얻을 것.

노르웨이 오슬로에서 회의가 열리고 난 후, 다양한 조직과 생각을 가진 국제 LGBT 활동가들이 성적 지향과 성별 정체성 특별절차 창설 제안을 논의하기 시작했다. 성과 재생산 권리를 강력하게 옹호했던 아프리카 레즈비언 연합(CAL)은 대안적 시각을 제시하기 시작했는데, 요지는 다음과 같다. 성적 지향과 성별 정체성 사안에 대한 특별절차 창설은 "잘못된 생각일 수 있는데, 이에 전적으로 반대하는 국가에 특별보고관이 초청받지

하고 자금을 조달하도록 지시하는 문구가 포함된 인권이사회 결의안 초안 작성, 셋째, 결의안 통과를 보장할 수 있도록 47개의 인권이사회 회원국 내 충분한 표 확보. 그러나 이 과정은 몇 개월 또는 몇 년이 걸릴 수 있다.

못할 것이기 때문이다. 권한의 범위도 너무 좁다. 낙태와 성교육을 다루는 성과 젠더에 대한 특별보고관이 필요하다"는 것이 요지였다(시민단체 대표 22와의 인터뷰, 2015년). 한 유엔 대표는 그들의 주장을 다음과 같이 설명했다.

몇몇 단체는 남아공이 이 움직임을 주도하는 게 잘못됐다는 교차적 분석을 내놓았습니다. LGBT 권리를 다룸으로써 아프리카의 인권 선도국으로서 남아공의 위상이 장기적으로 약화될 것이란 논리였습니다. 이 사안은 남아공이 아프리카에서 주도하고 있는, 성 불평등과 여성 할례 등을 포함한 젠더 중심 작업을 희석하게 된다는 겁니다. 아프리카 레즈비언 연합은 성적 지향과 성별 정체성 사안에 초점을 맞추는 것이 마치 칸막이 쌓기와 같고, 교차적이지 않다고 지적하면서, 특별절차의 초점을 넓혀 젠더와 섹슈얼리티를 포함해야 한다고 주장했습니다. (유엔 대표 11과의 인터뷰, 2015년)

이 논쟁의 씁쓸한 결말은 다음과 같았다.

전 세계 모든 시민단체의 논쟁으로 이어졌으며, 남아공이 이를 알고 LGBT 보고관직 창설을 그만두기로 했다는 사실을 우리는 뒤늦게 알았습니다. 그들은 조용히 안도감을 느끼는 듯싶었는데, 다른 아프리카 국가들과도 좋은 관계를 유지할 수 있었을 테니 그랬을 겁니다. 우리는 성공에 아주 가까웠고, 손을 뻗으면 닿을 수 있었지만, 기회는 손가락 사이로 빠져나갔습니다. (유엔 대표 11과의 인터뷰, 2015년)

한 시민단체 대표는 당시를 회상하며 아프리카 레즈비언 연합이 제기한 비판을 다음과 같이 설명했다.

…'대리 비판'인 겁니다. 서구의 가치가 서구의 LGBT 정체성을 통해 다른 나라에 강요되고 있다는 주장입니다. 이 주장이 특별 메커니즘을 반대하는 데 사용된 겁니다. 이는 지역과 국가 수준에서 조직들 사이의 분열을 분명히 보여 줍니다. 제네바에 기반을 둔 엘리트 집단과 지역 및 국가적 조직 사이에는 분열이 있습니다.* 일부 논쟁은 정체성 정치에 집중됐습니다. 사람들은 특별절차가 무엇을 제공할 수 있는지를 이해하지 못했습니다. (시민단체 대표 8과의 인터뷰, 2015년)

내가 인터뷰한 한 시민단체 대표는 특별보고관 직책 신설을 위한 결의안을 남아공이 공동 제안하는 데 아프리카 LGBT 시민단체들의 노골적인 반대가 있음을 알게 되자, 사안이 심각

---

* 임무에 대한 아프리카 레즈비언 연합의 반대는 '제네바 엘리트'라고 불리는 국제 시민단체들이 추진하는 LGBT 권리에 대한 견해와 정책과 비교해, 아프리카와 같은 여러 지역, 그리고 해당 지역에 속한 여러 국가 내의 LGBT 단체들의 견해차를 보여 준다.

해져 공동 제안을 철회했다고 생각했다. 그러나 한 유엔 대표는 남아공이 이 구상을 절대 지지하지 않을 예정임을 오슬로 회의에서도 알고 있었다고 말했다. "노르웨이와 남아공이 입장할 때, 남아공은 조용히 노르웨이의 뒤를 찌르며 배신할 기회를 기다리고 있었습니다. 모두가 특별보고관을 창설하기로 합의하고 오슬로를 떠났지만, 이후 모든 일은 엉망이 됐습니다"(유엔 대표 11과의 인터뷰, 2015년).

이 작은 사례 연구는 성적 지향과 성별 정체성 의제가 성 및 재생산 권리의 스펙트럼 안에서 어디에 위치하는지를 두고 나뉘는 "급진"적인 활동가와 "주류" 활동가 간 명백한 이념 차이를 드러낸다. 이 사례에서는 "급진" 진영이 우세한 것처럼 보였다. 그러나 몇 년 만에 상황이 역전됐다. 성적 지향과 성별 정체성에 대한 특별절차를 지지하는 주류 활동가들이 궁극적으로 우위를 점하게 된 배경은 명확하지 않으나, 내 인터뷰가 진행된 지 1년 후인 2016년 6월 인권이사회에서 2016년 SOGI 결의안이 통과됐고, 여기에는 성적 지향과 성별 정체성 사안에 대한 유엔 독립 전문가를 임명하라는 임무가 포함됐다(UNGA, 2016). 그러나 태국 법학자 비팃 만따폰이 임명되자, LGBT 권리에 반대하는 회원국들 사이에서 논란이 일었다. 몇 달 후 뉴욕에서 열린 유엔 총회에서 일단의 아프리카 국가들은 그의 임무를 정지시키려는 절차적 책략을 시도하며, "성적 지향과 성별 정체성 개념의 정의에 대한 국제적 합의가 없기" 때문에 이 직책의 "법적 근거"도 없다고 주장했다. 그들의 발의안은 16개국이 기권한 가운데 77 대 66으로 부결됐다(Lederer, 2016). 2017년 만따폰은 사임했고(ILGA, 2017) 코스타리카 인권 전문가 빅토르 마드리갈-보를로스로 교체됐다(OHCHR, 2022).

 이 논란은 성적 지향과 성별 정체성 사안에 대한 시민사회 내의 내부 분열을 비롯해서 다음의 두 가지 딜레마를 보여 준다. 첫째, LGBT 권리를 지지하는 외교관들은 자신이 지지하는 시민단체가 LGBT 커뮤니티의 부분적 관점만을 대변할 수 있다는 점을 명심해야 한다. 둘째, 이 사례는 성적 지향과 성별 정체성 사안에 국가들을 얼마나 강하게 "압박"해야 하는지에 관한 의견 차이가 있음을 보여 주는데, 이는 자칫 반발을 일으키거나 다른 중요한 젠더 관련 인권 의제를 가릴 수 있다는 두려움 때문이다. LGBT 권리에 대한 글로벌 사우스의 리더십은 더욱 포괄적인 정책 추진을 위해 절대적으로 중요하지만, 데이비스(2010)가 설명한 바와 같이 LGBT 권리에 대한 리더십 역할을 수행하는 것이 "독이 든 잔"이 되리라는 우려도 있다(Davies, 2010).

더욱 '비서구적'이 되고자 노력하는 시민단체

 특별보고관 논쟁은 국제 LGBT 단체들이 직면한 딜레마를 드러낸다. 이들은 자신이 '서구적'이지 않음을 증명해야 한다는 압박을 받는다. 예컨대 한 무슬림 LGBT 활동가는 미국과 영국 대표와의 만남을 피한다. 이 활동가의 업무 중에는 LGBT에 반대하는 정부와 종교 단체들이 생산하는 동성애 혐오 담론에 맞서는 활동이 있다. 활동가는 다자 협의체에서 무슬림이 다수인 국가들의 발언을 모니터링하며, 사우디아라비아가 성평등과 여성 역량 개발 계획에 대해 그들의 종교법인 "샤리아에 위배된다"고 주장하는 사례를 언급했다. 활동가는 "코란이 성적 다양성과 다원성을 장려한다고 본다"고 말했다. 배교, 신성모독과 같은 개념에도 반박을 가한다. 이 활동가의 목표는 "…여성 혐오적이고 가부장적인 서사에 구멍을 내고… 문화적 상대주의 주장을 반박하기 위한 언어를 만들고 정책 서사를 제공하기"다. 그러나 이 활동가는 비서구 국가, 비서구 시민단체와만 협력하고, "서구적"으로 보이지 않기 위해 애쓴다며 다음과 같이 말했다. "저는 이것이 서구에서 유래했다고 보고 싶지 않습니다. 저는 무슬림 국가들이 이 주장에 반박하기를 바랍니다"(시민단체 대표 26과의 인터뷰, 2015년). 그러나 이 접근에는 한계가 있다. 활동가가 무슬림 외교관들과 대화하자마자 외교관들은 "나는 결혼이 남자와 여자 간에만 이뤄진다고 믿는다"고 말한다. 활동가는 "우리는 결혼이 아니라 안전과 표현의 자유에 관해 이야기하고 있다"고 답한다. 활동가는 시민단체가 민감한 인권 의제에 대한 보수적인 외교관의 "마음과 생각"을 변화시키려는 매우 벅찬 일을 할 때 큰 기대를 하지 않는다. 한번은 보수적인 무슬림 국가의 대사가 젠더에 대한 유엔 회의에 참석했을 때, 몇몇 시민단체와 서구 회원국들이 기쁨을 느꼈다고 했다. "이따금씩 희망의 신호를 얻는다"고 활동가는 말했다(시민단체 대표 26과의 인터뷰, 2015년).

올트먼(2008)은 서구 자유주의 자본주의 사회가 LGBT 운동이 번성할 수 있는 공간을 창출했기 때문에 20세기 LGBT 운동이 처음 등장하게 됐다고 주장한다. 그러나 개방적인 LGBT 정체성에 우호적이지 않거나 강력한 시민사회가 등장하기 어려운 비서구 환경에서 사회운동은 무엇을 의미하는가? 제4장에서 논의한 라흐만(2015)의 주장을 돌아보면, 일부 무슬림 중심 국가에서 LGBT 권리가 일종의 신식민주의와 동일시되는 경우가 많으므로 서구식 LGBT 운동의 조직은 불가능해 보인다. LGBT 권리와 현대성은 함께 가며, 넓은 의미에서 LGBT 권리 활동가들은 서구 문화를 옹호하고 있다고 여겨지기도 한다. 그렇기에 서구와 연계된 LGBT 활동가들은 어려운 상황에 놓인다. 한 활동가는 단체가 전 세계 다양한 지역에서 지원받기를 원하나, 주로 서구에서 오는 기부금으로 운영되고 있다고 했다. 그 때문에 활동가는 "러시아와 중국이 우리더러 서구에 볼모로 잡혀 있다고 한다"며 불평했다(시민단체 대표 28과의 인터뷰, 2015년). 이 활동가는 깊은 생각에 잠긴 채 다음과 같이 말했다.

그런데 우리가 서구의 가치를 나머지 세계에 부과하고 있습니까? 이것은 내부 논의 중 일부입니다. 우리는 우리 자신을

LGBTI라고 부릅니다. 이것은 일반적으로 쓰는 줄임말입니다. 그러나 동시에 글로벌 사우스에서 특히 그렇듯 지역 차원의 정체성과 커뮤니티도 있습니다. [우리 조직이] 서구의 대리자인가요? 우리는 서구 기업에서 자금을 지원받고 있습니다. 자금을 확보해야 합니다. 현재 서구 기부자들만이 [우리 조직]을 지원하고 있습니다. 우리는 자금을 다각화하려 노력하고 있습니다. (시민단체 대표 28과의 인터뷰, 2015년)

아프리카 레즈비언 연합이 관여된 특별보고관 논쟁을 돌아보면, 서구에 기반을 둔 한 활동가는 글로벌 사우스를 향한 서구의 성별 정체성 부과 논쟁은 단순한 "정체성 정치"에 불과하다고 주장했다. 이 활동가는 해결책으로 "인권" 접근 방식을 취해야 한다고 믿고 있다며 다음과 같이 말했다. "…우리는 정체성 기반의 조직이 아닙니다. 우리는 인권의 시각을 사용합니다. 우리는 이 문제에 대해 매우 실용적입니다"(시민단체 대표 8과의 인터뷰, 2015년). 그러나 이 입장을 곰곰이 돌아보면, LGBT 권리에 대한 "인권" 접근이 "정체성 정치"에 해당하지 않는다는 이 활동가의 생각이 모순적임을 알게 된다. 활동가는 LGBT의 인권을 위해 싸우고 있는데, 여기서 LGBT는 서구에서 사회적으로 구성된 정체성 집단이다. 이것이 어떻게 또 다른 형태의 정체성 정치가 아니란 말인가? 이것은 제1장에서 살펴본 긴장 관계의 한 사례로, 동성애 정체성에 대한 본질주의자와 사회구성주의자 간 논쟁을 보여 준다.

이 딜레마는 활동가들이 전개하는 "본 디스 웨이"식의 담론 때문에 "정체성을 기반으로 한 권리 주장이 한계에 봉착한다"는 윌킨슨(2014)의 주장과 연결된다. 윌킨슨은 이 유형의 운동이 포퓰리즘과 "전통적 가치" 운동에 맞서 "성 및 젠더 다양성을 지속적으로 옹호하는 데 실패"했다고 주장한다(Wilkinson, 2014, 373-374쪽). 반면 특별보고관 논쟁에서 "급진"적인 활동가들은 "성적 권리는 문화를 가로지르는 다원적 개념이며, 다른 많은 인권 침해 문제에 영향을 미친다. 한 가지의 섹슈얼리티 구성 방식에만 집중하기보다는 논의를 확대하고 개별 국가에 섹슈얼리티를 스스로 결정할 수 있게 하는 선택권을 부여하면 어떤가?"라고 말하는 것처럼 보였다. 이 관점에서 보면, 성적 권리 단체의 활동가가 (순수한 LGBT 인권 단체와는 대조적으로) 더욱 넓은 인권 관점을 견지하고 있다고 주장할 수 있다.

소결

이 장에서는 정부간기구, 시민단체, 외교관 간 3자 관계가 LGBT 권리를 강화하거나 제약하는 구체적 사례를 다수 제시했다. 이 과정은 주로 다자 협의를 통해 이뤄지지만, 양자 간 노력에서도 나타난다. 활동이 유엔을 통해 이뤄지든, 조용한 외교와 프로그램을 통해 양자 사이에 이뤄지든, 고도로 양극화된 환경에서 정치적 투쟁이 벌어지고 있다. 이 장에서는 두 가지 쟁점이 제시됐다. 첫 번째 쟁점은 LGBT 권리가 서구 문명의 우월성을 나타내는 척도로 묘사되는 사실이다. 서구 국가들은 비서구 국가가 LGBT에 대한 인권 침해를 자행하고 있다고 비판하고, 이를 후진적이고 야만적인 사회의 지표로 본다. 두 번째 쟁점은 LGBT의 권리에 기반을 둔 주장에 대한 반대인데, 이는 LGBT 권리 증진이 '전통적인' 사회에 서구 가치를 폭넓게 강요하려는 또 하나의 방식이란 주장을 통해 정당화된다. 이 논거를 지지하는 사람들은 서구 국가들이 LGBT 외교에 참여하려는 양자 간 시도, 이를테면 글로벌 사우스의 현지 단체들에 대한 대사관의 소규모 자금 지원이나, 주재국 내 LGBT 운동 지지를 위한 서구 대사관들의 무지개 깃발 게양을 포함한 모든 시도를 거부한다. 서구의 개발 프로그램과 이 프로그램을 받지 못할 수 있다는 위협도 또 다른 주요 쟁점이다. 서구 공여국들은 오늘날 보건 계획, 거버넌스 강화, 강력한 인권 보호 장치 개발을 포함해 다양한 개발 맥락에서 LGBT 권리를 촉진하고 있다.

다자 차원에서 서구 회원국들은 LGBT 권리를 위한 정치적, 프로그램적, 정책적 지원을 촉진하려는 노력에서 결코 물러설 기미를 보이지 않고 있다. 글로벌 사우스 국가들은 여전히 압력에 직면해 있다. LGBT 시민단체는 서구 회원국과 강한 유대 관계 때문에 일부 비평가에 의해 "서구의 앞잡이"로 여겨지기도 한다. 유엔 인권 체계 내에서 벌어진 성적 지향과 성별 정체성을 둘러싼 갈등은 현재 다른 유엔 포럼과 프로세스에서 반복되고 있다. 이를 더욱 복잡하게 만드는 것은 협상에 참여하는 일부 외교관의 태도다. 개인적인 것이 때때로 정치적일 수 있기 때문이다. 한 인터뷰 참여자는 유엔 LGBT 정책에 단호히 반대했던 글로벌 사우스 국가의 대사가, 자신을 LGBT라고 밝힌 인물로 즉각 교체된 후 입장이 바뀐 사례를 제시했다. 이는 동성애 혐오적 발언이나 행동이 국가정책에 따른 것인지, 개인의 편견에 따른 것인지 알기 어려움을 보여 준다. 다음 장에서는 인권이사회 내 LGBT 권리에 대한 입장이 극도로 양극화된 상황에서 일부 글로벌 사우스 행위자가 논쟁을 좌우할 지렛대를 갖게 되는 과정을 살핀다.

내 학제 간 분석 틀은 이 장에서 인터뷰 참여자들이 설명하는 과정을 생각하게 한다. LGBT 운동이 제기하는 주장은 종종 국제 인권 체계의 주변부에 머물지만, 제도의 틀 속에서 힘을 얻고 점차 목소리를 높이고 있다. 서구가 이 주장을 받아들이고 제기하지만, 이 움직임은 보편적 권리와 LGBT 권리에 반대하기 위해 문화상대주의를 활용하는 반대 담론을 생성한다. 이 장의 인터뷰를 통해 이런 경향을 확인할 수 있었다. 이 갈등은 결국 외교관, 활동가, 정부간기구 대표가 반LGBT 인권 침해에 맞서 싸우기 위한 지지를 얻게 하는 전략과 관행을 개발하도록 동기를 부여한다. 많은 인터뷰 참여자가 이 노력의 성공을 인정했지만, 그 과정에서 발생하는 갈등과 반대 진영의 고질적인 태도에 우려를 표하는 사람들도 있었다. 이념과 전략의 분열은 국제적 차원에서 LGBT 권리를 지지하는 이들 사이에서도 뚜렷하게 나타났으며, 이 문제는 제8장과 제9장에서 더 자세히 다룰 예정이다.

제8장

LGBT 인권 외교 사례 연구
— 2014년 유엔 결의

Queer Diplomacy

다음에 살펴볼 사례를 통해 서구의 '지역적 정체성', 그리고 LGBT(레즈비언, 게이, 양성애자, 트랜스젠더) 권리에 대한 서구의 시각을 옹호하는 서구의 능력을 자세히 분석한다. 내 학제 간 이론적 틀은 서구가 국제 외교를 통해 인권의 보편성을 주장할 때, 특히 LGBT 분야에서 반대 담론을 생성한다는 점을 주장한다. 이는 유엔 인권이사회에서 2014년 SOGI(성적 지향과 성별 정체성) 결의안을 둘러싼 논쟁에서 분명히 나타났다. 29명의 외교관, 유엔 대표, 인권 활동가와의 인터뷰를 포함한 내 연구 계획은 외교관들이 정부간기구(政府間機構), 시민단체와 협력해 LGBT 권리를 증진하거나 제약하는 과정을 조사했다. 이 장은 서구 외교관들이 시민단체, LGBT 친화적인 글로벌 사우스 국가들과 긴밀히 협력해 다자 포럼에서 LGBT 권리를 증진하는 과정을 제시한다.

2014년 결의안 배경

앞의 장들에서 나는 성적 지향과 성별 정체성이 유엔 시스템 내에서 정책 사안으로 주목받은 과정을 살펴봤다. 간략히 요약하자면, 2011년은 LGBT 인권 외교의 전환점으로 여겨진다. 그해 6월 인권이사회는 역사상 최초의 유엔 SOGI 결의안을 통과시켰다. 한 서구 외교관은 이 첫 번째 결의안이 "시민단체에 활력을 불어넣었고, 유사 입장을 가진 국가들 사이의 협력 그리고 반대 입장을 가진 국가들 사이의 협력을 촉진했다"고 설명했다(외교관 18과의 인터뷰, 2015년). 2022년 초까지 인권이사회는 첫 번째 결의안 통과 이후 2014년, 2016년, 2019년 세 개의 SOGI 결의안을 냈다. 내가 연구를 수행하던 2015년 봄 당시, 2014년 9월 결의안은 인터뷰 참여자들의 뇌리에 생생했다. 2014년 인권이사회 SOGI 결의안의 전개 방식을 보면, 인권 의제가 세계 무대로 나아가는 과정에서 지지가 흔들리고 추진력을 잃을 뻔했던 상황이 나타난다. 2011년을 돌아보면, 첫 번째 2011년 결의안의 열광은 6개월 후 힐러리 클린턴 장관이 제네바를 방문해 인권이사회에서 "동성애자의 권리는 인권"이라 선언하며 불붙었다. 장관의 방문이 이뤄진 시기는 유엔 최초로 성적 지향과 성별 정체성 관련 인권 보고서가 발표되는 시점과 맞물렸다. 몇 달 후, 2012년 3월 인권이사회 회의에서 LGBT 권리 관련 고위 패널이 열렸고, LGBT 권리에 반대하는 회원국들은 퇴장했다

(Symons & Altman, 2015, 62쪽).

이 장의 핵심 정보 대부분은 앞으로 '사미(Samy)'라고 칭할, 한 라틴아메리카 외교관과 3시간 반 동안 진행한 인터뷰에서 나온 것인데, 그는 성적 지향과 성별 정체성이 합당한 국제 인권 의제로서 지속적으로 우선순위에 놓일 수 있도록 하고자 LGBT 친화적인 '유사 입장' 회원국들이 발전시킨 전략을 다음과 같이 설명했다. "첫 번째 결의 이후 남아공은 일련의 지역 회의를 포함하는 '로드맵'을 수립했습니다. 이것은 국제회의로 이어지고, 다음에는 두 번째 결의로 이어질 예정이었습니다"(외교관 7과의 인터뷰, 2015년). 네팔, 프랑스, 브라질에서는 지역 유엔 회의가 열렸지만 아프리카에서는 열리지 않았다. 남아공이 일정을 계속 미뤘다는 것이 내 인터뷰 참여자들의 설명이었다. 한 서구 외교관은 이렇게 말했다. "그들은 '이 주제로 아프리카에서 지역 세미나를 열어야 한다'고 계속 이야기해 왔습니다. 이토록 유명한 세미나라니, 웃음이 나왔습니다. 이상한 조짐이 보였는데, 그들은 지연 전술을 썼던 것입니다"(외교관 5와의 인터뷰, 2015년). 이들의 소극적인 태도는 유사 입장을 가진 시민단체와 외교관 사이에서는 남아공이 유엔에서 LGBT 권리 증진을 위한 리더십 역할 수행에 관심을 잃고 있다는 걱정으로 이어졌다. 제7장에서 살펴본 바와 같이, 같은 시기 노르웨이와 남아공은 2013년 4월 오슬로에서 중요한 회의를 조직했고, 이곳에서 성적 지향과 성별 정체성 사안에 대한 특별보고관을 창설하겠다는 계획을 논의했다. 그러나 LGBT 시민단체 간 합의 부족으로 LGBT 사안에 대한 유엔 특별보고관 창설을 지지하는 기세가 약화되었다. 일부 인터뷰 참여자들에 따르면, 이는 남아공이 다음 결의안에서 주도적인 역할을 맡으리라고 기대할 수 없음을 나타내는 또 다른 신호인 듯했다.

2013년 두 번째 인권이사회 SOGI 결의안을 조율하려는 압박은 순환성 문제와 관련이 있다. 일반화하기 어려우나, 많은 유엔 포럼에는 두 가지 유형의 결의안이 있다. 특정 문제나 위기 해결을 위해 등장하는 '일회적' 결의안과 일정 주기에 따라 정기적으로 제안되는 정기 결의안이 그것이다. 인권이사회에서 특별한 인권 주제에 초점을 맞춘 결의안은 대개 2년마다 같은 달에 다뤄지는 경향이 있는데, 이 주제가 유엔 인권 체계 내에서 우선 사항임을 보여 준다. 활동가들과 서구 외교관들은 2013년 두 번째 SOGI 결의안의 제안이 이뤄지지 않을 경우, 2011년 SOGI 결의안이 일회성으로 끝나지 않을까 우려했다. 인권이사회가 SOGI 결의안을 다루지 않는 기간이 늘어날수록 다시 의제로 올리기는 어려워지게 된다. 그러나 2년이 지나도록 남아공은 두 번째 SOGI 결의안의 제안을 주도하지 않았다. 남아공을 대신할 국가가 없다는 사실은 압박을 가중했다. 한 활동가는 "남아공 대사는 SOGI 결의안을 주도할 의도가 없다고 말했다. 이제 누군가가 이를 추진해야 하는 순간이었다"고 말했다(시민단체 대표 16과의 인터뷰, 2015년). 그러나 다른 활동가는 상이한 견해를 갖고 있었다.

그들은 남아공이 주도권을 빠르게 잡지 못한다고 주장했습니다. 하지만 남아공이 정말 후퇴하고 있었을까요? 남아공으로서는 SOGI 결의안 추진이 좋지 않은 선택이었을 겁니다… 글로벌 노스 국가들은 대신 나서 줄 국가를 필요로 했습니다… 장기적인 접근을 취하지 않은 채, 조급해하는 글로벌 노스 국가들, 그리고 진행 상황을 후원자들에게 보고해야 했던 많은 시민단체가 초래한 결과였습니다. 비정부기구들은 우리를 싫어하고, 많은 국가도 우리가 하는 이런 말을 싫어합니다.(시민단체 대표 22와의 인터뷰, 2015년)

2014년 결의안에서 서구가 한 역할

릭터-몽프티와 웨버(2017)는 "LGBT 권리를 둘러싼 논쟁이 국가 건설과 국민 형성, 초국적 정체성 구축의 주요 분야가 됐다"고 믿는다(Richter-Montpetit and Weber, 2017, 11쪽). 서구의 초국적 정체성은 LGBT 권리와 더욱 긴밀히 연결되고 있다. 그러나 내 인터뷰 참여자 사이에서 LGBT 권리 증진에 대한 서구의 "진정한" 역할에 대한 합의는 없었다. 한 집단에서는 미국과 서구 동맹국들의 LGBT 권리 증진 역량이 떨어지고 있고, 세계 다른 지역에서 새로운 목소리들이 이 공백을 채우고 있다고 주장하는 듯했다. 반면 다른 집단에서는 미국이 이끄는 서구 국가들이 여전히 주도권을 쥐고 있지만, 목표 달성을 위해 특정한 글로벌 사우스 회원국에서 선택된 대표자들을 활용하고 있다고 생각했다. 라틴아메리카 외교관인 사미는 서구의 외교정책을 따르라는 압박에 대해 "한계가 있긴 하다. 우리가 인권 문제에 대해 미국이나 캐나다를 비판할 수 없음은 분명하다"고 말했다(외교관 7과의 인터뷰, 2015년). 유엔에서 인권 문제를 다루는 한 글로벌 사우스 외교관은 서구의 요구에 따르라는 압박의 구체 사례를 제시했다.

우리의 임무는 분석 및 권고안을 본국에 제출하는 것입니다. 본국은 보통 우리의 권고안에 동의합니다. 그러나 만약 우리의 권고안이 미국의 입장과 상충한다면, 곧 외교장관에게 전화가 오고 우리는 입장을 바꿔야 합니다. 그것이 비교적 사소한 일이더라도 말입니다.(외교관 12와의 인터뷰, 2015년)

유엔에서 서구 회원국은 '서유럽과 기타 그룹(Western Europe and Others Group)'의 약자인 'WEOG'로 알려져 있는데, 여기에는 캐나다, 호주, 뉴질랜드, 이스라엘, 튀르키예도 포함된다. (미국은 공식적으로 회원은 아니나, 이 그룹과 강력한 동맹 관계를 맺고 있다.) GRULAC는 라틴아메리카와 카리브해 블록을 지칭하는 유엔 용어다. 2014년 SOGI 결의안 발의에 대해 '흔히 알려진 이야기'는 다음과 같다. 남아공은 유엔 내에서 LGBT 권리를 위한 리더 역할을 포기하고 있었다. GRULAC는 이 공백을 채우고 2014년 SOGI 결의안을 주도하기로 했고, 승리로 이끌었다. 그러나 반대의 이야기도 있는데, 이에 따르면 서구 국가들이 독자적으로는 이끌 수 없는 결의안에 대해 주저하고 있던 라틴아메리카 회원국들을 WEOG가 소위 '그루밍'을 해서 결의안을 주도하게 했다. 한 서구 외교관은 2014년 9월 결의안에 이르기까지 1년간의 사건들을 '서구 버전'으로 설명했다.

> WEOG는 2013년 하반기에 스위스 대표부에서 비밀 회의를 했습니다. 주요 참여국은 미국, 영국, 프랑스였습니다… 우리는 친구 그룹*을 구성할 가능성을 논의하기 시작했습니다. 우리는 지역 간 유사 입장을 가진 그룹을 조직하려 노력했습니다…
>
> 미국은 이 그룹의 주도에 매우 중요한 역할을 했습니다. 2013년 11월 국무장관이 방문했고, 이는 모든 것을 바꾸어 놓았습니다. 워싱턴 최고위급에서 이 의제가 이제 우선 사항이 된 것입니다. 지시는 하향식이었습니다… 우리는 동시적이고 양자적인 접근

---

* 친구 그룹이란 다자 포럼이 진행되는 동안 결의안 채택을 보장하는 최선책에 대한 전략 수립을 위해 유사 입장 국가들이 정기적으로 만나는 비공식 조직을 의미한다.

을 취했습니다. 우리는 GRULAC 국가의 수도에서 데마르슈를 진행함으로써 이들을 우리 편으로 만들고자 했고, 주브라질 대사와 주아르헨티나 대사는 주재국 인사를 만났습니다.* 라틴아메리카가 이 결의안을 주도하도록 설득하는 데 1년이 걸렸습니다. 브라질과의 협상은 어려웠는데, 브라질은 다소 두려움을 느꼈기 때문입니다. 그들로서는 합의되지 않은 결의안을 처음 다루게 됐습니다.** 이는 그들에게 큰 요청이었습니다. (외교관 5와의 인터뷰, 2015년)

사안을 이렇게 보는 방식은 미국과 다른 서구 회원국들이 비서구 회원국들에게 LGBT 권리를 강요하고 있다는 비판을 피

---

* 데마르슈란 양자 업무를 담당하는 외교관이 본국의 지시에 따라 특정 목표를 위해 배후에서 교섭하고 메시지를 전달하려고 주재국의 외교부에 들어갈 때 이뤄진다. 예를 들어, 주재국 정부를 설득해 다가오는 유엔 선거에서 특정 후보에게 투표하거나, 다가오는 정상회담에 고위급 참석자를 보내도록 설득하는 것이 목표가 될 수 있다. 데마르슈는 외교노트 전달 또는 상대방과의 비공식적 회의보다 더욱 강력한 것으로 여겨지는데, 본국으로부터 주재국 정부를 설득해 특정 결정을 내리도록 설득하라는 명확한 지시가 내려오기 때문이다. 이 경우 서구 외교부는 일부 라틴아메리카 국가의 양자 공관들을 대상으로, 주재국이 인권이사회에서 새로운 결의안 추진에 주도적인 역할을 맡도록 배후에서 교섭하도록 지시했다.
** 인권이사회에서 결의안은 대부분 '합의'에 따른다. 다시 말해, 회원국들이 표결을 요구하지 않는다. 그들은 결의안을 수정할 수는 있지만 결국 결의안의 동의는 합의에 따른다. SOGI 결의안은 광범위한 합의가 없기 때문에 실제로 표결에 부쳐지는 몇 안 되는 인권이사회 결의안 중 하나다. 합의 방식이 아닌 결의안을 제안하고 표결하도록 하는 것은 정치적으로 위험할 수 있으며, 특히 힘이 약한 국가들의 경우 더욱 그렇다. 그런데 브라질이 이 가능성에 '두려움'을 느꼈다는 주장은 다소 과장된 것으로 보이며, 서구 국가들의 자기중심적 사고의 사례가 아닐까 한다.

하고자 "서구 국가들에게 대리인이 필요했다"는 활동가의 발언을 확인하는 듯하다. 이는 라틴아메리카가 리더십 역할을 맡겠다고 독자적으로 결정했다는 생각과는 다르다.

2014년 초

전 세계 수십 개의 LGBT 시민단체 연합은 결의안 추진 방법에 대한 전략 구축을 위해 이스탄불에 모였다. 한 활동가는 당시를 회고하며 말했다. "3년이 흘렀습니다. 그간 우리가 수동적이었다는 사실을 깨달았고, 보다 적극적으로 나설 필요가 있다고 생각했습니다. 그래서 우리는 유사 입장 국가들에 손을 내밀어야 했습니다"(시민단체 대표 16과의 인터뷰, 2015년). 사미는 다음과 같이 덧붙였다. "이사회에서 LGBT 권리에 대해 리더십 공백이 있다는 사실을 시민단체들의 도움으로 알게 됐습니다. 그들은 남아공이 두 번째 결의안을 주도하지 않을 것임을 분명히 알려 왔습니다"(외교관 7과의 인터뷰, 2015년). 얼마 지나지 않아 새로운 SOGI 결의안 작업이 진행되고 있다는 소식이 전해졌다. 성적 지향과 성별 정체성에 반대하는 자들은 이에 반대하기 위한 전략을 내놓았는데, 그들은 '가족'을 지지하는 결의안을 작성해, 이를 2014년 6월 인권이사회 회의에서 제출했다. 다음은 발췌문이다.

사회의 기초집단이며 모든 구성원, 특히 아동의 성장과 복지를 위한 자연적 환경으로서 가족에게는 공동체 안에서 그 책임을 충분히 감당할 수 있도록 필요한 보호와 원조가 부여되어야 함을 확신하며,

가족은 사회의 자연적이고 기초적인 단위이며, 사회와 국가의 보호를 받을 권리가 있음을 재확인하며,

1. 각국의 국제인권법 관련 조항에 따른 의무의 이행을 다루고 이에 관한 도전 과제 및 모범 사례를 논의하기 위해 제27차 회기에서 가족과 그 구성원 보호에 관한 패널 토론회를 소집하기로 한다.

가족 결의안 투표 결과는 다음과 같았다.

[26 대 14로 채택됐으며, 6개국이 기권했다. 가족 결의안의 투표 결과는 다음과 같다.

찬성: 알제리, 베냉, 보츠와나, 부르키나파소, 중국, 콩고, 코트디부아르, 에티오피아, 가봉, 인도, 인도네시아, 카자흐스탄, 케냐, 쿠웨이트, 몰디브, 모로코, 나미비아, 파키스탄, 필리핀, 러시아연방, 사우디아라비아, 시에라리온, 남아프리카공화국, 아랍에미리트, 베네수엘라(볼리바르공화국), 베트남

반대: 오스트리아, 칠레, 체코, 에스토니아, 프랑스, 독일, 아일랜드, 이탈리아, 일본, 몬테네그로, 대한민국, 루마니아, 그레

이트브리튼 및 북아일랜드 연합왕국, 미국

기권: 아르헨티나, 브라질, 코스타리카, 멕시코, 페루, 유고슬라비아마케도니아공화국]. (UNGA, 2014a)

한 글로벌 사우스 국가 소속 외교관은, 그가 속한 대표단이 결국 기권을 선택했는데, 가족 결의안이 협상 중일 당시를 회상하며 말했다. "우리는 더욱 포괄적인 용어를 넣고자 노력했습니다. 가족에 대한 결의안에 반대하기란 어렵습니다"(외교관 23과의 인터뷰, 2015년). 언뜻 보기에 문안은 그리 문제가 없어 보였으나, 한 인터뷰 참여자는 "가족 결의안을 추진하는 회원국들은 모두가 똑같이 SOGI 결의안을 비판하는 국가였다"고 말했다 (외교관 7과의 인터뷰, 2015년). 사실 가족 결의안은 2011년 SOGI 결의안의 문구를 그대로 사용하여 LGBT 친화적인 국가를 조롱하는 것처럼 보였다. 성적 지향과 성별 정체성에 근거한 차별을 다루기 위한 패널 토론을 요청하는 대신 2014년 가족 결의안은 국제법에 따른 가족 보호를 토론하기 위한 패널을 요청했다. 사미에 따르면, 대립을 만들지 말자는 결정이 있었다며 말했다. "이사회는 완전히 양극화된 상황에서 가족 결의안이 제출됐습니다. 우리는 SOGI 결의안이 동일한 회기 중에 제출되는 상황을 원하지 않았습니다"(외교관 7과의 인터뷰, 2015년). 소위 프로-패밀리 회원국들이 결의안을 통과시키기 위해 "더러운 속임수"를 사용했다는 불만도 있었다. 회원국들이 결의안의 내용을 투표에 부쳐 사실관계가 드러나도록 하는 방식 대신 프로-패밀리 국가들은 그들이 원하는 결과를 확실히 얻고자 절차를 "조작"했다는 게 LGBT 친화적 그룹의 주장이었다.* 한 유엔 대표에 따르면, 가족 결의안을 지지한 국가들은 "결의안 채택을 위해 절차적 동의(procedural motions)**를 사용"했다(유엔 대표 17과의 인터뷰, 2015년). 한 서구 외교관은 가족 결의안 지지국들이 "절차를 잘 아는 전문가들로, 우리를 속일 수 있는 모든 술책을 알고 있었다"고 지적했다(외교관 1과의 인터뷰, 2015년). 악감정이 터져 나왔다. "가족 결의안이 통과됐을 때, 인권이사회에서 환호성이 울려 퍼졌습니다. 문구 수정을 토론할 여지조차 없었기에 그들의 결의안 통과는 비민주적인 방식으로 이뤄졌습니다"(외교관 7과의 인터뷰, 2015년). 다만 유엔 대표는 그 전략에 감탄하지 않을 수 없었다고 했다.

---

* 다자 무대에서는 결의안 도입, 토론 기간, 먼저 발언할 수 있는 국가와 시간 등이 일련의 길고 복잡한 절차에 의해 규정된다. 의장국은 기술적으로 중립적 위치에 있으나, 특정 결과에 영향을 미칠 수 있는 권한도 있다. 다자 회의에서 결의안을 통과, 무산 혹은 실격시키기 위해 절차를 활용하는 방법은 여러 가지가 있다. 전술에는 종종 의외의 요소가 있는데, 특정 회원국이 부재한 상황에서 토론을 중단하고 예상치 못한 시점에 투표를 강요하는 방식이 그 예다.
** 절차적 동의란 논의되는 주제의 내용에 대한 결정이 아닌, 회의 진행 방식이나 절차에 대한 제안을 내용으로 한다. 예컨대, 가족 결의안 문안에 다양한 가족에 관한 언급을 포함하자는 국가들의 주장에 대해 절차상 토론 자체를 거부하는 식의 전략 등으로 나타날 수 있다. (옮긴이)

가족 보호에 관한 결의안은 반대 서사를 제대로 보여 주는 사례입니다. 매우 영리했고 사람들을 곤란하게 만들었습니다. 가족 보호를 반대할 수 없다는 게 함축된 메시지였습니다. 이것은 인권이사회에서 분란을 일으키고, 시간과 자원을 소모하게 만든 사례입니다. (유엔 대표 17과의 인터뷰, 2015년)

가족 결의안으로 발생한 긴장은 '유사 입장' 그룹이 새로운 SOGI 결의안 추진을 위한 결의를 다지게 만든 듯 보였다. 같은 6월 회기에서 라틴아메리카 국가들은 공동성명을 발표하기로 했다. 사미는 다음과 같이 설명했다. "이 작업이 모두 끝나고, 저는 라틴아메리카 국가들이 뭔가를 해야 한다고 느꼈습니다…"(외교관 7과의 인터뷰, 2015년). 같은 회기에서 500개의 시민단체가 서명한 강력한 성명이 발표됐고, 여기에는 인권이사회에서 새로운 SOGI 결의안이 나오길 촉구하는 내용도 포함돼 있었다(ARC International, 2014).

2014년 여름

기세가 고조되고 있었고, 라틴아메리카 국가들은 이제 여름 기간 중 SOGI 결의안을 준비해 2014년 9월 인권이사회 회기 중 발표할 수 있게 경쟁에 돌입했다. 서구 국가들도 당연히 도와줄 준비가 돼 있었다는 게 사미의 설명이었다.

> 우리는 [두 개의 서구 국가 출신] 대사들과 회의했고, 이 힘 있는 국가들은 "무엇이 필요한가? 우리가 어떻게 도와줄 수 있는가?"라고 물었습니다. 보통 그들은 우리가 도와주기를 원하지 않습니까? 그렇게 보면, 진정으로 협력하려는 노력이 있었던 겁니다. 우리는 동료들로부터 많은 신뢰와 지지를 얻었습니다… 우리는 표를 얻기 위해 특히 아프리카와 아시아 국가들에 데마르슈를 할 필요가 있었고, 이에 캐나다, 미국, 유럽연합의 도움이 필요했습니다. (외교관 7과의 인터뷰, 2015년)

서구가 결의안의 배후에서 영향력을 행사했다는 첫 번째 주장과 라틴아메리카가 배후에 있었다는 두 번째 주장에 이어, 세 번째 주장이 나왔다. 한 서구 외교관은 "시민사회가 전체 과정을 주도했다. 우리는 시민단체들과 만났다. 모두 긍정적인 상호작용이었다"고 말했다(외교관 1과의 인터뷰, 2015년). 사미는 한 시민단체가 7월과 8월에 정기적인 오찬 회의를 소집했고, 이곳에서 핵심 그룹*은 시민단체들과 다른 유사 입장 국가들을 만났다. 회기가 가까워지자, 핵심 그룹은 매일 회의를 시작했다.

---

* "핵심 그룹"은 친구 그룹의 하위 조직으로, 주어진 결의안의 공동 제안에 가장 강력하게 나서는 소수의 국가를 가리킨다. 이들은 결의안 초안을 작성, 재작성하며 결의안의 통과를 보장하기 위해 정기적으로 회의를 한다.

사실 우리는 발생할 수 있는 모든 결과에 대한 대비책과 시나리오를 갖고 있었습니다. 마치 축구 경기 직전 상황과 같았고, 이길지는 장담할 수 없었습니다. 친구 그룹도 만났습니다. 직업적인 측면에서 저는 정치적 과정, 데마르슈, 절차 규칙 및 숫자를 다루는 방법을 많이 배웠습니다.(외교관 7과의 인터뷰, 2015년)

결의안 초안은 인권이사회에 회람됐고 회원국들 사이에 협상이 본격적으로 시작됐다. 사미는 이 과정을 다음과 같이 설명했다.

우리는 결의안 협상을 위해 매일 회의했습니다. 파키스탄, 이집트, 사우디아라비아가 최악이었습니다. 그리고 사람들 사이에서 비공식적으로 도는 좋지 않은 말도 있었습니다. 예를 들어, 결의안이 동성 결혼을 조장한다는 소문이 있었습니다. 파키스탄이 추가하고자 했던 수정 문안들은 매우 비우호적이었습니다. 그렇지만 우리는 항상 전문적인 방식으로 대응하고자 했습니다. 건설적인 접근법을 취한 것입니다. 우리는 그들의 제안을 이해하고자 했습니다. 우리는 호의적인 모습을 보이고자 노력했습니다. 몇 가지 절차 규칙이 있었고, 이를테면 '무의결 동의(non-action motion)'와 같이, 수정안을 폐기하는 방법도 취할 수 있었습니다. 그렇지만 우리는 6월 가족 결의안 협상에서 그들이

사용했던 더러운 수법을 똑같이 사용하지 않기*로 했습니다. (외교관 7과의 인터뷰, 2015년)**

사미는 협상 중 일부 타협이 불가피했다며, "숫자를 살펴보니 50 대 50이었다. 그래서 우리는 타협했고, 패널 토론** 제안을 포기했다"고 말했다(외교관 7과의 인터뷰, 2015년). 한 서구 외교관은 이를 항복으로 여기며, "결의안 초안이 작성될 때, 우리는 [핵심 그룹]에 더 강력한 문안을 요구했다. 초안이 구체적일수록 일부 회원국들의 두려움은 커졌다"고 말했다(외교관 5와의 인터뷰, 2015년). 즉, WEOG 국가들이 라틴아메리카에 더욱 강력한 문안 작성을 요구했지만, 라틴아메리카는 지지가 불확실한 회원국들이 떨어져 나가는 상황을 원치 않아 조심스러워했다는 것이다. 이 외교관은 당시 상황에 관해 이렇게 말했다. "투표 10일 전, LGBT 권리에 대한 패널 토론을 제안한 문단이 사라졌습니다. 그러지 않으면 중국이 반대표를 던질 것이라고 말했습니다. 최소한 중국은 정직합니다. 자신들의 계획을 알려 준다는

---

* 여기서 무의결 동의는 절차적 동의 중 하나로, 특정 안건에 대해 공식적으로 표결하지 않거나 처리하지 않겠다는 입장이다. 과거 프로-패밀리 회원국들이 가족 결의안을 통과시키는 과정에서 (핵심 그룹들에게) 문구 수정 토론 여지도 주지 않는 등 절차적 동의를 악용했으나, 자신들은 (문안 수정 요구를 한 파키스탄을 포함한) 다른 국가들에게 호의적인 모습을 보이고자 노력하며, 과거 프로-패밀리 회원국들의 방식처럼 대응하지 않을 것임을 의미한다. (옮긴이)
** 패널 토론 가능성 포기는 별다른 문제가 없어 보일 수도 있겠으나, 이런 행사는 인권 사안을 크게 드러내는 기회가 된다.

점에서요"(외교관 5와의 인터뷰, 2015년). 한 활동가는 문안이 약해진 데 대해 "정기 보고* 제안이 마지막 순간에 삭제됐다"며 불만을 표했다(시민단체 대표 16과의 인터뷰, 2015년).

2014년 SOGI 인권이사회 결의안 실제 문구

2014년 9월 26일, 결의안은 25 대 14로 채택됐고, 기권 7표가 있었다. 결의안의 문구와 회원국의 투표 목록은 다음과 같다.

인권이사회는

세계인권선언에 규정되어 있고 그에 따라 경제적, 사회적, 문화적 권리에 대한 국제 규약, 시민적, 정치적 권리에 대한 국제 규약 및 기타 관련 핵심 인권 문서와 같은 다른 인권 문서에서 구체화된 인권의 보편성, 상호 의존성, 불가분성, 상호 연관성을 상기하고,

또한 세계인권선언은 모든 인간이 존엄성과 권리에 있어 자유롭고 평등하게 태어났으며, 모든 사람이 인종, 피부색, 성, 언어, 종교, 정치적 또는 기타의 견해, 민족적 또는 사회적 출신, 재

---

* 특정 의제에 대한 '정기 보고' 요청은 강력한 결의안에 포함되며, 이는 인권이사회에서 해당 의제가 반복 제기될 수 있도록 함으로써 인권 논의가 계속해 집중을 받을 수 있도록 한다.

산, 출생 또는 기타의 신분과 같은 어떠한 종류의 차별이 없이, 이 선언에 규정된 모든 권리와 자유를 향유할 자격이 있음을 확인한다는 점을 상기하고,

또한 빈(Wien) 선언과 행동 강령은 모든 인권이 보편성, 불가분성, 상호 의존성과 상호 관련성을 가지며, 국제사회가 인권을 전 세계적으로 공정하고 평등한 방식으로 대등하게, 또 동일한 비중을 두고 다뤄야 하며, 물론 민족적, 지역적 특수성과 다양한 역사적, 문화적, 종교적 배경의 중요성에 유념해야 하겠지만, 정치적, 경제적, 문화적 체계를 떠나서 모든 인권과 기본적 자유를 신장하고 보호하는 것은 국가의 의무임을 확인한다는 점을 상기하며,

인권이사회는 어떤 종류의 차별 없이 공정하고 평등한 방식으로 모든 사람을 위한 모든 인권과 기본적 자유의 보호에 대한 보편적 존중을 증진할 책임이 있다고 총회가 명시한 2006년 3월 15일의 총회 결의안 60/251을 상기하고, 또한 모든 형태의 차별과 차별로 인해 발생하는 폭력을 근절하기 위한 인권이사회와 총회의 모든 관련 결의안, 특히 2011년 6월 17일의 이사회 결의안 17/19을 상기하며,

전 세계 모든 지역에서 성적 지향과 성별 정체성으로 인해 개인에게 가해지는 폭력과 차별 행위에 심각한 우려를 표명하며,

성적 지향과 성별 정체성을 기반으로 한 폭력과 차별에 맞서

는 투쟁에서 국제적, 지역적, 국가적 차원의 긍정적 발전을 환영하며,

또한 인종, 피부색, 성, 언어, 종교, 정치적 또는 기타의 견해, 민족적 또는 사회적 출신, 재산, 출생 또는 기타 신분에 따른 폭력과 차별에 맞서는 투쟁에서 인권최고대표사무소의 노력을 환영하며,

1. 유엔 인권최고대표의 "성적 지향과 성별 정체성을 근거로 한 차별적인 법과 실례 그리고 폭력" 보고서(문서번호A/HRC/19/41)와 인권이사회 제19차 회의에서 진행된 패널 토론을 감사의 마음으로 주목한다.
2. 인권최고대표에게 기존 국제 인권 법률 및 기준의 적용을 통해 폭력과 차별을 극복하는 방법과 우수 사례를 공유하기 위한 목적으로 보고서(A/HRC/19/41)를 업데이트해 인권이사회 제29차 회의/회기에 제출할 것을 요청한다.
3. 본 사안을 다뤄 나갈 것을 결정한다.

찬성: 아르헨티나, 오스트리아, 브라질, 칠레, 코스타리카, 쿠바, 체코, 에스토니아, 프랑스, 독일, 아일랜드, 이탈리아, 일본, 멕시코, 몬테네그로, 페루, 필리핀, 대한민국, 루마니아, 남아프리카공화국, 구유고슬라비아마케도니아공화국, 그레이트브리튼 및 북아일랜드 연합왕국, 미국, 베네수엘라(볼리바르공화국),

베트남

반대: 알제리, 보츠와나, 코트디부아르, 에티오피아, 가봉, 인도네시아, 케냐, 쿠웨이트, 몰디브, 모로코, 파키스탄, 러시아연방, 사우디아라비아, 아랍에미리트.

기권: 부르키나파소, 중국, 콩고, 인도, 카자흐스탄, 나미비아, 시에라리온. (UNGA, 2014b)

분석

결의안이 채택된 지 8개월 후, 인터뷰 중 사미는 당시 과정에서 여전히 깊은 감명을 받고 있다고 말했다.

> 매우 감격에 찬 투표였습니다… 우리가 이겼다는 소식을 들었을 때, 청중석에 있던 시민단체들은 모두 눈물을 흘리고 포옹하고 있었습니다. 처음에는 '왜 울고 있는 거지? 그저 문서일 뿐인데'라고 생각했습니다. 하지만 그 감정은 그 무엇으로도 표현할 수 없을 정도였습니다. 직장 생활에서 내 업무가 영향력이 있다는 사실을 그때 처음 느꼈습니다. 그만한 가치가 있었습니다. (외교관 7과의 인터뷰, 2015년)

한 활동가는 더욱 고무돼 있었고, 결의안의 중요성을 강조했다.

저는 책상에 앉아 웹 방송으로 인권이사회 투표를 지켜보고 있었고, 보도 자료를 작성하려고 했습니다. 저는 울지 않았지만, 투표 후 복도에서 사람들이 울고 있었고, 예삿일이 아니었습니다. 우리가 과소평가해서는 안 될, 중요한 상징적인 확인이었습니다. (시민단체 대표 2와의 인터뷰, 2015년)

한 유엔 대표는 투표 후 아시아 출신 무슬림 외교관들이 "공개적으로 아무 말도 할 수 없었지만, 결의안의 성공을 축하하기 위해" 비공개 모임을 했다고 내게 말했다(유엔 대표 11과의 인터뷰, 2015년). 회기 종료 파티에서 사람들은 크게 축하를 보냈다. 일부 LGBT 대표들은 파티에 초대받고는 일어나 춤을 추기도 했다. 그 후 시민단체들은 결의안 작업에 대한 감사의 의미로 핵심 그룹 국가들을 오찬에 초대했다(외교관 7과의 인터뷰, 2015년). 그러나 결의안이 채택된 지 8개월 후 인터뷰 참여자 중 다수에게는 엇갈린 감정이 들었다. 한 외교관이 표현한 것처럼 라틴아메리카가 "주도"한 점을 다행으로 생각하는 사람들도 있었지만, 라틴아메리카가 더 진전을 이룰 수 있었으나 그러지 못했다고 생각하는 사람들도 있었다. 다른 사람들은 이사회 내의 정치적 양극화를 고려할 때, 라틴아메리카 국가들은 할 수 있는 만큼 해냈다고 생각했다.

"절반의 실패라는 주장"

- **서구 외교관:** "첫 번째 인권이사회 결의안과 첫 번째 보고서는 선구적이었으나, 두 번째 결의안은 매우 약했습니다"(외교관 18과의 인터뷰, 2015년).

- **유엔 대표:** "[두 번째] HRC 결의안은… 약해졌습니다… 라틴 아메리카는 아프리카의 추가 타협 요구를 수용했습니다"(유엔 대표 11과의 인터뷰, 2015년).

- **활동가:** "유사 입장을 가진 진영은 모두 SOGI 결의안을 원했습니다. 우리가 원한 건 강력한 결의안이었습니다. 우리는 문안에 젠더 표현이 추가되길 원했습니다. 그러나 표현이 약해졌습니다. 결의안은 그저 쓸모없게 됐습니다. 국가들이 조치를 취하도록 요구받는다는 식의 진부한 표현을 보세요. 그 다음에는 뭐가 있긴 한가요?"(시민단체 대표 22와의 인터뷰, 2015년).

"절반의 성공이란 주장"

- **시민단체 대표:** "결의안이 약해졌다는 데 동의하지 않습니다. 첫 번째 결의안을 기반으로 하고 있습니다. 결의안은 강력합니다. 투표수에서 강력한 메시지를 볼 수 있습니다"(시민단체 대표 16과의 인터뷰, 2015년).

- **글로벌 사우스 출신 외교관:** "두 번째 결의안이 더 약하다고 생각하지 않습니다. 첫 번째 결의안과 매우 비슷하며, 후속 조치

에 해당합니다. 우리는 매번 패널을 요청하지 않습니다. 이사회는 그런 식으로 운영되지 않고요. 우리는 계속 나아가야 합니다"(외교관 23과의 인터뷰, 2015년).

- **사미**: "결의안을 잃으면 몇 년 동안 다시 볼 수 없습니다. 그렇기에 이렇게나 큰 노력을 기울였는데, 비판받고 이전 결의안보다 이 결의안이 약하다는 말을 들으니 당혹스럽습니다. 우리는 4개 국가에 불과했고, 최선을 다했습니다. 무엇을 원하나요? 결의안이 채택되길 원하는 건가요, 아니면 아예 결의안이 없기를 원하는 건가요? 그리고 나는 결의안이 실질적이지 않다는 데 동의하지 않습니다. 실질성은 어떻게 측정합니까? 반드시 후속 메커니즘이 있어야만 실질성이 보장되지는 않습니다"(외교관 7과의 인터뷰, 2015년).

반면 이 장의 초반에 제기한 질문을 돌이켜 볼 때, 이 결의안은 WEOG가 한 작업이었는가?* 내가 이 질문을 했을 때 사미는 몸짓을 바꾸며 격앙된 어조로 말했다. "사람들이 뭐라고 했는지 압니다. 우리가 고생도 하고, WEOG의 더러운 일까지도 맡아

---

* 앞서 2014년 결의안 발의를 보는 두 가지 대표 견해로, 라틴아메리카 국가들이 "독자적으로 주도했다고 보는 견해"와 "서구 국가(WEOG)들에게 그루밍을 당해 주도하게 됐다고 보는 견해"가 있음이 제시됐다. 후자의 견해에 따르면, 결의안은 결국 WEOG가 한 작업인 셈이다. 이에 "이 결의안은 WEOG가 한 작업이었는가?"라는 저자의 물음은 일련의 과정에서 "라틴아메리카 국가들의 독자성, 자율성이 없었다고 보는가?"로 해석할 수 있다. (옮긴이)

서 했다고 말했을 겁니다. WEOG가 우리를 조종했다는 데 동의하지 않습니다"(외교관 7과의 인터뷰, 2015년). 사미는 양쪽에서 비판받는 상황이었기에 더욱 민감했다. 당시 글로벌 사우스 외교관들은 라틴아메리카가 "배신"하고 미국의 편을 들었다며 비판했고, 급진적인 활동가들은 라틴아메리카가 충분히 더 나아가지 못했다고 불평했다. 한 유엔 대표는 급진적인 "대리인" 주장*과 향후 이 사안에 대한 리더십이 글로벌 사우스에서 나와야 한다는 의견을 섞어 다음과 같이 말했다.

> 비교적 작은 몇몇 남미 국가들이 SOGI 결의안을 맡아 추진하기로 했습니다. 반면 WEOG 주장**은 반쪽짜리 진실입니다. 아니, 진실이 아닙니다. WEOG는 일을 그르치기 때문입니다. 만약 라틴 국가들이 이름을 올리지 않았다면 이런 성과는 거둘 수 없었을 것입니다. 미국이 투표 결과를 견인하는 데 중요한 역할을 한 점은 사실입니다. 그 점에는 의심의 여지가 없습니다. 그러나 GRULAC는 그루밍을 당한 게 아닙니다. 이는 잘못된 해석입니다. (유엔 대표 17과의 인터뷰, 2015년)

---

* 앞의 장에서 제시된 바와 같이 서구 국가들이 LGBT 권리를 비서구 국가들에게 강요하고 있다는 비판을 피하기 위해 서구 국가들이 직접적으로 개입하는 대신 다른 국가나 그룹을 '대리인'으로 내세우고 있다는 주장, 또는 이들을 '대리인'으로 내세워야 한다는 주장으로 해석된다. (옮긴이)
** 결의안이 WEOG의 작업이었다는 주장이다. (옮긴이)

말하자면 진실은 중간 어딘가에 있을 것이다. 남아공이 리더십 역할을 포기한 후, WEOG로서는 원하는 결과를 얻기 위해 라틴아메리카 회원국이 필요했다. 그러나 마찬가지로 라틴아메리카 회원국도 WEOG의 지원 없이는 성공할 수 있었을 것 같지 않다. 한 활동가는 이번 결의안이 첫 번째 결의안에서 발전을 이룬 부분을 다음과 같이 말했다. "첫 번째 인권이사회 결의안에 대한 투표 기록과 비교해 보면 지지가 증가했음을 알 수 있습니다. 일부 국가는 생각을 바꾸기도 했습니다. 다만 이를 위해서는 가장 많은 국가가 수용할 수 있는 방식으로 결의안을 만들어야 했습니다. 합의할 수 있는 가장 낮은 수준의 공통분모를 찾는 방식이 필요했습니다"(시민단체 대표 15와의 인터뷰, 2015년). 그는 "현재 변화의 가능성이 가장 큰 국가는 결의안에 찬성한 베트남과 기권한 중국"이라며(시민단체 대표 15와의 인터뷰, 2015년), 결의안에서 진전 가능성을 엿볼 수 있다고 덧붙였다.

마찬가지로 다른 활동가는 아프리카의 태도 변화를 결의안에서 감지했다. "결국 투표한 13개 아프리카 국가 중 7개국만이 반대했다"(시민단체 대표 16과의 인터뷰, 2015년). 이 사실은 대륙 전체를 동성애 혐오적이라고 간주하는 것은 정확하지도, 유용하지도 않음을 시사한다. 우리 눈에는 매번 드러나지 않더라도 점진적인 변화가 있다. 유엔 대표도 낙관적이었다.

부르키나파소, 콩고민주공화국, 나미비아, 시에라리온, 보츠와나 등 많은 기권이 있었음을 잊으면 안 됩니다. 그리고 베냉은 자리에 없었습니다. 이 사실은 한편으로 이 국가들이 기권하도록 압박을 받고 있음을 보여 줍니다. 다른 한편으로는 일부 국가들과 대화의 여지가 있을 수 있음을 뜻합니다. 모잠비크는 이미 법을 개정했습니다. 긍정적인 변화입니다. 부정적인 입장도 있지만, 균형 잡힌 시각을 견지해야 합니다.(유엔 대표 17과의 인터뷰, 2015년)

회원국들의 투표 양상에 관한 이야기는 다음 인권이사회 결의 시 어느 국가가 태도 변화를 보일지에 대한 추측으로 이어졌다. 인터뷰 참여자 상당수는 전통적으로 유엔에서 성적 지향과 성별 정체성 사안에 반대해 온 회원국들이 결국에는 태도를 바꾸리라는 희망을 품고 있었다. 한 유엔 대표는 "필리핀, 태국, 보츠와나, 모잠비크, 말라위, 르완다, 세네갈에서 LGBT 이슈에 대한 정책이 바뀔 가능성이 보인다"고 말했다(유엔 대표 11과의 인터뷰, 2015년). 한 활동가는 "현재 우리의 초점은 법률과 정책의 변화 가능성이 보이는 아시아 태평양과 카리브해 지역의 일부 국가들이다. 예컨대 태평양 지역의 경우, 국가들이 차별적 법률을 가졌다고 해도 대부분 이 법이 시행되지 않고 있다"고 말했다(시민단체 대표 8과의 인터뷰, 2015년). 한 글로벌 사우스 출신 외교관은 남아공이 결국 태도를 바꿨다는 점을 강조하며 말했다. "저는 GRULAC가 주도했다고 생각하지 않습니다. 또한 남아공은 리더십을 보이고 싶어 하지 않았습니다. 중요한 점은 결국 남아공이 지지했다는 사실입니다. 그들은 실제로 투표했고, 그 근거도 포함했습니다"(외교관 23과의 인터뷰, 2015년). 여기에서 큰 함의는 글로벌 사우스가 인권에 적극적으로 나섰지만, 그들도 회원국의 국내 외교정책 우선순위 변화에 끊임없이 영향을 받는다는 사실이다. 주도권 행사를 위해서는 막대한 정치적 자본이 필요한데, 일부 글로벌 사우스 국가가 어느 시점에는 이 정치적 자본을 갖추고 있을지 몰라도, 다음 결의안이 나올 때면 상실할지도 모른다.

소결

시먼스와 올트먼(2015)은 구성주의 연구가 국제 규범에 동질화의 동력이 있다고 보나, 규범이 "국제적 위계와 지역 정체성"을 형성하는 역할을 한다는 점에 주목해, 오늘날 구성주의 연구에 수정이 이뤄지고 있다고 지적한다(Symons & Altman, 2015, 86쪽). 서구와 라틴아메리카 국가들 내에서 LGBT 권리에 대한 지지가 높아지면서 LGBT 권리에 대한 국제적 지지도 높아졌으나, 섹슈얼리티에 관련된 규범 강요는 국제적인 반발을 심화시킬 수 있다. 반대 진영은 서구의 문화적 가치와 정체성 범주가 강요되고 있음에 반발하는 주권 수호로 이 갈등을 규정짓는다(Symons & Altman, 2015, 65쪽). 대립하는 논리로, 러시아와 그 외의 국가들은 국제적인 LGBT에 반대하는 이니셔티브를 지지한다(Symons & Altman, 2015, 62쪽). 인터뷰를 통해 얻은 자료를 바탕으로 나는 "서구가 LGBT 권리를 보편적으로 보호해야 한다고 주장할 때 반대 담론이 발생한다"는 내 학제 간 이론적 틀의 핵심 내용을 확인할 수 있었다. '가족 결의안'은 이 과정을 잘 보여 주는 사례다.

이 사례 연구는 LGBT 외교가 정부간기구, 시민단체, 국가 간 역동적인 3자 관계로 추진되는 방식을 보여 준다. 센딩, 노이만, 풀리오(2011)의 분석을 상기해 보면, 외교라는 제도는 "새로운 행위자들이 글로벌 거버넌스에 포함되고, 새로운 관리 형태가 구축되고 적용되면서, 시간이 흐름에 따라 변화하고 있다." 예를 들어, 전통적인 국가 간 외교관계는 다자주의에 의해 재편됐다(Sending, Neumann & Pouliot, 2011, 534-536쪽). 이 장의 인터뷰 참여자들은 결의안 투표에서 '승리'하기 위해 사용할 수 있는 외교적 기술과 전략을 알려 줬다. 여기서 엄청난 양의 외교적 자원과 정치적 자본이 필요한 전투가 벌어진다. 수도에서의 데마르슈와 많은 압박이 필요하며, 몇 달간의 계획이 필요함은 말할 것도 없다. 찬반 투표의 결과는 눈에 보이는 실체로 나타나, '승리'로 평가할 수 있다. 많은 인터뷰 참여자가 느끼기에 투표의 승리는 큰 상징적 가치가 있었을 뿐만 아니라 엄청난 감정적 반향을 일으켰는데, LGBT 권리에 반대하는 국가들을 대상으로 중요한 핵심 회원국들이 물러서지 않을 것임을 알리는 신호였기 때문이다. 나아가 이 승리는 LGBT 활동가들에게 힘을 주고, 자국 정부를 상대할 때 더 큰 지렛대로 작용하는 것으로 보였다.

오늘날 흐름이 바뀌고 있는 것처럼 보이며, LGBT 활동가들은 지난 수년 동안 다자 프로세스에 큰 노력을 기울였음을 인정한다. 이제 더욱 구체적인 결과를 얻는 방식으로 자원을 활용할 수 있겠다고 생각이 변하고 있다. 제9장에서는 LGBT 외교관들과 활동가들이 유엔 인권이사회에서 '승패' 논쟁을 넘어 앞으로 나아갈 수 있는 새로운 경로를 살펴본다.

제9장

LGBT 인권 외교의 정책적 함의

인터뷰 참여자 29명이 분명히 지적했듯이 인권 외교는 간단한 과정이 아니다. 수도에서의 데마르슈, 리셉션과 부대 행사 개최, 절차 조정, 약한 플레이어에 대한 압박을 비롯해 외교관, 시민단체, 정부간기구(政府間機構) 사이의 전략적 관계 구축이 필요하다. 내가 진행한 모든 인터뷰는 많은 점을 시사했는데 그중 12개 정도가 특히 돋보였다. 이 인터뷰들은 '업무적 요구 사항'을 넘어서서 그들의 업무가 이 분야에서 더욱 넓은 국제적 노력과 연결되는 방식을 다뤘다. 일부 인터뷰 참여자는 LGBT(레즈비언, 게이, 양성애자, 트랜스젠더) 인권 증진을 위한 국제적 투쟁이 국제 관계의 영역에 부합한다는 점을 명확히 설명했다. 이 장에서는 바로 이 부분을 다루고자 한다.

제3장의 문헌 검토 마지막 부분에서 나는 내 이론적 틀을 "LGBT 인권의 국제화에서 나타난 정책적 함의를 더 깊이 이해할 수 있는 도구"로 설명했다. 이 장에서 나는 외교관과 활동가가 다양한 국제적 맥락에서 LGBT 권리를 강화하거나 제약하는 방식을 설명한, 앞의 세 장에서 제시한 자료에 내 이론적 틀을 적용한다. 내 목표는 연구에서 얻은 자료를 사용해 다음의 분석

을 제시하는 것이며, 여기에는 LGBT 인권 외교의 성공 사례를 보여 주는 분석, 격차와 불일치 및 모순을 지적하는 분석, 연구와 정책 수립의 잠재적 영역을 설명하는 분석, 외교관과 시민단체, 정부간기구의 새로운 참여 영역을 제안하는 분석이 해당한다. 첫 번째 절에서 나는 외교관, 정부간기구, 활동가가 LGBT 인권을 성공적으로 지원한 방법을 살핀다. 제2절에서는 특히 다자 외교 환경 속에서 LGBT 권리를 지지하는 서구 외교관과 시민단체 대표가 직면한 어려움을 검토한다. 그다음으로 현재 국제 LGBT 운동이 직면한 어려움을 폭넓게 살핀다.

LGBT 인권 외교의 모범 사례

국제 인권 체계는 LGBT 인권 담론이 뿌리내릴 수 있는 일정한 공간을 제공했지만, 배제의 공간이 되기도 했다. 국제 인권 조약은 "야심차고 고귀한 표현(Mittelstaedt, 2008, 353쪽)"을 특징으로 하지만, 일반적으로 성적 지향과 성별 정체성을 명시적으로 언급하지 않는다. 오늘날 국제적으로 인권을 둘러싸고 분열되어 있는 상황을 고려할 때, 조약이 가까운 미래에 성적 지향과 성별 정체성 사안을 포함하는 방식으로 개정될 가능성은 작아 보인다. 그렇지만 최근 몇 년간 LGBT 권리는 다자 영역, 특히 유엔, 유럽과 미주 인권 체계 내에서 새로운 수준의 가시성을 확보했다. 이 절에서는 특히 잘 작동한 활동의 측면을 주목하고, 지속적인 활동이 필요한 영역을 제시한다.

중간 지대 탐색

많은 다자 메커니즘은 대규모의 절차와 활동을 수반한다. 그러나 성적 지향과 성별 정체성 이슈가 회의의 공식 의제로 등장하면 종종 논란과 분열을 초래할 수 있다. 그러나 두 극단적 진영 외에도 LGBT 권리에 대해 일정 정도 참여할 준비가 된 중간 그룹 국가들이 있다. 이들은 국내 유권자로부터 비판받을 수 있는 공개적 입장을 취하는 일에 불편함을 느낄 수 있다. 외교관과 활동가는 눈에 크게 띄지 않는 환경에서 이 중간 그룹 국가들이 일부 LGBT 권리 이슈에 참여할 수 있게 창의력을 발휘하고 방법을 모색할 필요가 있다. 예를 들어, 제네바에 있는 동안 나는 고문방지협회(APT)의 활동을 알게 됐는데, 이 협회는 77개국이 서명하고 60개국이 비준한 고문방지협약 선택의정서(OPCAT)를 관찰하는 비정부기관이다.* 고문방지협약 선택의

---

* 핵심 조약에는 9개의 선택의정서가 있다. 선택의정서는 국제인권법의 특정 측면에 초점을 둔 기존 조약의 부속 협정이다. 특정 핵심 조약에 서명한 모든 회원국 중 일부는 장애인 권리에서 여성의 권리에 이르기까지 특정 세부 주제에 참여하기로 결정할 수 있다. 다음 선택의정서 중 일부는 잠재적으로 LGBT 권리 참여를 위한 진입점을 제공할 수 있다: 경제적, 사회적, 문화적 권리에 관한 규약 선택의정서, 시민적, 정치적 권리에 관한 국제 규약 선택의정서, 사형제 폐지를 목표로 하는 시민적, 정치적 권리에 관한 국제 규약

정서는 각 회원국에 국가 예방 메커니즘 사용을 권고하는데, 이는 협약의 이행을 강화하고자 회원국이 사용할 수 있는 일련의 지침이다. 2015년 고문방지협회는 스위스 정부의 자금 지원을 받아 고문과 LGBT 수감자에 대한 심포지엄을 개최했다. 아메리카, 아프리카, 아시아, 유럽의 15개 유엔 회원국이 참여했다. 일부 회원국은 동성애 행위를 범죄로 규정하는 법률을 가지고 있었으나, 그럼에도 이 회의에 참여할 의향을 보였다. 최종 보고서(APT, 2015)에는 모범 사례들을 담은 목록이 포함돼 있다. 이 사례들은 기술적 역량 구축에 집중하면 외교관과 일선 부처 전문가, 심지어 보수적인 국가의 전문가들까지도 LGBT 인권 보호 방법을 더 많이 학습하도록 장려할 수 있음을 보여준다.

권고: 기존의 다자 메커니즘과 프로세스를 색다른 방식으로 활용해서 분열의 양상을 깨고 보수적인 국가 출신 공무원이 LGBT 권리를 더 많이 학습할 수 있도록 해야 한다.

제2 선택의정서, 여성 차별 철폐에 관한 협약 선택의정서, 아동의 무력 분쟁 참여에 대한 아동 권리 협약 선택의정서, 아동 매매, 아동 성매매 및 아동 포르노에 대한 아동 권리 협약 선택의정서, 의사소통 절차에 대한 아동 권리 협약 선택의정서, 고문 및 기타 잔혹하고 비인도적이거나 품위 훼손적인 대우나 처벌 금지 협약 선택의정서, 장애인 권리 협약 선택의정서.

규모가 전부는 아니다

유엔은 세계에서 가장 광범위하고 자금 조달이 원만히 이뤄지는 인권 체계를 갖추고 있으나, 더욱 소규모의 전문화된 정부 간기구 또한 양자, 다자, 국가-시민단체 간 대화를 위한 훌륭한 기회를 제공할 수 있으며, 이 경우 대화는 대립이 덜하고 더욱 협력적인 환경에서 이뤄질 수 있다. 매년 LGBT 권리를 다루는 청문회를 포함해 수십 건의 청문회를 개최하는 미주인권위원회를 생각해 보라. '청문회'라고 불리지만 진행 방식은 전문가 패널과 유사하다. 미주 전역에서 인권 활동가와 전문가, 인권 담당 외교관과 정부 부처의 전문가가 모여 다양한 주제를 논의한다. 이 행사에서는 유엔의 UPR(보편적정례인권검토) 절차에서 볼 수 없는 방식의 대화가 이뤄지기 유리하다. 유엔 제네바 사무소에서는 수백 명의 대표가 한 대형 회의실에 모여 1분 15초 동안 추천 사항 목록을 재빨리 읽고 다음 대표에게 마이크를 넘긴다. 그러나 미주인권위원회에서는 LGBT에 우호적이지 않은 정부조차도 비판자와 직접 대면해 실질적인 논의를 하게 된다. 대중도 참석할 수 있다. 전체 회기는 웹 방송으로 송출되고 영상은 온라인에 게시된다.

영연방, 프랑코포니, 유럽안보협력기구(OSCE), 아프리카인권 및 인민권리위원회(African Commission on Human and People's Rights) 등은 잠재적으로 성적 지향과 성별 정체성 의제에 대한 활동이 확대될 것으로 기대되는 정부간기구들이다. 이 정부간 기구들은 보통 1년에 한 번 또는 두 번 총회를 여는데, 매번 다른 국가에서 개최되며 수백 또는 수천 명의 정치인, 정책 입안자, 비즈니스 리더, 외교관이 참석한다. 회의는 상당한 언론 보도를 받으며, 때로는 LGBT 커뮤니티를 범죄화하거나 차별하는 회원국에서 열리기도 한다.* 이런 장소에서 열리는 대규모 국제 모임은 정부 관계자와 소통하고 지역 활동가들의 관심사를 직접 들을 수 있는 풍부한 외교와 교류 기회를 제공한다. 부대 행사를 통해 국회의원, CEO, 예술가, 활동가가 한자리에 모일 수 있다.

권고: 소규모의 정부간기구가 대형 회의를 열 때 시민단체, 회원국, 민간 부문은 이 기회를 활용해 LGBT 권리에 대한 인식을 높일 수 있는 전략을 구축해야 한다. 회의가 LGBT 커뮤니티를 범죄화하거나 이들에게 차별이 가해지는 국가에서 열리는 경우 특히 그렇다.

지역 소송의 효과

문헌 검토에서 살펴본 바와 같이 많은 서구 국가에서 LGBT들이 제기한 법적 분쟁은 인상적인 성과를 거뒀고, 최근에는 글

---

* 예를 들어, 2013년 영연방 정부 수반 회의는 스리랑카에서 열렸다. 프랑코포니 정상회의는 세네갈(2014년), 토고(2017년)에서 열렸으며 2022년에는 튀니지에서 열릴 예정이다.

로벌 사우스도 마찬가지다. 다자 차원에서 보면, 유럽과 미주 등 일부 지역에서 LGBT 권리 강화를 확고히 이룬 진전된 판례가 나오고 있다. 원활히 기능하고 효과도 비교적 높은 지역 인권 체계를 갖춘 지역에 사는 운 좋은 활동가들이 법적 소송 과정에 계속 참여할 수 있게 장려해야 한다. 다만 이 전략은 매우 전문적이며 비용이 큰 법적 지식을 요한다. 긴 절차를 거치는 소송 당사자에게 재정, 안전, 정서 차원의 상당한 지원이 필요할 때도 있다. 이런 유형의 투자는 비용이 어떠하든 전체 지역에 상당한 파급 효과를 미칠 수 있다.

일례로 LGBT 수감자의 문제가 유럽인권재판소에서 다뤄졌다. 2012년 **X 대 튀르키예*** 사건에서 청구인은 독방 수감에 이의를 제기한 게이 수감자였는데, 그에 대한 독방 수감 조치는 그의 성적 지향을 고려해 그를 보호한다는 명목으로 취해졌던 것으로 보인다. 법원은 그의 손을 들어줬다.** 한 학자는 "유럽인권협약 제3조에 따라 성적 지향과 관련한 소송에서 법원이 청구인의 주장을 받아들인 것은 역사상 처음이었다… 이는 성적

---

* X vs Turkey. (옮긴이)
** 이 사건에서 튀르키예 교정 당국은 청구인이 다른 재소자들과 함께 구금될 경우 피해를 입을 수 있다고 주장했으며, 유럽인권재판소는 교정 당국의 우려에 근거가 없지는 않으나, 다른 재소자들과 완전히 격리하는 조치를 정당화하기에 충분치 않다고 봤다. 재판소는 교정 당국이 청구인의 안전에 대한 위험을 충분히 평가하지 않았다고 봤고, 청구인의 독방 감금이 비인도적이고 모욕적인 처벌에 해당한다고 판단했으며, 동 조치가 청구인의 동성애 성향을 이유로 이뤄졌기에 성적 지향을 이유로 한 차별이라고 봤다. (옮긴이)

지향에 대한 법원 판례의 중대한 발전"이라고 평했다(Johnson, 2012). 미주인권재판소는 LGBT 권리에 관한 세 사건을 심리했다. 2012년 재판소는 자녀의 양육권을 상실한 레즈비언 어머니에 대한 사건에서 칠레에 책임을 묻는 판결을 내렸다.* 이 사건은 전환점이 됐는데, 재판소가 성적 지향은 미주인권협약에 따라 보호받는 대상이라고 판결했기 때문이다(Inter-American Court of Human Rights, 2012) 2016년 재판소는 성적 지향을 이유로 한 군대 내 차별과 관련한 사건에서 에콰도르 정부에 책임을 묻는 판결을 했고(미주인권재판소, 2016a),** 동성 커플의 유족연금 수급권과 관련한 사건에서 콜롬비아 정부에 책임을 물었다(미주인권재판소, 2016b).*** 2018년 재판소는 코스타리카의 요

---

* Atala Riffo and daughters vs Chile 사건을 의미한다. 재판소는 칠레 법원이 청구인의 성적 지향(동성애)을 근거로 자녀 양육권을 박탈한 것이 성적 지향을 이유로 한 차별로, 미주인권협약 제24조(차별 금지)와 제1조(인권의 존중 의무)를 위반했다고 봤다. 재판소는 성적 지향이 인간의 본질적인 부분이며, 이를 이유로 한 차별은 정당화될 수 없다고 판시했고, 자녀 양육권은 부모의 성적 지향과 관계없이 결정돼야 한다고 밝혔다. (옮긴이)

** Flor Freire vs Ecuador 사건을 의미한다. 1998년 신설된 에콰도르의 군 규율 규칙(Reglamento de Disciplina Militar) 제117조는 군 장교의 동성 간 관계를 "부도덕 행위 또는 직무 능력 부족"으로 규정하고, 관련 장교를 파면할 수 있게 했다. 미주인권재판소는 에콰도르가 동 규정에 따라 청구인을 징계한 것과 관련해, 동성애 행위에 대한 제재와 이성애 성행위에 대한 제재를 구별한 것은 성적 지향에 따른 차별로 봤고, 청구인의 명예와 존엄이 존중되지 못했다고 판단했다. 유사한 규정을 담고 있으나, 헌법재판소에서 합헌 결정을 내린 한국의 군형법 제92조 6에 시사하는 바가 크다. (옮긴이)

*** Duque vs Colombia 사건을 의미한다. 청구인은 동성 동반자가 사망한 뒤, 콜롬비아 연금 및 퇴직 기금 관리공단에 유족연금을 신청했으나, 공단 측으로부터 신청 처리를 거부당했다. 공단 측은 콜롬비아 사회보장법에 따라 이성 커플의 경우에만 유족인 동반자가 연금을 받을 자격이 있다고 주장했으나, 미주인권재판소는 이를 성적 지향에 따른 차별

청에 따라 동성 관계에 대한 권고적 의견을 발표했으며, 이는 2020년 코스타리카에서 동성 결혼을 법제화하는 결과를 가져왔다. 이를 본 많은 사람은 이 결정이 지역 내 다른 국가들의 판결로 이어질 문을 열 것이라고 믿고 있다(미주인권재판소, 2017).*

지역 인권 소송은 민간 영역이 참여할 수 있는 분야이기도 하다. 예를 들어, 동성 간 행위를 범죄화하는 억압적인 지역 법률에 대한 소송 제기 기회를 모색 중인 민간 로펌은 무료 변호 서비스와 교육을 제공할 수 있다. 다만 이 소송은 긍정적인 결과 외에도 자칫 LGBT 커뮤니티의 분열을 일으킬 수도 있다. 시험 삼아 제기한 소송이 잘못돼 법원에서 기각될 경우, 이후 법원에서 승리를 거두기까지 수년이 걸릴 수 있기 때문이다. 정확한 관할 구역 내에서 올바른 법적 대상을 목표로 삼으면서, 중복된 노력을 피하고 커뮤니티와 철저히 협의하는 일은 성공적 소송 전략의 중요한 요소다.

공여국들도 이 분야에서 즉각적이고 실질적인 변화를 일으

에 해당한다고 판단했다. (옮긴이)

* 2016년 5월, 코스타리카공화국은 성적 권리, 성별 정체성 관련 미주기구 회원국 간 권리 보호가 상이하다고 하며, 미주인권협약이 국가에게 동성 관계에서 발생하는 모든 재산권을 인정하도록 하는지 등을 다뤄 달라고 요청했다. 이에 미주인권재판소는 권고적 의견(La Opinión Consultiva 24/17)에서, 미주인권협약이 '가족' 개념을 정의하고 있지 않으나, 동성 관계를 포함하지 않는다고 해석 시, 협약의 목적과 취지가 훼손된다고 판단했다. 재판소는 동성 커플의 가족 관계 보호가 재산권 문제를 넘어선다고 보고, 이성 커플의 가족 관계에 적용될 수 있는 민사, 정치, 경제 또는 사회 등 모든 유형의 권리가 동성 커플에게도 적용되어야 한다고 판단했다. 여기에는 동성 커플의 혼인권도 포함된다. (옮긴이)

킬 수 있다. 예를 들어, 미주 인권 체계는 만성적으로 자금이 부족하고, 미주 전역에서 발생한 많은 인권 사건이 처리되지 않은 채 쌓여 있다. 자금 지원이 확대된다면, 미주인권위원회와 미주인권재판소와 같은 기관들이 성적 지향과 성별 정체성 관련 사건을 포함해 미주 전역에서 발생한 많은 사건을 처리할 수 있다.

권고: 공여국, 시민단체, 인권 법률 전문가는 지역 인권재판소 내에서 차별적인 법률과 관행에 이의를 제기하는 소송 전략 수립을 위해 민간 부문과 협력해야 한다. 이 전략은 지역 LGBT 커뮤니티에서 광범위하게 논의되고 지지받는 경우에만 효과를 볼 것이다.

국가 대표단에 LGBT 목소리 포함하기

국가 대표단의 일원이 되는 것은 국제회의에서 벅찬 마음으로 자국을 대표하는 모습이다. 개회 총회에는 거대한 원형 테이블 위에 '캐나다'라고 적힌 표지판이 있고, 대표단장은 이 표지판 뒤에 놓인 의자에 앉는다. 대표단장 바로 뒤에는 다음으로 높은 직위의 정부 관료가 앉는데, 통상 대사가 위치하며, 다음에는 공사참사관과 내가 이어서 앉는다. 이 경우 대표단은 모두 정부 대표들로 구성돼 있다. 그러나 회원국이 국가 대표단에 시민단체 대표를 초청한다고 해도 아무 제약이 없다. 인터뷰를 하던 중 나는 중요한 인권 사안을 다룬 유엔 회의에 국가 대표단의 일원으로 참석했던 LGBT 활동가와 이야기할 기회가 있었다.

> [외교부]는 시민단체가 [유엔 프로세스]에 참여하는 데 큰 관심을 보였습니다. 그들은 우리의 생각과 의견을 원했습니다… 시민단체들을 회의에 초대했고, 성적 지향과 성별 정체성 의제에 대한 시민단체의 의견을 반영했으며, 시민단체 대표를 공식 대표단의 일원으로 초청했습니다. 저는 이것이 매우 독특한 접근이라고 생각했습니다… 공무원들도 들떠 있었습니다… 우리는 젠더 기반 폭력, 트랜스 정체성 이슈, 인터섹스 아동, LGBT 폭력에 대한 의견을 제시했습니다… 그들은 열려 있었고 많은 질문을 했습니다… 우리 대표단의 역동적인 면이 좋았습니다. (시민단체 대표 21과의 인터뷰, 2015년)

이 사례는 일부 국가들이 국제 무대에서 논의되는 사안에 대해 보다 포괄적인 방식으로 접근하고 있음을 보여 준다. 시민사회 대표들은 단순히 '그림자' 목소리가 아니라, 자신들의 공동체에 영향을 미치는 인권 문제를 깊이 이해하고 있는 사람들이다. 위 사례에서 활동가는 정부로부터 국가 전문가로 인정받았다.

권고: LGBT 활동가들은 단순히 협의의 대상을 넘어, LGBT 권리를 논의하고 토론하는 다자 회의에서 국가 대표단으로 포함돼야 한다.

다자 차원의 LGBT 권리 주류화

내 인터뷰 참여자 대부분은 유엔 인권 체계, 특히 유엔 인권이사회에서 성적 지향과 성별 정체성 사안에 대한 진전을 매우 자랑스러워했다. 이는 수년간 국제적으로 자신의 존재를 드러내고자 했던 LGBT 활동가들에게 논리적인 진입점이었다. 다만 현재 이 분야가 상당히 포화 상태에 이르렀다는 인식이 있다. 내가 인터뷰한 한 외교관은 "모든 달걀을 인권이사회라는 바구니에 담아서는 안 되며, 유엔 시스템의 다른 영역에서도 LGBT 권리 지지 활동을 해야 한다"고 강조했다(외교관 18과의 인터뷰). 성적 지향과 성별 정체성 의제는 현재 많은 유엔 프로세스와 기관에서 주류화되고 있다. 그러나 한 활동가가 말했듯이, 성적 지향과 성별 정체성 이슈를 "몇 년마다 나타나는 드라마틱한 의제가 아니라", "유엔의 일상적 업무의 일부"로 만드는 일은 길고 힘든 투쟁이었다(시민단체 대표 2와의 인터뷰, 2015년). 한 활동가는 이제 모두가 소매를 걷어붙일 때라고 생각했다.

> 유엔 기관과의 작업은 매우 실질적이며, 가시성 제고부터 기술적 전문성 창출 단계로 이동하고 있습니다… 이제 "레즈비언의 권리는 인권"이라고 말하는 것만으로는 충분하지 않습니다… 우리는 역사적 순간에 있으며, 가시화 과정을 넘어 기술적 접근이 필요한 새로운 단계로 접어들고 있습니다. 이제 보건, 사

법과 같은 여러 프로세스에 LGBT 권리를 통합해야 합니다. (시민단체 대표 25와의 인터뷰, 2015년)

사실 LGBT 이슈에 대한 새로운 작업은 다수 진행되고 있으며, 이에 유엔은 2016년 유엔 인권최고대표사무소가 의장을 맡는, 기관 간 네트워크를 설립했다(OHCHR, 2018). 이 기관 중에는 유엔 여성기구(UN Women)가 있다. 모든 여성에게 영향을 미치는 사안을 다루기 위해 설립됐지만, 일부 시민단체는 유엔 여성기구와의 협력이 어렵다고 느끼고 있다. 한 활동가는 "이 기관에 레즈비언, 양성애자, 트랜스젠더의 권리에 대한 내부 지침이 많지 않다"고 말했다. 그러나 이 문제는 자금 조달과도 관련이 있을 수 있다. "유엔 여성기구는 유엔 개발계획과 유니세프에 비해 자금이 적다"(시민단체 대표 25와의 인터뷰, 2015년). 또 다른 유엔 기관인 유엔 난민기구(UN Refugee Agency)는 이라크와 ISIS가 존재했던 지역에서 성적 지향과 성별 정체성 사안을 다룬 직원 교육 자료를 개발했다. 직원들은 성적 지향과 성별 정체성이 쟁점이 된 망명 사례를 이해할 수 있도록 교육받는데, 이를 통해 망명 신청자가 난민으로 받아들여질 가능성을 높일 수 있다(UNHCR, 2018). 또 다른 기관인 유니세프는 LGBT 청소년 캠페인을 시작했지만, 보수적인 회원국의 반대에 직면하자 계획을 중단했다(유엔 대표 4와의 인터뷰, 2015년). 유니세프는 현재 "국내 프로그램에 LGBT 관점을 사용하고 있지만, 이것이 현장에서 어떻게 운영될지는 아직 불분명하다"(시민단체 대표 25와의 인터뷰, 2015년).

활동가들이 LGBT 친화적 기관으로 평가하는 그 '다음' 기관은 유엔 개발계획(UNDP)이다(시민단체 대표 21과의 인터뷰, 2015년). 예를 들어, 유엔 개발계획의 프로그램 중 하나인 "아시아에서 LGBT로 살아가기(Being LGBT in Asia)"(UNDP, 2018)는 성적 지향과 성별 정체성 사안에 대한 인식을 높이고 아시아 LGBT 조직의 역량을 강화한다. 사실 개발 패러다임은 인권 체계 내에서 LGBT 권리가 촉발한 분열에서 벗어나게 할 수 있다. 새천년개발목표에서 시작해 지속가능개발목표로 발전시켜 나가는 전환 과정이 현재 진행 중이다. 2015년 9월 지속가능개발목표 출범을 몇 달 앞둔 시점에 나는 인터뷰를 진행하고 있었는데, 시민단체들은 지속가능개발목표 관련 마지막 조정 작업 논의에서 LGBT 권리를 '가시화'하기 위해 부단히 노력했다. 한 활동가는 "다음 15년을 계획하는 작업으로, LGBT 권리는 이 과정의 일부여야 한다… 기존의 많은 사람이 여기에 관심을 기울이는 것을 못 봤다"고 말했다(시민단체 대표 21과의 인터뷰, 2015년). 포용성, 다양성, 거버넌스, 사회정의와 같은 지속가능개발목표의 섬세한 용어들은 성적 지향과 성별 정체성 관련 사안이 덜 대립적인 방식으로 국제적인 의제에 포함되도록 할 수 있다. 한 활동가는 이 제도적 틀 안에서의 LGBT 권리를 다음과 같이 전망했다.

많은 작업이 이미 인권이사회, 조약기구 및 특별절차와 함께 진행 중입니다. 중복되게 일을 하거나 한 곳에 너무 많은 자원을 투입해서는 안 된다고 봅니다… 2015년 이후 과정*은 매우 새롭기에 그 안에 유연함이 있습니다. 정해진 절차가 있고, 우리가 제공할 수 있는 인풋이 제한적인 UPR 절차와는 대조적입니다… 저는 이것이 새롭게 나아갈 방향을 만드는 기회라고 생각합니다. 새로운 아이디어와 신선한 인력이 필요합니다. (시민단체 대표 21과의 인터뷰, 2015년)

지속가능개발목표에 성적 지향과 성별 정체성과 관련한 명시적인 언급을 포함하지는 못했지만, 활동가들은 일부 회원국, 시민단체, 정부간기구는 곧바로 성적 지향과 성별 정체성 이슈를 포함하는 새로운 포괄적 개발 구상을 추진하고 있다. 예를 들어, 시민단체의 연합인 유네스코 캐나다위원회는 지속가능개발목표를 통해 캐나다의 지방자치단체가 성적 지향과 성별 정체성 관련 사안을 더욱 포용적으로 다룰 수 있는 실용적 방법을 제안한 툴키트를 개발했다(CCUNESCO, 2019). 국제 LGBT 시민단체인 OutRight Action International은 지속가능개발목표 중 제11번 목표인 "포용적이고 안전하며 회복력 있는 지속 가능한 도시와 거주지 조성"의 효과를 집중적으로 다룬 연구를 발표

---

* 문맥상 지속가능개발목표 수립 및 이행 과정을 의미한다. (옮긴이)

했다. 이 보고서는 주택과 고용에 대한 비차별 정책, 공공 서비스 접근성 향상, 자료 수집 및 보고 개선을 권고한다(OutRight Action International, 2018). 민간 부문도 이 분야에서 활동하고 있다. 리드 2030은 청소년이 각각의 지속가능개발목표에 대한 해법을 개발하도록 장려하는 비즈니스 연합이다. 브리스틀-마이어스 스퀴브*는 지속가능개발목표 제10번인 "국내 및 국가 간 불평등 감소"를 다루며, LGBT 노동자를 위한 포용적인 직장 환경 조성 사업을 지원 중이다(Lead 2030, 2019).

권고: 유엔 회원국, 시민단체, 민간 영역은 광범위한 유엔 업무 속에 성적 지향과 성별 정체성 사안의 기술 전문성을 포함하는 방법에 대한 장기 전략 개발에 협력해야 한다. 지속가능개발목표는 LGBT 권리에 대한 인식을 높이고 LGBT의 삶을 개선하기 위한 여러 진입점을 제공한다.

정부간기구, 시민단체, 대사관은 현장에서 결과를 낼 수 있다

LGBT 권리에 대한 다자 참여 활동을 생각하면, 나는 외교관과 시민단체 대표가 제네바, 뉴욕, 워싱턴과 글로벌 노스의 기타 도시에서 회의하는 장면을 떠올린다. 그러나 글로벌 사우스에도 정부간기구가 이용할 수 있는 자원이 많은데 현장 사무실, 유

---

* 미국에 본사를 둔 다국적 바이오 제약 회사로, HIV/AIDS, 심혈관 질환, 당뇨 등의 관련 의약품을 생산한다. (옮긴이)

급 직원을 포함해 현지 대사관과 시민단체, 전문가, 미디어 등이 그것이다. UNAIDS는 서구 공여국, 대사관, 시민단체를 성공적으로 모아 글로벌 사우스 내 커뮤니티에서 현장의 LGBT 문제를 해결하는 좋은 사례다.

나는 제네바에서 UNAIDS의 프로그램을 처음 접했는데, 이때 킨스먼과 젠틸레(2010)의 방법론이 떠올랐다. 그들이 말하는 방법론은 바로 "사람들의 사회적 실천에 주목하며, 아래로부터의 성찰적이고 대화적인 분석을 마련하는 것"이다(Kinsman & Gentile, 2010, 26쪽). UNAIDS가 수행하는 프로젝트의 제목은 "인도네시아, 케냐, 우크라이나 — HIV 및 핵심 집단에 대한 UNAIDS 3자 협력(Indonesia, Kenya and Ukraine — UNAIDS tripartite cooperation on HIV and key populations)"(네덜란드 지원)이다(UNAIDS, 2015). 사업 보고서가 제시하는 주요 내용은 다음과 같다.

다양한 이해관계자를 한자리에 불러 성 노동자, 남성과 성관계를 갖는 남성(MSM), 주사 약물 사용자(IDU)를 포함한 다양한 주요 집단 사이의 간극을 메우고, 외교사절단, UNAIDS, 지역사회 단체 사이의 연결을 다지는 작업에서 협력이 시작됐다… 협력의 전반적 목표는 공동으로 결정됐는데, HIV 감염자를 포함한 핵심 집단이 (보건 및 법률) 서비스에 접근하고, 인권을 요구하며, 변화를 촉진할 수 있도록 역량을 갖추게 하는 것이었다… 세 국가를 위한 로드맵은 포괄적이고 참여적인 과정으로 설계되고 있으며, 학습 내용과 특정 요구 사항, 각 국가의 여건을 고려한다… 국가 차원에서 이 프로그램에는 UNAIDS 국가 사무소, 네덜란드 대사관, 네덜란드 자금을 지원받는 시민단체와 그들의 지역 파트너가 참여한다… 국가 협의를 통해 핵심 집단이 폭력, 차별, (보건과 법률) 서비스와 인권에 대한 접근성 부족 등의 문제를 공통적으로 경험하고 있다는 인식이 높아졌고, 그 결과 국제적으로 더 많은 교류와 공동 작업이 이뤄졌다. (UNAIDS, 2015, 87쪽)

프로그램에 대한 평가는 내 연구 범위를 넘어서지만, 이 사업은 정부간기구, 외교부, 개발 기관, 국제 시민단체와 현지 대사관이 현장의 인권 활동가들과 협력해, 상이한 발전 단계에 있으며 다양한 어려움을 겪는 여러 국가에서 LGBT 권리를 강화할 수 있음을 보여 준다. 현지의 시민단체는 광범위한 홍보 활동을 할 역량이 부족한 경우가 많다는 점에서 이 접근 방식은 대사관과 정부간기구의 현장 사무소가 제공하는 자원을 활용할 수 있는 장점이 있다. 정부간기구, 외교관, 활동가 사이의 미래 협력을 위한 모델로 이런 방식의 사업이 더 많이 개발될 수 있다.

권고: 외교관, 전문가, 시민단체와 국가들은 UNAIDS 사업을 연구해, 사업에서 LGBT 권리에 대한 3자 접근 방식을 통해 달성할 수 있었던 목

표를 살펴보고, 지역 참여 모델이 정부간기구, 시민단체, 외교부, 대사관, 지역의 다양한 조직에서 활용될 수 있을지 검토해야 한다.

이 절에서는 기술 전문성 분야가 향후 성적 지향과 성별 정체성 이슈에 대한 다자 참여 활동의 기초가 되는 영역이 될 것이라고 보았다. 포괄적 유엔 인권 도구가 없는 상황에서 새롭고 창의적인 접근 방식이 형성되고 있다. 나는 현재까지 발전이 이뤄졌으며 향후 더 많은 협력이 이뤄지리라 기대되는 구체적 분야에 집중했다. 소규모 정부간기구는 다양한 환경에서 인식을 높일 잠재력이 있고, 지역 인권 메커니즘은 특정한 LGBT 권리 보호에 활용될 수 있다. LGBT 활동가들은 국제회의에서 대표단이 더 진정한 대표성을 갖출 수 있게 만들 기회가 있으며, 정부간기구는 국제적, 지역적 차원에서 LGBT 권리 보호 사업에 참여할 수 있다. 많은 분야 내에서 공여국, 민간 영역, 정부간기구, 외교관, 시민단체는 다양한 차원에서 긍정적인 변화를 촉진할 수 있는 역할이 있다.

LGBT 운동에 대한 도전과 시사점

내 인터뷰 과정에서 외교관, 활동가, 유엔 대표는 인권 외교를 일상에서 실행하며 겪는 어려움을 풍부하고 상세히 설명했다. 이는 구조적인 문제로, 다자 외교 환경과 외교 관행의 일반적 한계를 드러내며, 용어 합의에 드는 노력과 이행에 대한 광범위한 질문을 제기한다. 모든 활동은 양극화되고 때때로 위험한 외교적 환경의 맥락 속에서 이뤄진다. 또한 인터뷰는 향후 국제 LGBT 정치의 향배에 대한 많은 통찰력을 줬는데, 특히 지난 15년 동안 LGBT 정치를 크게 부상시킨 다자 인권 체계를 넘어설 전망이다. 학제 간 이론적 틀을 분석 도구로 활용해, 오늘날 활동이 갖는 한계를 짚어 내고 새로운 활동 경로를 제안하고자 한다.

국제 공간에서 LGBT 이슈를 선제적으로 포함하기

내 이론적 틀에 따르면, 국제 프로세스에 LGBT 이슈를 포함하려는 시도는 이를 동성애 제국주의적 시도로 규정하는 주요 국가 그룹의 지속적인 저항을 받고 있다. 이런 배제를 분명히 '적시'하고, 전략에 공개적으로 맞서는 것도 중요하겠으나, 또 다른 중요한 접근법은 배제 전술을 사전에 대비하는 것이다. 예를 들어 유엔은 새로운 주제에 주목하기로 할 때, 통상 시민사회와 협의한다. 그러나 모든 시민단체가 LGBT에 포용적이지 않다. 헤이건(2016)이 설명하듯이 여성, 평화, 안보(WPS) 주제에서와 같이 새로운 다자 협의 과정에 성적 지향과 성별 정체성 관련 지표가 배제될 경우, LGBT의 삶이 자료에 반영되지 않아 가시성이 떨어진다. 한 가지 방법은 처음부터 포괄적인 방법론을 요구하는 것이다. 효과가 즉각적으로 나타나지 않을 수는 있지만, 장기적으로 볼 때 이렇게 지식이 생성되면 성과를 거둘 수 있다. 헤이건은 성 및 젠더 기반 폭력의 사례를 사용해 "젠더 비순응자를 더욱 포괄할 수 있도록 지표를 확대함으로써 현재 WPS 점검 메커니즘에서 기록되지 않는 다른 형태의 성 및 젠더 기반 폭력을 포착해야 한다"고 제안한다(Hagen, 2016, 322쪽). 헤이건의 사례에서 성적 지향과 성별 정체성 관련 지표를 포함하려는 노력은 성과를 거뒀는데, 2015년 분쟁 지역 내 성 및 젠더 기반 폭력에 대한 유엔 사무총장 보고서에 이라크의 "도덕적 정화(moral cleansing)" 부대가 LGBT들을 상대로 저지른 폭력에 관한 언급이 처음으로 포함됐다(UNSG, 2015). 헤이건은 이를 LGBT 친화적 국가의 활동가와 외교관이 다자 외교 환경에서 성적 지향과 성별 정체성 의제를 더욱 가시화하기 위해 배후에서 교섭한 사례로 지적한다. 이 접근법은 승수효과를 내는데, 일단 선례가 설정되고 성적 지향과 성별 정체성 관련 자료가 보고서와 프로세스에 포함되면 이전의 배제적 관행으로 돌아가기가 더 어려워지기 때문이다.

권고: 다자 포럼에서 LGBT 권리를 지지하는 외교관들은 새로운 정책 제안을 점검하고, 성적 지향과 성별 정체성 관련 사안의 배제 여부를 판단해, 초기에 시민단체에 우려 사항을 전달하며 건설적인 역할을 해야 한다. 그러면 사후에 이 문제를 포함하기 위해 분투하지 않아도 된다.

이행의 문제

내 이론적 틀이 묘사하는 세계에서 서구 자유민주주의적 국가들은 인권 수호자를 자임하며 국가의 인권 보호 약속을 통해 자신의 정당성을 확보하고자 한다. 그러나 국가 인권 체계의 효과성에 대해 많은 비판이 제기되는데, 특히 이행과 연관돼 그렇다. 현재 전 세계에서 발생하는 인권 침해와 관련해 방대한 양의 정보를 생성하는 인권 검토와 관련 절차가 매우 많다. 그러나 지적을 받는 회원국이 인권 침해를 얼마나 인정하고 시정하고 있는가. 이는 비판과 성찰이 필요한 문제다. 예를 들어, UPR 절차는 매년 국가 검토 중 수백 건의 성적 지향과 성별 정체성 관련 권고 사항을 제시하지만, 유엔 회원국이 실제로 후속 조치를 하고 권고를 이행하도록 보장하는 메커니즘은 없다. 켈리(2013)는 많은 권고 사항에 법적 구속력이 없기에 용어가 평이하고 모호하다고 지적한다. 내가 인터뷰한 한 외교관은 회원국이 무언가를 "고려"하도록 "요구"받는다는 식의 표현이 자주 사용돼, UPR 절차의 권고가 갖는 영향력이 떨어질 수밖에 없다고 비판했다. 게다가 회원국은 권고 사항에 대해 "수용" 또는 "불수용"이란 선택권을 갖는다. 회원국이 UPR 절차의 권고를 "수용"하더라도 이를 이행할 의무는 없으며, 권고 중 무엇이 이행됐고 무엇이 미이행됐는지 추적하는 메커니즘도 없다.

이는 분명 성적 지향과 성별 정체성 관련 사안만이 아니라 모든 UPR 절차의 권고 사항이 갖는 한계다. 예를 들어, 회원국에 의해 권고가 이행되지 않았을 경우, 이 사실을 5년 후에 공개적으로 명시해야 하는가? 국제 인권 체계에서 권고를 제안하기는 쉽지만, 권고 사항 이행에 어려움이 있다는 사실은 제도 자체에 난해한 질문을 제기한다. 불완전한 국제 제도라 해도 자국 시민의 권리를 침해하는 국가에 책임을 묻고자 노력하기에 여전히 중요하다는 게 내 이론적 틀이 지적하는 바다. 그러나 진정한 인권 '수호자'라면, 국가들은 유엔 인권이사회에서 수백 개의 권고 사항을 읽는 것뿐만 아니라 권고 사항이 언젠가 이행될 가능성을 높이기 위해 보이지 않는 곳에서도 노력해야 한다.

권고: 이행 가능성이 낮은 권고안을 만드는 데 상당한 자원을 집중하는 회원국과 시민단체는 이 과정에 들인 노력과 함께, 제도를 개혁하고 이행 전략을 추구하는 노력을 병행해 균형을 맞춰야 한다. 이는 미래 연구를 위해 중요한 지점이다.

과정 vs 내용

2010년대 시민단체와 외교관들은 인권이사회에서 SOGI(성적 지향과 성별 정체성) 결의안 채택에 성공했으며, 이는 다른 유엔 시스템이 주도하는 결의안에 성적 지향과 성별 정체성 용어를 포함하려는 유사한 움직임을 촉발했다. 제3장에서 언급했듯이 메리(2003)는 유엔 결의안 용어 협상에 기울여진 엄청난 노력에 깊은 인상을 받았다. 그러나 내 연구에 따르면, 여러 다자 프로세스에서 LGBT가 명시적으로 언급되지 않으며 종종 "취약 집단"이란 용어에 흡수되는 경우가 많다. 인터뷰에서 드러난 노력 사례 중 하나는 "유엔 도하(Doha) 범죄 회의에서 범죄의 영향을 받는 집단으로 LGBT를 명시하려는 시도"였는데, 이 움직임은 상당한 반발을 초래했다(외교관 18과의 인터뷰, 2015년). LGBT가 겪는 높은 수준의 폭력 범죄가 그간 잘 기록돼 왔다는 점에서, 범죄에 관한 유엔 결의안에 LGBT를 포함하는 작업은 외부 관찰자가 생각하기에 별로 문제 될 일이 아닐 수 있다. 그러나 보수적인 회원국의 외교관들은 성적 지향과 성별 정체성에 관한 언급이 포함되는 것에 반대하고자 수백 시간을 쓰기도 한다. 또 다른 예로, 한 활동가는 보수적 국가들이 괴롭힘에 대한 유네스코 결의안에서 성적 지향과 성별 정체성에 대한 언급을 제외하는 과정이 있었음을 씁쓸하게 회상했다(시민단체 대표 25와의 인터뷰, 2015년).

이는 외교관과 유엔 관료가 보수적인 회원국에 맞서 싸워야 하는 매우 현실적인 전투로, 국가들은 유엔 기구들을 통해 엄청난 저항을 했다. 반면 내가 인터뷰한 일부 활동가들은 이런 다자 논의가 LGBT들의 실제 경험에 항상 근거하지는 않으며 추상적인 논의로 이어진다고 느꼈다.* 미묘한 쟁점들을 협상하는

---

* 이 발언은 워싱턴에 살면서 미주기구에서 인권 결의안을 협상했던 추억을 생각나게 했

데 엄청난 에너지가 소모된다며, 일부 활동가들은 용어에 대해 논의하는 시간을 줄여야 한다고 생각한다. 한 활동가는 "우리는 이제 제네바에만 집중하지 않는다. 이행에 더 집중해야 한다고 본다"고 말했다(시민단체 대표 22와의 인터뷰, 2015년). 여기서 활동가가 말하는 "제네바"란 유엔 인권최고대표사무소가 본부를 두고 있는 제네바를 의미하며, 이곳에서 시민단체들은 UPR 절차, 유엔 특별절차, 조약기구 검토를 비롯해, 인권이사회에서 2년마다 발표되고 논의되는 SOGI 결의안을 활용하며, LGBT 권리 증진을 위해 큰 노력을 기울이고 있다. 이 시민단체 대표의 말은 다음과 같이 표현할 수 있다. "유엔 인권 체계의 다양한 용어에 성적 지향과 성별 정체성 사안이 포함되도록 요구하는 일은 중요하나, 그것만으로는 충분하지 않으며 문서 내의 용어가 행동으로 어떻게 이어지는지에 집중해야 한다."

다. 연례 SOGI 결의안이 새로운 용어를 담아 제출된 적이 있었다. 보호가 필요한 영역으로 "젠더 표현"을 포함하자는 제안이 처음으로 제시됐다. 일반적으로 LGBT 권리에 반대하는 회원국의 외교관들은 이 수정 제안에 곧바로 반박을 가했던 반면, 전통적으로 LGBT 권리를 지지해 온 국가들은 이를 수용했다. 나는 이 분열을 해결하고자, 수정 제안의 본질을 논의하는 것이 도움이 될 것으로 생각했다. 나는 결의안 변경을 지지하는 외교관들에게 새로운 용어가 추가된 이유를 설명해 달라고 요청했다. 그들이 대답하지 않았을 때, 나는 그들이 젠더 표현과 성별 정체성의 차이를 이해하지 못했으리라 생각했다. 나는 트랜스젠더 인권 활동가를 불러 미주기구 위원회에서 이를 설명하게 하자고 했지만, 아무도 관심이 없었다. 그러나 젠더 표현을 포함하자는 제안을 비난하는 외교관들과 지지하는 외교관들은 모두 격렬한 언쟁을 멈추지 않았다. LGBT 커뮤니티 대표자들을 만나 그들이 직면한 어려움, 성별 정체성과 젠더 표현의 차이를 더 많이 알아볼 기회를 거절한 채 말이다.

결의안에 성적 지향과 성별 정체성 용어를 포함하려는 시민 단체들의 지속된 노력 덕분에 다자 외교 환경에서 LGBT의 가시성이 극적으로 높아졌다. 'OutRight International', 'ILGA International', 'ARC International' 등 주요 국제 LGBT 인권단체의 웹사이트 조사에 따르면, 단체들의 핵심 활동 중 다수는 LGBT 관점에서 의견을 제시하며 다자 포럼 및 과정에 참여하는 활동이었다. 또한 활동가들은 전 세계의 LGBT 활동가들이 이 과정에 참여할 수 있도록 교육하고, 이 활동을 외교관, 입법자, 정부간기구 관계자와 성적 지향과 성별 정체성 관련 사안을 논의하는 기회로 활용한다. 그러나 그 외의 영역, 이를테면 인권 침해 추적, 위험에 처한 피해자에 대한 법적, 사회적 지원 제공, 관련 작업을 지속하기 위한 기금 모금 등 국제적 지원 활동에 더 큰 노력이 필요하지는 않을까? 시민사회가 공식적인 다자 프로세스 참여를 줄인다면 그 자원이 국제 LGBT 권리 운동의 다른 영역으로 전환될 수 있을지, 아니면 LGBT에 대한 국제적인 가시성을 심하게 훼손시킬지를 생각해 볼 필요가 있다.

마지막으로, LGBT 권리의 국제적 증진과 보호는 다자 인권 외교 이상의 의미가 있으며, 다른 접근 방식들과 결합해야 한다는 점에 주목해야 한다. 여기에는 미디어, 민간 분야, 종교 기관, 안보와 국방 분야, 프로 스포츠 분야, 문화 분야와의 협력을 바탕으로 한 이니셔티브 개발 등이 있을 수 있다.

권고: 시민단체는 다자 외교와 그 과정에서 성적 지향과 성별 정체성 이슈를 다루는 데 드는 시간과 자원의 비율을 평가하고, 이를 다자 제도의 바깥에 있는 사업 계획을 비롯한 여타 국제적인 LGBT 권리 증진과 보호 활동들과 비교해야 한다. 이 시도와 노력을 정량화하는 학술 연구가 필요하며, 이를 통해 결의안들이 LGBT 권리 증진과 보호를 위한 정책과 관행으로 충분히 이어지고 있는지 파악할 수 있다.

상처받은 외교관

도널리(2013)에 따르면 인권 외교는 서구 자유주의 외교정책의 핵심 특징으로 부상했다. 그러나 세계 주요 도시를 오가며 다자간 회의와 협상에 참여하는 제1세계 외교관들에게 '인권'은 추상적인 개념일 수 있다. 내 자료에 따르면 인권 외교 실무자는 논의와 협상의 주제로부터 단절될 수 있다. 내 인터뷰에서 많은 대사관은 편협성, 괴롭힘, 연고주의, 동성애 혐오로 점철된, 고도로 정치화된 작업 환경으로 묘사됐으며, 이 사실은 업무를 복잡하게 만든다. 외교관들도 일반 시민과 마찬가지로 인종, 국적, 종교, 지역에 대한 고정관념이 있을 수 있다. 그들은 같은 생각을 가진 집단에 경도돼 공통의 정치, 사회, 문화, 종교적 가치를 강화한다. 일부 사람들은 외교관이 엄격한 선발 과정을 거쳐 선정된 엘리트라고 생각하지만, 많은 국가의 경우 하위 외교직마저도 정치적 연결을 기반으로 하는 거래 수단이다. 외교관

임명은 때때로 가문과 집권 세력 사이의 연줄을 통해 이뤄진다. 또 다른 슬픈 현실은 인권 존중을 장려하기 위해 제네바나 뉴욕에서 일하는 외교관이 고국에 돌아온 뒤, 자신의 인권과 동료 시민의 인권이 보호되지 않는다는 현실에 직면해야 할 수도 있다는 점이다. 비교적 높은 수준의 인권 보호를 받는 '유사 입장' 국가의 외교관조차도 자신의 외교 공관과 외교부에서 차별과 편협한 태도를 경험할 수 있다.

도널리(2013)에 따르면 인권 외교는 세 가지 영역에 초점을 두는데 첫째, 개인에 대한 침해, 둘째, 인권 침해를 지속시키는 법률과 정책, 셋째, 광범위한 침해에 대한 국가의 관여가 그것이다. 양자 차원에서 인권 외교는 추상성이 적고 더욱 실질적일 수 있다. 그러나 그 결과 인권 외교 실무자들은 트라우마를 겪고 둔감해질 위험이 있다.* 귀국한 군인의 외상 후 스트레스 장애 치료가 중요하다는 인식이 커지고 있는 데 비해 트라우마를 겪은 외교관은 종종 간과되는데, 세계의 잔혹한 현실과는 괴리돼 특권을 누리면서도 앓는 소리를 하는 자들로 여겨진다.

---

* 예를 들어, 내가 참석한 한 회의에서 정장을 입은 대사가 몇 년 전 난민 캠프를 방문한 경험을 이야기하던 중 눈물을 흘리기 시작했다. 또 다른 회의에서는 크림 반도 활동가가 러시아 교도소에서 고문당한 경험을 차분하게 설명했다. 내가 참석한 대규모 국제회의에서는 외교관 200명이 한 극장으로 안내받아 들어갔다. 우리가 자리에 앉자 보안군이 농민들을 학살하는 잔인한 장면이 아무런 경고도 없이 상영됐다. 이후 우리는 이 영상을 상영한 목적이, 글로벌 노스 기업들이 글로벌 사우스 지역에서 용병을 고용해, 기업들의 착취 관행에 반대하는 시위를 억누르는 현실을 외교관들에게 알리기 위함이었다고 들었다.

권고: 인권 담당 외교관이 겪는 트라우마가 부차적이라 하더라도 장기적으로는 장애를 초래할 수 있다. 외교부 직원들이 국내외에서 상담받을 수 있도록 해야 하며, 외상 후 스트레스 장애를 포함해, 업무 중 나타나거나 나빠질 수 있는 심리적 문제에 효과적인 치료를 제공해야 한다.

외교의 동성애 혐오적 측면

내 이론적 틀은 LGBT 인권 외교가 전통적이고 동성애 혐오적으로 여겨지는 문화에 대해 서구의 "동성애 규범적인 내셔널리즘의 전개"로 규정되는 과정을 설명한다. 내가 인터뷰한 9명의 외교관 중 3명은 게이의 정체성을 갖고 있었다. 이들이 속한 본국 정부는 LGBT 자국민에 대한 차별을 멈추지 않으면서도 국제 무대에서는 자국 외교관들이 LGBT 권리를 지지할 것이라 기대했고, 이 외교관들은 그런 본국을 대표하고 있었다. 동시에 그들은 개인적으로 직장에서 겪는 그들의 동성애 혐오적 차별 경험과 씨름하고 있었다. 이 부분은 내 연구에서 가장 흥미로운 지점으로, 그들이 공유한 경험은 내 직장 경험과 매우 유사했다. 적어도 그들은 동성애를 범죄로 규정하지 않고 상당한 정도의 평등한 혜택을 제공하는 국가에서 살고 있었다. 그러나 많은 LGBT 외교관은 동성애에 낙인을 가하거나 이를 범죄로 규정하는 국가 출신이다. 그들은 직장 내 차별과 괴롭힘으로부터 보호받지 못하며, 동성 동반자와 함께 파견국에 오는 것도 허용되지 않는다. 그들은 정체성을 숨긴 채 벽장 속에 갇혀 있어야 할 뿐 아니라, 동료나 상사가 동성애 혐오적 행동을 하거나 LGBT 권리에 반대할 때, 이에 공개적으로 동조하거나 침묵해야 할 수도 있다. 이런 다양한 층위의 동성애 혐오는 다양한 전선에서 맞서야 한다. 외교부는 LGBT 외교관을 차별과 괴롭힘으로부터 보호하고 그들의 필요 사항을 인정하는 교육과 상담을 제공하기 위해 노력해야 한다. 예를 들어, 일부 외교부는 성적 지향과 성별 정체성 사안을 포함한 다양한 주제에 대한 다양성 교육을 제공한다.*

권고: 외교관의 동성애 혐오 경험을 더 잘 이해하기 위한 질적 연구가 필요하며, 외교관을 위한 동성애 혐오 방지 교육에 대한 비교 연구도 필요하다. 외교관이 뉴욕, 제네바, 브뤼셀과 같은 중심부에 있는 공관에 도착해 자국을 대표해 업무를 할 때, 정부간기구는 동성애 혐오 방지 교육을 받지 못한 외교관에게 교육을 제공할 특별한 기회가 있다.

---

* 몇 년 전 내 부서 소속 모든 직원은 비공개회의에 소집됐고 한 트랜스젠더 직원이 트랜지션(트랜스젠더가 자신의 성별 정체성에 맞게 젠더 표현, 신체 특징을 변화시키거나 의료적 또는 법적 조치를 취하는 과정 — 옮긴이) 중이란 사실을 전달받았다. 우리는 해부학, 용어, 직장 정책을 비롯해 동료를 지원하는 방법을 교육받았다. 그러나 LGBT 권리에 반대하는 국가의 외교관은 원하더라도 교육을 반드시 받을 수 있는 것은 아니다. 외교관이 업무를 위해 상주 공관에 도착할 때 정부간기구는 본국에서 동성애 혐오 방지 교육을 받지 못한 외교관에게 교육을 제공할 수 있으며, 그렇게 해야 한다.

다자주의를 통해 변화를 만들어 내기

제2차 세계대전 이후 인권은 다자 기관 내에서 국제적으로 주목받았다. 내 이론적 틀에 따르면 LGBT 인권 외교는 인권 증진을 위해 서구 국가들이 기울인 광범위한 노력의 일환이다. 나는 다자 LGBT 이니셔티브와 과정을 열거하고 추적하는 데 성공했다고 생각했지만, 그 효과를 분석하는 일은 전혀 다른 문제였다. 이 문제에 대한 전체적 고찰은 내 연구 범위를 넘어서지만, 인터뷰를 통해 다음의 두 가지 질문이 계속 떠올랐다. "국제 LGBT 시민단체가 국가 및 현장의 LGBT 시민단체에 어느 정도 영향을 미칠 수 있는가?", "이 작업이 지역 차원에서 근본적인 변화를 불러오는가?"

많은 인터뷰 참여자는 다자 차원의 권리 옹호 활동이 지역 활동가들에게 긍정적인 영향을 끼친다고 확신했다. 한 활동가는 "점점 더 많은 현장 활동가들이 [유엔에] 참여하는 일의 중요성을 인식하고 있다"고 말했다(시민단체 대표 28과의 인터뷰, 2015년). 다른 활동가는 "시민단체가 국제회의에 참석하면 활동가와 정부 사이에 더 많은 대화가 이뤄진다"며 그 장점을 설명했다(시민단체 대표 29와의 인터뷰, 2015년). 인터뷰 참여자 대부분은 활동가들이 "지역 차원에서 변화를 일으킬 수 있도록 유엔 권고안을 활용"하는 일이 가장 이상적이란 데 동의했다(시민단체 대표 19과의 인터뷰, 2015년). 그러나 내가 한 질문은 성찰과 의심을 불러 일으키기도 했으며, 나를 향한 질문으로 되돌아왔다.

- 활동가: "활동가 중에는 국제회의에 참석하는 엘리트 그룹이 있습니다. 우리가 여기서 얻은 정보를 어떻게 해석해 회원들에게 전달하고, 정보 접근성을 높일 수 있을까요?"(시민단체 대표 21과의 인터뷰, 2015년)
- 유엔 대표: "우리가 얼마나 이 이슈를 실제 보호로 이어지게 만들 수 있을까요?"(유엔 대표 13과의 인터뷰, 2015년)
- 활동가: "이런 유형의 보고서를 어떻게 옹호 수단으로 활용할 수 있을까요?"(유엔 대표 13과의 인터뷰, 2015년)
- 활동가: "…보고서가 공개된 이후에는 어떻게 되는 건가요? 만약 초점이 현장에 맞춰지지 않는다면 어떻게 지속적인 변화가 있을 수 있을까요?"(시민단체 대표 22와의 인터뷰, 2015년)

LGBT 권리에 대한 유엔 프로세스와 협상에 참여한 한 활동가는 자신의 업무가 현장 활동가에게 어떤 의미가 있는지 설명하기를 어려워했다.

장기적으로 보면, 이 과정이 현장 운동에 도움이 되리라 생각합니다. 문제는 이것을 고위급에서 실제 활동가에게 어떻게 전달할 수 있는가 하는 것입니다. 사람들은 사실 제가 여기서 하는 활동을 잘 이해하지 못합니다… 너무 추상적이기 때문입니다.

영향을 미칠 수 있는 엄청난 잠재력이 있지만 사람들이 이 메커니즘을 인식하지 못하기 때문에 어려움이 있습니다.(시민단체 대표 21과의 인터뷰, 2015년)

다른 활동가는 탄식하며 다음과 같이 말했다.

…개인적으로, 지금 하는 작업이 현장에서 변화를 일으키리라고 생각하지는 않습니다. 저는 매일 아침 일어나며 이 생각을 합니다. 이 모든 작업이 [유엔] 문서에 나올 내용과 어떻게 관련이 있을까요…? 별로 관련이 없습니다. 사실 성적 지향, 성별 정체성이라는 표현은 문서 어디에도 등장하지 않을 겁니다. 바라건대 태도가 개선될 수는 있겠죠. 개인적으로 제가 지금 변화를 만들어 내고 있다고 생각하지는 않지만, 누가 알겠습니까? 아마도 15년 후에 변화가 있을지도요.(시민단체 대표 26과의 인터뷰, 2015년)

이 분야에서 수년간 일해 온 나로서는 인터뷰 참여자들이 다자 프로세스의 결과 창출 능력에 보인 불확실하고 모호한 태도를 이해할 수 있었다. 나도 분명한 답을 갖고 있지는 않지만, 실무자로서 내 관점과 개인적 경험에 비춰 볼 때, 양자 외교가 실제 '승리'를 경험하는 기회를 제공할 수 있다고 생각한다. 결의안을 35 대 12로 부결시키는 일은, 인권 활동가와 자국의 명망가 간 회의를 조직해서 활동가의 조직에 자금 지원을 할 수 있도록 하는 일과 다른 느낌을 준다. 반면, 내가 아는 외교관 대부분은 다자 외교가 국제정치에 대한 가장 근본적이고 변혁적인 접근 방식이라고 믿고 있다.

권고: LGBT 인권의 다자 프로세스가 갖는 효용에 대한 학술 연구가 필요하며, 이를 통해 실질적인 문제점을 파악하고, 대안적 접근법을 제시할 수 있다. 그러나 객관적인 인터뷰 대상 표본 집단을 구성하는 작업은 어려울 것이다. 내 연구에 따르면 많은 외교관, 활동가, 정부간기구 대표가 이 분야에서 수년간 활동했고, LGBT 정치에 대한 이 접근 방식을 중시한다. 일부는 다자 인권 외교의 일반적인 효용에 대해 질문받았을 때 방어적인 반응을 보이기도 했다. 이 분야의 실무자들 사이에서 비판적 사고가 형성될 수 있도록 하는 방법의 모색은 향후 과제다.

LGBT 시민단체가 '비서구적'일 수 있는가?

1990년대 이후 LGBT 시민단체는 정부간기구, LGBT 친화적 국가와 인권 외교에 참여해 왔는데, 이는 전통적이거나 종교적으로 구성된 비서구 문화에 서구의 성적 정체성을 강요하는 동성애 식민주의라는 비난으로 이어질 수 있다는 게 내 이론적 틀이 강조하는 지점이다. 이런 반응이 계속 일어남에 따라, 과연 부작용을 일으키지 않으면서 시민단체가 성소수자 권리를 옹호할 수 있느냐는 질문이 제기된다. 제네바, 워싱턴, 뉴욕과 같은 도시에서 일부 국제 LGBT 인권 단체들은 다자 인권 회의에 정기적으로 참석해, 전 세계의 LGBT가 차별받고 있으며, 이들에 대한 보호와 평등한 대우가 필요하다고 주장한다. 이 시민단체들은 차별적 법률의 폐지, 반차별 보호 조치 개발, 생명을 구하는 약물 접근성 확보, 폭력과 투옥을 당한 사람들에 대한 지원을 성공적으로 수행했다.

안타까운 점은 시민단체들이 아무리 중요한 일을 하더라도 비서구의 비판자들이 그들을 서구 국가의 명령에 따라 나머지 세계에 LGBT 정체성에 대한 서구적 관점을 요구하는 '하수인'으로 치부한다는 사실이다. 이론적으로 시민사회는 국가와 분리돼 있다. 그러나 내 연구는 LGBT 시민단체와 서구 정부 사이의 경계가 점점 더 흐려지고 있음을 보여 준다. 자료를 제시한 장들에서 나는 LGBT 친화적 외교관이 활동가와 긴밀히 협력해 LGBT 권리를 증진한 방법을 제시했다. 1년에 3번, 시민단체들은 국가별로 성적 지향과 성별 정체성과 관련된 권고 목록을 작성하고 이를 서구 국가에 배포해 UPR 절차를 준비한다. 내 인터뷰에 따르면 일부 경우 서구 외교관들은 시민단체의 이메일에서 권고를 그대로 인용해 인권이사회에서 UPR 검토 시 자국의 권고로 제출했다.

이 연구의 범위를 넘어서는 또 다른 질문이 제기된다. 만약 전 세계 구성원을 대표하는 일이 시민단체들의 의도라면, 이들이 전 세계에 있는 매우 광범위한 성소수자들을 얼마나 잘 대표하고 반영하고 있는가? 만약 어떤 시민사회 단체가 서방 정부와 재단으로부터 자금 지원을 받는 경우, 이 단체가 방콕이나 보고타에 사무실을 두고 있다는 이유로 이 단체를 '비서구적'이라고 볼 수 있겠는가? LGBT 시민단체가 LGBT 친화적인 외교관들과 유엔 결의안을 함께 작성하고 매주 조찬 모임을 갖는다면, 이 단체가 자율적으로 정책을 결정하는 조직이라고 할 수 있겠는가?

권고: LGBT 시민단체는 소통 전문가와 협력해 사회적 수용을 높이고, 자신들의 중요한 업무가 고통 완화와 인명 구조에 있음을 강조하는 서사를 만들어야 한다. 민간 분야도 글로벌 사우스의 시민단체가 자립과 자율성을 강화하는 새로운 자금 모델을 구축하도록 도움으로써 기여할 수 있다. 학술 연구는 시민단체가 서구 LGBT 인권 외교와 만나는 지점, 차별화될 필요와 가능성이 있는 지점을 분석함으로써 건설적인 역할을 할 수 있다.

LGBT 권리와 성 및 재생산 권리의 차이

내 이론적 틀은 서구 자유민주주의 국가들이 인권 외교정책을 투사하는 방식을 다루지만, 실제 현실은 더 복잡하다. 글로벌 사우스/비서구 국가들은 국제 포럼에서 서구 국가와 연합해 특정 인권에 대한 견해를 지지하지만, 다른 견해에서는 의견을 달리한다. 예를 들어, 엘살바도르는 2009년부터 미주기구의 SOGI 결의안을 지지했다. 2016년 성적 지향과 성별 정체성 이슈를 다루는 유엔 독립 전문가의 지위를 창설하는 인권이사회 SOGI 결의안도 지지했다. 이는 최근 몇십 년간 LGBT 권리에 대한 수용성이 많이 높아진 라틴아메리카의 경향을 반영한다(Diez, 2015 참고). 그러나 동시에 여성의 성 및 재생산 권리에 대한 지지는 동일한 방식으로 발전하지 않았다. 구트마허 연구소에 따르면, 도미니카공화국, 엘살바도르, 온두라스, 니카라과는 이유와 상관없이 모든 낙태를 금지하고 있다(Guttmacher Institute, 2018). 엘살바도르에서 낙태한 여성은 최대 50년의 징역형을 선고받을 수 있다(Welsh, 2018). 여기에서 한 가지 질문이 제기된다. 국가가 여성의 성적 권리를 범죄화하면서 LGBT 권리를 지지한다는 것은 무엇을 의미하는가? 이는 보수적인 회원국의 외교관들과 대화하면서 내가 가졌던 특정한 민감성에 대한 논의와 일치한다. 한 활동가는 "임신중지에 관한 질문보다 성적 지향과 성별 정체성에 관한 질문이 훨씬 더 쉽다"는 모순을 이야기했다(시민단체 대표 22와의 인터뷰, 2015년). 이 모순은 내가 미주기구에서 인권 외교의 실무자로 일하는 동안 머릿속을 떠나지 않았다. 나는 라틴아메리카 외교관들 앞에서 '낙태'라는 단어를 절대 말하지 말라고 일찍이 교육받았다. 하지만 그들 중 많은 사람은 기쁜 마음으로 LGBT 권리 회의 세션에 참석했다.

이 모순은 제2장에 설명한 LGBT 권리가 해방운동에서 평등

권리에 초점을 맞춘 정체성 기반 운동으로 발전해 온 방식을 보여 준다. 내가 인터뷰한 많은 인권 활동가는 LGBT들이 자기의 성적 지향이나 성별 정체성 때문에 억압받고 있으며, 그들은 그렇게 태어났다는 서사를 수용하고 있었다. 제2장의 문헌 검토에서 지적했듯이, 주류 활동가들은 이 정체성 기반 접근법을 활용해 LGBT들을 서로 사랑하면서 차별받는 "보통" 사람들로 묘사한다. 그러나 특별보고관 임명 논란을 다룬 제7장의 사례 연구가 보여 주듯이, 이와 대립하는 시각이 있는데, 이 시각은 신체에 대한 통제, 사생활, 쾌락, 재생산, 성폭행과 여성 할례 등의 사안을 포함한, 성 및 재생산 권리를 위한 더욱 광범위한 투쟁의 일부로 LGBT 권리를 인식한다.

여기에서 교훈은 LGBT 권리에 대한 수용이 증가하더라도 인종차별, 성차별, 다른 소외 집단에 갖는 불관용이 자동으로 사라지지 않는다는 점이다. LGBT 권리에 대한 사회적 수용 증가는 축하할 일이지만, 자국 정부가 가부장적 이데올로기 틀 내에서 LGBT의 성적 권리를 지지하면서도, 여성의 성 및 재생산 권리를 지지하지 않는 이유에 대해 활동가들이 적극적으로 문제를 제기해야 한다.

권고: 사람들이 좁은 의미에서 LGBT 권리를 지지하면서도, 넓은 의미에서 성 및 재생산 권리를 반대하는 사회를 이해하기 위한 연구가 필요하다. 교차적 접근 방식을 취한다면 이 문제를 해결한 국가들의 성공 사례를 조사할 수 있으며 이를 통해 기부자들에게 이런 상황에 놓인 현장

의 시민사회를 효과적으로 지원하는 방법에 대한 전략을 제시할 수 있을 것이다.

문제 정의하기와 증거 생성하기

내 퀴어 방법론은 경험적 사회과학 연구와 비판적 성찰을 결합해서 사회 분석과 모범 사례를 함께 생성하는 방식이다. 이에 마지막 두 항(項)에서는 LGBT 인권 외교가 LGBT 인권 침해를 정의하고 우선순위를 설정하는 방법을 논하려 한다. 사실 LGBT 인권 침해라는 용어는 꽤 모호하며, 내가 인터뷰한 유엔 대표, 활동가, 외교관은 사실 이를 정의하지 못했다. 불명확성은 LGBT 인권 침해의 범위와 발생률 측정을 어렵게 한다.

LGBT 인권 침해에 대한 자료 부족에는 많은 이유가 있다. 예를 들어, LGBT 피해자는 자신을 드러내기를 꺼리며, 이런 범죄는 전쟁, 내전, 폭력 범죄 다발 지역에서 간과되는 경향이 있다. 그 결과 특정 주제, 국가, 지역에 맞춘 정책과 프로그램 개발이 어려워진다. 문제의 핵심은 전반적인 자료 부족이다. LGBT 인권 침해가 눈에 띄지 않는다고 해서 범죄가 없다는 뜻이 아니며, 반대로 범죄를 세분화하려는 노력이 더욱 필요함을 뜻한다. 한 활동가는 "우리는 항상 증거를 제시하고자 노력한다. 고위급 회의에서도 이런 일이 실제로 발생하고 있음을 보여 줘야 한다. 반대 세력이 이를 무시하게 해서는 안 된다"고 말했다(시민단체 대

표 29와의 인터뷰, 2015년). 한 유엔 대표는 "보고는 기초적이다. LGBT 인권 침해에 대한 어떤 통계도 빙산의 일각에 불과하다"고 인정했다(유엔 대표 13과의 인터뷰, 2015년). 피해자들이 자신의 사건을 반LGBT 폭력이나 차별로 규정하기를 꺼릴 때, 문제는 더욱 심각해진다. 한 유엔 전문가는 세계 여러 나라의 교도소에서 LGBT가 고문당하고 있지만 "그들은 이야기하기를 두려워한다"고 설명했다. 심지어 치료 센터로 이송된 후에도 말이다.

…그들은 자신의 동성애 성향을 공개하기 어렵습니다. 피해자의 성적 지향과 성별 정체성의 가시성에 따라 차이가 있습니다. 아프리카에서는 일부 LGBT들이 자신의 신원이 밝혀지는 것을 두려워해, 치료를 위한 고문 재활 센터에 가기를 원치 않습니다. 라틴아메리카의 경우, 특히 트랜스 커뮤니티에서 그렇듯 가시성이 매우 높습니다. 세계 다른 지역에서는 고문 피해자들이 그다지 적극적으로 드러나지 않습니다. (유엔 대표 13과의 인터뷰, 2015년)

관리자가 이 문제를 인정하기 거부할 때 증거 부족 문제는 더욱 심각해진다.

아프리카에서 교도소 관리자들과 이야기를 나누면, 그들은 아프리카 교도소에는 동성애자가 전혀 없다고 말합니다. 아프리카 교도소에서는 아무도 성관계를 하지 않는다고 합니다. 교도소에는 콘돔이 배포되지 않습니다. 동성애에 대한 낙인 때문에 정부는 논의를 활발히 진행하기를 거부합니다. (유엔 대표 13과의 인터뷰, 2015년)

경험적 증거 수집은 가장 중요한 우선순위가 돼야 한다. 그러나 합의된 정의가 없으니 증거가 어떻게 수집될 수 있겠는가? 보고가 신뢰성을 갖기 위해서는 많은 지역의 활동가들이 방법론에 합의해야 한다. 더 많은 양질의 보고는 정부간기구, 정부, 시민단체의 정책에 영향을 미칠 것이다. 현재 LGBT에 대한 인권 침해를 국가별로 추적하는 국제 수준의 자료 저장소가 없는 것으로 보이며, 이 사실은 다양한 출처에서 자료를 수집하고 분석하는 데이터베이스를 구축해서 자료를 체계적으로 통합할 수 있을지 의문을 제기한다.

또 다른 자료 문제는, 특히 분쟁 지역에서 그렇듯 일반화된 폭력과 LGBT를 표적으로 삼는 폭력을 구분하기 어렵다는 점과 관련된다. 한 유엔 대표는 이 문제를 지적하며, "전문가로서 내가 일해 온 수백 개의 사례 중 LGBT 관련 내용은 매우 미미했다. 5퍼센트도 되지 않았다. 그러나 일부 사례는 인권 침해가 교차적 성격을 갖고 있어 이 문제가 눈에 드러나지 않는다"고 말했다(유엔 대표 10과의 인터뷰, 2015년). 예를 들어, 내 연구에는 아프리카, 러시아, 중동의 상황에 대한 논의가 많았던 반면, 중앙아메리카는 전 세계적으로 노력이 집중되는 지역이 아니었다. 그러나 내가 읽은 한 보고서에 따르면, 1인당 기준으로 트랜스젠더에게 가장 위험한 나라는 온두라스다. 2009년부터 2017년 사이에 트랜스젠더 215명이 살해됐다(Banning-Lover, 2017). 이 사실을 유엔 대표에게 언급했더니, 그는 "중앙아메리카 교도소의 폭력은 세계 다른 지역에 비해 극심하다. 나는 이곳을 '지상의 지옥'이라고 부른다. 동료 수감자에 의한 폭력과 종종 직원에 의한 폭력이 있다"고 말했다(유엔 대표 20과의 인터뷰, 2015년). 그러나 내가 한 활동가에게 세계에서 "최악의" 국가나 지역을 논할 때 시민단체들이 중앙아메리카를 언급하지 않는 이유를 묻자 그는 "우리는 폭력 조사에 어려움을 겪고 있다. 증오 범죄임을 확인하기 위해서는 입증할 증거가 필요하다"고 대답했다(시민단체 대표 2와의 인터뷰, 2015년). 또 다른 활동가는 한 일화 속에서 이 모순된 상황을 설명했다.

나는 한 차례 기부자와 회의에 참석했습니다. 그들은 어느 나라에 집중할지 결정하려고 했습니다. 우리는 몇 가지 선택지를 제시했습니다. 그들은 라틴아메리카의 LGBT 단체에는 돈을 주지 않겠다고 했는데, 라틴아메리카에는 폭력이 만연하기 때문에 반LGBT 폭력은 더 광범위한 문제의 한 부분에 해당할 뿐이란 게 이유였습니다. 그래서 그들은 모든 돈을 우간다에 쓰기로 결정했습니다. (시민단체 대표 8과의 인터뷰)

보편적으로 이해되는 정의(definition) 부재, 추적 메커니즘 미비, 실증적 증거 부족, 분쟁 지역의 범죄에 대한 혼선 등의 요인이 결합해 반LGBT 범죄 발생률은 투명하게 알기 어려우며, 특히 범죄 통계 파악이 어려운 국가는 더욱 그렇다. 이는 기본적으로 정책 결정 문제로 이어지는데, 이에 대해서는 다음 항에서 논의한다. 정부, 정부간기구, 시민단체는 LGBT 인권 침해를 해결하기 위한 종합적인 전략을 설계하기보다는 단편적인 접근법을 취하고 있다.

권고: 시민단체와 학계 연구자들은 여러 국가의 LGBT 커뮤니티와 광범위하게 협의해서 LGBT 인권 침해를 구성하는 요소에 대한 합의된 정의(definition)를 도출해야 한다. 이는 현재 자료의 체계적 수집을 방해하는 많은 장벽을 극복하는 데 도움이 될 것이다. 예를 들어 LGBT에 대한 폭력과 특히 갈등 지역에서 다른 형태의 사회적 폭력을 혼동하는 문제를 예방할 수 있다.

정확히 지적하고 우선순위 설정하기

내 이론적 틀에 따르면, LGBT 인권 외교는 활동가들이 외교관과 정부간기구와 협력해 지속적인 동성애자 차별과 범죄화 문제를 다룰 때 나타나며, 주로 비서구 국가에서 그렇다. 전 세계 언론은 불의의 사례들을 꾸준히 기록한다. LGBT 시민의 인권을 침해하는 국가는 많다. 그러나 내 연구는 어느 국가가 왜 문제적이라고 규정되는지 명확지 않음을 보여 줬다. 내 인터뷰에서는 특정 국가가 다른 국가에 비해 우선순위에 놓이는 이유를 분명히 설명할 수 없었다. 사실 외교관과 LGBT 시민단체는 문제들의 우선순위를 전략적으로 정하는 대신, 한 가지 위기에서 다른 위기로 반응을 옮겨 가는 일이 일반적이다. 어떤 국가에 집중해야 하는지에 대한 합의가 매우 부족하다는 사실이 내 인터뷰를 통해 드러났다. 체첸 위기와 같이 매우 이례적이고 극단적인 상황에서는 한 국가나 지역의 동성애 혐오 정책이 외국 정부에 의해 공개적으로 비난받는다. 그러나 '나쁜 국가' 명단은 일반적으로 날씨와 같이 쉽게 변하는 듯하다. 이는 내가 보기에 LGBT 권리에 대한 중대한 침해가 가장 자주 발생하는 '문제적' 국가에 대한 합의된 '목록'이 없다는 사실 때문이다.

나는 '목록'을 만들려고 하지 않는 경향이 두 가지 문제와 관련된다고 생각한다. 첫 번째 문제는 더욱 심각하고 체계적인 형태를 띤 반LGBT 폭력이 발생하는 장소에 대한 정교한 분석이 부족하다는 점이다. (이 딜레마는 앞의 절에서 설명한 보편적으로 합의된 정의definition와 경험적 증거의 부족 문제와 관련된다.) 두 번째 문제는 노력의 우선순위를 정하는 일에서 나타나는데, 인터뷰 응답자들은 어느 국가가 "최악"인지 질문을 받았을 때, 전반적으로 불편해했다. 한 활동가는 "문제 지역은 어디인가?'라는 질문 자체가 문제를 일으킬 수 있다. 그렇기에 시민단체는 문제 국가들을 지명하고 비난하기를 꺼린다. 이것은 합의된 원칙"이라고 말했다(시민단체 대표 8과의 인터뷰, 2015년). 그러나 회원국, 시민단체, 유엔이 반LGBT 침해 문제가 가장 심각한 국가를 밝히기 거부한다면, 가진 자원이 한정된 정부와 시민단체로서는 어디에서 노력을 강화해야 할지 어떻게 알 수 있겠는가? 한 활동가는 "왜 국가를 지목하지 않으려 할까? 활동가들이 처한 현장의 상황을 악화시킬까 걱정하기 때문이다. 나는 이것을 주저함이 아닌, 신중함이라고 말하고 싶다"고 설명했다(유엔 대표 20과의 인터뷰, 2015년). 또 다른 활동가는 "우리가 누군가를 공개하고 비판할 때는 그들의 법률에 근거한다. 몇 년 후에는 더 나아가서 차별의 층위를 보여 주는 지도를 준비하고자 한다"고 말했다(시민단체 대표 28과의 인터뷰, 2015년).

일부 인터뷰 참여자는 어느 국가가 '최악'인지에 대한 의견을 제시했으나, 이는 더 많은 의문을 불러일으키기도 했다. 한 활동가는 "가장 명백한 범죄 국가는 사형제가 있는 국가들로, 파키스탄, 카타르, 아프가니스탄, 브루나이 등"이라고 했다(시민단체 대표 28과의 인터뷰, 2015년). 그러나 ILGA는 이 국가들에서 동성애자에 대한 사형이 집행되지 않는다고 보고하고 있다(ILGA 2017). 한 활동가는 다른 관점을 제시했다.

최악의 국가로 말하자면, 체포 건수와 정부 관리들의 발언으로 볼 때 이집트를 꼽겠습니다. 무작위로 자행되는 체포로 보면 감비아를, 기소 건수로 보면 카메룬을 꼽을 수 있습니다. 폭력 수준을 말할 것 같으면 러시아의 사건, 나이지리아의 사건, 남아공에서 레즈비언 대상 성폭력 사건이 있었습니다. (시민단체 대표 2와의 인터뷰, 2015년)

다른 활동가는 "주의 깊게 살펴보면 나이지리아, 우간다, 라이베리아가 복음주의 활동으로 불붙고 있음을 알 수 있다"고 지적한 뒤, "그러나 최악은 우리가 잘 모르는 곳들이다. 우리는 사우디아라비아에서 무슨 일이 일어나는지 모른다. 그곳에서 얼마나 많은 사람이 처형됐는지 알지 못한다"고 덧붙였다(시민단체 대표 28과의 인터뷰, 2015년). 다른 활동가는 "고르고 싶지 않다"고 하면서도 이란을 지목하며 "세계 어느 국가보다도 트랜스젠더 수술이 가장 많이 이뤄지는 나라다. 이것은 강제 수술이다. 그러지 않으면 동성애 혐의로 기소될 것"이라고 말했다(시민단체 대표 22와의 인터뷰, 2015년). 슬프게도 LGBT 수백 명이 살해된 라틴아메리카 국가들은 많은 활동가와 외교관의 관심 대상이 아닌 듯했다. 인터뷰 응답자들이 이런 질문에 답하려 할수록 그들은 더 많은 의구심을 제기하려 했고, 내가 앞의 항에서 논의했던 정의(definition)의 문제로 돌아가게 됐다. 앞에서 제시했듯이, 내 인터뷰는 시민단체와 외교관이 어느 국가를 '최악'이라고 규정할 때 사용하는 몇 가지 기준을 도출했다.

혐오 발언, 처형, 동성 결혼 불법화는 모두 "인권 침해"로 묘사되는데, 한 활동가는 다음과 같이 질문했다.

범죄로 기소되는 사람이 더 적다는 뜻입니까? 진전을 어떻게 측정합니까? 예를 들어 브라질에서는 동성애가 합법입니다. 반면 이란에서는 사형이 존재합니다. 그런데 우리는 이란보다 브라질에서 더 많은 사람이 살해된다는 사실을 알고 있습니다. 한 나라에 끔찍한 법이 있다고 해서 그곳이 LGBT가 살기에 최악의 장소임을 의미하지는 않습니다. (시민단체 대표 8과의 인터뷰, 2015년)

아마도 이 난제는 정의(definition)와 우선순위라는 두 개의 퍼즐로 이해할 수 있을 것이다. 표면적으로는 공통된 정의를 제시하기가 거의 불가능해 보인다. 하지만 아무도 정의에 동의하지 않는 가운데 시민단체, 정부간기구, 정부가 동시에 각기 다른 방향으로 나아간다면 LGBT에 대한 인권 침해가 더 빈번히 발생하는 국가를 파악하기 어렵게 된다. 이 두 개의 퍼즐이 모두 맞춰지지 않는 한 이런 침해에 맞서기 위한 국제적 운동이 어떻게 핵심 주제와 캠페인을 중심으로 결집할 수 있을지 불투명하다. 해답을 찾지 못한다면 더 작은 이슈 중심 운동으로 분열될 가능성이 있다. 동성애 혐오와 트랜스 혐오는 특정한 법률을 바꾸거나 새로운 법률을 제정하는 것만으로 단순히 해결될 수 없다는 인식이 커지고 있는 듯하다. 여러 층위의 동성애 혐오적 행동, 법률, 정책이 검토돼야 하기 때문이다.

권고: 정의에 대한 앞의 권고를 바탕으로 학계와 시민단체가 LGBT

의 인권 침해를 구성하는 요소에 합의할 수 있다면, 침해의 발생 빈도를 국가 간 비교하고 대조하기 쉬워질 것이다. 이는 연구자와 활동가가 가장 심각한 침해가 발생하는 문제 지역을 파악하는 데 도움을 줄 수 있다. 이 작업은 문제의 우선순위를 정하고, 장기 전략을 수립하며, 자원을 통합하고, 효과적인 국제 캠페인과 협력 관계를 만드는 데 도움이 될 수 있다.

여기에서는 내 연구에서 나타난 LGBT 운동의 향후 작업에 영향을 미칠 수 있는 몇 가지 지속적인 우려 사항을 살펴봤다. 제기된 질문으로는, 다자 영역에서 LGBT 지지 활동 효과, 글로벌 사우스의 LGBT 활동이 서구 정부와 조직으로부터 분리될 가능성, 성 및 재생산 권리를 다루는 동료 활동가들과 LGBT 활동가들을 더 광범위하게 연합할 필요성, LGBT에 대한 권리 침해의 발생 빈도를 측정하고 주력할 분야를 결정하는 과정에서 활동가들이 직면한 문제점이 있었다. 이 어려움은 이차적인 영향을 미칠 수 있으며, 이 전투에서 분투하고 있는 외교관들에게도 영향을 준다.

소결

이 장에서 나는 내 연구에서 도출된 일련의 권고 사항을 제시했다. 나는 LGBT 권리의 문제를 주류 인권 담론에 성공적으로 포함한 다자주의와 LGBT 외교 영역을 설명했다. 아울러 내 연구는 다루기 어려우면서도 효과가 작은 영역을 드러냈다. 그리고 완벽히 파헤치지 못한 영역도 있었다. '방 안의 코끼리'*와 같이 인터뷰 참여자들이 인정하기 꺼리는 분야가 있었는데, 이 수수께끼와 모순에 대한 명확한 해결책은 없지만, 국제적 운동이 추진력을 유지하기 위해서는 염두에 두어야 한다.

다자 외교 환경은 국가 대표단, 지역 기구, 혁신적인 프로그램을 통해 성적 지향과 성별 정체성 관련 이슈에 참여하는 많은 기회를 제공한다. 유엔 제도 안에서 일하는 큰 장점 중 하나는 모든 국가의 대표자들과 접촉할 수 있다는 사실이다. 다만 연구를 하던 중 외교관과 활동가가 193개 유엔 회원국 전체를 대상으로 성적 지향과 성별 정체성 사안에 대해 어느 정도의 접근을 시도하고 있는가 하는 질문이 떠올랐다. 이미 같은 사상을 가진 사람들에게 설교하고 있는 건가, 아니면 중간 지대로 가까이 다가갈 방법을 찾고 있는 건가? 또 다른 문제는 다자간 '약속'이 항상 지켜지지 않는다는 점이다. 이 과정은 힘들고 시간이 오래 걸리며, 궁극적으로 그 영향력도 미미할 수 있다. 또한 인권 외교는 배제의 영역이 될 수도 있다. 2015년 나는 지속가능개발목표에 성적 지향과 성별 정체성 문구를 포함하기 위해 고군분투

---

* 모두가 잘 알고 있는 문제지만, 문제의 심각성 또는 확산 가능성 등을 우려해 언급을 꺼리는 현상을 의미한다. (옮긴이)

하는 활동가들을 인터뷰했다. 그들은 성공하지 못했고, 이는 국제 개발 분야의 진전을 계속 지연시키고 있다.

나는 38년 전 유엔의 문 앞에 선 활동가로서, 다자 LGBT 지지 활동과 외교가 그 이후 괄목할 성과를 거뒀다는 사실을 부인할 수 없다. 남아 있는 한 가지 질문은 이 성과가 다양한 지역, 종교, 인종, 문화, 사회 계층 및 성별 정체성 범주를 가진 LGBT 개인들이 누릴 수 있는 권리로 계속 충분히 전환될 수 있을 것인가이다. LGBT 인권 침해의 정의(definition)와 집중, 우선순위 설정은 향후 몇 년 동안 국제 LGBT 권리 운동의 양상에 큰 영향을 미칠 것이다. 이 운동이 빅 텐트로 나아가고 있는가, 아니면 칸막이로 쪼개지고 있는가? 통합되고 발전할 것인가, 아니면 분열하여 위축될 것인가? 이 모든 질문은 이 운동이 다양한 위협에 대해 공통의 접근 방식을 조율할 수 있을 만큼 민첩한지에 달려 있다.

제10장

결론

Queer Diplomacy

1984년 9월의 아름다웠던 날, 우리는 콧수염이 난 수십 명의 뉴욕 경찰들에게 둘러싸여 뉴욕 6번가를 차분히 행진했다. 레즈비언과 게이의 자유를 위한 국제 행진이 역사적 순간을 만들고 있었지만, 그 당시 우리는 그 사실을 전혀 깨닫지 못했다. 유엔 본부 앞에 서서 글로벌 정의(Justice)를 요구하는 발언자들의 외침을 듣고 있었을 때, 우리는 LGBT(레즈비언, 게이, 양성애자, 트랜스젠더) 권리를 위한 세계적 투쟁이 궁극적으로 얼마나 발전할지 알 수 없었다.

당시 LGBT 활동가들은 유엔 건물 밖에 있었고, 1990년대에 이르러 천천히 안으로 들어가기 시작했다. 한 가지 핵심 전략은 LGBT 이슈를 주류 인권 담론에 포함하기였다. 2010년대 초, 유엔 인권이사회는 이 목표를 위한 국제적 플랫폼으로 부상했다. 2011년 힐러리 클린턴 장관은 제네바에서 "동성애자 권리는 인권"이라고 선언했다. 블래지어스(2013)는 클린턴의 연설에 대해 1995년 베이징 세계여성대회에서 시작된 공식적인 옹호 활동에 새로운 획을 긋는 사건으로 묘사한다. 그는 클린턴의 연설을 ("제국주의적이거나 해방적이거나, 혹은 그 둘의 조합으로 보며") 강력히 지지하지는 않으나, 역사적 중요성을 인정한다(Blasius, 2013, 219쪽). 클린턴은 LGBT 권리를 보편적 인권의 범주에 넣음으로써 유엔 회원국들이 견해를 밝히게 만들었다.

다자 인권 외교의 세계라는 긴장감 넘치는 환경은 내가 연구하기로 한 영역이었고, 나는 외교관과 정부간기구(政府間機構), 시민단체 대표들 사이의 3자 관계에 초점을 맞췄다. 나는 문헌 검토를 시작했고, 이 주제를 연구하기 위해 얼마나 광범위한 검토가 필요한지를 금세 알게 됐다. 폭넓은 주제를 이론화할 수 있는 단일한 학문적 접근법은 존재하지 않았다. 나는 동성애 정체성의 규제와 사회적 구성, LGBT 권리 운동의 부상, 퀴어 정체성 형성의 진화와 정치, 성 및 성별 정체성의 탈식민화와 세계화, '평등'과 동성애 규범성을 특징으로 한 LGBT 시민의 부상, 국제 관계, 인권, 외교, 다자주의, 국제 시민사회운동, 국가가 조장하는 동성애 혐오와 관련한 비서구 국가 내 LGBT 인권 갈등, 그리고 성/성별 정체성과 종교, 식민주의, 민족주의 등 사안들 사이의 연관성을 다룬 탈식민적 분석을 포함해 다양한 분야의 비판적 문헌을 검토했다.

문헌 검토 과정에서 나는 정치 및 정책 연구의 고유한 방법론을 사용해서 퀴어 연구, 정치와 국제 관계, 정책 연구의 학제적 교차점에 있는 포괄적인 이론적 틀을 설계했고, 이를 통해 현재 사회적 관행에 대한 경험적 사회과학 연구를 비판적 성찰과 결합해서 관행 개선 방안을 사회적으로 분석하고 제안했다. 또한 이 유형의 연구에 영향을 미치는 다양한 인식론과 방법론적 문제를 고려했다. 나는 인종, 지역, 국적, 계급, 젠더, 성적 지향, 젠더 표현과 관련해 나 자신의 편견과 특권에 맞서는 방법을 배우면서, 동시에 외교 실무자, 커뮤니티 연구자이자 전직 활동가로서 내 경험을 활용할 수 있는 다차원적이고 성찰적인 관점 방법론을 택했다. 내 연구 과정에는 제네바와 뉴욕에서 열린 유엔 관련 인권 회의와 행사에 대한 참여 관찰을 비롯해서 외교관, 유엔 전문가, 인권 활동가와의 심층 인터뷰 29건이 포함됐다. 내 자료에서 제기된 주제는 인터뷰 응답자들의 목소리에서 나왔으며 제6장, 제7장, 제8장에 자세히 설명돼 있다. 인권 외교 메커니즘, 외교관들이 경험하는 동성애 혐오, 시민단체가 LGBT 친화적 외교관과 협력해 LGBT 권리를 증진하는 데 사용하는 기술 등에 대한 자료가 밝혀낸 통찰을 바탕으로 제9장에서 일련의 정책 권고 사항을 제시했다.

권고 사항 중 대다수는 내 첫 번째 연구 질문인 "다자 외교 환경에서 LGBT 권리를 강화하거나 제약하기 위해 외교관들이 정부간기구, 시민단체와 어떻게 협력하는가?"에 대한 답변으로, 핵심 주제, 쟁점, 성공 사례, 우려 사항, 정책 개발 및 추가 연구가 필요한 분야를 지적한다. 그러나 자료는 내 두 번째 연구 질문인 "특히 다자 외교 환경에서 LGBT 권리를 지지하는 서구 외교관과 시민단체 대표가 직면한 문제는 무엇인가?"와 내 세 번째 연구 질문인 "다자 외교 환경에서 최근의 성취가 국제 LGBT 운동이 직면한 문제와 관련해 광범위하게 시사하는 바는 무엇인가?"에 대해서도 많은 답을 줬다. 다음 내용은 앞의 세 질문에 대해 내 자료에서 얻은 답을 메타 분석한 것이다.

첫 번째 질문: 다자 LGBT 인권 외교

전쟁 후 다자 기구의 창설과 유엔 인권 체계의 출현은 궁극적으로 LGBT 권리가 전례 없는 수준의 국제적 주목을 받을 수 있는 공간을 구축했다. 수십 년 동안 LGBT 활동가들은 유엔 "안으로 들어가기" 위해 고군분투했다. 이후 LGBT를 포함하는 다자 프로그램과 활동은 꾸준히 증가했다. 다자 인권 외교에 대한 내 자료를 분석한 결과, 몇 가지 핵심 쟁점이 떠올랐다.

LGBT 권리를 지지하는 결의안에 관한 토론과 같은 특정 유엔 프로세스는 분열과 반목의 상황을 초래하는 듯하다. 기술적 회의나 프로그램과 같이 주목도가 낮은 활동은 중간 지점을 찾는 새로운 가능성을 제공할 수 있다. LGBT 권리에 대한 지지를 공개적으로 선언할 수 없으나, 이에 대해 더 배우고 싶어 하는 유엔 회원국도 존재한다. 잠재적으로 영향력이 있어 보이는 이 국가들에 어떻게 다가갈 수 있을지 외교관, 활동가, 연구자는 창의적으로 고민해야 한다. 연구에서 발견한 또 다른 점은 소규모 정부간기구를 활용해 특히 전통적으로 접근이 어려운 국가에서 LGBT 인권 문제에 대한 인식을 높이는 가능성이다. 이미 많은 관행이 효과적으로 시행되고 있다. 지역 소송은 일부 영역에서 실질적인 성과를 거뒀고, 몇몇 프로그램은 정부간기구, 외교관, LGBT 활동가를 한자리에 모아 현장의 인권 문제를 해결하는 성과를 냈다. 이런 성공 사례는 학계 연구자들이 긍정적인 결과를 도출해 내는 이니셔티브를 조사하고 정부, 정부간기구, 시민사회가 협력해 추진력을 유지하는 방법을 살펴볼 특별한 기회를 준다.

두 번째 질문: 외교관과 활동가가 직면한 과제

내 연구는 외교관과 활동가 사이에 더욱 조율된 노력이 필요한 LGBT 인권 외교의 일부 영역을 지적했다. 예를 들어, 일부 다자 이니셔티브에 성적 지향과 성별 정체성 이슈가 여전히 배제돼 있는데, 이 경우 외교관들이 LGBT 활동가의 참여를 촉진하기 위한 의미 있는 협의 과정을 마련하는 데 중요한 역할을 할 수 있다. 또한 많은 유엔 인권 권고안의 불이행, 다수의 프로세스와 결의안 내 법적 구속력 부재 등의 항구적 문제는 국제 포럼에서 한정된 자원으로 LGBT 권리 증진을 지원하는 외교관과 활동가가 정면으로 마주해야 하는 사안이다. 이런 이니셔티브에 들인 노력이 가치가 있겠는가? 이 계산에 대해 학계의 연구자들이 시민단체에 도움을 줄 수 있을 것이다.

개인적인 관점에서 내 연구 중 가장 의미 있는 부분은 외교관들과의 인터뷰였다. 내가 이 분야에서 직접 일하고 있으므로 친밀한 토론이 주는 공감의 폭이 컸다. 나는 인터뷰 참여자들이 LGBT 권리를 강화하기 위한 노력에 관해 이야기할 때 보인 열의에 감명받았다. 열정에는 부족함이 없었지만, 노력에 대해서는 비판적 검토가 필요하다. 외교 실무자의 실제 경험, 이들이 변화를 일으킬 수 있는 능력의 유무, 일상에서 마주하는 어려움에 대한 연구는 비교적 적다. 내 자료는 LGBT 권리를 증진하려는 헌신과 진정한 열망을 보여 주는 사례를 많이 담고 있지만, 동시에 '반대 입장을 가진' 집단에 대한 편협한 태도도 드러났다. 또한 내 인터뷰는 트라우마에 노출되고 지원이 부족하며 스트레스가 많은 근무 환경에 놓인, 최전선에서 일하는 노동자들의 단면을 보여 줬다. 특히 LGBT 외교관들은 필요한 자원에 대한 접근성이 매우 부족해, 취약함이 드러났다.

세 번째 질문: 국제 LGBT 운동에 대한 함의

내 이론적 틀은 LGBT 인권 주장이 국제 무대에서 제기될 때, 전통적인 비서구 사회에 외국의 성적 정체성 개념이 강요되고 있다는 비난을 촉발한다는 점을 지적한다. 특히 분쟁 지역과 기타 민감한 환경에서 LGBT 권리를 증진하고 보호하고자 중요한 작업을 수행하는 LGBT 활동가들은 이 과정에서 낙인이 가해질 위험이 있다. 시민단체들이 서구 정부와 적절한 거리를 두면서도 재정적 지속 가능성을 유지하는 방법에 대한 추가 연구도 필요하다. 거리를 유지하면서, 적대적이거나 비우호적 환경에서 LGBT 커뮤니티를 성공적으로 지원한 시민단체를 조사하는 연구가 더욱 요구된다. 이런 단체가 성 및 재생산 권리를 위한 투쟁을 포함한 다른 운동들과 연대할 가능성 역시 중요하면서도 유망한 연구 분야다.

마지막으로 관련 정부, 인권 단체, 학계 연구자가 친숙한 인권 제도의 틀을 벗어나 협력하는 방법에 대한 연구가 더 많이 필요하다. 국제 LGBT 평등을 달성하기 위해서는 결의안, 연설, 이행되지 않는 권고만으로는 부족하다. 사안의 범위 규명, 공통된 정의(definition)에 대한 합의 도출, LGBT에 대한 인권 침해의 체계적 추적이 요구된다. 정부는 다자 프로세스에 대한 자원 투입을 줄이고, LGBT 단체에 직접 기여하는 시간을 확대하는 방안도 고려할 수 있다. 이런 직접적인 외교적 참여에는 대중 인식 캠페인, 사법 제도에 대한 감독 강화, 억압적인 입법에 반대하는 교섭 활동, LGBT가 구금된 수감 기관 방문, 폭력과 박해를 피해 수년간 난민 캠프에 갇혀 있는 다수의 LGBT에 대한 지원 등이 포함될 수 있다. 이는 외교관이 시민단체와 직접 협력해 LGBT 인권을 보호할 수 있는 많은 방법 중 일부. 그러나 이 '희망 사항들'은 LGBT 인권 외교가 새로운 방식으로 구현될 때 비로소 실천될 수 있다. 편안함에 안주해서는 안 되며, 이미 같은 사상을 가진 사람들에게 설교하는 방식이어서도 안 된다. 지지 수준은 낮지만, 궁극적으로 설득될 가능성이 있는 정부들과의 교류 전략 개발도 우선순위가 돼야 한다.

체첸에서의 교훈

릭터-몽프티와 웨버(2017)에 따르면, 국제 관계를 퀴어링하는 작업은 "젠더와 섹슈얼리티가 외교정책과 군사작전 형태에 영향을 미치는 방식"을 살피는 일이다(Richter-Montpetit & Weber, 2017, 225쪽). 내 외교 업무에서 체첸 (그리고 최근에는 아프가니스탄) 상황이 머릿속을 떠나지 않는데, 이 지역에서 LGBT에 대한 박해가 주기적으로 뉴스 헤드라인을 장식하며 줄어들 기미가 보이지 않고 있다는 사실이 자꾸 떠오른다. 2017년 캐나다 외교부 본부에서 일하던 중 나는 진행되고 있던 위기에 대한 외교적 대응을 직접 목격할 수 있었다. 체첸 공무원들이 공격에 가담한 후 폭력이 발생하지 않았다고 부인했다는 사실은 활동가, 정치인, 외교관 등 많은 사람을 충격에 빠뜨렸다. 독일, 프랑스, 스웨덴, 영국, 네덜란드의 외교장관은 러시아 외교장관 앞으로 공동 서한을 보내 체첸의 "끔찍한 혐의"를 언급하고, 러시아에 억압을 중단하고 범죄자들을 법의 심판대에 세우기를 촉구했다(UAWire, 2019). 많은 체첸인 게이들이 캐나다와 다른 국가로 이주하며* 2017년 위기는 해결됐는데, 그 후 유럽안보협력기구 16개 회원국은 회원국 서로를 상대로 인권 침해 혐의를 조사할 수 있도록 하는 모스크바 메커니즘을 발동했다. 오스트리아 학자 볼프강 베네데크가 조사 수행 요청을 받았으나, 러시아는 그의 체첸 방문을 불허했다(Gessen, 2018). 주OSCE 러시아 대표부의 부대표는 베네데크 앞으로 보낸 서한에서, "언급된 상황에 대한 우려와 비난은 편향적이고 근거가 없다"며, 조사는 "OSCE의 위상을 떨어뜨릴 것"이라고 했다. 그렇지만 베네데크는 체첸 상황에 관해 유익하고 냉철한 보고서를 작성했다(Benedek, 2018).

    이 사건에 대해 많은 정부가 즉각적인 조치를 하는 모습을 보며, 나는 내 삶이 돌고 돌아 제자리에 왔음을 느끼게 됐다. 1984년, 나는 다그 함마르셸드 광장에서 유엔을 향해 LGBT 권리를 국제 문제로 삼아 달라고 외쳤다. 2018년 외교관들은 정부간기구, 시민단체와의 외교적 협력을 통해 국가 주도의 폭력을 공개

---

* 《글로브 앤드 메일 *The Globe and Mail*》에 따르면, 캐나다는 체첸에서 57명의 LGBTQ 난민을 재정착시켰다. (Ibbitson, 2018)

적으로 비난하고, 폭력에서 도망치는 일부 피해자들을 돕는 국제 캠페인의 일원이 됐다.

그러나 곧 내 기쁨은 절망으로 바뀌었다. 체첸에서 다시 박해가 시작됐다는 소식을 들었기 때문이다. 2019년에는 40명이 추가로 LGBT로 지목돼 구금됐다. 최소 두 명이 구금 시설에서 고문당해 사망했는데, 2017년 게이들이 구금돼 고문당하고 살해된 바로 그 시설이었다. 레즈비언으로 지목된 여성들도 체포됐다(Associated Press 2019). 그러나 이번엔 언론 보도도 적었고, 고위급의 외교적 개입도 줄었다. 암울한 상황에서 나는 다시는 이런 일이 발생하지 않도록 더 많은 조치를 할 수 있지 않았을까 하는 고민에 빠졌다.

이렇게 내 책을 마무리하는 것은 매우 암울할 수도 있겠다. 다만 내 연구와 성찰을 마치면서 희망이 없다는 인상을 남기고 싶지는 않다. 다행히 어느 정도 나이가 들다 보니 냉소적 시각에서 벗어날 수 있다. 이것은 내 인생에서 개인적으로 경험한 놀라운 발전의 결과다. 다만 내가 한 가지 얻은 교훈이 있다면, 결코 안주해서는 안 된다는 점이다. 오늘의 성과가 내일의 상실이 될 수 있고, 그 반대가 될 수도 있다. 진실은, 보편적 인권은 고정돼 있지 않다는 점이다. 보편적 인권은 쟁취를 위해 노력해야 할 이상(ideal)이다. 내 외교적 자아, 분석적 자아, 활동가로서의 자아는, 권리는 결코 미리 정해져 있지 않다는 위크스(2007)의 말에 동의할 것이다. 권리는 주장을 통해 쟁취돼야 한다. "분열된, 그리고 종종 폭력적으로 양극화된 세계에서 이것은 쉬운 일이 아니다. 그러나 우리가 이 불의함에 의심을 보내지 않는다면, 우리의 인간성 자체가 의심받을 것이다"(Weeks, 2007, 222쪽).

감사의 말

트렌트 대학교의 무민 라흐만(Momin Rahman) 박사께 감사를 드립니다. 박사님은 수년 동안 인내심을 갖고 저를 안내하며 영감을 주었습니다. 꾸준하고 건설적인 피드백을 준 칼턴 대학교의 도리스 버스(Doris Buss) 교수, 이 연구 작업을 시작하고 길을 나서게 도와준 칼턴 대학교의 폴린 랭킨(Pauline Rankin) 박사께도 감사드립니다. 제 연구를 지원하고 응원해 주신 많은 분들께도 깊이 감사드립니다. 또한 제 연구에 도움을 주고 퀴어 외교 관련 경험을 저에게 아낌없이 공유해 준 외교관, 시민사회 활동가, 인권 전문가 여러분께도 깊은 감사의 인사를 드립니다.

편집자의 말

더글러스 재노프의 『퀴어 디플로머시』는 연구를 통해 진정으로 새로움을 제시하는 확고한 미덕을 보여 준다. 이 저서는 퀴어 정치와 관련된 외교를 핵심 주제로 하는 연구로, 국제 퀴어 연구와 국제 관계 분야에서 선구적인 역할을 한다. 이에 이 저서는 연구의 새로운 지평을 열며, 섹슈얼리티와 젠더 연구뿐 아니라 국제 관계와 세계 정치 연구에 기여한다. 재노프는 외교관으로서 그의 폭넓은 경험을 바탕으로 연구를 수행하는데, 이 점은 그의 관찰에 신뢰를 더하며 방법론적으로 중요한 요소다.

외교는 국제 관계에서 매우 중요하다. 외교의 중요성은 핵심 연구에서 인정됐는데, 예를 들어 국제 관계에서 소위 영국학파(English School)에 속하는 헤들리 불(Hedley Bull)의 고전 저서 『무정부 사회 *The Anarchical Society*』(1977)는 국제법, 세력균형,

전쟁, 강대국의 역할과 함께 외교를 국제사회의 다섯 가지 제도 중 하나로 정의했다. 불이 바라보는 외교는 국제사회의 제한된 개념 속에서 다소 고루하지만, 성장 중인 상호 문화 이해의 핵심이었으며, 더욱 실질적인 형태로 발전할 잠재력이 있었다. 약 반세기가 지난 지금, 국제 통신 수단과 유엔 등 제도가 크게 확대된 세계에서 외교의 규모도 커졌다. 외교는 인권 영역과 같이 사회생활에서 발전 중인 분야를 다룰 정도로 확대됐으며, 여기에는 성적 지향(sexual orientation) 및 성별 정체성(gender identity)과 관련한 인권 옹호도 포함된다. 사회운동과 연계된 레즈비언, 게이, 양성애자, 트랜스젠더(LGBT) 정치는 일부 국가의 정부 정책과 의제에 긍정적인 영향을 줬으나, 다른 국가에서는 부정적인 반응을 초래했고, 동성애와 트랜스젠더 정체성이 점차 민족주의 담론의 중심에 놓이는 환경을 조성했다. 그 결과, 외교를 통해 젠더와 섹슈얼리티 의제가 논의되는 국제 환경은 종종 양극화되고 과열된 양상을 보인다.

　재노프는 세계적이며 초국적인 LGBT 정치와 퀴어 정치에 관한 현대 문헌 자료를 검토하며, 역학 관계 속에서 외교의 역할을 분석한다. 또한 그는 서구 국가와 비서구 국가 간 권력과 자원 차이에 주목하면서, 좋은 외교가 섹슈얼리티와 젠더 의제에 관한 대화의 장을 여는 데 창의적인 역할을 할 수 있다고 제안한다. 주요 연구 수행 방법은 외교관, 유엔 관계자, LGBT 단체 대표를 포함한 시민사회 활동가를 대상으로 진행한 29차례의 인터뷰다. 인터뷰에서 도출된 풍부한 자료는 외교관들이 직면한 구체적인 권력의 역학 관계와 딜레마를 보여 준다. 또한 이 연구는 정부간기구(政府間機構)와 시민단체를 출처로 한 관련 문서와 온라인 자료에 대한 분석과 함께, 유엔 제네바 사무소와 뉴욕 유엔 본부에서 관찰한 내용을 활용한다.

재노프의 연구는 LGBT와 퀴어 이슈가 특정 국가의 정부나 국제기구에서 일하는 외교관들의 의제로 등장하는 과정을 다룬다. 여기서 재노프의 조사 연구는 캐나다 정부의 외교관이란 그의 개인적인 이력에서 전개된다. 캐나다는 국제 무대에서 LGBT 인권의 의제화에 상당한 역할을 해 왔기에 재노프의 업무 경험은 새롭게 등장하는 의제를 식별하고, 그 과정에서 나타나는 긍정적인 측면과 부정적인 측면을 포착하는 데 큰 도움을 준다.

또한 저자는 자신이 경험한 바와 같이 LGBT와 퀴어 외교관의 역할을 독특한 방식으로 제기하고 다룬다. 재노프는 LGBT 운동에 참여하며 활동했던 경험뿐 아니라 외교관으로서 근무한 상당한 경험을 활용해 연구에 임한다. 이에 그는 연구자이자 외교관, LGBT 인권 활동가라는 세 가지 정체성에서 비롯한 입장을 성찰하며 연구 방법론을 설계한다. 그의 방법론은 페미니즘 방법론을 참조해 개념화한 것으로, 서로 다른 정체성 사이의 긴장과 불일치에 대한 성찰은 방법론을 발전시키고, 연구에 통찰을 부여한다.

외교관 근무 경험을 바탕으로 재노프는 연구에서 도출되는 시사점을 논의하고 관련 외교정책과 관행의 변화를 제안한다. 연구는 결론에서 외교에 대한 사회적인 분석과 함께 향후 외교의 변화를 위한 권고를 제시한다. 그렇기에 이 저서는 사회과학 연구자와 분석가뿐 아니라 정책 입안자와 외교 실무자에게도 흥미로운 내용이 될 것이다.

『퀴어 디플로머시』는 연구자, 운동가, 외교관 또는 외교관과 함께 일하는 사람들 사이의 대화에 집중하며, 중요하고도 새로운 주제에 대한 연구를 시작한다.

호르디 디에스(Jordi Díez), 캐나다 겔프

소니아 코헤아(Sonia Corrêa), 브라질 리우데자네이루

다비드 파테르노트(David Paternotte), 벨기에 브뤼셀

매슈 웨이츠(Matthew Waites), 영국 글래스고

역자 후기

    2014년 여름, 나는 서울 퀴어문화축제에서 놀라운 장면을 목격했다. 바로 축제에 처음으로 공식 참여한 주한 대사관 소속 외교관들의 모습이었다. 이후 점차 더 많은 대사관들이 전국의 퀴어문화축제에 참여해서 지지 발언을 하고 참가자들과 함께 행진하는 모습을 보면서 깊은 인상을 받았다. 대사관들은 한국의 인권 활동가들과 다양한 행사를 개최하고, 이들을 자국으로 초청하는 등 성소수자 인권 분야에서의 활동을 지속적으로 넓혀 갔다. 이는 성소수자 인권에 대한 국제사회의 강력한 지지를 보여 주는 장면들이었고, 내 기억에 깊이 남아 있다.
    2024년 여름, 나는 우연히 책 『퀴어 디플로머시』를 접했다. 이 책의 저자가 과거 인권 운동가로 활동했던 캐나다 성소수자 외교관이라는 점이 특히 눈에 띄었다. 2014년 여름 서울 퀴어문화

축제에서 내가 목격한 성소수자 인권 외교가 사실은 오랜 역사와 배경을 지니고 있었음을, 10년 후 이 책이 전하는 인권 활동가들과 외교관들의 생생한 목소리를 통해 알게 됐다.

저자는 1984년 유엔 본부 앞에서 열린 성소수자 인권 행진에 참여했던 경험을 회상하며, 성소수자 인권이 국제적 이슈로 부상하기까지 오랜 시간이 걸렸음을 고백한다. 유엔 인권이사회는 2011년 성적 지향과 성별 정체성(SOGI) 관련 첫 번째 결의안을 채택했으며, 2014년 이후로 후속 결의안들을 채택하고 성소수자 특별보고관을 임명했다. 성소수자 인권 외교의 등장은 활동가들의 노력과 이에 힘입어 국제사회에서 성소수자 의제가 점차 부각된 상황과 밀접하게 연관돼 있다.

그러나 저자는 성소수자 인권 외교에 참여하며 마주한 상황이 복잡했다고 털어놓는다. 성소수자 혐오에 맞서 인권 증진을 위해 노력하는 사람들의 활동이 오히려 국가 간 분열과 충돌을 일으키고 있었기 때문이다. 이에 저자는 성소수자 인권 외교가 직면한 충돌 현상을 분석하고, 해법을 제시하는 연구를 설계한다. 저자는 "다자 외교 환경에서 성소수자의 권리를 강화하거나 제약하기 위해 외교관들이 정부간기구 및 시민단체와 어떻게 협력하는가?"라는 핵심 질문을 던지고, 성소수자의 권리를 지지하는 서구 외교관들과 시민단체 대표들이 직면한 문제와 국제 성소수자 운동이 직면한 미래를 함께 분석한다.

혹자는 성소수자 인권을 둘러싼 국제사회의 갈등을 성소수자 인권을 보장하는 자유민주주의적 서구 국가들과 이에 저항하는 (상대적으로 종교적 성향이 강한) 비서구 국가들 사이의 대립으로 이해할 수도 있다. 그러나 저자는 이런 서구/비서구 이분법이 단편적인 접근에 불과하며, 문제 해결을 위해서는 탈식민적 접근과 성찰적 접근을 바탕으로, 이 갈등이 지닌 문화적 맥락과 정치적 사안들을 다각도로 분석해야 한다고 주장한다. 이를 위해 저자는 제2장부터 제4장까지 퀴어 연구, 정치학, 국제 관계, 정책 연구 등 다양한 분야를 넘나들며 문헌 자료를 검토한다. 이 부분에서 이론적인 내용이 많이 등장하기 때문에 나는 번역 과정에서 향후 독자들이 다소 낯설게 느낄 수도 있겠다고 생각했다. 이에 이 지면을 활용해서 설명을 조금 덧붙이고자 한다.

성소수자 인권이 국제사회의 중요한 의제로 부상한 배경 중 하나는 서구 사회 내 성소수자의 인권 발전이다. 따라서 저자는 우선 제2장에서 서구 사회에서 성소수자 인권이 어떻게 발전해 왔는지 살펴본다. 사실 서구 사회에서 동성혼의 법제화, 다양한 성별 정체성의 인정 등 성소수자 인권 증진이 가시적으로 이뤄진 것은 비교적 최근의 일이며, 이를 달성하는 과정에서 오랜 투쟁과 많은 논의가 있었다. 저자가 설명하는 바와 같이 1969년, 경찰의 탄압에 맞서 일어난 미국의 스톤월 항쟁은 게이 해방을 목표로 한 운동을 촉발했고, 서구 사회에서 동성애자 공동체는 급격히 성장했다. 이후 동성애자들은 입법, 정책, 제도 개선 등을 추구하며 사회의 주류로 진입했고, 그 결과 오늘날 서구 국가에서는 동성애자 정치인을 어렵지 않게 찾아볼 수 있다.

그와 동시에 이론의 영역에서는 게이와 레즈비언 외의 다양한 정체성을 가진 '퀴어'에 주목하는 퀴어 이론이 등장했다. 또한 사회 주류에 편입한 동성애자들이 과거 스톤월 항쟁의 목표인 '게이 해방'을 뒤로한 채 현존하는 사회 구조와 규범에 맞서는 대신 이에 순응하고 있다는 비판의 목소리도 나오기 시작했다. 사회 주류가 된 동성애자들의 보수화되고 비정치화된 문화를 비판하는 '동성애 규범성'과, 국가의 군사주의와 제국주의를 지지하는 동성애자를 비판하는 '호모내셔널리즘'과 같은 용어가 등장한 것이 대표적인 사례다.

안타깝게도 한국의 경우 여전히 편견과 낙인 등으로 성소수자들이 사회 주류에 편입되지 못하고 있을 뿐만 아니라 서구의 성소수자 운동과 문화, 비평 등에 익숙하지 않은 사회 분위기여서 이런 용어가 낯설 수 있다. 다만 이 책의 내용을 이해하기 위해 관련 용어들을 완벽히 이해할 필요는 없다. 우리에게 이 용어들이 낯선 만큼 비서구 국가들도 이 용어를 낯설게 느낄 수 있음을 짐작하는 것으로 충분하다. 특히 과거 서구의 식민 지배를 받은 국가들의 경우, 역사적인 이유와 결부되어 서구의 성소수자 인권 담론이 자국에 확대되는 것에 낯섦을 넘어 반감까지 느낄 수 있다. 저자는 "게이 해방에서 동성애 규범성에 이르기까지의 서구 모델이 과연 비서구 국가에 그대로 재현될 수 있겠는가?"라고 반문한다.

저자는 성소수자에 대한 서구의 시각으로 비서구 사회를 동성애 혐오적이라고 단순화하는 접근에 여러 문제가 있다고 지적한다. 서구 국가의 식민 지배를 겪기 전, 비서구 국가에서 동성애 혐오는 일반적이지 않았고, 어떤 경우는 식민국보다 피식민국에서 성소수자에 대한 사회 인식이 더 우호적이었기 때문이다. 또한 저자가 설명하는 퀴어 디아스포라 정체성 등 비서구 사회의 성적 정체성은 서구 사회의 성적 정체성과 차이가 있다. 저자가 책에서 인용하는 일부 연구자들은 제국주의가 이성애적 가부장제의 형태를 띠고 있으며, 서구 식민 자본주의가 비서구 지역에 존재하는 다양한 성적 정체성을 억압하는 특성을 내포하고 있다고 지적하기도 한다. 아울러, 과거 제국주의와 식민주의의 결과, 식민 지배를 겪은 비서구 국가들에서 오늘날 일종의 모순이 나타나기도 한다. 즉, 식민 지배를 겪기 전에는 동성애 혐오적이지 않았던 고대 자신들의 문화는 망각하고, 식민 시기 지배자들에 의해 이식된 동성애 혐오를 현재까지 이어 오고 있는 것이다. 저자는 비서구 국가의 정체성과 성소수자 인권 담론에 접근할 때 이런 특수성이 고려돼야 한다고 주장하며, 서구 국가들의 접근법이 이를 충실히 반영하고 있는지를 비판적으로 평가한다.

저자는 제3장에서 성소수자 인권이 외교 영역에서 다뤄져 온 과정을 분석한다. 제2차 세계대전 후 국제연합이 창설되고, 세계인권선언을 포함한 다양한 협약과 제도가 수립된 배경에는 전쟁의 참상을 되새기며 항구적인 평화 정착을 위해 다자주의를 발전시키려는 국제사회의 노력이 있었다. 이는 국제사회에서 성소수자 인권이 논의될 수 있는 기본적 토대를 제공했다. 그러나 성소수자에 대한 차별은 오랜 시간 동안 국제사회에서 무시되거나 부차적인 문제로 취급되었으며, 2010년대에 접어들어서야 비로소 본격적으로 다뤄지기 시작했다. 그렇기에 여전히 미진한 부분이 많을 수밖에 없다. 저자는 국제 관계, 다자주의, 인권 외교, 국제인권법, 국제 개발 등 외교의 주요 개념들을 퀴어의 시각에서 접근하며, 개선이 필요한 부분을 살핀다.

제4장에서 저자는 성소수자 인권이 국제사회의 의제로 등장한 이후 비서구 사회에서 동성애 반대 담론이 형성되는 현상을 탈식민적 접근과 성찰적 접근을 통해 분석한다. 그는 성소수자 인권을 둘러싼 갈등을 서구/비서구 간 문명 충돌 내지는 종교, 특히 이슬람과 연결지어 단순화하는 분석을 경계하면서, 비서구 국가에서 동성애 혐오가 발생하는 사회적, 경제적, 역사적 맥락을 세밀하게 분석한다. 저자는 사례 분석을 통해 국가적 동성애 혐오에서 '모듈화된 특성'이 공통적으로 나타난다고 지적하는데, 이는 동성애 혐오의 전개와 작동이 경제와 정치의 불확실성, 안보, 주권, 종교적 정체성에 대한 위협 등의 요인에 의해 정치적으로 결정됨을 의미한다. 저자는 비록 무슬림이 통계적으로 성소수자의 권리에 더욱 반대하는 태도를 보이는 것이 사실이지만, 서구식 현대화가 해법이 될 수 있는가에 의문을 제기하

며, 그보다는 억압의 일상적 경험에 초점을 맞춘 연구와 글로벌 사우스의 성소수자 역할 모델을 모색해야 한다고 주장한다. 성소수자 인권이 국제 의제로 논의되는 데 서구 사회의 성소수자 운동이 기여했음을 높이 평가하면서도 그 한계를 지적하며, 비서구 국가에서의 동성애 혐오를 해결하는 방안을 고민하는 저자의 모습에서 균형 잡힌 시각을 볼 수 있다. 아울러, 2025년 현재 특히 트랜스젠더를 대상으로 한 성소수자 혐오가 서구 사회에서도 나타나고 있는데, 제4장에서 저자가 분석하는 성소수자 혐오의 작동 방식과 배경은 비서구 국가뿐 아니라 서구 국가에도 — 더불어 한국에도 — 적용할 수 있을 것이다.

이어 저자는 다양한 국제 행사와 UPR(보편적정례인권검토) 과정 등을 참관하며 느낀 소회를 밝히고, 2014년 유엔 인권이사회에서 SOGI 결의안이 통과되는 과정에 참여한 여러 외교관, 성소수자 인권 활동가, 유엔 직원과 인터뷰한 결과를 제시한다. 외교를 업으로 하고 있고, 성소수자 인권의 국제적 증진에 한국이 기여하기를 바라는 나로서는 이 부분이 가장 흥미롭게 느껴졌다. 국가들 사이의 협상 전략, 인권 활동가와 외교관이 협력하는 양상을 설명하는 생생한 목소리는 국제 무대로 우리를 안내하며, 우리 눈에 결과로만 보이는 국제 문서가 실제 준비되기까지 많은 이의 숨겨진 노력이 있음을 깨닫게 한다.

또한 이 책이 설명하는 2014년 SOGI 결의안의 중요한 특징이 있는데, 바로 서구 국가들이 아닌 글로벌 사우스에 속하는 라틴아메리카 국가들이 결의안을 추진했다는 사실이다. 이 책은 결의안 추진 과정에서 라틴아메리카 국가들이 얼마나 주도권을 갖고 임했는지에 대한 다양한 의견을 담고 있는데, 이를 통해 기존의 서구 국가들 외에 향후 성소수자 인권 외교를 이끌 새로운 국가들의 등장 가능성을 엿볼 수 있다.

저자는 인터뷰 내용을 바탕으로 제9장에서 외교가 성소수자 인권 향상에 더욱 기여할 수 있는 여러 방안을 제시한다. 결론에서 저자는 자신이 설계했던 핵심 질문과 부수적 질문에 대한 연구 결과를 요약한다. 이어 동성애자에 대한 박해가 다시 발생한 체첸의 소식을 접하며, 인권을 위해 더욱 노력하지 않으면 안 된다는 점을 강조한다.

사실 나는 당초 이 책이 '2025년에' 그리고 '한국에서' 번역, 출간되는 것이 어떤 의미가 있을지를 고민했다. 이 책이 말하는 다자주의가 2025년 현재, 국제사회에서 충분히 기능하고 있는가에 다소 회의감이 들었기 때문이다. 게다가 자신의 관점에서 비서구 국가를 대상으로 성소수자 인권 외교를 하는 서구 국가들에 대한 저자의 비판적 시각이, 이 분야에 대한 외교 활동이 사실상 전무하다고 할 수 있는 한국에 적용될 수 있을지에 대한 고민도 있었다.

그러나 나는 지금이야말로 『퀴어 디플로머시』를 한국에 소개하기에 최적인 시기라 생각한다. 2025년 현재 성소수자 인권 논의를 주도해 온 서구 사회에서 우경화 흐름이 나타나고 있고, 특히 강대국들이 다자주의를 통해 국제 규범을 만들어 나가려는 대신 일방주의적 태도를 취함에 따라 불확실성이 커진다는 우려가 있는 것은 사실이다. 그러나 인권은 역사적으로 수많은 전진과 후퇴의 과정을 반복하며 발전해 왔다. 저자가 지적하는 바와 같이 2014년 인권이사회의 SOGI 결의안 통과라는 승리의 순간도 있었지만, 2015년 발표된 지속가능개발목표에 성적 지향과 성별 정체성 관련 문구를 명시적으로 포함하려는 활동가들의 시도는 성공하지 못했다. 실패와 후퇴에만 집착해 좌절하기보다는 제도의 발전 방안을 고민하는 일이 생산적이라 본다.

그렇기에 일각에서 우려하는 다자주의의 위기를 극복하고 제도를 보완하기 위해서는 국제사회가 그동안 걸어온 과정, 그리고 그 가운데 미진한 부분을 살펴보는 일이 무엇보다도 중요하다. 특히 국가 간 갈등을 초래하면서까지 수립한 성소수자 인권 규범이 허술한 것이라면, 저자가 권고하는 바와 같이 제도적인 개선책을 논의하면서, 국가 간 갈등이 덜한 분야에서 실질적 성과를 거둘 수 있는 창의적 방안을 고민해야 한다. 그리고 2025년 현재 우경화 현상이 특히 서구 국가들을 중심으로 나타나고 있다는 점을 고려할 때, 개인적으로는 성소수자 이슈에 대한 비서구 국가의 역할에도 주목할 필요가 있다고 본다. 이 책에서 저자는 라틴아메리카의 역할과 소위 '중간 지대' 국가들의 잠재력에 주목하고 있다. 그리고 '중간 지대' 국가 중 하나인 한

국도 의미 있는 역할을 할 수 있고, 그렇게 해야 한다는 것이 나의 생각이다.

그런데 이 책에서 한국이 크게 부각되지는 않는다. 다른 국가들과 함께 SOGI 결의안에 찬성표를 던졌다는 점, 그리고 반기문 사무총장을 성소수자 앨라이로 평가하는 짧은 언급이 있을 뿐이다. 그러나 국제사회는 한국이 이 분야에서 보다 적극적인 역할을 하기를 기대하고 있다. 지난 2024년 11월, 우리의 주요 우방국들로 구성된 28개 주한 대사관들과 주한 유럽연합 대표부는 성소수자의 권리 보호 및 증진에 관한 공동선언문을 발표하며, 한국의 성소수자 권리 인식을 제고하기 위한 노력을 계속 지원하겠다고 천명했다. 미국 대선 소식에 가려 상대적으로 주목받지 못했는데, 이 선언문이 발표된 시점을 살펴볼 필요가 있다. 한 달 전인 2024년 10월, 한국은 2025-2027년 임기의 유엔 인권이사회 이사국으로 선출됐다. 그런가 하면 10월 말 서울에서는 개신교 단체가 주축이 된 대규모 반동성애 집회가 개최됐다. 공동선언문은 (자유민주주의적 가치를 추구하며 G7 국가와의 협력 강화를 모색하는) 한국의 지위에 걸맞은 역할은 무엇인지, 국제사회가 한국에 어떤 역할을 주문하고 있는지를 고민하게 한다.

성소수자 인권은 또한 중요한 외교적 문제이기도 하다. 우리와 가치를 공유하는 많은 국가는 동성 결혼을 인정하고 있고, 선진국 그룹으로 알려진 OECD에서도 한국을 포함해 극히 일부 국가를 제외하고는 동성 커플의 법적 지위를 보장하고 있다. 여러 대사관들은 성소수자인 자국민이 외국에서 성적 지향이나 성별 정체성을 이유로 차별을 받지 않도록 관심을 갖고 대응하고 있다. 그래서 많은 국가들이 한국에 차별금지법의 제정, 동성 결합의 법적 지위 보장 등을 권고하고 있다. 나는 성소수자 인권에서 한국이 진전된 국가일 것이라고 기대했다가 실망한 외국인들의 이야기, 기술이민이나 주재관으로 한국에 오려던 성소수자 외국인이 동성 커플의 법적 지위를 인정받을 수 없다는 이유에서 다른 국가를 선택한 사례를 많이 접해 왔다. 성소수자에 대한 사회적 혐오와 차별을 피해 외국으로 떠난 한국인도 많다. 한국이 민주주의와 개방성을 추구하고 있고, 외국과의 교류, 외국인 이민자의 수용 등에서 경제성장의 동력을 찾는다고 할 때, 나는 동성 결혼 인정을 포함해 성소수자의 인권과 다양성을 존중하는 방향으로 가는 것이 국가의 미래와 위상, 이미지에 부합한다고 생각한다.

얼마 전 배우 윤여정 님의 아들에게 동성 배우자가 있다는 사실이 언론을 통해 알려졌다. 늦게나마 지면을 빌려 축하의 인사를 전하고자 한다. 소식을 듣고 한 가지 의문이 들었다. 통계에 따르면 여전히 많은 한국인들이 동성 결혼에 반대하고 있는데, 윤여정 님의 아들이 동성 파트너와 결혼함으로써 피해를 보는 사람이 과연 있을까 하는 것이었다. 동성 결혼이 인정되면 행복해지는 사람이 늘어날 뿐, 피해를 보는 사람은 없다. 타인이 불행하기를 간절히 바라는 사람이 아니라면 말이다. 기존 제도에 포함된 사람들의 권리를 해치지 않는 가운데, 제도에서 배제된 사람들의 권리를 인정하면서 소위 파레토 개선을 이룰 수 있는 동성 결혼의 인정을 반대할 합리적 이유는 없다고 본다. 그럼에도 한국 사회에서 성소수자의 인권을 증진하려는 시도는 많은 반발에 부딪힌다.

나는 이 책에서 묘사되고 있는 성소수자 이슈를 둘러싼 국제사회의 갈등을 보며 한국 사회를 떠올렸는데, 성소수자의 인권을 지지하는 목소리가 거센 저항에 직면하는 한국 사회가 마치 국제사회의 축소판이라는 인상을 받았다. 나는 우리가 국내적으로 어떻게 해법을 모색하느냐에 따라 국제사회에 좋은 귀감이 될 수 있을 것이라 생각했기에 이 책의 번역을 결심했다. 우리나라와 국제사회가 함께 지향하는 인간의 존엄성과 평등이라는 가치를 중심에 놓고 이 사안에 관한 대화의 장이 열리기를 바라면서 말이다. 사실 한국의 경제 발전과 민주화의 역사는 많은 개도국이 닮고 싶어 하는 부분이며, 많은 국가에서 한국의 문화가 인기를 얻고 있다. 저자가 지적하는 바와 같이, 오늘날 서구 국가들의 인권 외교가 비서구 국가들의 저항에 직면하는 큰 이유는 이들의 제국주의와 식민주의의 역사에 있다. 이에 반해 한국은 식민 지배와 전쟁의 참상, 가난을 겪었고, 이를 빠른 경제 발전으로 극복하고 민주화를 달성했다. 한국의 역사는 비서구 국가들에게 많은 공감을 주며, 우리가 서구 국가들과 달리 인권 외교를 효과적으로 할 수 있는 요소가 된다. 특히 한국은 국제 사회의 책임 있는 일원으로 여러 차례 유엔 인권이사회 이사국을 수임해 왔고, 2025-2027년 임기로 재차 이사국으로 활동 중이다. 한국이 이룩한 민주주의와 높아진 위상을 고려할 때, 성소수자 인권 외교에 한국이 보다 적극적으로 나서야 할 것이며, 이러한 이유에서 한국의 활동은 다른 서구 국가들과 비교할 때, 비서구 국가들에게 더욱 우호적으로 받아들여질 수 있다.

아울러 최근 성소수자 인권 진전과 관련해 아시아 지역이 주목받고 있다는 점을 언급하고 싶다. 2019년부터 대만이, 2023년부터 네팔이, 2025년부터 태국이 동성 결혼을 인정했고, 일본에서는 고등법원이 동성 결혼을 인정하지 않는 민법 규정을 위헌이라고 여러 차례 판단했다. (참고로 한국은 일본과 헌법에서 결혼 관련 매우 유사한 조항을 두고 있다.) 이런 분위기에서 한국도 보다 전향적인 태도로 성소수자 인권을 다뤄야 한다.『퀴어 디플로머시』의 출간을 계기로 한국의 정책 담당자들이 성소수자 인권의 국제적 논의 흐름과 국제사회 내에서 한국의 역할을 고민하는 기회가 마련되기를 기대한다.

『퀴어 디플로머시』는 한국의 정책 담당자들에 국한되지 않고, 많은 독자층이 폭넓게 읽을 수 있는 책이라 생각한다. 이 책은 유엔에서 외교관, 시민단체 활동가가 서로 협력하는 방식, 국가들의 협상 전략이 수립되는 과정을 생생하게 전달하기에, 외교관을 꿈꾸거나 정치외교학을 공부하는 학생, 외교에 관심이 있는 사람들이 외교를 이해하는 데 큰 도움을 줄 것이다. 또한 서구 사회를 중심으로 발전해 온 성소수자 인권 담론과 외교에 관한 이 책의 냉철한 평가는 세계적 논의 속에서 한국의 성소수자 인권 운동의 위치를 확인하게 해 주고, 인권 운동의 지향점과 연대를 다양하고 풍성하게 바라볼 수 있게 한다. 이에 성소수자 활동가에게도 시사하는 바가 크리라 본다. 성소수자 활동가가 아니더라도, 인권에 관심을 갖고 있거나, 불평등과 차별에 문제의식을 갖고 있는 사람이라면 모두 이 책의 잠재적 독자이다. 아울러 성소수자 당사자는 이 책을 통해 보이지 않는 곳에서 많은 지지자가 함께하고 있음을 확인함으로써 격려와 연대의 메시지를 들을 수 있을 것이다.

이 책이 출간되기까지 많은 분들의 도움이 있었다. 한국어 번역 제안을 흔쾌히 수락하고, 번역 과정에서 여러 차례 격려와 의견을 준 저자 더글러스 재노프 정책보좌관께 감사의 인사를 전한다. 또한 책 출간이 한국 사회에 주는 의미를 높이 평가하고 출간 제안에 흔쾌히 응해 준 도서출판 한티재 오은지 대표께도 감사의 말씀을 드린다. 그리고 성소수자의 혼인권 분야 법학자인 레이던 대학교의 케이스 발데익(Kees Waaldijk) 교수, 석사 논문 작성에 큰 도움을 준 비아드리나 유럽 대학교의 파블로 파레하 알카라스(Pablo Pareja Alcaraz) 교수는 내가 성소수자 인권에 대한 지식을 얻는 데 많은 도움을 주었기에 두 분께도 감사의 마음을 전하고자 한다.

또한 『퀴어 디플로머시』 한국어판의 출간에 큰 관심을 갖고 추천사를 통해 책의 의미를 평가해 준 필립 터너 전 주한 뉴질랜드 대사, 한채윤 비온뒤무지개재단 상임이사, 이송희일 감독, 장혜영 전 의원께도 감사의 인사를 드린다. 바쁜 와중에도 전문 지식과 관련 경험을 바탕으로 번역을 감수해 준 류민희 변호사, 책의 내용과 번역에 대한 의견을 나눠 준 성소수자 대학원생/신진연구자 네트워크 소속 연구자들, 번역문을 꼼꼼히 교정하고 편집해 준 이수경 편집자의 노고가 없었다면 책이 세상에 나오기 어려웠을 것이다. 이분들께도 감사의 말씀을 전한다. 많은 분의 관심과 기여로 세상의 빛을 보게 된 책인 만큼 이 책이 한국 사회의 변화와 인권 증진에 기여하기를 희망한다.

2025년 4월
연대의 마음으로
서정현

참고 문헌

1장

Adam, B. (1998). Theorizing homophobia. *Sexualities*, 1(4), 387-404.

Adam, B., Duyvendak, J., & Krouwel, A. (1999). Introduction. In B. D. Adam (Ed.), *The global emergence of gay and lesbian politics* (pp. 1-11). Temple University Press.

Bakshi, S., Jivraj, S., & Posocco, S. (2016). Introduction. In S. Bakshi, S. Jivraj, & S. Posocco (Eds.), *Decolonizing sexualities: Transnational perspectives, critical interventions* (pp. 1-15). Counterpress.

Bosia, M. (2013). Why states act. In M. Weiss & M. Bosia (Eds.), *Global homophobia: States, movements, and the politics of oppression* (pp. 30-54). University of Illinois Press.

Bull, H. (1995). *The anarchical society: A study of order in world politics* (2nd ed.). MacMillan Press Ltd.

Crawford, N. (2016). Prologue: Paris Black Pride 2016. In S. Bakshi, S.

Jivraj, & S. Posocco (Eds.), *Decolonizing sexualities: Transnational perspectives, critical interventions* (pp. xix-xxii). Counterpress.

D'Amico, F. (2015). LGBT and (Dis)United Nations. In M. Picq, & M. Thiel (Eds.), *Sexualities in world politics*. Routledge.

Hildebrandt, A. (2013). Routes to decriminalization. *Sexualities*, 17(1/2), 230-253.

Janoff, D. (2005). *Pink blood: Homophobic violence in Canada*. University of Toronto Press.

Kissinger, H. (2004). *Diplomacy*. Simon & Schuster.

Kollman, K., & Waites, M. (2009). The global politics of lesbian, gay, bisexual and transgender human rights: An introduction. *Contemporary Politics*, 15(1), 1-17.

Langlois, A. (2015). International relations theory and global sexuality politics. *Politics*, 36(4), 385-399.

Meyers, S., & Cooper, H. (2011, December 6). U.S. to aid gay rights abroad, Obama and Clinton say. *New York Times* (online). https://www.nytimes.com/2011/12/07/world/united-states-to-use-aid-to-promote-gay-rights-abroad.html [Accessed 23 July 2018].

Mignolo, W. (2016). Foreword: Decolonial body-geo-politics at large. In S. Bakshi, S. Jivraj, & S. Posocco (Eds.), *Decolonizing sexualities: Transnational perspectives, critical interventions* (pp. vii-xviii). Counterpress.

Moraga, C., & Anzaldúa, G. (Eds.). (1983). *This bridge called my back: Writings by radical women of color* (2nd ed.). Kitchen Table, Women of Color Press.

Neumann, I. (2012). *At home with the diplomats: Inside a European foreign ministry*. Cornell University Press.

O'Dwyer, C. (2013). "Gay rights and political homophobia in postcommunist Europe: Is there an 'EU effect?'" In M. Weiss & M. Bosia (Eds.), *Global homophobia: States, movements, and the politics of oppression* (pp. 103-126). University of Illinois Press.

Picq, M., & Thiel, M. (2015). Introduction: Sexualities in world politics. In M. Picq & M. Thiel (Eds.), *Sexualities in world politics* (pp. 1-22). Routledge.

Steinmetz, K. (2015, April 10). See Obama's 20-year evolution on LGBT rights. *Time* (online). http://time.com/3816952/obama-gay-lesbian-transgender-lgbt-rights/ [Accessed 23 July 2018].

Stychin, C. (2004). Same-sex sexualities and the globalization of human rights discourse. *McGill Law Journal*, 49(4), 952-968.

Symons, J., & Altman, D. (2015). International norm polarization: Sexuality as a subject of human rights protection. *International Theory*, 7(1), 61-95.

The Cahokian. (2019). What if they gave an international march and nobody came? [Blog]. http://thecahokian.blogspot.ca/2010_09_01_archive.html [Accessed 2 August 2019].

Waites, M. (2020). Global sexualities: Towards a reconciliation between decolonial analysis and human rights. In Z. Davy, A. Santos, C. Bertone, R. Thoreson, & S. Wieringa (Eds.), *The Sage handbook of global sexualities* (pp. 2-18). Sage.

Weeks, J. (2007). *The world we have won*. Routledge.

2장

Adam, B. (1995) *The rise of a gay and lesbian movement* (2nd revised ed.). Twayne Publishers.

Adam, B., Duyvendak, J., & Krouwel, A. (1999a). "Introduction." In *The global emergence of gay and lesbian politics*. Temple University Press, pp. 1-11.

Adam, B., Duyvendak, J., & Krouwel, A. (1999b). "Gay and lesbian movements beyond borders?" In *The global emergence of gay and lesbian politics*. Temple University Press, pp. 344-371.

Adams, I. (1999) *Agent of influence: A true story*. General.

Altman, D. (2008). AIDS and the globalization of sexuality. *Social Identities*, 14(2), 145-160.

Bakshi, S., Jivraj, S., & Posocco, S. (2016). Introduction. In S. Bakshi, S. Jivraj, & S. Posocco (Eds.), *Decolonizing sexualities: Transnational perspectives, critical interventions* (pp. 1-15). Counterpress.

Bosia, M. (2020). Introduction: Sexual and gender diversity politics 50 years after Stonewall. In M. Bosia, S. McEvoy, & M. Rahman (Eds.), *The Oxford handbook of global LGBT and sexual diversity politics* (pp. 1-12). Oxford University Press.

Butler, J. (1993). *Bodies that matter: On the discursive limits of "sex."* Routledge.

Butler, J. (2004). *Undoing gender*. Routledge.

Califia, P. (1997). San Francisco: Revisiting 'The city of desire.' In G. Ingram, A. Bouthillette, & Y. Retter (Eds.), *Queers in space: Communities/ public space/sites of resistance* (pp. 185-189). Bay Press.

CNN (2019, August 21) "Same sex marriage fast facts." Official website of

CNN. [on-line] Available at: https://www.cnn.com/2013/05/28/us/samesex- marriage-fast-facts/index.html [Accessed 21 August 2019].

D'Emilio, J. (1981) "Gay politics, gay community: San Francisco's experience," *Socialist Review*, 55, January/February, pp. 80-81.

Deibert, R. (1997). *Parchment, printing and hypermedia: Communication in world order transformation.* Columbia University Press.

Díez, J. (2015). *The politics of gay marriage in Latin America: Argentina, Chile, and Mexico.* Cambridge University Press.

Duggan, L. (2003). *The twilight of equality? Neoliberalism, cultural politics and the attack on democracy.* Beacon Press.

Eng, D., Halberstam, J., & Muñoz, J. (2005). What's queer about queer studies now? *Social Text*, 23(3-4), 1-17.

Epstein, S. (1992). Gay politics, ethnic identity: The limits of social constructionism. In E. Stein (Ed.), *Forms of desire: Sexual orientation and the social constructionist controversy* (pp. 239-294). Routledge.

Epstein, S. (1996). A queer encounter: Sociology and the study of sexuality. In S. Seidman (Ed.), *Queer theory sociology* (pp. 145-162). Blackwell.

Foucault, M. (1990). *The history of sexuality: An introduction 1.* Vintage Books.

Gaskins, J. (2013) "'Buggery' and the commonwealth caribbean." In C. Lennox and M. Waites (Eds.), *Human rights, sexual orientation and gender identity in the commonwealth: Struggles for decriminalisation and change.* Human rights consortium, institute of commonwealth studies, school of advanced study, University of London, pp. 429-454.

Guzmán, M. (2006). *Gay hegemony/ Latino sexualities.* Routledge.

Hall, S. (1992). Introduction: Identity in question. In S. Hall, D. Held, & T. McGrew (Eds.), *Modernity and its futures* (pp. 275-290). The Policy

Press.

Hall, S. (1997). Old and new identities, Old and new ethnicities. In A. King (Ed.), *Culture, globalization, and the world-system: Contemporary conditions for the representation of identity* (pp. 41-68). University of Minnesota Press.

Hildebrandt, A. (2013). Routes to decriminalization. *Sexualities*, 17(1/2), 230-253.

Humphreys, L. (1970). *Tearoom trade*. Aldine.

Jackson, D. (2019, March 14). "Donald Trump, Mike Pence Mark St. Patrick's day with gay marriage, Brexit in spotlight." *USA Today*, [on-line] Available at: https://www.usatoday.com/story/news/politics/2019/03/14/donaldtrump-mike-pence-st-patricks-day-amid-gay-marriage-brexit/3161980002/ [Accessed 21 Aug. 2019].

Jenness, V., & Broad, K. (1997). *Hate crimes: New social movements and the politics of violence*. Aldine de Gruyter.

Johnson, D. K. (2006). *The lavender scare: The cold war persecution of gays and lesbians in the federal government*. University of Chicago Press.

Johnson, D. K. (2013). America's cold war empire. In M. Weiss & M. Bosia (Eds.), *Global homophobia: States, movements, and the politics of oppression* (pp. 55-74). University of Illinois Press.

Keating, C. (2013). Conclusion: On the interplay of state homophobia and homoprotectionism. In M. Weiss & M. Bosia (Eds.), *Global homophobia: States, movements, and the politics of oppression* (pp. 246-254). University of Illinois Press.

Keeble, E. and H. Smith (2001) "Institutions, ideas, women and gender: New directions in Canadian foreign policy," *Journal of Canadian Studies*, 35(4), Summer, pp. 130-141.

Kinsman, G. (1996). *The regulation of desire: Homo and hetero sexualities* (2nd) (revised). Black Rose Books.

Kinsman, G., Gentile, P., & P. (2010). *The Canadian war against queers.* University of British Columbia Press.

Kirby, M. (2013). The sodomy offence. In C. Lennox & M. Waites (Eds.), *Human rights, sexual orientation and gender identity in the commonwealth: Struggles for decriminalisation and change* (pp. 61-82). Human Rights Consortium, Institute of Commonwealth Studies, School of Advanced Study, University of London.

Lennox, C. & Waites, M. (2013a). "Conclusion." In C. Lennox and M. Waites (Eds.), *Human rights, sexual orientation and gender identity in the commonwealth: Struggles for decriminalisation and change.* Human rights consortium, institute of commonwealth studies, school of advanced study, University of London, pp. 507-547.

Luibhéid, E. (2005). "Introduction: Queering migration and citizenship." In E. Luibhéid and L. Cantú Jr. (Eds.), *Queer migrations: Sexuality, US citizenship, and border crossings.* University of Minnesota Press, pp. ix-xlvi.

Lugones, M. (2007). Heterosexualism and the colonial/modern gender system. *Hypatia*, 22(1), 186-209.

Manalansan, M. (2003). *Global divas: Filipino gay men in the diaspora.* Duke University Press.

McIntosh, M. (1968) "The homosexual role," *Social Problems*, 16, Fall, pp. 182-192.

Mendos, L. R. et al. (2020). *State-sponsored homophobia 2020: Global legislation overview update.* Official website of ILGA. [online] Available at: https://ilga.org/state-sponsored-homophobia-report [Accessed 18

April 2021].

Namaste, V. (2000). *Invisible Lives: The erasure of transsexual and transgendered people*. University of Chicago Press.

Picq, M., & Thiel, M. (2015). Introduction: Sexualities in world politics. In M. Picq & M. Thiel (Eds.), *Sexualities in world politics* (pp. 1-22). Routledge.

Prieur, A. (1998). *Mema's house, Mexico City: On transvestites, queens and machos*. University of Chicago Press.

Puar, J. (2007). *Terrorist assemblages: Homonationalism in queer times*. Duke University Press.

Rahman, M. (2014). Queer rights and the triangulation of western exceptionalism. *Journal of Human Rights*, 13, 274-289.

Rahman, M. (2020). What makes LGBT sexualities political?: Understanding oppression in sociological, historical, and cultural context. In M. Bosia, S. McEvoy, & M. Rahman (Eds.), *The Oxford handbook of global LGBT and sexual diversity politics* (pp. 15-39). Oxford University Press.

Rankin, P. (2000). Sexualities and national identities: Re-imagining queer nationalism. *Journal of Canadian Studies*, 35(2), 176-196.

Rao, R. (2020). *Out of time: The queer politics of postcoloniality*. Oxford University Press.

Reiss, A. (1961). The social integration of queers and peers. *Social Problems*, 9(2), 102-120.

Santos, G. G. da Costa (2013) "Decriminalising homosexuality in Africa." In C. Lennox and M. Waites (Eds.), *Human rights, sexual orientation and gender identity in the commonwealth: Struggles for decriminalisation and change*. Human rights consortium, institute of commonwealth studies, school of advanced study, University of London, pp. 313-337.

Shah, S. (2013) "The Malaysian Dilemma." In C. Lennox and M. Waites (Eds.), *Human rights, sexual orientation and gender identity in the commonwealth: Struggles for decriminalisation and change*. Human Rights consortium, institute of commonwealth studies, school of advanced study, University of London: pp. 261-285.

Shelley, C. (2008). *Transpeople: Repudiation, Trauma, Healing*. University of Toronto Press.

Smith, L. T. (1999). *Decolonizing methodologies: Research and indigenous peoples*. St. Martin's Press.

Spruill, J. (2001). A post- with/out a past? In C. Stychin & D. Herman (Eds.), *Law and sexuality: The global arena* (pp. 3-16). University of Minnesota Press.

Stychin, C. (1998). *A nation by rights: National cultures, sexual identity politics and the discourse of rights*. Temple University Press.

Waites, M. (2013) "United Kingdom: Confronting criminal histories and theorizing decriminalization as citizenship and governmentality." In C. Lennox and M. Waites (Eds.), *Human rights, sexual orientation and gender identity in the commonwealth: Struggles for decriminalisation and change*. Human rights consortium, institute of commonwealth studies, school of advanced study, University of London: pp. 145-181.

Waites, M. (2020). Global Sexualities: Towards a reconciliation between decolonial analysis and human rights. In Z. Davy, A. Santos, C. Bertone, R. Thoreson, & S. Wieringa (Eds.), *The sage handbook of global sexualities* (pp. 2-18). Sage Publications.

Weeks, J. (2007). *The world we have won*. Routledge.

Wieringa, S. and H. Sívori (2013) "Sexual politics in the global south:

Framing the discourse." In S. Wieringa and Sívori, H. (Eds.), *The sexual history of the global south: Sexual politics in Africa, Asia and Latin America*. Zed Books, pp. 1-21.

3장

ACHPR. (2017). African court of human and people's rights. Official website of the African Court of Human and People's Rights. [online] http://www.african-court.org/en/ [Accessed 4 August 2017].

Aggestam, K., & Towns, A. (Eds.). (2018). *Gendering diplomacy and international negotiations*. Palgrave MacMillan.

Altman, D., & Beyrer, C. (2014). The global battle for sexual rights. *Journal of the International AIDS Society*, 17, 1-2.

Bosia, M. (2015). To love or to loathe. In M. Picq & M. Thiel (Eds.), *Sexualities in World Politics* (pp. 38-53). Routledge.

Brown, C. (2005). *Understanding international relations* (3rd ed.). Palgrave MacMillan.

Browne, K., & Nash, C. (2014). Resisting LGBT rights where 'we have won': Canada and Great Britain. *Journal of Human Rights*, 13, 322-336.

Bull, H. (1995). *The anarchical society: A study of order in world politics* (2nd ed.). MacMillan Press Ltd.

Butler, J. (2004). *Undoing gender*. Routledge.

Cassidy, K. (Ed.). (2017). *Gender and diplomacy*. Routledge.

D'Amico, F. (2015). LGBT and (Dis)United Nations. In M. Picq & M. Thiel (Eds.), *Sexualities in world politics*. Routledge.

Davies, M. (2010, October). Rhetorical inaction? Compliance and the human rights council of the United Nations. *Alternatives: Global, Local, Political*, 35(4), 449-468.

Department of State. (2018a). About the US Department of State. Official website of the U.S. Department of State. [online] https://www.state.gov/aboutstate/ [Accessed 23 July 2018a].

Department of State. (2018b). "Human Rights Reports." Official website of the U.S. Department of State. [online] https://www.state.gov/j/drl/rls/hrrpt/ [Accessed 30 July 2018].

DFAT. (2018). 2017 foreign policy white paper. Official website of the Department of Foreign Affairs and Trade, Australia. [online] https://www.fpwhitepaper.gov.au/foreign-policy-white-paper/overview [Accessed 23 July 2018].

Donnelly, J. (2013a). *International human rights* (4th ed.). Westview Press.

Donnelly, J. (2013b). *Universal human rights in theory and practice* (3rd ed.). Cornell University Press.

Duhaime, B. (2012, Summer). Canada and the Inter-American human rights system. *International Journal*, 67 (3), 639-659.

Duncker, A. (2007). Human rights are what NGOs make of it: The diversity of Turkish human rights NGOs and the influence of the European process. *Turkish Policy Quarterly*, 5(4), 73-83.

Elam-Thomas, H. (2017). *Diversifying diplomacy: My journey from Roxbury to Dakar*. Potomoc Books.

Federal Foreign Office. (2018). Foreign policy topics. Official website of the German Federal Foreign Office. [online] https://www.auswaertiges-amt.de/en/aussenpolitik/themen [Accessed 23 July 2018].

GAC. (2018). Priorities. Official website of Global Affairs Canada [online] http://www.international.gc.ca/gac-amc/priorities-priorites. aspx?lang=eng [Accessed 23 July 2018].

GAC. (2020). Women, peace and security. Official website of Global Affairs Canada. [online] https://www.international.gc.ca/world-monde/issues_development-enjeux_developpement/gender_equality-egalite_des_genres/ women_peace_security-femmes_paix_securite.aspx?lang=eng [Accessed 23 July, 2020].

Hagen, J. (2016). Queering women, peace and security. *International Affairs*, 92(2), 313-332.

Hall, S. (1992). Introduction: Identity in Question. In S. Hall, S., Held, D. & McGrew, T. (Eds.), *Modernity and its futures*, pp. 275-290. The Policy Press.

Hinton, D. (2015). *Economics and diplomacy: A life in the foreign service of the United States*. New Academia Publishing.

Johnson, D. K. (2006). *The lavender scare: The cold war persecution of gays and lesbians in the federal government*. University of Chicago Press.

Kaoma, K. (2013). "The marriage of convenience." In M. Weiss & M. Bosia (Eds.), *Global homophobia: States, movements, and the politics of oppression* (pp. 75-102). University of Illinois Press.

Keating, C. (2013). Conclusion: On the interplay of state homophobia and homoprotectionism. In M. Weiss & M. Bosia (Eds.), *Global homophobia: States, movements, and the politics of oppression* (pp. 246-254). University of Illinois Press.

Kennan, G. (1997). Diplomacy without diplomats? *Foreign Affairs*, 76(5), 198-212.

Kinsman, G. (1996). *The regulation of desire: Homo and hetero sexualities* (2nd revised edition). Black Rose Books.

Kinsman, G., & Gentile, P. (2010). *The Canadian war against queers*. University of British Columbia Press.

Kopp, H., & Naland, J. (2017). *Career diplomacy: Life and work in the US foreign service* (3rd ed.). Georgetown University Press.

Langlois, A. (2012). Human rights in crisis? A critical polemic against polemical critics. *Journal of Human Rights*, 11, 558-570.

Langlois, A. (2015a). Human rights, LGBT rights and international theory. In M. Picq & M. Thiel (Eds.), *Sexualities in world politics* (pp. 23-37). Routledge.

Langlois, A. (2015b). International relations theory and global sexuality politics. *Politics*, 36(4), 385-399.

Lennox, C., & Waites, M. (2013). Conclusion. In C. Lennox & M. Waites (Eds.), *Human rights, sexual orientation and gender identity in the commonwealth: Struggles for decriminalisation and change*, pp. 507-547. Human Rights Consortium, Institute of Commonwealth Studies, School of Advanced Study, University of London.

Mason, C. (Ed.). (2018). *Routledge handbook of queer development studies*. Routledge.

Massad, J. (2007). *Desiring Arabs*. University of Chicago Press.

McMahon, E., & Ascherio, M. (2012). A step ahead in promoting human rights? The universal periodic review of the UN human rights council. *Global Governance*, 18, 231-248.

MEAE. (2018). Droits de l'homme. Official website of the Ministère de l'Europe et des Affaires étrangères. [on-line] https://www.diplomatie.gouv.fr/fr/politi que-etrangere-de-la-france/droits-de-l-homme/ [Accessed 23 July 2018].

Mingst, K. (2008). *Essentials of international relations* (4th ed.). Norton.

Mittelstaedt, E. (2008, Summer). Safeguarding the rights of sexual minorities: The incremental and legal approaches to enforcing international human rights obligations. *Chicago Journal of International Law*, 9(1), 372-385.

Morgan, W. (2001). Queering international human rights law. In C. Stychin & D. Herman (Eds.), *Law and Sexuality: The Global Arena* (pp. 208-225). University of Minnesota Press.

Neumann, I. (2008). "The body of the diplomat." *European Journal of International Relations*, 14(4), 256-273.

Neumann, I., & Sending, O. (2007, September). 'The International' as governmentality. *Millennium: Journal of International Studies*, 35(3), 677-701.

OHCHR. (2017a). How we do it. Official website of the UN Office of the High Commissioner for Human Rights. [online] http://www.ohchr.org/EN/Abo utUs/Pages/HowWeDoIt.aspx [Accessed 23 July 2018].

OHCHR. (2017c). OHCHR's funding and budget. Official website of the UN Office of the High Commissioner for Human Rights. [online] http:// www.ohchr.org/EN/AboutUs/Pages/FundingBudget.aspx [Accessed 5 Aug. 2017c].

OHCHR. (2017e). "Thematic mandates." Official website of the UN Office of the High Commissioner for Human Rights. [on-line] http://spinternet.ohchr.org/_Layouts/SpecialProceduresInternet/ViewAllCountryMandates.aspx?Type=TM [Accessed 4 Aug. 2017].

OHCHR. (2017f). UPR. Official website of the UN Office of the High Commissioner for Human Rights. [online] http://www.ohchr.org/EN/HRBodies/UPR/Pages/UPRMain.aspx [Accessed 5 Aug. 2017f].

Picq, M., & Thiel, M. (2015). Introduction: Sexualities in world politics.

In M. Picq & M. Thiel (Eds.), *Sexualities in world politics* (pp. 1-22). Routledge.

Puar, J. (2007). *Terrorist assemblages: Homonationalism in queer times*. Duke University Press.

Rahman, M. (2014). Queer rights and the triangulation of western exceptionalism. *Journal of Human Rights*, 13, 274-289.

Rahman, M. (2015). Querying the equation of sexual diversity with modernity: Towards a homocolonialist discourse. In M. Viteri & M. Picq (Eds.), *Queering Paradigms V*, pp. 91-111. Peter Lang.

Richter-Montpetit, M., & Weber, C. (2017). Queer international relations. In *Oxford research encyclopedia of politics*. [e-book] May. https://doi.org/10.1093/acrefore/9780190228637.013.265 [Accessed 27 November 2017].

Rimmerman, C. (2008). *The lesbian and gay movements: Assimilation or liberation?* Westview Press.

Sarpong, S. (2012). "The reach and boundaries of moral concerns: Which way for British aid in Africa?" *Journal of Asian and African Studies*, 48(2), 242- 257.

Sanders, D. (1996). Getting the lesbian and gay issues on the international human rights agenda. *Human Rights Quarterly*, 18(1), 67-107.

Sanders, D. (2006). Human rights and sexual orientation in international law. *International Journal of Public Administration*, 25(1), 13-44.

Sending, O., Neumann, I., & Pouliot, V. (2011, December). The future of diplomacy: Changing practices, evolving relationships. *International Journal*, 66(3), 527-542.

Serra, N. (2013). Queering international human rights: LGBT access to domestic violence remedies. *American University Journal of Gender,*

Social Policy & the Law, 21(3), 583-607.

Sharp, P. (1997, Autumn). Who needs diplomats? The problems of diplomatic representation. *International Journal*, 52(4), 609-632.

Sheill, K. (2009). Losing out in the intersections: Lesbians, human rights, law and activism. *Contemporary Politics*, 15(1), 55-71.

Smith, R. (2013, February). To see themselves as others see them. *Human Rights Quarterly*, 35(1), 1-32.

Symons, J., & Altman, D. (2015). International norm polarization: Sexuality as a subject of human rights protection. *International Theory*, 7(1), 61-95.

Toonen v Australia, UN Human Rights Committee, Communication No 488/1992, UN Doc CCPR/C/50/D/488/1992 (4 April 1994) [8.7].

Towns, A. E. (2020). Diplomacy is a feminine art: Feminised figurations of the diplomat. *Review of International Studies*, 46(5), 574-593.

UNGA. (2006). In-depth study on all forms of violence against women. A/61/122/Add.1. 6 July. Official website of the UN General Assembly. [online] https://documents-dds-ny.un.org/doc/UNDOC/GEN/N06/419/74/PDF/N0641974.pdf?OpenElement [Accessed 23 July 2018].

Vogt, R. (2017). *Personal diplomacy in the EU*. Routledge.

Waites, M. (2009). Critique of 'sexual orientation' and 'gender identity' in human rights discourse: Global queer politics beyond the yogyakarta principles. *Contemporary Politics*, 15(1), 138-139.

Weber, C. (2016). *Queer international relations*. Oxford University Press.

Weiss, M., & Bosia, M. (2013). Political homophobia in comparative perspective. In M. Weiss & M. Bosia (Eds.), *Global homophobia: States, movements, and the politics of oppression* (pp. 1-29). University of Illinois Press.

Wilkinson, C., & Langlois, A. (2014). Special issue: Not such an international human rights norm? Local resistance to lesbian, gay, bisexual, and transgender rights—Preliminary comments. *Journal of Human Rights*, 13, 249-255.

X v Colombia. (2007, May 14). UN Human Rights Committee, Communication No 1361/2005, UN Doc CCPR/C/89/D/1361/2005.

Young v Australia. (2003, September 18). UN Human Rights Committee, Communication No 941/2000, UN Doc CCPR/C/78/D/941/2000.

Zanghellini, A. (2008). To what extent does the ICCPR support procreation and parenting by lesbians and gay men? *Melbourne Journal of International Law*, 9(1), 125-150.

4장

Adam, B. (1995). *The rise of a gay and lesbian movement* (2nd revised edition). Twayne Publishers.

Altman, D. (2001). *Global sex*. University of Chicago Press.

Altman, D. (2004). Sexuality and globalisation. *Agenda*, 2(1), 22-28.

Altman, D. (2008). AIDS and the globalization of sexuality. *Social Identities*, 14(2), 145-160.

D'Amico, F. (2015). LGBT and (Dis)United Nations. In M. Picq & M. Thiel (Eds.), *Sexualities in world politics*. Routledge.

Bosia, M. (2013). Why states act. In M. Weiss & M. Bosia (Eds.), *Global homo-phobia: States, movements, and the politics of oppression* (pp. 30-54). University of Illinois Press.

Bosia, M. (2014). Strange fruit: Homophobia, the state and the politics of LGBT rights and capabilities. *Journal of Human Rights*, 13, 256-273.

Bosia, M. (2015). To love or to loathe. In M. Picq & M. Thiel (Eds.), *Sexualities in world politics* (pp. 38-53). Routledge.

Brock, M., & Edenborg, E. (2020). You cannot oppress those who do not exist: Gay persecution in Chechnya and the politics of in/visibility. *GLQ*, 26(4), 673-700.

Cowell, F. (2013). LGBT rights in commonwealth fora. In C. Lennox & M. Waites (Eds.), *Human rights, sexual orientation and gender identity in the commonwealth: Struggles for decriminalisation and change* (pp. 125-143). Human Rights Consortium.

Declaration of Montreal. (2018). [online] http://www.declarationofmontreal.org/ [Accessed 23 July 2018].

ERC. (2017, April 26). *Statement on situation in Chechnya*. Official website of Global Affairs Canada. [online] http://international.gc.ca/world-monde/iss ues_development-enjeux_developpement/human_rightsdroits_homme/eqr-ced.aspx?lang=eng [Accessed 28 Oct. 2017].

Donnelly, J. (2013b). *Universal human rights in theory and practice* (3rd ed.). Cornell University Press.

Foucault, M. (1990). *The history of sexuality: An introduction*, Vol. 1. Vintage Books.

Hekma, G. (2011, Fall). Queers and Muslims: The dutch case. *Macelester International*, 27(1), 27-45.

HRW. (2017). They have long arms and they can find me. Official website of Human Rights Watch [online]. https://www.hrw.org/sites/default/files/rep ort_pdf/chechnya0517_web.pdf [Accessed 28 Oct. 2017].

Kaoma, K. (2013). The marriage of convenience. In M. Weiss & M. Bosia

(Eds.), *Global homophobia: States, movements, and the politics of oppression* (pp. 75- 102). University of Illinois Press.

Keating, F. (2017). Ramzan Kadyrov says there are no gay men in Chechnya- But if there are they should be deported to Canada. *The Independent*, July 16. [online] http://www.independent.co.uk/news/world/ramzan-kadyrov-says-there-are-no-gay-men-in-chechnya-but-if-there-are-take-them-to-canada-a7843466.html [Accessed 28 Oct. 2017].

Kollman, K., & Waites, M. (2009). The global politics of lesbian, gay, bisexual and transgender human rights: An introduction. *Contemporary Politics*, 15(1), 1-17.

Korycki, K., & Nasirzadeh, A. (2013). Homophobia as a tool of statecraft. In M. Weiss & M. Bosia (Eds.), *Global homophobia: States, movements, and the politics of oppression* (pp. 174-195). University of Illinois Press.

Lennox, C., & Waites, M. (2013a). Conclusion. In C. Lennox & M. Waites (Eds.), *Human rights, sexual orientation and gender identity in the common-wealth: Struggles for decriminalisation and change* (pp. 507-547). Human Rights Consortium.

Lennox, C., & Waites, M. (2013b). Human rights, sexual orientation and gender identity in the commonwealth. In C. Lennox & M. Waites (Eds.), *Human rights, sexual orientation and gender identity in the commonwealth: Struggles for decriminalisation and change* (pp. 1-59). Human Rights Consortium.

Lind, A. (2013). Sexual politics and constitutional reform in Ecuador. In M. Weiss & M. Bosia (Eds.), *Global homophobia: States, movements, and the politics of oppression* (pp. 127-148). University of Illinois Press.

Massad, J. (2007). *Desiring Arabs*. University of Chicago Press.

Mittelstaedt, E. (2008, Summer). Safeguarding the rights of sexual minorities: The incremental and legal approaches to enforcing international human rights obligations. *Chicago Journal of International Law*, 9(1), 372-385.

Ndijio, B. (2013). Sexuality and nationalist ideologies in postcolonial cameroon. In S. Wieringa & H. Sívori (Eds.), *The sexual history of the global south: Sexual politics in Africa, Asia and Latin America* (pp. 120-143). Zed Books.

O'Dwyer, C. (2013). Gay rights and political homophobia in postcommunist Europe: Is there an 'EU effect?' In M. Weiss & M. Bosia (Eds.), *Global homophobia: States, movements, and the politics of oppression* (pp. 103-126). University of Illinois Press.

Puar, J. (2007). *Terrorist assemblages: Homonationalism in queer times.* Duke University Press.

Rahman, M. (2014a). *Homosexualities.* Palgrave Macmillan.

Rahman, M. (2014b). Queer rights and the triangulation of western exceptionalism. *Journal of Human Rights*, 13, 274-289.

Rahman, M. (2015). Querying the equation of sexual diversity with modernity: Towards a homocolonialist discourse. In M. Viteri & M. Picq (Eds.), *Queering Paradigms V* (pp. 91-111). Peter Lang.

Richter-Montpetit, M., & Weber, C. (2017, May). Queer international relations. In *Oxford research encyclopedia of politics*. [e-book] https://doi.org/10. 1093/acrefore/9780190228637.013.265 [Accessed 27 November 2017].

Stychin, C. (1998). *A nation by rights: National cultures, sexual identity politics and the discourse of rights.* Temple University Press.

Stychin, C. (2004). Same-sex sexualities and the globalization of human rights discourse. *McGill Law Journal*, 49(4), 952-968.

Symons, J., & Altman, D. (2015). International norm polarization: Sexuality as a subject of human rights protection. *International Theory*, 7(1), 61-95.

The Yogyakarta Principles. (2018). [online] www.yogyakartaprinciples.org [Accessed 23 July 2018].

Waites, M. (2009). Critique of 'sexual orientation' and 'gender identity' in human rights discourse: Global queer politics beyond the Yogyakarta principles. *Contemporary Politics*, 15(1), 138-139.

Weeks, J. (2007). *The world we have won*. Routledge.

Weiss, M. (2013). Prejudice before pride. In M. Weiss & M. Bosia (Eds.), *Global homophobia: States, movements, and the politics of oppression* (pp. 149-173). University of Illinois Press.

Weiss, M., & Bosia, M. (2013). Political homophobia in comparative perspective. In M. Weiss & M. Bosia (Eds.), *Global homophobia: States, movements, and the politics of oppression* (pp. 1-29). University of Illinois Press.

Wilkinson, C. (2014). Putting 'traditional values' into practice: The rise and contestation of anti-homopropaganda laws in Russia. *Journal of Human Rights*, 13, 363-379.

5장

Acker, S. (2000). In/out/side: Positioning the researcher in feminist qualitative research. *Resources for Feminist Research*, 28(1-2), 189-208.

Avis, H. (2002). Whose voice is that? Making space for subjectivities in interviews. In L. Bondi et al. (Eds.), *Subjectivities, knowledges, and feminist geographies: The subjects and ethics of social research* (pp. 191-207). Rowan & Littlefield.

Carroll, A., & Mendos, L. (2015). *State sponsored homophobia* (10th ed.). Official website of ILGA. [online] https://ilga.org/downloads/2017/ILGA_State_S ponsored_Homophobia_2017_WEB.pdf [Accessed 23 July 2018].

CCEP. (2017). *Backgrounder: The post-2015 process and Canada*. Official website of Canada's Coalition to End Poverty. [online] http://www.ccic.ca/_files/en/what_we_do/2015_03_26_Backgrounder_Post_2015_Process_and_Can adian_Priorities_Final%20_V3.pdf [Accessed 2 August 2017].

Collins, P. (1999). Learning from the outsider within: The sociological significance of black feminist thought. In S. Hesse-Biber, C. Gilmartin, & R. Lydenberg (Eds.), *Feminist approaches to theory and methodology: An interdisciplinary reader* (pp. 155-178). Oxford University Press.

Ekins, R. (1997). *Male femaling: A grounded theory approach to cross-dressing and sex-changing*. Routledge.

Frampton, C., Kinsman, G., Thompson, A., & Tilleczeck, K. (2006). Preface. In C. Frampton, G. Kinsman, A. Thompson, & K. Tilleczeck (Eds.), *Sociology for changing the world: Social movements/social research* (pp. 1-17). Fernwood Books.

Halberstam, J. (1998). *Female masculinity*. Duke University Press.

Harding, S. (1993). Rethinking standpoint epistemology: What is 'strong objectivity? In L. Alcoff & E. Potter (Eds.), *Feminist epistemologies* (pp. 49-82). Routledge.

Janoff, D. (2005). *Pink blood: Homophobic violence in Canada*. University of

Toronto Press.

Janoff, D. (2007). *Pink blood: La violence homophobe au Canada*. Éditions Triptyque.

Kinsman, G., & Gentile, P. (2010). *The Canadian war against queers*. University of British Columbia Press.

Naples, N. (2003). *Feminism and method: Ethnography, discourse analysis and activist research*. Routledge.

Ordoñez, J. P. (1995). *No human being is disposable: Social cleansing, human rights, and sexual orientation in Colombia*. International Gay and Lesbian Human Rights Commission.

RIWI Corporation. (2016). *ILGA-RIWI 2016 global attitudes survey on LGBTI people in partnership with logo*. Official website of RIWI Corporation. [online] https://riwi.com/case-study/lgbti/ [Accessed 22 July 2018].

Ryder, G. (2015, May 17). *LGBT workers entitled to equal rights and benefits at the workplace*. Official website of the International Labour Organization. [online] https://www.ilo.org/moscow/news/WCMS_369786/lang—en/index.htm [Accessed 23 July 2018].

Scott, J. (1999). The evidence of experience. In S. Hesse-Biber, C. Gilmartin, & R. Lydenberg (Eds.), *Feminist approaches to theory and methodology: An interdisciplinary reader* (pp. 79-99). Oxford University Press.

Shelley, C. (2008). *Transpeople: Repudiation, trauma, healing*. University of Toronto Press.

Sjolberg, L. (2015). Conclusion: LGBTQ politics/global politics/international relations. In M. Picq & M. Thiel (Eds.), *Sexualities in world politics*. Routledge.

Smith, D. E. (1990). *The conceptual practices of power: A feminist sociology of knowledge*. University of Toronto Press.

Taylor, V., & Rupp, L. (2005). When the girls are men: Negotiating gender and sexual dynamics in a study of drag queens. *Signs*, 30(4), 2115-2139.

United Nations Peacekeeping. (2017, May 16). UN free and equal campaign launches special IDAHOT video. Official website of United Nations Peace-keeping [online] https://peacekeeping.un.org/en/un-free-and-equal-campaigns-launches-specialidahot-video [Accessed 14 July 2018].

6장

Bosia, M. (2014). Strange fruit: Homophobia, the state and the politics of LGBT rights and capabilities. *Journal of Human Rights*, 13, 256-273.

Buss, D. (2004, June). Finding the homosexual in international politics. *International Feminist Journal of Politics*, 6(2), 257-284.

Davies, M. (2010, October). Rhetorical inaction? Compliance and the Human Rights Council of the United Nations. *Alternatives: Global, Local, Political*, 35(4), 449-468.

Langlois, A. (2012). Human rights in crisis? A critical polemic against polemical critics. *Journal of Human Rights*, 11, 558-570.

Langlois, A. (2015). International relations theory and global sexuality politics. *Politics*, 36(4), 385-399.

Rahman, M. (2014). Queer rights and the triangulation of western exceptionalism. *Journal of Human Rights*, 13, 274-289.

Sending, O., Neumann, I., & Pouliot, V. (2011, December). The future of diplomacy: Changing practices, evolving relationships. *International Journal*, 66(3), 527-542.

Stychin, C. (2004). Same-sex sexualities and the globalization of human rights discourse. *McGill Law Journal*, 49(4), 952-968.

Symons, J., & Altman, D. (2015). International norm polarization: Sexuality as a subject of human rights protection. *International Theory*, 7(1), 61-95.

Wilkinson, C., & Langlois, A. (2014). Special issue: Not such an international human rights norm? Local resistance to lesbian, gay, bisexual, and transgender rights—Preliminary comments. *Journal of Human Rights*, 13, 249-255.

7장

Altman, D. (2008). AIDS and the globalization of sexuality. *Social Identities*, 14(2), 145-160.

Altman, D., & Beyrer, C. (2014). The global battle for sexual rights. *Journal of the International AIDS Society*, 17, 1-2.

Bitterman, J. (2015, May 13). Gay diplomat at center of unholy row between Vatican, France. *CNN*. [online] https://www.cnn.com/2015/05/13/europe/france-vatican-diplomat-row/index.html [Accessed 14 July 2018].

Bosia, M. (2015). To love or to loathe. In M. Picq & M. Thiel (Eds.), *Sexualities in world politics* (pp. 38-53). Routledge.

Buss, D. (2004, June) Finding the homosexual in international politics. *International Feminist Journal of Politics*, 6(2), 257-284.

D'Amico, F. (2015) LGBT and (Dis)United Nations. In M. Picq & M. Thiel (Eds.), *Sexualities in world politics*. Routledge.

Davies, M. (2010, October). Rhetorical inaction? Compliance and the Human Rights Council of the United Nations. *Alternatives: Global, Local, Political*, 35(4), 449-468.

ILGA World. (2017, September 12). *Resignation of Vitit Muntarbhorn as Independent Expert on SOGI—For Health & Family Reasons*. Official website of ILGA World. https://ilga.org/resignation-vitit-muntarbhorn-ind ependent-expert-sogi [Accessed 15 March 2022].

Langlois, A. (2015a). Human rights, LGBT rights and international theory. In M. Picq & M. Thiel (Eds.), *Sexualities in world politics* (pp. 23-37). Routledge.

Langlois, A. (2015b). International relations theory and global sexuality politics. *Politics*, 36(4), 385-399.

Lavers, M. (2016, November 24). Gay U.S. ambassador to dominican republic to resign on Jan. 20. *Washington Blade*. [online] http://www.washingto nblade.com/2016/11/24/gay-u-s-ambassador-dominican-republicresign-jan-20/ [Accessed 14 July 2018].

Lederer, E. (2016, December 19). Gay rights supporters win 2nd victory at the United Nations. *Seattle Times*. https://www.seattletimes.com/nation-world/ gay-rights-supporters-win-2nd-victory-at-the-united-nations/ [Accessed 15 March 2022].

Lennox, C., & Waites, M. (2013). Human rights, sexual orientation and gender identity in the commonwealth. In C. Lennox & M. Waites (Eds.), *Human rights, sexual orientation and gender identity in the commonwealth: Struggles for decriminalisation and change* (pp. 1-59). Human Rights Consortium, Institute of Commonwealth Studies,

School of Advanced Study, University of London.

OHCHR. (2022). *Independent expert on sexual orientation and gender identity*. Official website of the UN Office of the High Commissioner for Human Rights. https://www.ohchr.org/en/issues/sexualorientationgender/pages/index.aspx [Accessed 15 March 2022].

Rahman, M. (2015). Querying the equation of sexual diversity with modernity: Towards a homocolonialist discourse. In M. Viteri & M. Picq (Eds.), *Queering paradigms V* (pp. 91-111). Peter Lang.

Stychin, C. (2004). Same-sex sexualities and the globalization of human rights discourse. *McGill Law Journal*, 49(4), 952-968.

UNGA. (2016, July 15). *Human Rights Council Resolution 32/2: Protection against violence and discrimination based on sexual orientation and gender identity*. Official website of the UN General Assembly. Available at: http://www.un.org/en/ga/search/view_doc.asp?symbol=A/HRC/RES/32/2 [Accessed 3 August 2017].

Weber, C. (2016). *Queer international relations*. Oxford University Press.

Weeks, J. (2007). *The world we have won*. Routledge.

West, R. (2016, April 11). Nigeria launch investigation into 'Gay' Swiss Ambassador. *Pinknews*. [online] https://www.pinknews.co.uk/2016/04/11/nigeria-launch-investigation-into-gay-swiss-ambassador/ [Accessed 14 July 2018].

Wilkinson, C. (2014). Putting 'traditional values' into practice: The rise and contestation of anti-homopropaganda laws in Russia. *Journal of Human Rights*, 13, 363-379.

8장

ARC International (2014, June). "NGO general statement—item 8 general debate." Statement made at the UN Human Rights Council, 26th Regular Session, [online] http://arc-international.net/wp-content/uploads/2014/06/NGO-Joint-statement-Eng-Final1.pdf [Accessed 11 July 2018].

Richter-Montpetit, M. & Weber, C. (2017, May) "Queer International Relations." In *Oxford Research Encyclopedia of Politics*. [e-book] https://doi.org/10.1093/acrefore/9780190228637.013.265 [Accessed 27 November 2017].

Sending, O., Neumann, I., & Pouliot, V. (2011, December) "The future of diplomacy: changing practices, evolving relationships," *International Journal*, 66(3), pp. 527-542.

Symons, J., & Altman, D. (2015). International norm polarization: Sexuality as a subject of human rights protection. *International Theory*, 7(1), 61-95.

UNGA (2014a, July 16) "*Human rights council resolution 26/11: Protection of the family.*" official website of the UN General Assembly. [on-line] Available at: https://documents-dds-ny.un.org/doc/UNDOC/GEN/G14/086/78/PDF/G1408678.pdf?OpenElement [Accessed 11 July 2018].

UNGA (2014b, October 2) "*Human rights council resolution 27/32: Human rights, sexual orientation and gender identity.*" Official website of the UN General Assembly. [on-line] Available at: https://daccess-ods.un.org/tmp/2149975.44884682.html [Accessed 15 March 2022].

9장

APT. (2015). *Addressing vulnerabilities of LGBT persons in detention.* Official website of the Association to Prevent Torture [online]. https://apt.ch/en/2015-addressing-vulnerabilities-of-lgbt-persons/ [Accessed 14 July 2018].

Banning-Lover, R. (2017, March 1). Where are the most difficult places in the world to Be Gay or transgender? *The Guardian* [on-line]. https://www.theguardian.com/global-development-professionals-network/2017/mar/01/where-are-the-most-difficult-places-in-the-world-to-be-gay-or-transgenderlgbt [Accessed 12 July 2017].

CCUNESCO. (2019, May). *LGBTQ2+ inclusiveness: Toolkit for inclusive municipalities in Canada and Beyond.* Official website of the Canadian Commission for UNESCO [on-line]. https://en.ccunesco.ca/-/media/Files/Unesco/Res ources/2019/06/CIMToolkitLGBTQ2PlusInclusiveness.pdf [Accessed 14 December 2019].

Díez, J. (2015). *The politics of gay marriage in Latin America: Argentina, Chile, and Mexico.* Cambridge University Press.

Donnelly, J. (2013). *International human rights* (4th ed.). Westview Press.

Guttmacher Institute. (2018). *Abortion in Latin America and the Caribbean.* Official website of the Guttmacher Institute [on-line]. https://www.guttma cher.org/sites/default/files/factsheet/ib_aww-latin-america.pdf [Accessed 23 July 2018].

Hagen, J. (2016). Queering women, peace and security. *International Affairs*, 92(2), 313-332.

Inter-American Court of Human Rights. (2012). Case of *Atala Riffo and daughters v. Chile.* Merits, Reparations and Costs. Judgment of February

24. Series C, No. 239. Official website of the Inter-American Court of Human Rights [on-line] http://corteidh.or.cr/docs/casos/articulos/seriec_239_ing.pdf [Accessed 12 July 2018].

Inter-American Court of Human Rights (2016a). Case of *Flor Freire v. Ecuador*. Interpretation of the Judgment on Preliminary Objections, Merits, Reparations and Costs. Judgment of August 31. Series C, No. 322. Official website of the Inter-American Court of Human Rights. [on-line] Available at: http://www.corteidh.or.cr/docs/casos/articulos/seriec_315_esp.pdf [Accessed 12 July 2018].

Inter-American Court of Human Rights. (2016b). Case of *Duque v. Colombia*. Interpretation of the Judgment on Preliminary Objections, Merits, Reparations and Costs. Judgment of November 21. Series C No. 322. Official website of the Inter-American Court of Human Rights [on-line] http://www.corteidh.or.cr/docs/casos/articulos/seriec_322_esp.pdf [Accessed 12 July 2018].

Inter-American Court of Human Rights. (2017). Gender identity, and equality and non-discrimination with regard to same-sex couples. State obligations in relation to change of name, gender identity, and rights deriving from a relationship between same-sex couples (interpretation and scope of Articles 1(1), 3, 7, 11(2), 13, 17, 18 and 24, in relation to Article 1, of the American Convention on Human Rights). Advisory Opinion OC-24/17 of November 24. Series A, No. 24. Official website of the Inter-American Court of Human Rights [on-line] http://www.corteidh.or.cr/docs/opiniones/seriea_24_eng.pdf [Accessed 12 July 2018].

Johnson, P. (2012, October 9). The Impact of *X. v. Turkey*: Homosexuality and the ECHR. *Jurist* [online]. http://www.jurist.org/hotline/2012/10/

pauljohnson-echr-turkey.php [Accessed 14 July 2018].

Kelly, T. (2013). *This side of silence: Human rights, torture, and the recognition of cruelty*. University of Pennsylvania Press.

Kinsman, G., & P. Gentile, P. (2010). *The Canadian war against queers*. University of British Columbia Press.

Lead 2030. (2019). *The challenge: How do we create an inclusive workplace environment for the LGBTI community worldwide?* Official website of Lead 2030 [on-line] https://www.lead2030.com/challenges/goal-10/bristol-myers-squibb [Accessed 14 December 2019].

Merry, S. (2003). Constructing a global law: Violence against women and the human rights system. *Law and Society Inquiry*, 28(4) (Fall), 941-978.

Mittelstaedt, E. (2008). Safeguarding the rights of sexual minorities: The incremental and legal approaches to enforcing international human rights obligations. *Chicago Journal of International Law*, 9(1) (Summer), 372-385.

OHCHR. (2018, June 19). *The role of the United Nations in combatting discrimination and violence against lesbian, gay, bisexual, transgender and intersex people: A programmatic overview*. Official website of the UN Office of the High Commissioner for Human Rights [online] https://www.ohchr.org/Documents/Issues/Discrimination/LGBT/UN_LGBTI_Summary.pdf [Accessed 7 July 2018].

OutRight Action International. (2018, July 9). *Brief explanation why LGBTI persons must be included in the efforts to achieve sustainable development goal 11*. Official website of OutRight Action International [online] https://outrightinternational.org/content/brief-explanation-why-lgbtipersons-must-be-included-efforts-achieve-sustainable-development [Accessed 14 December 2019].

UNAIDS. (2015). *Indonesia, Kenya and Ukraine—UNAIDS tripartite cooperation on HIV and key populations (with support by Netherlands)*. Official website of UNAIDS [on-line] http://www.unaids.org/sites/default/files/media_asset/20151015_UNAIDS_PCB37_15-25_CRP2_EN.pdf [Accessed 14 July 2018].

UNDP. (2018). *Being LGBTI in Asia*. Official website of the UN Development Program. [on-line] http://www.asia-pacific.undp.org/content/rbap/en/home/operations/projects/overview/being-lgbt-in-asia.html [Accessed 11 July 2018].

UNHCR. (2018). *Community-based protection: Age, gender, diversity*. Official website of the UN Refugee Agency [on-line] https://communities.unhcr.org/CommunityBasedProtection/en/areas1.asset.html/content/usergenerated/asi/cloud/content/sites/CommunityBasedProtection/en/areas1/jcr:content/content/primary/library/persons_with_specifi-XGuY/lgbti_persons-UI7e.html [Accessed 11 July 2018].

UNSG. (2015, March 23). *Conflict-related sexual violence*. Official website of the UN Secretary-General. S/2015/203. [on-line] https://unama.unmissions.org/sites/default/files/wps-sg_report_crsv_-march_2015_0.pdf [Accessed 23 July 2018].

Welsh, T. (2018, April 3). 'It's time-critical': The race to overturn abortion ban in El Salvador. *The Guardian* [on-line] https://www.theguardian.com/global-development/2018/apr/03/lawmakers-el-salvador-race-to-overturn-abortion-ban [Accessed 31 December 2019].

10장

Associated Press. (2019, January 14). *Chechnyan activists report new LGBT arrests, deaths amid government denials* [on-line]. https://www.cbc.ca/news/world/chechnya-lgbt-activists-1.4976934 [Accessed 31 December 2019].

Benedek, W. (2018, December 21). *OSCE Rapporteur's report under the Moscow mechanism on alleged human rights violations and impunity in the Chechen Republic of the Russian federation*. Official website of the Organization for Security Cooperation in Europe [on-line]. https://www.osce.org/odihr/407402?download=true [Accessed 31 December 2019].

Blasius, M. (2013). Theorizing the politics of (Homo)sexualities across cultures. In M. Weiss & M. Bosia (Eds.), *Global homophobia: States, movements, and the politics of oppression* (pp. 218-243). University of Illinois Press.

Gessen, M. (2018 December 21). "A damning new report on L.G.B.T. persecution in Chechnya." *The New Yorker*. [online] https://www.newyorker.com/news/our-columnists/a-damning-new-report-on-lgbt-persecution-inchechnya [Accessed 31 December 2019].

Ibbitson, J. (2018, December 14). *LGBTQ Chechens struggle to find their footing after fleeing to Canada* [on-line]. https://www.theglobeandmail.com/politics/article-lgbtq-chechens-struggle-to-find-their-footing-after-fleeing-to-canada/ [Accessed 2 January 2019].

Richter-Montpetit, M., & Weber, C. (2017, May). Queer international relations. In *Oxford Research Encyclopedia of Politics* [e-book]. https://doi.org/10.1093/acrefore/9780190228637.013.265 [Accessed 27

November 2017].

UAWire. (2019, August 17). *Five EU countries call on Moscow to protect homosexuals in Chechnya* [on-line]. https://uawire.org/news/five-eu-countries-called-on-moscow-to-protect-gays-in-chechnya [Accessed 31 December, 2019].

Weeks, J. (2007). *The world we have won*. Routledge.

지은이 더글러스 재노프 Douglas Janoff

캐나다의 연구자이자 외교부 고위정책보좌관이다. 과거 프리랜서 기자로 근무하며 AIDS, LGBT 권리 및 사회정의 문제를 보도한 바 있다. 폭력이 LGBT 커뮤니티에 미치는 영향에 대한 연구를 시작으로 범죄학을 연구해 『핑크 블러드: 캐나다에서의 동성애 혐오 폭력 *Pink Blood: Homophobic Violence in Canada*』(2005, University of Toronto Press)을 집필했다. 2009년 캐나다 외교관직에 임명된 후 미국, 아프가니스탄, 파키스탄에서 근무했으며, 외국 파견 근무 기간을 제외하고는 캐나다 외교부에서 고위정책보좌관으로 근무 중이다. 2021년 칼턴 대학교에서 캐나다 연구로 박사 학위를 취득했다.

옮긴이 서정현

서울대학교 경영학부를 졸업하고, 레이던 대학교의 SOGI 국제법 과정과 베네치아 소재 인권 글로벌 캠퍼스 인권활동가 과정을 수료했다. 독일 비아드리나 유럽 대학교에서 국제인권법·인도법 석사 학위를 받았다. 한국 외교부에 근무 중이며, 한국어교원자격증(2급)과 영어(CPE), 스페인어(DELE), 독일어(Goethe-Zertifikat), 프랑스어(DALF) 자격증(C2) 및 포르투갈어(Celpe Bras), 이탈리아어(CILS) 자격증(C1)을 취득했다. 인권, 개발협력, 다문화, 정체성 정치 등에 대한 국제사회의 논의를 연구하고 소개하는 데 관심이 있다.

감수 **류민희**

서울대학교 경제학부를 졸업했다. 변호사가 된 이후 공익 인권 변호사 모임 '희망을만드는법'에 재직하며 동성 결혼 소송 등 성적 지향, 성별 정체성에 관련한 인권 활동을 하고 있다. 2018년 낙태죄 헌법소원 청구인 대리인단에 참여했다. ILGA ASIA(국제성소수자협회 아시아지부)의 이사로서 아시아 성소수자 인권 담론과 활동에도 참여하고 있다.

퀴어 디플로머시
국제 외교와 성소수자 인권

초판 2쇄 발행 2025년 6월 9일

지은이 더글러스 재노프
옮긴이 서정현
감수 류민희

펴낸이 오은지
편집 오은지·이수경
표지 디자인 박대성
펴낸곳 도서출판 한티재
등록 2010년 4월 12일 제2010-000010호

주소 42087 대구시 수성구 달구벌대로 492길 15
전화 053-743-8368
팩스 053-743-8367
전자우편 hantibooks@gmail.com
블로그 blog.naver.com/hanti_books
한티재 온라인 책창고 hantijae-bookstore.com

ISBN 979-11-92455-70-9 93340
책값은 뒤표지에 있습니다.